U0462800

让
我
们
一
起
追
寻

Originally published in France as:

La Guerre de Crimée, 1853-1856 by Alain Gouttman

© Perrin, un département de Place des éditeurs, 2003,2006

Current Chinese translation rights arranged through Divas International,
Paris

巴黎迪法国际版权代理（www.divas-books.com）

封底有甲骨文防伪标签者为正版授权

克里米亚

La Guerre de Crimée

战争

〔法〕阿兰·古特曼（Alain Gouttman）著

谈方 译

社会科学文献出版社

SOCIAL SCIENCES ACADEMIC PRESS (CHINA)

目　录

米哈伊尔要塞

康斯坦丁要塞

塞瓦斯托波尔大港

亚历山大要塞　尼古拉要塞

保罗要塞

隔离所要塞

炮队湾

隔离所湾

南部港口

卡拉
纳亚

6号堡垒
隔离所堡垒

塞瓦斯托波尔

马拉

比尔金
瞭望台

墓地

尼基诺夫炮台

5号堡垒
中央堡垒
施瓦茨棱堡

军营炮台

隔离所峡谷

城市峡谷

焚屋

4号堡垒
旗杆堡垒

绿山

左翼法军进攻

采石场屋

小钟楼屋

要塞

要塞

1855年的塞瓦斯托波尔
围城的第二阶段

0　　　　1000m

船坞湾

灯塔堡垒

十字架屋

5月2号
炮台

1号堡垒
岬头堡
炮台

因克尔曼桥

色楞金斯克棱堡
2月22日工事

2号堡垒
小棱堡

港口尽头
的炮台

切尔纳亚河

沃里尼亚棱堡
2月27日工事

英军炮台

灯塔棱堡

马拉霍夫塔
热尔韦炮台

堪察加棱堡
绿丘

右翼法军进攻

英军大堡垒

11月5日棱堡

萨普恩山

苏龙佐夫山

船坞峡谷

兰开斯
特炮台

卡拉贝尔纳亚或码头峡谷

维多利
亚棱堡

英军进攻

制图：Patrick Mérienne

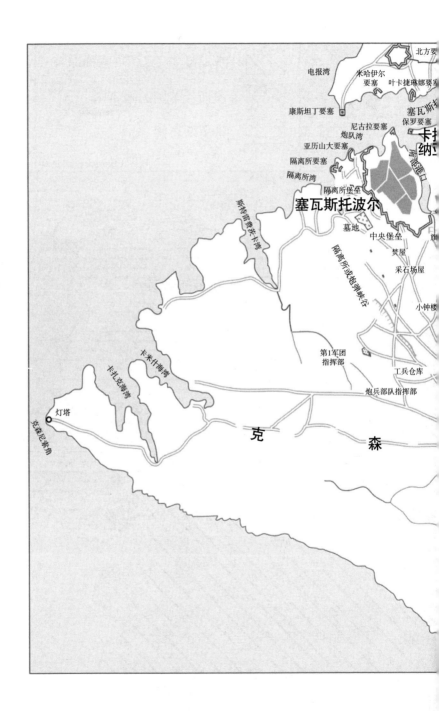

克森尼索高原与
塞瓦斯托波尔周边

0   2km

灯塔

麦肯齐高原与农庄
（联军在塞瓦斯托波尔周围的行动）

因克尔曼高原

克丘场峡谷

米丘场峡谷

因克尔曼桥

哥萨克丘

因克尔曼桥
1854年11月5日

乔尔纳亚河

夫要塞

船坞峡谷

绿丘

沙袋炮台

拉贝尔纳亚或码头峡谷

康罗贝尔棱堡

维多利亚棱堡

棱堡废墟

谷

思索磨坊

特拉克图桥

乔尔贡

沃龙佐夫大棱堡

费迪乌金山

1855年8月16日

电报局

哈斯福德山

索

土耳其棱堡

西要军峡谷

1854年10月25日

尼

康罗贝尔丘

卡马拉

部

英军司令部

巴拉克拉瓦平原

巴拉克拉瓦山口

卡迪科伊

卡拉尼

巴拉克拉瓦

道院 □

制图：Patrick Mérienne

东方军作战行动总图

0   100km

科夫
尼古拉耶夫
金伯恩

彼列科普
锡瓦什湖
格尼奇斯克
亚速海
普特里德海
阿拉巴特沙嘴

克里米亚

塔尔坎角
叶夫帕托里亚
萨尔吉尔河
叶尼卡莱
叶尼卡莱海峡
刻赤

老堡
卡拉米塔湾
卢库尔角
辛菲罗波尔
科夫塔
狄奥多
西亚湾
阿纳帕

塞瓦斯托波尔
克森尼索角
巴拉克拉瓦
贝达
巴克切-塞拉伊
阿卢什塔
雅尔塔

黑   海

制图：Patrick Mérienne

瓦尔纳
西布尔加纳克河
塞瓦斯托波尔到叶夫帕托里亚的路

黑海

卢库尔角
阿尔玛河
布尔留克
塔克汗拉尔

阿克莱斯高原
阿克莱斯
阿克莱斯
电报局
阿尔玛河
大山

序　言

1802 年 3 月 27 日，当《亚眠条约》在英法两国之间重建和平
时，俄国还会期望什么？它从未受到过任何威胁。它与英国达成了
和解，与奥斯曼帝国缔结了同盟条约，甚至与法国的关系也晴朗无
云：法国第一执政对沙皇亚历山大一世继续实行两年前其父保罗一
世在位时的逢迎政策。保罗一世大肆宣扬发动战争以"铲除法国的
非法统治阶层"的时代已经结束。两国甚至在巴黎签署了法俄和平
条约及一项附带的秘密公约，该公约被认为为"促进和平的共同行
动"奠定了基础。

法俄和约当然只是美丽的幻想，就像通常涉及俄国盟友时的状
况，自彼得大帝时代起，俄国盟友不过是各国外交追逐的一个阿莱
城姑娘①！但至少俄国觉得这可以防备英法之间重新开战——这是
不可避免的——带来的后果。因为《亚眠条约》搁置了真正的问
题：法国边界的过度扩张，以及法国——一个在和平时期比在战时
更加繁荣，正在重建其海军和殖民帝国，并且似乎要从 1763 年的
灾难中重生的法国——对英国构成的竞争。

---

①　《阿莱城姑娘》原为法国作家都德的戏剧作品，作曲家比才为其谱曲后获得巨大
成功。"阿莱城姑娘"这一形象甚至演变为一个典故，表示一个只存在于描述中的虚构人
物或者幻影。——译者注

英国议会两院都在叫嚣："和平比战争更不利!"

但是，这种鼓吹重新开战的论调跟俄国有什么关系呢？对这个治理不善的国家来说，这正是它转向其内部问题，努力加固其腐朽结构的时机。"为欧洲保住拿破仑!"库图佐夫（Kutuzov）元帅曾这样建议道。土耳其人不是以其大智慧说"应该永远让狗和狼相互争斗"吗？

遗憾的是，亚历山大一世心中已经萦绕着欧洲大陆的宏伟蓝图。两大海上强国之间的气氛开始紧张，法国的陆上霸权比英国对海洋的控制更令欧洲皇室忧心忡忡，他们将亚历山大一世当作靠山，同时暗中推动英法两国重新开战，而此时沙皇并没有采取任何行动来平息事态。相反，当法国第一执政请求他，如果不能提供支持，至少能秉公执断，亚历山大一世所做的却是火上浇油。

对于叶卡捷琳娜大帝这个众望所归的孙子来说，诱惑是巨大的：要成为欧洲的救世主吗？

1804 年 3 月，上天向他发出了信号：法国的当甘公爵（duc d'Enghien，亦作昂吉安公爵）在巴登——那里是亚历山大一世的岳父母的领地——被一伙法国龙骑兵绑架回巴黎，经过一场闹剧式的审判后被当场处决。对欧洲皇室的这记警告引发了前所未有的舆论反响：亵渎人命、家庭悲剧、无法容忍的挑衅，这一事件震动了其它国家的贵族。但对于俄国来说，正如鲍里斯·穆拉维耶夫（Boris

Mouraviev）所写的那样："在万塞讷的沟渠里被枪杀的当甘公爵，并不比被博克多汗（Bogdo Khan）下令以桩刑处死的官员更值得关注。"①

因此，沙皇召集的大臣会议完全赞同大臣鲁缅采夫（Roumiantzev）的意见："只有国家利益才应使陛下做出决断，任何仅仅出于情感的理由都不应构成其决定的动机。刚刚发生的悲剧事件并未直接触及俄国，因此皇帝的尊严并未受到损害。"②

但那时亚历山大一世只听从一伙国际奸党的建议，他们善于迎合他的野心，却对俄国的命运毫不关心。亚历山大一世希望为国家、为自己寻求一个更重要的角色，决定不理会大臣们的意见。他就处决当甘公爵"对国际法和中立法所构成的侵犯"向拿破仑抗议，并因此命令法国第一执政对法国给欧洲各国政府带来的恐惧进行安抚。

只此一举，亚历山大一世就赋予了自己欧洲代理人的角色！仅仅几句话，他的声望就建立起来！

然后是 1805 年的奥斯特里茨战役、1807 年的埃劳战役和弗里德兰战役，但这些战役要实现什么目标呢？是上演了提尔西特的喜

① Boris Mouraviev, *L'Alliance russo-turque au milieu des guerres napoléoniennes*, Neuchâtel, La Baconnière, 1954.

② *Op. cit.*

剧，正如俄国大臣布德伯格（Budberg）在写给英国大臣的信中所言，《提尔西特和约》只是一个"权宜之计"。因为沙皇唯一的奢望就是保留德意志剩余的领土，令因两场战役而在一天之内被摧毁的普鲁士，免于从地图上消失的命运。至于法国皇帝，最不幸和最令人感到困惑的是，东方的幻梦在消失了几年之后重新出现在他对俄国的幻想之中。一方面，他对"俄国盟友"充满极大的信心；另一方面，他认为只有在征服印度——这个英国巨人的软肋——的伟大事业中才能找到救赎。

启蒙时代哲学家们的俄国幻梦只欺骗了他们自己，而拿破仑对俄国的幻想则将把帝国引向灭亡。1812 年 12 月，法国皇帝在科兰古（Caulaincourt）的伴随下坐着雪橇回到巴黎，最终意识到，无论是引诱还是付诸武力，无论是结盟还是发动战争，一个已经被全面动员起来对抗他的俄国是不会加入他的阵营的，更何况这种对抗会损害俄国最显著的利益，然而，为时晚矣。

他当时对自己的副官说："我想利用这个机会来了结欧洲大陆与英国之间这场古老的争端……法国只为国家最神圣的权利而战，而英国仅仅捍卫它自许的特权。"

确实太晚了。著名的"提尔西特精神"1805 年在普雷斯堡（Presbourg）就应该被提出：拿破仑也许会借此赢得整个德意志，而不是疲于追逐一个难以把握的俄国。

"了结欧洲大陆与英国之间这场古老的争端……"穆拉维耶夫对此精准地评论道，"在奥斯特里茨战役之后，这也许是英雄的豪言。在别列津纳（Bérésina）战役之后，这就是忏悔者的悔恨之语了。"①

10

当拿破仑在圣赫勒拿岛被问及，他一生中在哪里能感到最强烈的幸福时，他一次又一次地回答："在提尔西特……"

然而，历史是宽宏的，它不会让这位伟人停留在一次彻底的失败上，一个俄国人——伟大的普希金将对他做出公正的评价："他向俄国人民展示了他的伟大命运，从流放的黑暗中给世界留下了永恒的自由。"②

近半个世纪后，令欧洲震惊的是，法兰西皇帝的侄子——路易-拿破仑·波拿巴正式被法国人民推选为共和国总统，先是在1848年12月，然后是在1858年12月2日，在一次国家政变，也是一次"舆论政变"之后，他登上了一个复辟帝国的宝座。

他不会陷入伯父对沙皇俄国的幻想，也不赞同伯父对英国的偏见。他立即着手让后者成为他最可靠的盟友，而面对"铁腕沙皇"

---

① Boris Mouraviev, *op. cit.*
② Alexandre Pouchkine, *Napoléon*, 1821.

尼古拉一世的俄国，他则采取一种礼貌的坚定态度：尼古拉一世自立为 1815 年众条约的坚定守护者，路易-拿破仑被推上权力舞台正是为了废黜这些条约，也是为了将法国从内部动荡中拯救出来。

从某种意义上讲，俄国自身已经开辟出拿破仑三世要走的路：从 1815 年到 1848 年，它追逐着亚历山大的宏伟抱负，声称自己是欧洲的首要角色。而且这个角色不再具有任何攻击性：重要的只是不惜一切代价捍卫滑铁卢战役之后各大强国建立的欧洲格局。

柏林、维也纳和圣彼得堡希望将欧洲凝固在神圣权利和贵族权 11 力的原则之中，然而，源于法国，由意大利、普鲁士、奥地利、匈牙利、波兰和罗马尼亚的爱国者们传承的思想，却不断动摇着这个欧洲的基础。

拿破仑的军队输出了这些思想，在某种程度上，受压迫人民的新圣经《圣赫勒拿岛回忆录》（*Mémoirial de Sainte-Hélène*）则将其体系化。

由于俄国直接并且公开反对这些思想，以及当时正在崛起的两股力量——自由主义和浪漫主义，半个世纪以来它一直谋求的政治、宗教和道德霸权必将走向终结。

正是拿破仑三世，这位克里米亚战争的胜利者，给俄国指定了这个结局。

第一章

最后的外交机会

俄罗斯就这样在神的启示下飞翔。

你往哪里跑？回答我！没有回应……

果戈理，《死魂灵》

圣地之争

一场俄国将主要参与其中，其政治利益与宗教信仰将受到挑战 的冲突，我们有理由担心它可能产生的一切后果。

我们担心一切可能的后果，当然首先要知晓拜占庭的宗教对抗
牵涉的各方利益，然而，在法国，除了佩尔西尼（Persigny）大力
揭露的那个"神职人员小集团"，还有谁真正充分了解那里的宗教
纷争和利益纠缠呢？用佩尔西尼的话来说，这个小集团"像一条蛙
虫那样……在外交部的隐秘角落里驻扎下来"①。

---

① Persigny, *Mémoires*, Paris, Plon-Nourrit, 1896.

皇帝本人深陷危机之中，他不得不向图弗内尔（Thouvenel）坦白——一次重大而令人不安的坦白——他"并不知道圣地事件的细节"①。长久以来，在法国，提起巴勒斯坦僧侣的处境只会引起厌烦与嘲讽，1789 年革命的继承者们不会再因宗教问题被动员起来。

14　　但是，1850—1853 年圣地之争的第一集刚刚上演，法国驻君士坦丁堡大使德·拉·瓦莱特侯爵（le marquis de La Valette）就从这场冲突中吸取了教训！他写道："这其实是一个政治问题，而不是一起僧侣事件，要么不要插手，要么就支持这场冲突。"②

在俄国，政治原因与宗教原因在圣地问题中是相互关联、相辅相成的：遏制法国支持的天主教徒的影响，不仅是捍卫东正教的信仰，还意味着与革命精神做斗争，为神圣俄罗斯（Sainte Russie）的强盛而努力。

可以设想，沙皇一旦涉入一个如此敏感的地域，他的回旋余地是有限的：作为基督在尘世的代理人，作为一个拥有绝对权力的人，他实质上注定要走向绝对。对于俄国人民来说，沙皇的任何让步都无异于卸任。沙皇选择的任何事业都是神圣的，任何反对沙皇的行动都是大逆不道的，俄罗斯之外的民族多少只能算是附庸民族。

---

① 1853 年 2 月 26 日（图弗内尔于 1853 年 3 月 1 日写给卡斯泰尔巴雅克的信中引用）。
② 1852 年 2 月写给图弗内尔的信。

密茨凯维奇（Mickiewicz）在《斯拉夫人》（*Les Slaves*）中写道："［沙皇］并不是凭借他的皇帝名号进行统治；加冕、名号，甚至合法的皇位继承权，都与他至高无上的权威毫无关系。人民几乎不知道皇帝的名号。"①

实际上，对于有着6000万人口，追求"高度灵性生活"的俄罗斯民族而言，沙皇的统治手段是向他们的心灵和灵魂中注入一种本质上神性而非凡俗的道德激情。这种无与伦比的力量，任何其他君王都不具备！但是，硬币也有其反面：一旦启动，神圣俄罗斯只有在实现目标后才能停止，倒退是被禁止的，因此沙皇的任何判断失误都可能是致命的。

确切地说，在执掌了四分之一世纪的绝对权力之后，人们对于尼古拉一世的判断能力还能有何期待？就连亲俄的法国大使卡斯泰尔巴雅克（Castelbajac），在写给图弗内尔的一封信中也不得不沮丧地承认："沙皇和［涅谢尔罗迭］（Nesselrode），尤其是沙皇，都是被宠坏的孩子，他们不喜欢反对意见，即使是最友善的反对意见。"②

圣地之争的根源可以追溯到八个世纪前，即1054年东西教会大分裂所证实的那场公开的危机。

但是，教会分立论者确实是我们以为的那样吗？

无论罗马天主教徒们——或"拉丁人"——同意与否，东正教

---

① 法兰西公学院的就职演讲，发表于《*Les pays slaves et la Pologne*》，Paris，Comptoir des imprimeurs-unis，1849。

② 1853年8月2日卡斯泰尔巴雅克给图弗内尔的信。

徒们都问心无愧：对他们来说，毫无疑问，希望教会分裂的是教皇，因为早在 863 年，他就革除了东正教主教佛提乌（Photius）的教籍；仅仅因为他的错误，所有试图让两个教会复合的努力都归于失败。基督教世界的这个巨大创痛，是罗马造成的。是罗马离开了君士坦丁堡，而非像西方认为的那样，是君士坦丁堡离开了罗马。因为顾名思义，除了东正教，还有谁会是一个诞生于东方的宗教的神圣传统的守护者呢？早在那些遥远的年代，天主教已经完全信服于西方的精神，认为必须通过占有领土来行使教皇的世俗权力，从而巩固自身的权威，而正是几个法兰克人，这些教皇永远的同谋，矮子丕平和查理曼，为天主教建立了家业。打算把一个国家交给那个恰好说过"我的王国不属于这个世界"的人，这是何等荒唐！

从那时起，对于罗马教会来说，大局已定。它不再是一个跨越国界、精神相通的信徒的社会。它正变成众多机构中的一个。它不像在东方那样，仍然是浸润国家的一种精神力量，而是正变成与其他国家无异的国家，除了一点：它在其他国家中拥有一些殖民地！

"利用"世俗权力的罗马教会多么可耻地玷污了基督教的原则，而忠于传统的东正教会只是为了服务于基督教原则而存在。

确实，一切都已事先注定，基督教世界一长串的厄运可以开始了：难道不是教皇与西方皇帝之间无休止的对抗，将首先破坏神圣不可侵犯的权威原则吗？

这场不幸的冲突难道没有直接导致第二次教会分裂，即宗教改革的那次分裂吗？这次分裂是忠实的信徒们对一个徒有虚名的基督教会感到愤怒后的合理反应。

两个世纪后，反基督教的原则，即所谓的启蒙运动的原则——它首先攻击宗教信仰这个制度的黏合剂——难道不正是从宗教分裂打开的缺口趁虚而入吗？

这种反基督教的原则在革命中不是盛行吗？从本质上讲，这个原则是对神权的否定，因为它宣称的主权——人民的主权，正试图在欧洲各地摧毁摇摇欲坠的制度，因为它弘扬的唯一价值是人类"自我"的价值。①

在这场大灾难中，罗马教会的责任是巨大的，因为它所做的，是篡取一个它不再代表的神圣原则，它成为质疑者的帮凶，为大革命铺平道路。大革命的钟声如今已经在圣彼得教堂的门前敲响？这有什么可惊讶的？罗马教会一旦与世俗利益的土壤联结起来，就成了必死的。因此，教皇权力成为大革命的牺牲品，这是事物的因果报应，这是上帝不可阻挡的正义。②

然而，在 19 世纪中叶，东正教徒的胸怀是何等宽宏啊！基督不是说过"凡一家自相分争，就必败落"吗？愿罗马重新回到普世教会的怀抱，它的一切都将被宽恕！愿教皇涕泪横流地投入沙皇的

---

① 加布里埃尔-德西雷·拉韦尔当（Gabriel-Désiré Laverdant）在其 1851 年于法国出版的著作《恺撒的溃败》（La Déroute des Césars）中解释说："对人类'自我'的弘扬……［是］疯狂的傲慢。"这其实是指俄国皇帝的权力。

② 这个论点的主要依据是 1849 年和 1850 年巴黎报刊上发表的几篇文章，署名是一位神秘的"驻俄记者"。作者实际上是俄国外交部的一名官员。卡斯泰尔巴雅克后来在写给图弗内尔的一封信中指出，涅谢尔罗迭手下的这位宣传员名叫蒂欧切夫，按法国驻圣彼得堡大使的说法，此人是位"拙劣的外交官""迂腐而浪漫的文人"。

怀抱，天上的"一"将在尘世重新找到它失去的统一！罗马一直声称要先把君士坦丁堡，然后把莫斯科召回它身边？如今，是莫斯科请求罗马回到它身边：

最后一次，重新考虑一下吧，旧世界。

野蛮的七弦琴请你参加

和平的宴会、工作的宴会，以及最后一次，博爱的宴会！①

毕竟，时代变了，只要俄国东正教廷设在君士坦丁堡，它就不得不首先承受一部分拜占庭帝国的软弱，再承受一部分奥斯曼征服的耻辱。

但自从它迁移到莫斯科后，东正教教会掌握的便是俄国的一部分权力，以及它日益增长的威望。当东正教会主教公会（le Saint-Synode）在彼得大帝的旨意下成为沙皇的温顺工具时，它便全心全意地效忠于俄国统治者的野心。1846 年，当俄国沙皇访问罗马时，糊涂的天主教徒也许以为他们看到了迷失羔羊的忏悔回归。但对于东正教徒来说，基督的代理人只是在离开几个世纪之后回到了家。他才是基督教的前领袖、君士坦丁大帝的合法继承人，而西方的皇帝们，这些教皇的造物，从来都只是些没有头衔的新贵。

天主教徒现在说服自己还来得及：查理曼已不在巴黎，也不在亚琛，他在圣彼得堡和莫斯科！他非但没有去向格列高利十六世

---

① A. A. Blok, *Les Scythes*, Berlin, 1920.

（Grégoire XVI）乞求道义或精神上的认可，而且在来到罗马时，声称要将基督教起源时的力量和东方传统的神圣性归还教廷，或者让教皇归还他 1054 年被篡夺的神圣信托：基督教西方的命运主宰权。①

还有一个国家一直声称要与教皇共同承担基督教西方的统治权，那就是法国。如今在波拿巴治下的法国，还是像过去那样说话底气十足；即使在政教分离之后，法国的各位统治者依然将自己视为历史上那些"虔诚的基督徒"国王的继任者。

早在 5 世纪末，克洛维（Clovis）的受洗便令尚未出生的法国成为"教会的长女"：在西罗马帝国废墟上诞生的法兰克王国，第一个将自己的命运与教皇的命运联系在一起。多亏了这天才的灵光，西坎布里人（Sicambre）②的剑才得以所向披靡。

后来，阿拉伯人征服巴勒斯坦和叙利亚后，哈伦－拉希德（Haroun-al-Rachid）让查理曼保管著名的"圣墓钥匙"。它尽管是

---

①　在罗马逗留期间，沙皇比以往任何时候都更加注意为自己营造一个符合神话的形象。

一位著名的女舞蹈演员与教皇同在罗马教皇城。曾经有传言说她和年轻的赖施塔特公爵有染，沙皇在圣彼得堡见过她。他在参观一个博物馆时，她站在他要经过的过道上以便向他致意。

"这位女士是谁？"尼古拉从远处看到她问道。

"陛下，是范妮·埃尔斯勒。"

"范妮·埃尔斯勒！"沙皇喊道。如果法国人知道沙皇去罗马是为了见几个舞女，他们会怎么说？

在经过她身边时，他移开了目光。

②　西坎布里人是公元前 1 世纪定居在莱茵河右岸的日耳曼人的一支，496 年克洛维在兰斯受洗后，西坎布里一词指代法兰克人。——译者注

18　传说中的钥匙，却象征着阿拔斯哈里发（le calife abasside）所承认的西方皇帝所拥有的权利：保护圣地，保护巴勒斯坦的基督徒，无论他们是当地人还是朝圣者。①

　　十字军东征本身在很大程度上是法国的事业，第一次十字军东征从发起、宣讲、组成到指挥，几乎全部由法国人完成。这次东征于 1099 年攻占了耶路撒冷，在巴勒斯坦建立了几个法兰克国家，在将近两个世纪中，这些国家的王位都被布洛涅（Boulogne）、布尔格（Bourg）、安茹（Anjou）、吕西尼昂（Lusignan）、尚帕涅（Champagne）、布里耶纳（Brienne）几大家族占据。从 1099 年到 1291 年，从其最广阔的领土到塞浦路斯，总之，黎凡特法国（France du Levant）已经成了事实上的存在，并在这些地区及其民众身上留下了不可磨灭的印记。

　　阿拉伯人对巴勒斯坦的再次征服并没有剥夺当地基督徒举行敬拜的权利，萨拉丁（Saladin）随后还承认了圣路易对基督教在东方的圣地所拥有的道德权利：一种宗教上的占有。

　　在这些与基督的生平和受难有关的地方——无论如何，僧侣们就是这样说的——建起了高墙环绕、半是圣所半是堡垒的教堂与修

---

　　①　除了"圣墓钥匙"，哈里发还向查理曼赠送了一件珍珠蓝宝石首饰，中间是一块镶嵌在水晶中的真十字架。

　　这个在当时称为"查理曼大帝的护身符"自 12 世纪起就属于亚琛大教堂的议事司铎们，因为他们把它从皇帝的坟墓里取走了。拿破仑将其"收回"后在 1804 年 9 月将其送给约瑟芬。约瑟芬的女儿奥尔唐斯继承了这个圣物，之后又将它传给了儿子路易-拿破仑。1853 年，它成了欧仁妮的结婚礼物。1919 年，93 岁的法国前皇后将它捐赠给兰斯大教堂，让它放在"圣灯与圣雷米的圣餐杯"之间。2003 年，它仍然珍藏于兰斯大教堂。

道院，僧侣们就这样生活在半土匪的牧羊人、敌对的游牧民，或是贪婪的官员们长期制造的危险环境中。

圣地的情形就是这样，方济各会的修士受命对它进行看守和维护，在那里举行礼拜，接待来自基督教世界各地的朝圣者。最终，不得不说，在一种充满不确定性的生存需要的驱动下，他们把圣地变成了一个收益丰厚的商业资产。

法国人对圣地依然怀有强烈的怀旧情绪，法兰克人在东方留下的丰富文化遗产必须开花结果：1517 年，巴勒斯坦圣地连同整个叙利亚全部落入奥斯曼人之手，不久之后，弗朗索瓦一世与苏莱曼大帝结成了令人震惊的同盟，并在 1535 年成为首位与苏莱曼大帝签订著名的《基督徒或外侨的领事裁判权条约》（Capitulations，下简称《领事裁判权条约》）① 的欧洲君王。在鼎盛时期的奥斯曼帝国，法国同时在政治、商业与宗教上赢得了举足轻重的影响力：因此，圣地被宣布"像过去一样"属于拉丁僧侣，也就是说属于法国国王保护下的天主教徒。

这是对天主教徒在圣地拥有的某种历史权利的正式承认，尽管众所周知，历史权利从来既不完全是权利，也不完全是历史……

《领事裁判权条约》分别于 1569 年、1581 年、1597 年、1604

---

① 这些早期法国—奥斯曼帝国公约的原始文本从未被发现，因此一些历史学家对它们的存在提出了质疑。

年、1673 年及 1740 年续签。它们几乎不再具有政治内容，而是主
要处理商业问题，但 1604 年、1673 年和 1740 年的条约明确重申了
法国在圣地的权利，及其作为东方基督徒监护国的地位。1720 年，
奥斯曼帝国的一位重要人物到访法国，这一事件非同寻常，其目的
是进一步确认法兰西王国的这些特权——如果需要的话。①

后期的法国—奥斯曼帝国《领事裁判权条约》具有一种特殊性
质。首先，它们是在与弗朗索瓦一世时代相同的政治结盟背景下与
路易十五签订的：在 16 世纪是为了对抗奥地利，在 18 世纪则主要
是为了对抗俄罗斯帝国。1740 年的条约显示，君士坦丁堡承认法国
在前一年《贝尔格莱德条约》的谈判中所起的作用，《贝尔格莱德
条约》让奥斯曼帝国摆脱了困境。因此，圣彼得堡一直认为 1740
年的条约无效，也就不足为奇了。

更何况，1740 年条约的第二点特殊之处在于，它第一次以七项
条款，在无可辩驳的法律基础上，确立了给予法国的保护权。第 33
条保证拉丁僧侣"仍然像过去那样拥有他们所有的朝圣场所"。

事实上，厘定这个问题是必须的，因为现状不断朝着损害天主
教徒利益的方向发生改变。法国在东方的影响力受到俄国的猛烈冲
20 击，尽管法国那时试图将俄国遏制在"东方大坝"之后，俄国却在
向南方蔓延（见附录 I）。

---

① 这位重要人物是"大会计师"穆罕默德-埃芬迪（Mehmet-Effendi），关于法国之
行他留下了一段饶有趣味的"记叙"，1981 年其法文版由巴黎马斯佩罗出版社（Maspero）
出版，书名为《异教徒的天堂》（Le Paradis des Infidèles）。

正是从 16 世纪开始，从伯罗奔尼撒到巴勒斯坦，整个奥斯曼帝国中那些献身于敬拜、教育、慈善或圣地保护的基督教牧师那本已岌岌可危的处境中的一切，都变得复杂起来。

这种状况实际上并不是土耳其人造成的，而是他们自己造成的，只要基督徒能克制他们劝人改宗的冲动，土耳其人通常并不在意他们。各个基督教派对他们共同的、一直潜伏的危险无动于衷，尽管这种危险本应使他们团结起来，而实际上他们相互之间却难以和平共处。有 5 世纪就与罗马分离的亚美尼亚人，有与亚美尼亚人相似的埃及科普特人，有近似于天主教徒的黎巴嫩山的马龙教派，有某个叙利亚教派的信徒，也有某个埃塞俄比亚教派的信徒，特别是还有天主教徒，尽管人数很少，在 16 世纪只有几百人，却更加活跃，他们有着不知疲倦的传道热忱，不仅向基督教其他教派的"迷途者"，还向穆斯林传播福音，这就必然导致他们与奥斯曼帝国当局的各种纠纷。

圣地掌握在天主教徒手中，这自然会引起强烈的嫉妒与垂涎，尤其是在东正教徒之间。东正教徒通常被称为"希腊人"，在这块古老的拜占庭土地上占有数量优势，急于承担这一优势天生赋予他们的角色。在过去，当圣地属于阿拉伯人时，他们只是作为朝圣者来到这里。但自 1517 年，已经属于奥斯曼帝国的君士坦丁堡再次统治叙利亚与巴勒斯坦后，东正教的神父像圣方济各的"拉丁"僧侣一样，把耶路撒冷、伯利恒或拿撒勒当成了自己的家园。

因此，他们很快开始了暗中行动。通过各种手段，他们获得了奥斯曼帝国通过发布旨令而赋予他们的权利，这通常是在圣所中担任执事的权利。在此之前，只有天主教徒才拥有这项权利。对这些权利的侵占引发了天主教徒的抗议，也正因此，1535 年最初的《领事裁判权条约》对这个问题做出郑重厘定。

不幸的是，接下来的一个世纪恰好是法国伟大的传教世纪：1609 年，耶稣会教士来到奥斯曼帝国，嘉布遣会教士随后于 1625 年到来。希腊僧侣与拉丁僧侣之间的冲突越来越频繁，法兰西王国的大使们启程之前收到的所有指令都在强调"他们的首要职责"：保护天主教徒的利益。

1637 年，希腊人同样得到穆拉德四世（Mourad IV）发布的三项旨令，扩大了他们在圣地已经拥有的权利，直到 1666 年法国驻君士坦丁堡大使德尼·德·拉·艾-万特莱（Denis de la Haye-Vantelay）才设法令这些权利得以取消。在过去二十年里，法国与奥斯曼帝国的关系确实经历了风雨动荡，法国大使的父亲让·德·拉·艾-万特莱（Jean de la Haye-Vantelay），也是其在君士坦丁堡的前任，甚至被苏丹关进监狱，奥斯曼帝国拉丁神父的地位也受到这些政治动荡的影响。[1]

当希俄斯（Chio）的希腊人"凭借重金和诽谤，以能够想象的所有暴力、疯狂和渎圣行为，将天主教徒举行圣礼的 24 座教堂"[2]

---

[1] 1669 年，奥斯曼帝国的首相库普鲁利-艾哈迈德（Kupruli-Ahmed）对法国大使诺因特说：法国人是我们的朋友，但我们到处都看到他们与我们的敌人在一起。

[2] Pierre Duparc，《Instruction au sieur de la Haye-Vantelay》，22 août 1665，in *Recueil desInstructions données aux ambassadeurs et ministres de France en Turquie*，Paris，CNRS，1969.

据为己有……就连 1673 年的《领事裁判权条约》——尽管它再次确认了天主教徒之前拥有的所有特权——也无法收回这些教堂；1699年，凡尔赛宫还委派德·费里奥尔（de Ferriol）大使提出归还希俄斯教堂的要求，"至少归还一个，如果不能归还更多的话"……

因为导致这种局面的不仅仅是希腊人的阴谋手段，或法国—奥斯曼帝国"联盟"的不测风云，奥斯曼帝国的行政管理从来都乏善可陈。正是在 1669 年①，这个帝国的衰落成为显而易见的现实。在君士坦丁堡做出的决策与在耶路撒冷实际执行的措施之间存在着天壤之别。仅仅因为地处偏远，耶路撒冷的帕夏就享有某种事实上的自治，而且那里的官员和士兵因为薪俸拖欠，已经成了各种诱惑的绝佳对象。

此外，在某种程度上，土耳其人也是以此进行某种报复：如果欧洲人在君士坦丁堡开始扮演帝国宗主的角色，那么耶路撒冷的土耳其人在某种程度上也可以觉得自己是整个基督教命运的主宰……

俄国在 18 世纪摆脱了次要角色的地位，成为一个强国，从彼得大帝到叶卡捷琳娜二世，俄国对奥斯曼施加的压力不断增强，直到 1774 年订立《库楚克—凯纳吉（Kutchuk-Kaïnardji）条约》。这项条约明确宣告了奥斯曼的衰弱，却似乎以非常含糊的措辞给予

---

① 1699 年 1 月 26 日，卡洛维茨条约标志着奥斯曼帝国在奥地利、俄国、波兰和威尼斯联军面前的第一次撤退。

圣彼得堡一种对奥斯曼帝国东正教徒的保护权。为此需要做出一些努力来进行解读，但这有什么要紧？正是在这个时期，奥斯曼的东正教教士开始宣泄他们对拉丁神父的愤怒，这符合俄国的利益；俄国极力以东正教徒的保护者自居，而这些拉丁神父则得到圣彼得堡无可争议的敌人——法兰西王国的支持，尽管是如此遥远的支持。

也是在这个时期，法国与奥斯曼帝国的友谊波澜曲折，为俄国的行动提供了理由：1756 年，法国在与奥地利结盟之后，又与俄国结盟，这怀着何等的利益盘算！这个联盟的大逆转对奥斯曼来说无异于背后插刀。穆斯塔法三世（Mustapha Ⅲ）很清楚该怎样表达他对凡尔赛宫的怨恨：对于自 18 世纪初一直受到严格限制的圣地的希腊人，他立即给予一些新的特权，特别是从 1757 年开始将圣墓教堂划归他们所有。①

当然，当我们深入探究这些数不胜数、无休无止的纷争时，就会对宗教产生怀疑！几个世纪来，所有这些上帝的子民到底为了什么而争斗不休？

他们争斗不休，是为了这个或那个教派能有权利在这个或那个

---

① 圣墓教堂是圣地最古老的基督教建筑，它建于 326 年，由康斯坦丁大帝的母亲、拜占庭皇后海伦提议建造。东正教使用圣墓教堂的起源作为依据来支持他们的诉求，但故意忘记 328 年海伦皇后去世时将这个圣所留给了罗马教会。罗马和拜占庭的最初冲突仅可追溯至 5 世纪。这座教堂在 1009 年被法蒂玛王朝哈里发哈基姆（Hakim）夷为平地，后于 1114 年重建。

教堂里祷告，先于其他教派在其中举行祭礼，合法地拥有一个小礼拜堂或祭台，在教堂里展示自己的宗教仪式物品，悬挂象征其合法权利的一盏吊灯或一幅画，在土耳其人的事先许可下在教堂里建一道墙或修理一个拱顶，① 先通过小的边门，然后通过大门进入教堂，最终禁止其他教徒进入教堂！

震惊的朝圣者们面对的只是吵闹、打斗，甚至骚乱，而作为仲裁者的土耳其人，对这一切抱着看笑话甚至轻蔑的态度，有时赶来在教堂内部用大棒将这些朝圣者驱散！

23

更重要的是，圣地，不仅是对前来提升灵魂使之接近上帝的朝圣者们开放的教堂、一种宗教信仰凌驾于另一种宗教信仰之上的象征，它还是僧侣们在险恶的环境中赖以生存的事业，一种连续供给饭食、住宿、蜡烛、圣像、圣牌、各种饰物的事业，一种贪婪收取赠予、供品与布施的事业。

这是一场利益争夺的混战，所有的交战手段都被允许，更何况各方的上级都不在圣地；作为地区所有者，因而也是秩序维持者的土耳其人待价而沽，耶路撒冷当局随时会因为一些人支付的 500 银币，而放弃执行另外一些人花 2000 银币令君士坦丁堡制定的措施；西班牙和奥地利为了自身利益，凭借各种手段和大把金钱试图获取法国国王对拉丁僧侣的部分影响力；普鲁士和英国则分别自立为犹

---

① 由于基督徒不能在伊斯兰土地上拥有不动产，圣地、土地和建筑物属于奥斯曼帝国政府。基督教神职人员有看管和维护这些不动产的权利，但没有奥斯曼帝国政府的授权，他们不能对其进行建造或修复。

太人和黎巴嫩的德鲁兹人的保护者；最终，俄国不是挑起东正教徒的骚乱，便是毫无保留地支持他们的骚乱，这个导致奥斯曼帝国混乱和解体的因素，对于圣彼得堡的政策却极其有利。

显然，法国，尤其是太阳王的法国，犯了一个战略性错误，甚至几乎未能履行其使命：它原本是所有东方基督徒的保护者，但太过希望成为纯粹的天主教国家，于是因忽略其他教派，而将这些教派拱手置于其他权势的影响力之下。

但有一点法国是无可指责的，即使这并不符合某些作者的理论：的确，不是所有人都给予宗教问题同等的重要性，结果并不总是与付出的努力相称，但法国的历届统治者和历届政府都会在必要时向奥斯曼帝国当局表示抗议，要求他们遵守各项条约，为被剥夺财产或受到欺辱的天主教徒伸张正义。

确实，我们遗憾地看到，连皮埃尔·德拉戈尔斯（Pierre de la Gorce）这样严肃的作者，在这方面都附和那些在克里米亚战争上强烈指责拿破仑三世的一贯的反波拿巴主义者，他宣称"法国长期以来对来自耶路撒冷的怨言充耳不闻"，"直到 1850 年，政府才下决心向奥斯曼帝国当局重申 1740 年的郑重约定"。①

---

① Pierre de la Gorce, *Histoire du Second Empire*, 7 volumes, tome I, Paris, Plon-Nourrit, 1894.

阿德里安·丹塞特（Adrien Dansette）甚至在 1942 年写道："在大革命期间，法国不再承担拉丁人保护者的传统角色……半个多世纪以来，法国外交一直保持沉默；直到 1850 年，在天主教的第二共和国的统治下，拿破仑三世政府才提出迟来的抗议。"（*Deuxième République et Second Empire.*）

事实上，无论在 1740 年之前还是之后，对法国驻奥斯曼帝国大使和公使们的指示都始终强调宗教问题。比如，1747 年至 1754 年在君士坦丁堡任职的阿勒尔伯爵（le comte des Alleurs），被建议在宗教事务上采取"强硬"态度。1755 年至 1768 年，阿勒尔伯爵的后任韦尔热纳伯爵（le comte de Vergennes）上任伊始就被提醒，"陛下的虔诚及其作为教会长子的身份促使他对宗教做出的保护，必须是其驻君士坦丁堡公使们的首要目标"。1768 年上任的圣普里斯特伯爵（le comte de Saint-Priest）则被要求"努力维护供我们行使神圣信仰之用的圣地的所有权。国王曾强烈建议韦尔热纳骑士在从君士坦丁堡卸任之前完成一场特别谈判，其议题是收回希腊人从法兰克修士手中夺走的圣地"。伯爵尤其对君士坦丁堡的亚美尼亚主教会议持戒备态度，该会议"向大公提出动议，要求驱逐所有拉丁人"。1785 年至 1792 年的法国大使舒瓦瑟尔－古菲耶伯爵（le comte de Choiseul-Gouffier）收到提醒，"收复从法兰克修士手中夺走的圣地"的谈判未能成功，因此请他"以最大的关注和坚韧"[1] 来处理这个问题。

公共安全委员会（公安委员会）本身，无论其反教权的立场如何，也明白这里有巨大的国家利益需要维护。德斯科什（Descorches），公安委员会驻奥斯曼帝国的首任大使，在这个问题

---

[1] P. Duparc, *op. cit.*

上得到了明确指示："关于法国大使在与宗教及基督教信仰保护者
身份——我们的大使始终被赋予这一身份——相关的职能上所享有
的特权，公民德斯科什虽然并不过分重视，但仍保留它们赋予他的
25 所有权利，即使只是为了维护法国的大臣们迄今所享有的尊重。"
这些人"在法国的宗教政策虽然不以宽容和克制著称"①，在这个
问题上却极具远见卓识！

　　督政府显示出同样的考量：督政府的大使奥贝尔·迪巴耶
（Aubert du Bayet）将军于 1796 年初到达博斯普鲁斯时，即要求
"恢复法国大使的权利，特别是恢复保护君士坦丁堡及黎凡特港口
城市的天主教堂的权利"②。

　　我们已经看到，革命政府谨慎地避免放弃一项延续数百年的特
权，在其之后，第一执政在 1802 年 6 月 24 日的《法土和平条约》
中加入了条款 2，这项条款完全恢复了 1740 年的《领事裁判权条
约》。1804 年，他又出面干预，将希腊人侵占的客西马尼园归还天
主教徒。

　　1811 年，皇帝拿破仑通过法国大使德·拉·图尔-莫布尔（de
la Tour-Maubour）先生向奥斯曼帝国政府传话：虽然他允许希腊人
修复圣墓教堂三年前被大火烧毁的穹顶，但这并不能给予希腊人他

---

① François Charles-Roux, *France et chrétiens d'Orient*, Paris, Flammarion, 1930.
② 西班牙两次请求共和国给予它接替法国成为圣地保护者的特权，督政府的大臣德
拉克鲁瓦（Delacroix）这样回答戈多伊（Godoy）："一个自由的政府唯恐失去它的所有权
利；但它特别珍惜的是救助和保护的权利。东方的宗教机构将在法兰西共和国及其与奥斯
曼帝国的友谊中获得生计和安宁的保障，这是一个新秩序无法提供给他们的。"他写信给
奥贝尔·迪巴耶，称赞他"保护宗教的热忱……"。

们企求的新权力。① 拿破仑的外交大臣尽管是位还俗的主教，但不停地激发其驻君士坦丁堡的代表的热忱，以"恢复并充分行使……保护黎凡特天主教堂的权利"。

作为狂热的宗教捍卫者，路易十八的政府，以及随后的查理十世的政府，则不放过任何出面干预的机会。

因此，路易十八政府强烈抗议 1817 年苏丹颁布的一项旨令，在当时如日中天的沙皇亚历山大煽动下颁布的这项旨令宣称，圣地既不属于天主教徒也不属于希腊人，而是属于土耳其人。巴黎无法接受将天主教徒与东正教徒相提并论，但与沙皇就此进行的谈判当然不会有任何结果。

至于查理十世，得益于其大使吉耶米诺将军（le general Guilleminot）的积极努力，他成功地为君士坦丁堡受到迫害的亚美尼亚天主教徒讨回了公道，还促进制定了各种行政措施，旨在改善信奉天主教或属于罗马教会的奥斯曼帝国臣民的生活状况。

最终在 1835 年，七月王朝让鲁森元帅（l'amiral Roussin）进行军事干预，他为天主教徒恢复了在阿森松教堂举行祭礼的权利。这座教堂在很久以前落入穆斯林手中，因此一直禁止基督徒入内。此前，在最终于 1830 年 7 月 30 日签订的关于希腊问题的《伦敦条

---

① 大火发生在 1808 年 10 月 11 日至 12 日的晚上。希腊人是否像天主教徒在没有证据的情况下指控他们的那样，在教堂纵火，以获得将其从天主教徒手中夺取过来并加以修缮的权利？不管怎样，他们抓住这次机会毁坏了葬在教堂里的耶路撒冷古代法兰克国王的墓碑，将戈弗雷与鲍德温的遗骸、西班牙费利佩一世的骨灰，以及勃艮第菲利普的心脏随意抛撒。

约》的终场谈判中，路易－菲利普政权说服英国人阿伯丁勋爵
（lord Aberdeen）与俄国人德·利文（de Lieven），使之关注在希腊
天主教徒问题上"法国的特殊处境"，并且同意向希腊天主教徒提
供保障，这些"保障应能替代迄今为止（法国）采取的有利于他
们的行动"。由此，英国，特别是俄国，正式承认了法国一直以来
对奥斯曼帝国的天主教徒行使的保护权。

1847 年，七月王朝的大使布尔克内（Bourqueney）不得不再次
进行干预：前一年的 11 月 1 日，天主教徒在圣墓教堂里已经拥有
不止两个小礼拜堂，希腊人却在建于"伯利恒之星洞"遗址上的圣
诞教堂里窃取了一枚法国"银星"徽章。自远古以来，这枚徽章就
在圣诞教堂里，象征着拉丁僧侣对这块圣地的占有。

表面上看来，这也许是桩小事，但很快就会变成一个决定性
事件。

因为哪个政府会不明白这一点？在皮埃尔·德拉戈尔斯精巧地
称为"争论的微粒"的背后，是大国势力之间的对抗，特别是法国
和俄国势力的对抗，这些势力通过宗教问题牵动大国在东方的政治
和经济利益。

27   当然，在经历了几个世纪的小规模战争后，各种相互竞争的利
益诉求之间的错综复杂关系令人难以进行分析。但法国仍然具有建
立在国际条约基础上的一般权利，只有各方共同达成的协议才能对
其进行质疑，而奥斯曼帝国颁布的有利于希腊人的旨令，从来都只

是其内政管理法令，苏丹可以自行将其撤销。

有人会说，俄国也可以依靠双边外交行动——《库楚克—凯纳吉条约》？但是，这个内容极其含糊的条约丝毫没有提及圣地，除此之外，它是在 1740 年《领事裁判权条约》之后订立的，而该条约从未被废除。（见附录 Ⅱ）

因此，不可能像勒内·吉耶曼（René Guillemin）等人那样，坚持认为俄国享有与法国类似的权利。[1]

此外，法俄两国在奥斯曼帝国发挥或准备发挥的影响力的性质之间没有任何关系。法国的影响从来都只涉及几百名，后来是几千名天主教神父，而且他们通常是意大利人或西班牙人，绝不是奥斯曼帝国的臣民。因此，正如圣普里斯特伯爵所写的那样，对他们使用"保护权"一词是完全"错误的"，他还补充说，这个词"就是为了误导那些不深入研究这个问题的人"[2]。

另外，俄国通过武力或阴谋，试图从土耳其人手中夺走的，是对奥斯曼帝国 1100 万~1200 万东正教臣民行使的真正保护权；很

---

[1] René Guillemin, *La Guerre de Crimée*, Paris, France-Empire, 1981.

[2] 1851 年 11 月，蒂托夫（Titov）在奥斯曼外交大臣阿里帕夏面前惊呼："我看得很清楚，奥斯曼帝国政府的意图是同意给予法国保护权！"阿里帕夏回答道："您错了，涉及的那些耶路撒冷的僧侣并不是奥斯曼帝国的信奉基督教的臣民（Raya），他们是外国人。法国给予他们的保护最多是对外国列强，而不是对奥斯曼帝国施压。"（Dépêche de Stratford Canning à Palmerston du 5 novembre 1851, in *Correspondance respecting the rights and privileges of the latin and greek churches in turkey, presented to both Houses of Parliament by command of Her Majesty*. Publié à Londres par le gouvernement anglais au printemps 1854, Ire partie, doc. No 24.）

简单，由于这些东正教臣民的组织构成了行政和司法级别上的准自治社区，对于奥斯曼帝国三分之一的人口来说，沙皇的主权取代了苏丹在自己国家的主权！

1850 年，第二共和国驻君士坦丁堡大使奥皮克将军（le général Aupick）负责跟进一份档案，我们已经看到，这份档案从来就没有真正封存。有人可能会断言，拿破仑三世只是为了所谓的帝国政策的需要而故意创建了这个档案，比如莫里斯·加科特（Maurice Garçot）的那句"自从他登上了帝国的宝座"① 就暗示了这一点。但路易-拿破仑早在恢复帝制两年多前，就已干预拉丁人的利益，那时他刚刚当选法兰西共和国总统，他的"帝国"前景似乎已经确定。此外，同样在 1850 年，西班牙、皮埃蒙特与那不勒斯王国难道没有公开支持法国的行动？比利时难道没有借机要求君士坦丁堡修护布永的戈弗雷（Godefroy de Bouillon）的墓地，而奥地利难道没有要求遵守它自己与苏丹之间的协议？

因此，必须承认，波拿巴家族的一员进行的这种干预属于法国的历史传统，而不是像人们经常断言的那样，属于拿破仑的思想体系，后者只存在于某些人的头脑中，而且只是一厢情愿的想法。

"和平笼罩着苏丹帝国，甚至敌对的各教会也和平共存，而此

---

① Maurice Garçot, *Sébastopol*, Paris, Berger-Levrault, 1955.

时，法兰西共和国的总统，冷静地、毫无动机地采用了已被遗忘的天主教信仰的事由，开始把它作为一个楔子加以利用，以打破世界和平……"

英国人亚历山大·威廉·金莱克（Alexander William Kinglake）在其享有盛名的著作《克里米亚战争的起源与历史》（*Origine et Histoire de la guerre de Crimée*）中就是以这种充满恶意的措辞来谈论圣地事件的。不幸的是，尽管长期以来最严肃的历史学家对这些谎言进行了批驳，公众还是普遍接受了金莱克的论断。这些论断因发表时间早而享有一种先入为主的特权，而且被所有敌视帝国的作家不厌其烦地重新提起。①

因此，即使在今天，人们仍然特别倾向于认为（法国）"直到本世纪中叶……都采取放任的态度"，"正是由于法国的默许"，东正教徒才享受到他们逐渐获得的利益；人们认为奥皮克将军的指令是要求"严格执行"1740年的条约，而该条约在缔结时只不过是法国"从土耳其人手里夺来的一项特许权"；人们还认为拉丁朝圣者"通常只是带着旅行日志的一群法国游客"；认为法国保护东方天主教的"抱负"可以"追溯到虔诚基督徒国王（Roi Très-Chrétien）的情妇们是虔诚信徒的时期"；认为法国的大使"似乎在强硬指令的授意下……如果谣言可信的话，最先谈到诉诸武力"；

①　这本书是根据英国远征军总司令拉格伦勋爵（lord Raglan）留下的笔记写成的，拉格伦勋爵于1855年6月20日在塞瓦斯托波尔被围期间死于霍乱。卡米尔·鲁塞（Camille Rousset）在其非常经典的《克里米亚战争史》（*Histoire de la guerre de Crimée*，Paris，Hachette，1877，2 vol.）中提到了这本书的存在，但没有提及作者的名字，他只是遗憾"拉格伦勋爵的文稿落入如此心怀叵测之人的手里"。

他们最终认为，正是拉丁僧侣们对"拥有伯利恒教堂正门钥匙，而不是满足于侧门钥匙"的要求，长期以来令问题难以解决，并导致了军队的出征以及舰队的威慑举动。

所有这一切确实与拿破仑三世的黑色传说极其"贴合"，因此不可能不留下深刻的印迹。

但是！

1850 年 5 月 28 日，当奥皮克将军在君士坦丁堡向奥斯曼帝国外交大臣阿里帕夏（Ali-pacha）递交了一份照会，为天主教徒们追讨布尔克内三年前未能获得的补偿时，天主教徒们持续不断的抱怨中又多了一个新的复杂问题，即伯利恒银星被偷事件，这一事件的象征意味过于重大，因而不可能不产生严重后果。

法国自然援引 1740 年条约，但正如法兰西共和国总统在次年议会复会时所言，法国要求的，不过是"一项交易，它可以终结经常因圣地所有权而产生的可悲的纷争"。的确，1848 年 12 月天主教徒以压倒性多数投票给他，如果路易-拿破仑放弃法国在东方的传统政策，他们是不会理解的。

但也不能为了赢得法卢（Falloux）与蒙塔朗贝尔（Montalembert）的多数派，而试图剥夺希腊人自 16 世纪以来积累的众多利益。因为很明显，在这种情况下，至少在某种程度上，占有可以带来名分。因此，法国大使的语气虽然恰如其分地坚定，却谦恭有礼，毫无威胁意味。他所希望的是，为了相关各方的利益，最终"结束反复出现的难题，让这个难题永远延续下去不符合任何一方的利益"。

此外，对驻君士坦丁堡法国外交官语言强势的指责，无论是真 30
实的还是想象的，都是错误的：长期以来，君士坦丁堡陷于强国之
间各种相互矛盾、错综复杂的要求之网中，只有在压力甚至是威胁
下才会顺从，而威胁恐吓正是俄国人的专长。俄国外交官德·布特
维耶夫（de Bouteviev）会说："俄罗斯在君士坦丁堡的角色比人们
普遍认为的要简单得多：那就是永远成为奥斯曼最大的朋友或最大
的敌人。"其他强国怎么就不该或多或少地提高自己的声调，以免
被完全排挤出局呢？

因此，在 1850 年的 5 月底，土耳其人倍感为难：怎样才能满
足法国这个灾难发生时可能需要的朋友，而不惹恼俄国这个一向多
疑、很可能招致灾难的潜在敌人？所以，从搪塞推诿到各种遁词，
从外交旅行到宗教节日，君士坦丁堡尽其所能地回避问题，直至最
终决定任命一个伊斯兰—基督教联合委员会，该委员会从 1851 年 7
月 1 日开始工作，在秋天出乎所有人意料地推出了一项协议草案。

这项协议草案对于天主教事业来说只成功了一半，其所有诉求都
远未得到满足，但这毕竟是双方希望的一项交易，也是双方达成的一
项交易，将近 18 个月的东方式的讨论已经令巴黎的内阁疲惫不堪，
何况还有很多其他议题需要关注，于是，内阁批准了这项草案，并委
托奥皮克将军的继任者德·拉·瓦莱特先生尽快商定协议。

但这一切没有考虑到俄国，而俄国始终保持警惕，并且经常有
特工提供情报。驻君士坦丁堡的俄国大臣蒂托夫看到交易就要达

成，急忙赶到阿里帕夏的府邸，直截了当、气急败坏地说："任何
违反现状的行为都将被我主认为是对其尊严的侮辱！"10 月 28 日，
加加林亲王（prince Gagarine）向苏丹转交了一封沙皇的亲笔信，
这封语气专横、令人不安的信引起了奥斯曼政府大臣的恐慌，因为
它唯一的要求就是立即停止与天主教徒的谈判。

　　正是尼古拉一世对巴黎与君士坦丁堡之间这场谈判的亲自干
31　预，真正开启了圣地的危机。

　　事态令土耳其人感觉受到了侮辱，尤其是这些事件与他们并无
直接关系，对他们来说，这次事件实际上可归结为一个令人焦虑的
问题：法国和俄国，哪个最令人恐惧？

　　于是，奥斯曼帝国政府借口需要进一步的信息，选择召集第二
个委员会——这个委员会的成员全部是穆斯林——以便进行一项极
富东方特色的活动；自从奥斯曼帝国失去了往日的强盛，政府就擅
长这项活动：给一些人面子上的满足而又不触怒另一些人。

　　就是在那时，仅仅在那时，此前一直"甜言蜜语"——用他自
己的话来说——的法国大使开始变得言辞"激烈"：刚刚结束冗长
会谈的瓦莱特会不会看到他的"佩内洛普之毯被重新拆开了"①，
就像他给图弗内尔的信中所写的那样？

---

　　① "佩内洛普之毯"是法语习语，其起源可以追溯到希腊神话中的奥德赛。佩内洛
普是尤利西斯的妻子，由于丈夫长期未归被认为已经战死，佩内洛普承诺在编织的毯子完
工后再婚。但她仍然爱着尤利西斯，因此每天晚上拆掉毯子第二天重新开始编织，这是她
拒绝求婚者的一种方式。后来这个典故被用来比喻永远无法完结、不断重新开始的工
作。——译者注

对法国大使来说，幸运的是，来自法国的消息给了他意想不到的支持：政变成功了，1851 年的全民公决对总统来说是一场胜利，很明显，法国将再次成为一个不可忽视的强国。因此，1852 年 1 月 26 日，轮到阿里帕夏"甜言蜜语地"向瓦莱特透露"一切都安排好了"。

接下来的 2 月 8 日，被认为可以调停各方的旨令切实地颁布了。

然而，这项旨令给予天主教徒的只是纯粹形式上的满足：承认他们在客西马尼的圣母教堂举行礼拜的权利，以及保留伯利恒的圣诞教堂两道边门钥匙的权利，并承诺将正门的钥匙也交予他们。此外，据称丢失的银星将被找回并重新安置于伯利恒。但作为交换，此前确保他们一年一度在阿森松教堂举行礼拜的专有权利被取消，穆斯林现在主持着阿森松教堂，他们允许天主教徒进入教堂：从今往后，希腊人享有与天主教徒同等的进入圣所的权利。天主教徒过去拥有的专有权利没有任何一项归还给他们，更重要的是，这项旨令丝毫没有提及法国的历史权利，而那是天主教徒的诉求的法律依据。

因此，与当时的状况相比，他们获得的仅有的两项利益就是：在圣母墓教堂举行礼拜的权利，以及拥有伯利恒教堂正门钥匙的权利。但是，除了 1740 年的条约已经承认他们拥有这些权利之外，伯利恒教堂钥匙的移交甚至没有给予他们在这座教堂举行礼拜的权利，英国临时代办罗斯上校在给英国政府的信中写道："事实上，

32

移交钥匙算不了什么；它没有给予天主教徒在教堂里举行礼拜的权利，它只是允许他们进入教堂下面基督诞生的山洞，天主教徒在那里有两个圣所：马槽与东方三博士的洞穴。"

至于法国临时代办萨巴捷（Sabatier），他在 5 月 5 日给图弗内尔的信中写道："第一个特许是虚幻的，第二个特许是可笑的！圣母墓在城墙外 5 分钟路程的地方，我们的教徒想去那里时将会受到各种侮辱……在伯利恒，我们会得到教堂钥匙，但大门也会一直关闭。"

事实上，在耗费了大量精力之后，成果却是微不足道的，尽管瓦莱特在君士坦丁堡被完全孤立，其观点却与其大臣和拿破仑三世的观点一致：这场关于圣地的争论跌到了外交谈判的冰点，除了结束，不再值得采取任何行动，即使法国只是从中得到一种原则上的满足。

在博斯普鲁斯海峡，法国大使没有炫耀胜利，2 月 15 日他在给图弗内尔的信中写道："我无须告诉您，旨令颁布一周后，我做出了低调的姿态，没有在街上悬挂彩旗！但是，我们对手的喊叫声让人以为我们取得了比实际情况更全面的胜利。"

不幸的是，在巴黎，瓦莱特的朋友们要为他吹嘘胜利：天主教报界，特别是《争论报》（Débats）——社长阿尔芒·贝尔坦（Armand Bertin）是大使的一位密友——竭力夸大他取得的微薄利益。

这场非常不合时宜的宣传触怒了沙皇，激起了东正教徒的怒火，起到了火上浇油的效果。佩尔西尼写道："神职人员的小圈子像赢得了一场国家胜利那样为一个幼稚的成功而扬扬得意。"①

对那些头脑最清醒的人来说，形势实际上令人心酸，萨巴捷写道："我们被打败了，却很开心。"他痛苦地看到权势显赫的英国大使斯特拉特福德·坎宁（Stratford Canning）站在"那些取笑我们的人的最前列"。

但是，这一切都必须结束了：当奥地利代理大使对自己强大的天主教对手的不幸幸灾乐祸时，当英国大使像讥讽"僧侣们的争吵"一样讥讽法国不可救药的"荣誉本能"时，瓦莱特对 2 月 8 日的旨令表示了赞同，并于 3 月 15 日外出休假，准备像过去那样让教皇和修士、土耳其人、俄国人、希腊人与拉丁人统统都去见鬼。②

然而，在敌对的阵营里，人们觉得掌握了一个期待已久的机会：法国大使刚离开博斯普鲁斯海峡，东正教徒与俄国人的联合行动迫使奥斯曼帝国政府发布了一项与 2 月 8 日的旨令相反的旨令！之前承认天主教徒享有的可怜权益被取消了，形势又回到了奥皮克将军时期的状态。东正教徒要求在耶路撒冷公开宣读对他们有利的旨令。这道程序并非惯例，其目的只能是羞辱巴黎，而天主教徒将奋力争取让这项旨令只被记录在案，而不被公开宣读。

①　Persigny, *op. cit.*
②　英国大使和英国公众舆论很快忘记了 1844 年普里查德事件在他们的国家引发的狂热，那次事件几乎导致了对路易-菲利普的法国的战争。这一切都是因为，在塔希提岛，法国天主教传教士试图"诱拐"英国牧师的教徒。

妥协终将达成：旨令将在耶路撒冷的帕夏、主教、一些官员与外交官组成的有限的听众面前宣读。希腊人会就此罢休吗？谈判还得进行：天主教徒可以在圣母教堂举行礼拜，但"不能对场地现状进行任何改变"，这使得他们无法在一个分立派教堂的祭坛上举行礼拜。同样，他们也会得到伯利恒教堂的正门钥匙，但阿菲夫-贝伊帕夏（le pacha Afif-bey）明确告诉他们，那把钥匙他们一年只能用四次。

夏天，休假回来的瓦莱特明白过来他被耍了。8 月 25 日，他写信给图弗内尔道："今天，雷希德帕夏（Rechid-pacha）亲口给我提供了证据，阿里帕夏在发布 2 月 8 日照会的同时也拟定了为希腊人发布的旨令。他亲口承认，他把照会传达给俄国人，却向我们隐瞒了为希腊人发布的那道旨令。"

34　　在谈判的最后阶段，外交大臣德鲁安·德·吕（Drouyn de Lhuys）向英国驻法大使宣称：如果奥斯曼帝国政府发表一份声明，保证在发布"希腊旨令"的同时无意背弃对法国所做的承诺，[1] 他就满足了。在关于这道旨令的宣读问题上，瓦莱特已经向福阿德-埃芬迪（Fouad-Effendi）保证"他会在这个问题闭上眼睛，不让它成为与君士坦丁堡发生争执的议题"[2]，总之，瓦莱特最终放弃要求一项连科普特人和阿比西尼亚人都在圣母教堂内拥有的权利：在其中

---

① Cowley à lord Malmesbury, *Correspondance. . .* , *op. cit.* , 1re partie, doc. n°43.

② Rose à lord Malmesbury, *op. cit.* , 1re partie.

拥有烛台灯和圣像的权利。如果考虑到上述这些情况，我们只能承认：在整个事件中，"将和解精神发挥到极致是法国政府的荣誉"①。

因为最终，法国没有像瓦莱特在 8 月所说的那样，要求得到"根据条约天主教徒有权得到的圣所的十分之一"。法国几乎没有得到它要求的任何东西，特别是 1740 年条约作为天主教徒的权利依据未能得到承认。

但天主教徒或多或少地能在圣母教堂举行礼拜，还能每年四次打开伯利恒教堂的大门，这些足以激起东正教徒的怒火，因此在 1852 年的这个夏天，巴黎决定着手替换瓦莱特，唯一的目的就是通过对圣彼得堡进一步的让步来平息局势。德鲁安·德·吕在给卡斯泰尔巴雅克将军的信中写道："调离我们的大使就能减少一个令人恼怒的因素。恕我直言，我们同涅谢尔罗迭先生一样，对报纸上发表的吹捧瓦莱特侯爵的文章感到生气。我们可以非常真诚地告诉您：我们不想进行对抗。如果我们不是有所承诺，我们不会主动挑起这个事件。"因为法国驻俄国大使有理由对他的所见所闻感到担忧，他在 3 月 31 日给图弗内尔的信中写道："整个事件在俄国公众舆论中引起了极大的不满和骚动，尽管他们通常并不关心政治……"

在危机的这个阶段，仍有一个应对之策：俄国沙皇与路易 - 拿破仑·波拿巴之间直接达成和解，1852 年 12 月 2 日，后者刚宣告为法国皇帝，称拿破仑三世。

情势难道不正朝着这个方向发展吗？ 1853 年 1 月 16 日，尼古

35

---

① Pierre de la Gorce, *op. cit.*

拉一世在圣彼得堡接见卡斯泰尔巴雅克时告诉他，他很高兴看到"外交议定书事务终于完成"①，并且收到拿破仑三世一封亲笔信，信中就圣地问题向他做了"友好而值得信赖的解释"。

然而，尽管沙皇宣称"赞成和解"，实际情况却截然不同：俄国皇帝仍在追求实现二十年来他为之历尽风险的宏伟蓝图，他决定究诘前一年发生的种种事件，究诘奥斯曼帝国外交大臣福阿德-埃芬迪拒绝下令公开宣读"希腊旨令"，究诘最终给予天主教徒的可怜的特许。谈到苏丹时，他说"陛下对他食言了"，这一冒犯需要补偿。1月14日，涅谢尔罗选以极其平静的语气致信布吕诺男爵（le baron de Brünnow）："就这样，损害已经造成，现在是修复它的时候了。东正教徒的豁免权被侵犯，苏丹向皇帝郑重许下的诺言也被违犯，这一切都需要补偿。"

他又极尽刻薄地补充道："火炮曾被称作国王们最后的手段。法国政府做出了表率。这就是他一开始据此宣称要在的黎波里和君士坦丁堡采取行动的手段。尽管我们有合理的申述对象，并且可能要等更长的时间才能得到补偿，我们还是会采取一种不那么仓促速决的态度。"②

---

① 这是巴黎与圣彼得堡之间就法国新皇帝选择的拿破仑三世的头衔而交流的一些动听而带刺的话。

② 在这一点上，俄国首相完全刻意地将不同事件混为一谈。事实上，当三色旗重获尊重的时候，两名在奥斯曼军队服役的法国人拒绝了强加给他们的叛依伊斯兰教的要求，因而被关押在的黎波里。拿破仑三世在要求释放法国侨民未果后，于1852年7月派遣了一支小型舰队前往利比亚海岸，以开炮轰炸相威胁，最终令两名法国人得以获释。涅谢尔罗选很可能也想到了同年春天发生的查理曼事件，但那次事件绝非巴黎方面的威胁或施压。

　　然而在 1853 年的 1 月间，西方国家的总理（首相）们收到了令人不安的消息，称俄国军队将补充军备，并向多瑙河公国调集军队。①

　　2 月 8 日，基塞列夫（Kissélev）在巴黎向外交大臣德鲁安·德·吕宣称沙皇准备向君士坦丁堡派遣一名临时大使，负责一劳永逸地"完成"圣地事务。但如何完成呢？这位俄国外交官无法做出具体说明。第二天，在回答英国驻圣彼得堡大使提出的同样问题时，涅谢尔罗迭回答说，这位谈判代表"将在现场予以告知，因为很难具体说明保证给予希腊人的权利在多大程度上受到了侵犯"。

　　沙皇的临时大使缅什科夫亲王于 2 月 11 日离开俄国首都。帝国总理府反复强调，他携带的指令"都是和平的"。那么，为什么俄国军队现在集结在摩尔达维亚边境呢？商贩和穿越摩尔达维亚的旅行者已经证实了这一点。特别是，该如何解释他们选择尊贵的芬兰海军上将——海军大臣兼总督殿下——这样一位权势显赫而且以举止粗暴著称的人物来解决一桩如此微不足道的事件呢？②

　　无论如何，巴黎不希望君士坦丁堡成为法俄对峙的决斗场，拿破仑三世让拉库尔（Lacour）③ 取代了瓦莱特。

────────────

　　① 他们是丹嫩贝格的第 4 军团和吕德斯的第 5 军团，总共约 15 万兵力。

　　② 亚历山大·缅什科夫亲王生于 1789 年，据说是著名的丹尼洛维奇·缅什科夫的曾孙。在成为彼得大帝的宠臣并获得最高职位前，丹尼洛维奇·缅什科夫曾在莫斯科沙皇宫殿门前卖小馅饼。1828 年俄土战争时亚历山大·缅什科夫任多瑙河军队总司令，在围攻瓦尔纳时受了重伤：当他停下来抽烟时，一颗子弹从他叉开的双腿之间穿过，伤到了他身体最肉质的部分。知名的闵希豪森男爵的这位不幸的效仿者后来经常说："骑在一颗子弹上并不是没有恶果的。"

　　③ 始终消息灵通的金莱克称他为"拉图尔先生"。

英国采取了同样的息事宁人的态度，允许他们自己的大使安心地去度假，因此沙皇特使面前的土地仍是自由的，因为法国和英国在博斯普鲁斯海峡上的代表只有他们的公使馆秘书贝内代蒂（Bénedetti）和罗斯上校。然而，两国政府的动机并不相同：法国想显示其和解的愿望，而此时的英国则觉得事不关己，主要是想避免激怒俄国。

因为前一年的 12 月 16 日，对巴黎怀有好感的德比勋爵（lord Derby）内阁遇到了一个平常的财政问题，十天后，一个毫不亲法的联合内阁取代了德比勋爵内阁：亲俄的阿伯丁勋爵（lord Aberdeen）成为英国首相；约翰·罗素勋爵（lord John Russell）负责外交事务，2 月 21 日他被克拉伦登勋爵（lord Clarendon）取代；法兰西帝国唯一的朋友，帕默斯顿勋爵（lord Palmerston）则被排挤到内政部。

37

总的来说，英国人对几个星期前在英吉利海峡对岸宣告成立的第二帝国满怀戒备。

然而，英国内阁表面上的平静，英国外交官在人们谈及沙皇时所说的安抚之言，英国内阁坚定地拒绝分担拿破仑三世政府的不安，在巴黎，人们不明白这些意味着什么……①

2 月 28 日，缅什科夫亲王在君士坦丁堡下船，受到成千上万聚集在码头上的狂热希腊人的欢迎，亲王后面的随行人员主要由穿着五

① 然而，按保卫塞瓦斯托波尔的英雄、俄国将军托德莱本的说法，1853 年的头几个月是"西方列强准备战争并安排进攻计划之时"。*Défense de Sébastopol*, tome I, 3 vol., Saint-Pétersbourg, 1863.

颜六色制服的军人组成，显示着君王的气派。不久之后，黑海舰队总参谋长、海军少将科尔尼洛夫（le vice-amiral Khornilov）与比萨拉比亚的军队参谋长尼卡波钦斯基将军（le général Nikapotchinski）也加入了他们的行列。途中，缅什科夫在敖德萨对军队进行了巡视，检查了停泊在塞瓦斯托波尔港的舰队。

整个 3 月，围绕着这项奇特的外交使命，气氛日益变得沉重起来，更加奇怪的是，俄土会谈的主角们对会谈内容秘而不宣。面对罗斯或贝内代蒂的提问时，缅什科夫几乎只是以讽刺之言或俏皮话进行回答——在圣彼得堡，他以擅长说讽刺俏皮话著称，而奥斯曼帝国的大臣们则固守着一种近乎恐惧的沉默。这些都足以令西方使馆的代办们，开始向他们的政府发送越来越多令人不安的消息。

3 月 23 日，法国地中海舰队离开土伦港驶往萨拉米斯湾（baie de Salamine）停泊，似乎是为了平衡俄国军队在摩尔达维亚边境的集结。但在英国，尽管金融界和商界对此表示担忧，内阁仍然表现出同样的略带轻蔑意味的平静。克拉伦登评论道："德鲁安·德·吕是一个非常平庸无能的大臣。"① 3 月 23 日的《泰晤士报》则写道："所有这些担忧都毫无意义。我们确实无法理解罗斯上校的恐惧。"

一向警觉的英国难道失明了吗？

特别是 4 月初，拉库尔与斯特拉特福德上任伊始，就认清了局

38

---

① 格勒维尔勋爵在其《回忆录》中引用过此话。*Mémoires*，Londres，Longman，1897－1903.

势并立即意识到事态的严重性。在二十年的时间里，英国人已经成了熟知东方现实的精明行家，对英国人来说，彻底解决引发这场危机的圣地问题已经变得刻不容缓。也许应该相信，双方的立场并不像圣彼得堡所说的那样相距遥远：经过几天的谈判，拉库尔与缅什科夫于 4 月 22 日达成协议，似乎终结了三年的激烈对抗。

因此，天主教徒将能使用他们的敬拜器具在圣母教堂里举行礼拜，但仅仅位列第三——在希腊人与亚美尼亚人之后，每个教派有一个半小时的时间。然而希腊人并未得到任何优先照顾，他们之所以排在第一，仅仅是因为在整个东方，人们都习惯在清晨祈祷。

因此，天主教徒保管伯利恒教堂的大门钥匙，但根据约定，这把钥匙只允许他们进入圣所，而他们不能在希腊人眼皮底下关闭圣所。

因此，为了显示公平与慷慨，教堂的看门人将是希腊人，但他无权阻止天主教徒进入教堂……

5 月 4 日，苏丹批准了协议文本，各方都很满意，圣地之争似乎终于解决了。

但是，在博斯普鲁斯海峡两岸，有谁不知道基督徒们代代相传的那个古老预言呢？根据这个预言，在拜占庭的废墟上建立起来的奥斯曼的王位将恰好在八个世纪之后坍塌。因此，正是在 1853 年，土耳其人将被赶出君士坦丁堡，"被丢弃到亚洲"① ……

---

① 的确，欧洲只有 300 万土耳其人，但似乎没有人担心，在这个世界末日假设下，生活在安纳托利亚的 300 万基督徒将会有怎样的命运。

圣地之争结束了。

东方的战争可以开始了。

因为法国人的皇帝肯定不会再像十年前，当他还是囚禁在哈姆堡（fort de Ham）的路易－拿破仑亲王时那样，发出这句感叹："俄国想要君士坦丁堡，那就把帝国的这块残骸给它!"①

缅什科夫的使命

1853 年 2 月 28 日在君士坦丁堡登陆的俄国"谈判代表"，光是宣布其身份就足以引起人们的担忧。众所周知，缅什科夫身上让沙皇欣赏的更多的是他粗暴的举止，而非他机智的应答。他曾在波斯执行大使任务，难道不是导致了一场战争，使波斯国王失去了他所有的亚美尼亚省份吗？最重要的是，如何相信尼古拉一世派帝国最显赫的人物之一去君士坦丁堡，仅仅是为了讨论圣母教堂的饰物或伯利恒教堂看门人的教派？

依照圣彼得堡精心安排好的礼仪规格给予他的隆重欢迎、亲王周围的浮华盛况和军事排场，这一切难道都没有用意吗？再明显不过了，这一切是为了震慑这些"可怜的土耳其人"，就像尼古拉一世喜欢反复说的那样，缅什科夫会以一位愤怒的封建君主的代表身

---

① 路易－拿破仑在囚禁中写的一篇文章：《法国在欧洲必须发挥的作用》（Rôle que doit jouer la France en Europe），拿破仑亲王档案。阿德里安·当塞特引用，*Louis Napoléon à la conquête du pouvoir*, Paris, Hachette, 1961。

份出现在这些土耳其人面前；这一切也是为了激起奥斯曼帝国东正教徒的狂热，缅什科夫对他们来说代表着期待已久的救世主。

所以，很快地，基调定下来了。

传统上，奥斯曼帝国礼仪严苛，它要求每一位新任大使，无论是常任大使还是临时大使，到任时首先晋见帝国首相，然后是雷**40**斯-埃芬迪（réis-effendi）①，即外交大臣。因此，缅什科夫3月2日前往奥斯曼帝国中央政府，与帝国首相进行了简短的交谈。但他也许认为不值得穿着盛装制服去见这位对话者，因为他只穿了一件普通的礼服。更重要的是，之后他没有去福阿德-埃芬迪的府邸，尽管那里的内宅已经做好准备，官员与警卫列队迎接他的到来，但他倨傲地从敞开的门前走过，一言未发，甚至都没看上一眼，径直回到下榻的公馆。②

劈在政府宫殿上的闪电也不会比此举对于外交礼节、外交大臣及奥斯曼帝国的史无前例的冒犯更令人震惊！否则，一个世纪前就向俄国宣战了。但时代已经变了，苏丹没有把这个胆大妄为的来访者扔进七塔寺，而是"接受"了一位大臣的"辞职"，这位大臣关于圣地的政策犯下了触怒俄国皇帝的错误。里法特帕夏（Rifaat-

---

① 雷斯-埃芬迪是奥斯曼帝国行政管理中的一个高级职位。该职位可被翻译为"文士长"或"书记长"，其任职者最初是帝国议会部的负责人，它后来演变为类似于外交大臣的职位。——译者注

② 第二天，他在给苏丹的一份照会中解释说，他拒绝与"一个无信义的大臣"商谈。

pacha）接替了福阿德-埃芬迪，而关于这一前所未闻的事件的消息
则很快就传遍了整个城市……

在两个星期的时间里，缅什科夫亲王几乎没有离开他下榻的佩
拉宫酒店（hôtel de Péra），听任各种谣言和猜测满天飞，更重要的
是，很多旅行者已经证实了比萨拉比亚令人不安的军事备战。

那么，他来这里到底是为了什么奇特的"外交使命"呢？他派
先前纳瓦林战役的英雄科尔尼洛夫海军上将（l'amiral Kornilov）去
希腊与奥托国王（le roi Othon）商谈，大家都知道奥托国王完全站
在俄国这一边。但谈什么呢？谈阿梅莉王后（la reine Amélie）那
个众所周知的梦吗？她已经把自己想象成一位定居在博斯普鲁斯海
峡岸边的贝希克-塔什宫（palais de Béchik-Tasch）里的东方皇后。
他派密使到奥斯曼帝国各地去探询信仰东正教的奥斯曼帝国臣民的
"需要"。但以什么名号呢？他唯一一次同意穿上盛装，是为了去拜
访一位失宠的大臣——霍斯鲁帕夏（Khosrew-pacha），此人曾经是
《温卡尔—伊斯凯莱西条约》（Unkiar Skéléssi）的谈判代表、俄国
联盟的长期支持者……

罗斯和贝内代蒂的直线上级都不在君士坦丁堡，他们试图从亲
王那里获取一些关于他寻求的目标的信息，都未能成功。谜团仍未
得到任何破解，而各国外交使馆的担忧则与日俱增。英国使馆代办　41
坚持要知道俄国军队在比萨拉比亚集结的原因，缅什科夫亲王冷笑
着回答道："我们担心奥马尔帕夏（Omer-pacha）会在奥地利和各

公国发动革命战争，传播马志尼（Mazzini）的思想学说！"①

　　直到 3 月 16 日，这位令人不安的北方来客才开始透露他的想法：里法特帕夏接见他时，他含糊其词地谈到应该给予君士坦丁堡的希腊长老的"独立保障"。他的要求没有得到回应。五天后，在奥斯曼帝国首相面前，他似乎又设想了一个"外交公约"，规定将从天主教徒手里收回伯利恒教堂的正门钥匙，像过去一样禁止天主教徒进入圣母教堂。这项要求依然没有得到回应。3 月 31 日，他又提到有必要在《库楚克—凯纳吉条约》中追加一项条款。但与此同时，他不是还要求——尽管没有得到对话者更多的回应——罢免希腊长老，允许黑山独立，解除一位在他看来极其反俄的塞尔维亚大臣的职务吗？缅什科夫亲王到底想要怎样？他是否至少有一项策略？这种显而易见的思想混乱，实际上不正暴露了他对自己的恐吓手段收效甚微而产生的某种惶惑不安吗？毕竟，他的任何要求始终都没有得到任何答复。亲王不正是因为开始感到心虚才说话更加大声吗？

　　但没有人真正思考这个问题：在君士坦丁堡的这一个月，通过他的含糊其词、他一直保持的高傲语气、他对谈话绝对保密的要求，俄国的"谈判代表"最终在其周围散布了恐怖情绪。

　　对土耳其人来说幸运的是，在 4 月初，他们的守护天使，英国的斯特拉特福德·坎宁——此时已成了斯特拉特福德·德·雷德克

---

① 在这一天，奥马尔帕夏带领着一支土耳其军队，对黑山叛乱分子进行干预。

利夫勋爵（lord Stratford de Redcliffe）——与法国的拉库尔重新回到他们在佩拉宫的工作岗位。很快，英国人就意识到伦敦内阁对事态的看法是错误的，罗斯之前于 3 月 7 日写给约翰·罗素的信中丝毫没有夸大其词："缅什科夫的使命引发了人们对于土耳其的独立，也许是存在的严重担忧。"

然而，这个警告没有被听到。整个 3 月，伦敦似乎已经退出了东方的游戏，佯装将其全部的信任给予"这位杰出君王的克制与智慧，无可否认，在此之前的一些情境下，欧洲秩序与和平的维持主要归功于他"①。这就是，用帕默斯顿的话来说，"除迪斯雷利（Disraeli）之外下院最聪明的人"组成的内阁的全部能力吗？

3 月 2 日，《泰晤士报》率先发表声明，反对"为维护奥斯曼帝国领土完整而进行的任何轻率的十字军东征"。几天后，马耳他舰队接到命令，对罗斯上校的呼吁不予回应，他在 3 月 5 日要求马耳他舰队进入士麦那（Smyrne）水域。克拉伦登勋爵言辞动听地安抚焦虑不安的瓦莱夫斯基（Walewski），而俄国驻英大使布吕诺同样对法国大使进行安抚，再次宣称俄国只是在寻求一项体面的交易，并且打算让圣地的天主教徒"享有 2 月 8 日的旨令承认的一些利益"②。

《泰晤士报》的很多文章似乎完全符合沙皇的论调，因此 2 月 28 日的《两世界杂志》（*Revue des Deux-Mondes*）明确地提出了问

---

① Le *Morning Post* du 21 mars 1853.
② 1853 年瓦莱夫斯基给图弗内尔的信。

题："一段时间以来，英国最重要的报纸以如此奇怪的逢迎态度大量发布的这些强劲声明，其秘密何在？英国是否认为它可与奥地利和俄国协商，以确保后者占有君士坦丁堡？"

在圣彼得堡，一个非同寻常的事件引起了法国大使的疑虑：沙皇邀请汉密尔顿与西摩夫人（Lady Seymour）共进晚餐，一时间卡斯泰尔巴雅克在寻思，这种违反礼仪的举动是否会让人猜测——正如他在给巴黎的信中写的那样——"英国与俄国之间的一项秘密协议"。但是，将军很快就平静下来，认为"汉密尔顿爵士作为将军"理应得到沙皇"每天的"善意关怀，这一邀请不过是"尼古拉一世兑现这种关怀的唯一手段"而已。①

然而，尽管卡斯泰尔巴雅克是位敏锐的观察者、富有才智之人，他的性情却过于坦诚直率，无法参透尼古拉一世神秘主义的、近乎东方式的灵魂。开始他不是以为俄国在南方集结军队的目的是——就像别人对他说的那样——建立一条卫生警戒线，以对抗波斯暴发的霍乱吗？而后他不是又以为，军队的集结是为了支援莱宁根伯爵（comte de Leiningen）在君士坦丁堡关于黑山的任务吗？如3月31日涅谢尔罗迭对他所言，那是"我们能够预见的唯一的战况"……

在帝国恢复后的头几个月里，巴黎持续关注着君士坦丁堡发生的事件。当俄国全权代表抵达博斯普鲁斯海峡时，巴黎开始担忧，

① 1853年卡斯泰尔巴雅克给图弗内尔的信。

决心不让局势恶化。正如我们看到的那样，如果说"在圣地事件上表现出最大的和解精神是法国政府的荣誉"，那么很早就看清局势，而且没有在将要采取的措施前退缩也算是它的功绩。

法国政府有充足的理由保持警觉：都知道奥斯曼帝国再次经历的危机也是它经历过的最严重的危机。都知道苏丹阿卜杜勒-迈吉德（Abdul-Méjid）违反惯例地放他兄弟阿卜杜勒-阿齐兹（Abd-ul-Aziz）一条生路，实际上是帮老土耳其人在其周围建立了一个阴谋策源地，这些人希望一劳永逸地消除改革的微弱希望。瓦利德苏丹（Validé）难道不该把她的床横在苏丹的门前，以保护她的某个儿子不受另一个儿子的伤害吗？

众所周知，这个国家正处于全面的金融溃败之中，最近几个月采取的措施都是朝着最反动的方向实施的：他们拒绝西方的贷款，宁愿将外国船只排斥在博斯普鲁斯海峡的服务范围之外，或禁止外国货币在欧洲的流通。

人们还知道，在国外，同样的原因产生着同样的结果，奥斯曼帝国政府为了镇压黑山叛乱而发动一场军事远征是非常昏聩的，因为帝国不再拥有强力政治的财力。在奥马尔帕夏的命令下，苏丹政府确实在波斯尼亚集结了一支军队，但面对奥地利的敌对态度，这支军队没能发动进攻。弗朗茨-约瑟夫的一位临时特使莱宁根伯爵，甚至突然抵达君士坦丁堡，根据《维也纳公报》的说法，他肩负一项"和平与调解的"使命，而这实际上是为了发出一项简单纯粹、无法违抗的最后通牒。

瓦莱特在 2 月 15 日给图弗内尔的信中写道："暴风雨已经过去了，不幸的土耳其人在灌木丛中留下了几片羽毛。"这是苏丹本可

44 以避免的又一次羞辱！①

在巴黎，人们清楚地看到，东方问题可能会进入一个危急阶段：奥斯曼帝国不会解体吗？

3 月 15 日，图弗内尔写信给卡斯泰尔巴雅克说："我担心涅谢尔罗迭伯爵没告诉您全部真相。瓦莱特先生刚刚抵达，他对奥斯曼帝国的描述令人震惊。稍微一点撞击都可能导致大厦崩塌。我们将敦促拉库尔先生尽快启程，但他很难在 4 月初之前到任。"② 同样在 1853 年 3 月 15 日这一天，涅谢尔罗迭写信给基塞列夫，说他热情接受了法国刚刚向他发出的提议，即共同审查 1852 年 2 月 8 日的旨令给予瓦莱特的特许权的细节，以便俄国人和法国人之间能够诚实地评估这些特许权的真实范围……

3 月 21 日，拉库尔离开巴黎时，德鲁安·德·吕写信给他驻圣彼得堡的大使："缅什科夫亲王的态度足以表明他不是来谈判，而是来发最后通牒的……令人担心的是，圣彼得堡内阁决意对苏丹政府施加压力，如果苏丹政府屈服于这一压力，它会失去它仅存的一点威望，如果苏丹政府试图抗拒这一压力，它将面临不可估量的

---

① 这个先例对圣彼得堡具有丰富的启示性，以至人们不禁会想，莱宁根伯爵的使命是不是俄国人要求的一种"考验"。缅什科夫确实紧跟莱根伯爵来到君士坦丁堡，在那里说了同样的话。

② 法国新任驻君士坦丁堡大使于 3 月 11 日任命。在此之前，他是驻维也纳大使，布尔克内男爵将在那里接替他。

危险。"

在巴黎，政府想要实施的是一项明确而积极的政策，第二帝国初期，这项兼具理想主义与现实主义的政策中还没有宏伟的计划，也没有隐含的欲望。无论如何，这是一项和平的政策，因为新政权还在对其机构进行试车，还有其他问题比一场外国战争更让法国皇帝操心。2月14日，在杜伊勒里宫召开的立法会议的开幕式上，拿破仑三世看上去最关心的是减轻欧洲对新生帝国的恐惧。他宣布："去年军队的编制已经减少了三万人，马上还将减少两万人。"

同样，即使沙皇让其驻法大使递交的国书不符合外交惯例，他也绝不对这种失敬行为表露任何情绪。除了德鲁安·德·吕与佩尔西尼，内阁的所有成员都赞同皇帝的克制。佩尔西尼怒不可遏地大喊："你们只看到一个礼仪问题，而我却看到放肆无礼的敌意征兆，这种敌意很快就会以更严重的方式表现出来……你们要知道，你们即将与俄国开战，做好战争准备吧！"①

法国政府远未做好与俄国开战的准备，但也没有决心忍受一切。3月1日，图弗内尔鼓动卡斯泰尔巴雅克尝试对圣彼得堡的暴君讲道理："替换瓦莱特是对《争论报》可能给尼古拉皇帝带来的不快的极大补偿……除非他想羞辱我们，否则不能要求再多了。三天前皇帝亲口对我说：'我不知道圣地事件的细节；对它引起的一些流言我感到遗憾，对于事态的严重性更加感到遗憾，但就我们所

① Persigny, *op. cit.*

获知的少量信息，我们无法做出任何评论。'"

　　3 月 23 日，关于计划在阿尔及利亚展开的一场行动，皇帝写信给当时生病的圣阿尔诺元帅（général de Saint Arnaud）："鉴于目前的情况，我决定将卡比利亚（Kabylie）的战事推迟。没有什么迫使我们这样做，是你的病，像君士坦丁堡的复杂情况一样，迫使我推迟这场战斗。"[1]

　　而在 3 月 19 日，鉴于瓦莱特所描述的局势的严重性，拿破仑三世召开了一次特别会议，讨论"立即派遣我们的舰队到靠近奥斯曼帝国的一个地方，比如说萨拉米斯，以便随时了解事态的进展"[2]。

46　　在巴黎，政府对缅什科夫提出的要求的实质内容仍然一无所知，但已经感觉出这些要求的威胁性，以及它们所处的混乱环境。人们普遍感到担忧，但在参政院中，谨慎仍然占据上风，哪怕只是因为在某些内阁成员的头脑中，尼古拉一世仍然是在发生严重社会危机时的求助对象。德鲁安·德·吕的陈述得到参政院几乎全体一致的热烈鼓掌，他的讲话清楚地表明了皇帝政策的局限性，这些局限性一方面源于其大部分大臣的保守派出身，另一方面则源于欧洲

---

　　[1]　Cité par Quatrelles l'Épine, *Le Maréchal de Saint-Arnaud d'après sa correspondance et des documents inédits*, Paris, Plon, 1929.

　　[2]　Persigny, *op. cit.* 与保尔·盖里奥所写的（*Napoléon III*, tome I, Paris, Payot, 1933, p. 229）相反，圣阿尔诺元帅自冬初一直患有心包炎，随时都可能倒下，因此并未参加这次历史性的大臣会议：他于 3 月 9 日离开去耶尔休养。卡斯特兰元帅在 3 月 11 日的日记中写道："圣阿尔诺几乎处于一种绝望的状态。"

普遍对他表现出的恶意：这位外交大臣，尽管绝非亲俄派，却主张法国在即将爆发的危机面前完全弃权。然而，他是清醒的。按他的说法，他很清楚，俄国在君士坦丁堡采取的行动中有两个截然不同的因素：首先是一种祖传的专制欲望的逻辑，其次是对法国在圣地事件上取得的可怜胜利的卑劣报复。他解释说，不幸的是，欧洲只想看到第二点，对圣彼得堡想给这个令人厌恶或不安的法国新政权的教训，实际上感到相当满意。他接着解释说，以英国为首的欧洲各国政府因此会认为，派往东地中海的法国舰队只是表达一种特殊的怨恨，一旦法国和俄国发生冲突，将不可避免地导致法国的外交孤立。外交大臣总结道，因此最好等待这场危机引发的真正问题——整个东方的问题，而不再是法俄关系的次要问题——向所有人显现出它的严重性，并获得内阁的赞同。佩尔西尼写道，这是名副其实的"退缩理论"，它得到了大臣会议所有成员的赞同，"每个人都在不遗余力地赞美大臣"。

　　因此，在这件事上，法国的尊严和利益就不会受到任何严重损害吗？①

　　内政大臣并不这么认为，他是最后一个发言者，他注意到"在这些陈词滥调的讲述过程中"皇帝"频频表现出不赞同的迹象"。

---

　　①　金莱克在其令人遗憾的著作中自然也赞同法国的这个"退缩理论"，他坚称"促使法国和英国诉诸武力的不满，关系到整个欧洲"，他还说"应该呼吁联合起来的四个大国行使正义，而不只是其中两个"。这到底是天真还是赤裸裸的恶意：诚然，俄国对君士坦丁堡的控制将严重损害四国的利益。但是，怎么能期望他们在反对沙皇、奥地利皇帝的保护者、普鲁士国王的妹夫的行动中"团结"起来呢？朝此方向展开的谈判将很快显示出这个神话般的"大国联盟"的局限性。

佩尔西尼当着困惑的同事们的面喊道："事实上，我完全无法理解这里发生的一切。我感到惊讶的是，你们居然以为可以自由地选择或不选择战争，避开或面对一场灾害，接受或拒绝一种侮辱……（军队）的使命是维护法国的荣誉，如果法国在世人眼中受到羞辱，如果出于一种无名的软弱，我们任由俄国控制君士坦丁堡，而一位拿破仑正在巴黎当政，那么我们就为法国，为皇帝，为我们自己的命运恐惧吧！因为军队和法国永远不会接受在这一可耻场面中袖手旁观的角色。今天，是谁在威胁人民的安全或独立？没有什么比俄国攻占君士坦丁堡更能威胁到欧洲的独立，因此，谁会批判旨在阻止这一事件的政策呢？至于英国，有人说，如果我们对抗俄国，英国随时会谴责我们，这是一种奇怪的观点……说到英国，一个大臣，甚至一个首相、一个女王的意见又有什么要紧呢？正如我有幸向大臣会议陈述的那样，英国发生了一场伟大的社会革命，在那里，贵族再也不能根据自己的好恶和偏见来引领国家。英国仍然是一本书的书名，但已不再是那本书了。那本书，是伟大的工业运动，是伦敦金融城，是人数和数量都是贵族百倍的资产阶级。这个资产阶级在生产意见，当意见表达出来时，贵族只有顺从。但是，世界上如果有一个国家舆论一致地想要阻止俄国进入君士坦丁堡，那难道不是英国吗？因此，怎么会猜想它会怨恨我们对抗俄国呢？远非如此，当它得知我们决心阻止俄国向君士坦丁堡进军的那一天，它会发出欢呼声，前来与我们站在一起。"①

---

① Persigny, *op. cit.*

在惊恐万分的大臣们面前，皇帝转向海军和殖民地事务的负责人：

"迪科（Ducos）先生，马上写一份电报，命令土伦舰队开往萨拉米斯。" 48

德鲁安·德·吕大胆提出异议：

"但是，陛下，在派遣舰队之前，至少应该征询一下英国的意见。"

这句话立即得到内政大臣的反驳。

佩尔西尼喊道："但是你们没有办法征询英国的意见！你们只能征询阿伯丁勋爵的意见。按你们自己的猜想，他只会对你们做出否定答复。《箴言报》所称的舰队派遣将征询英国的意见。放心吧，英国会做出肯定答复，而且还会向其政府施加压力。"

这就是 1853 年 3 月 19 日那次具有历史意义的会议。为什么后来有那么多作者故意选择忽略事件的时间顺序，以至完全改变了事实？比如，这些作者之一的乔治·鲁（Georges Roux）写道：

"不管怎样，对［皇帝］有巨大影响的英国，毫不费力地将他拖入联合对抗俄国的行动当中。他的大臣们全都反对这项行动，除了喜欢冒险的佩尔西尼。"①

比如，1913 年，弗雷德里克·洛利耶（Frédéric Lolié）提到：

---

① Georges Roux, *Napoléon III*, Paris, Flammarion, 1969.

"［拿破仑三世］很轻易地被英国拖入联合对抗沙皇帝国的行动当中。"①

因此，是英国牵引法国紧随其后，而不是相反，实际上，英国内阁唯一的干预行动是派考利勋爵（lord Cowley）去见皇帝，试图让其撤回决定，俄国甚至为此向阿伯丁勋爵和克拉伦登勋爵表达了感激之意!②

即使像阿德里安·当塞特（Adrien Dansette）这样审慎的历史学家也认为——在 1942 年也是这样的——法国外交玩了"英国游戏"，刚"解决了宗教纷争"就"被卷入一场已与己无关的冲突"。③

49　　但是，1856 年，拿破仑三世不顾英国盟友的坚持，拒绝延长战争，更令英国人暴怒的是，他强令各方停战，他在 1853 年并没有比在 1856 年更加"追随"英国。

事实上，说法国在 1853 年至 1854 年被英国人牵着鼻子走，这是无稽之谈。

真实情况是，很快，当英国明白过来自己被圣彼得堡耍了，便以一种永远不可能煽动法国人的激情展开了猛烈的主战攻势。英国

---

① Frédéric Lolié, *Rêve d'empereur*, Paris, Émile-Paul Frères, 1913.

② 在 4 月 7 日的电报中，涅谢尔罗送请布吕诺"感谢"英国大臣们的弃权，并解释道："英国相信我们的保证，拒绝在一项即使不是敌对的，至少对我们是不信任的政策上跟随法国，在当前的形势下，英国实施了正确的政策……仅就法国而言，这项措施是有弊端的，但很多没有显现。所以皇帝对这个问题并不在意。"（*Correspondance...*, Ire partie, n° 138.）

③ *Deuxième République et Second Empire*, Paris, Fayard, 1942. 而且，1853 年 3 月，宗教纷争尚未解决，直到 5 月 4 日才解决。

确实常常觉得法国皇帝对和平的深切渴望是一种约束。阿尔伯特亲王完全忘记了前一年的种种反法猜疑，甚至轻蔑地嚷道："路易-拿破仑渴望和平、享受，还有廉价的小麦。"①

但事实仍然是，对俄国采取坚定立场的第一个表现，同时恰好也是第一项军事措施，是巴黎而非伦敦所为，目的是捍卫欧洲的平衡和法国的利益。因为任何人都同维耶尔-卡斯特尔（Viel-Castel）一样清楚，"地中海被俄国和英国分割的那一天，法国将不再属于世界强国"②。

因此，只要赢得英国联盟，无论其盟友的理由是什么，皇帝都决心开战。此外，一旦舰队开往萨拉米斯，我们能想象目的得到满足之前就将它召回吗？8月1日图弗内尔写给卡斯泰尔巴雅克的信中说，舰队"不可能不接受一下敌军炮弹的洗礼就返回土伦"。

皇帝自己的理由足以使他奋起反抗沙皇，但在采取进一步行动之前，他希望英国能与他站在一起，在一场共同发动的战争的熔炉里或许会诞生法英联盟，他对这个法英联盟的重视高于一切，只要是为了联合捍卫"共同而坚实的利益，而不是为了各自的利益携手并进"③。

比起那些谴责皇帝"软弱"或"任人摆布"的人，比利时驻

---

① 1853 年 9 月 21 日写给他的朋友斯托克马的信中所言。

② Horace de Viel-Castel, *Mémoires sur le règne de Napoléon III*, 2 vol. , tome I, Paris, Guy Le Prat, 1942, p. 180.

③ 拿破仑三世给马姆斯伯里的信，威廉·史密斯引用于 *Napoléon-III*, Paris, Hachette, 1982。

法大使之子贝延斯男爵（le baron Beyens）的评价更为恰当，他写
道：“拿破仑三世的精明在于，他让联合行动的必要性在英国大臣
们的头脑中反复酝酿直至成熟。”①

但对他来说，一旦获得这个联盟，就需要始终保持对事件的掌
控：无论是英国的气氛开始紧张，还是金融城的商人突然觉得这场
近在眼前的残酷战争是保持他们在东方的优势的唯一手段，这些对
法国人的皇帝来说有什么关系呢？与我们在联合国教科文组织 1969
年出版的巨著《人类史》（*Histoire de l'humanité*）中读到的相反，
他永远不会“为英国人效力”。至于他自己的不满，在 1853 年的这
个春天，他仍然可以希望通过外交途径得到解决。因此，直到最后
一刻，他并不在意海峡两岸那些急躁者的怨言，而是忠于自己使用
外交手段。

这里凸显出保罗·盖里奥（Paul Guériot）所说的“拿破仑三
世的性格特征之一”，这种“大胆的构想与优柔寡断的执行之间的
矛盾”，是一种极具宗派观念的态度。②

1891 年，在法俄缔结同盟的欢庆气氛下，奥赛码头③前政治主
任之子路易·图弗内尔（Louis Thouvenel）有充分的理由就 1853—

---

① Beyens, *Le Second Empire vu par un diplomate belge*, tome I, Paris, Plon-Nourrit,
1926.

② Paul Guériot, *op. cit.*, p. 233.

③ 奥赛码头（Quai d'Orsay）为法国外交部所在地。——译者注

1854 这两年写道："法国的外交从来没有像现在这样活跃。我们可以毫不犹豫地说，法国外交从来没有比现在表现出更多的克制、灵活和远见。无论在形式还是在内容上，克里米亚战争前的那些谈判都肯定可以列入世界上最卓越的谈判。"①

无论如何，尽管有一些不足之处，这些谈判仍然是第二帝国历史上最重要的部分，即使在正值法俄蜜月期的 1896 年，吉斯上尉（le capitaine Guise）的军事历史课教导索穆尔骑兵学校的学生们说，在 1853—1854 年，法国"被精明的英国外交巧妙地牵引着来为它提供帮助"。

俄国盟友值得几次背叛……

在君士坦丁堡，缅什科夫亲王于 4 月 19 日终于发出了明确的信息，在此之前，出于犹豫或者盘算，他喜欢保持一种含混模糊的状态。他给里法特帕夏的照会重复了俄国关于圣地的所有论点，更重要的是，照会最后要求制定一项"公约"，在所有涉及希腊教会的问题上，这项"公约"都迫使奥斯曼帝国政府对沙皇做出永久的承诺。

亲王写道："虽然皇帝愿意忘记过去，仅仅要求以辞退一个伪诈的大臣和履行正式承诺作为补偿，但是他不得不为未来寻求

51

---

① Louis Thouvenel, *Nicolas Ier et Napoléon III*, Paris, Calmann-Lévy, 1891. 作者是曾任奥赛码头政治部主任、后任法国外交大臣的爱德华·图弗内尔之子，他是在父亲留下的文件基础上展开研究的。

坚实的保证。他希望这些保证是正式的、积极的，并能够确保奥斯曼帝国与俄国的大多数基督徒臣民以及最终皇帝本人的信仰不受侵犯。他想要的只是以后能在一份相当于条约的文件中找到保证，并且这些保证不会由一位不够审慎、尽责的代理人做出解释。"

这个文本不仅语气的傲慢令人惊讶，要求本身也相当离谱。让我们想象一下，正如斯特拉特福德勋爵所写的那样："英国竟要求欧洲大陆的所有清教徒享有类似的保护权！瑞士最贫穷的州难道不会拿起武器，反对对其主权的这种限制吗？"

实际上，4 月 19 日，俄国扔掉了面具：对沙皇来说，一切都比继续看着他在奥斯曼帝国的影响力基础逐渐被侵蚀要好。

然而，由于贫穷，俄国只能眼睁睁看着西方逐渐对其南部邻国实施经济控制，束手无策。更重要的是，沙皇不得不承认，奥斯曼帝国的基督徒群体，在教育与福利方面，确实享受到真正的社会进步，这令他们远远超越了俄国人民，尽管后者总是声称要解放这些基督徒！沙皇的全部策略都将受到这一点的影响。

1843 年，屈斯蒂纳（Custine）愤怒地质问："你们，是欧洲的文明领袖？"十年之后，俄国人民已经没有头衔来"解放"奥斯曼帝国的东正教徒：

"他完全可以是中亚人民的文明领袖……但在目前状态下，他已经无法再表明自己优于遍布奥斯曼帝国的基督徒群体。"1854年，写下上面这些话的不是屈斯蒂纳，而是俄国的一位亲密朋友——奥地利政治家菲凯尔蒙伯爵（le comte de Ficquelmont），他看到，正如沙皇本人可能也看到的那样，俄国为干预君士坦丁堡而用了数百年的借口正逐渐失去，只有以实力较量才能恢复原状。① ⁵²

在1840年代，尼古拉已经烦躁不安了。

到了1853年，他终于忍无可忍了。

三天后，也就是4月22日，拉库尔才在奥赛码头与斯特拉特福德勋爵的敦促下，与缅什科夫就圣地问题达成了一项协议，这项协议具体落实到两个旨令提案上，5月4日，苏丹正式批准了这两个提案。

第二天，5月5日，当人们以为一切都结束了的时候，一切才刚刚开始：隐居于比于克代雷（Buyuk-Déré）"比萨拉比亚号"护卫舰上的缅什科夫，向奥斯曼帝国政府发出了最后通牒，同时附带着一份根据4月19日照会精神拟定的俄土条约的草案，这项草案要在五天内签署，任何超出规定时限的行为都将被亲王视作"对（其）政府的怠慢之举，将迫使（他）履行最痛苦的义务"。

正是从这个最后通牒开始，一切都将骤然改变。

英国大使徒劳地提醒缅什科夫：土耳其不是俄国的一个省；1841年7月13日的条约将其置于五个大国的共同保障之下；最终，

---

① Comte de Ficquelmont, *Le Côté religieux de la question d'Orient*, p. 99, Paris, Amyot, 1854.

圣彼得堡的要求会导致"在任何国家,仅由最高国家权力机构拥有的权力,由弱国转交给强国"①。

5 月 10 日,沙皇的特使收到了土耳其人的答复。如果缅什科夫收到的指示要求他不惜一切代价取得成果,这就是一次名副其实的失败;如果亲王的使命只是为了达到公开的决裂,这就是一次圆满的成功。因为奥斯曼帝国政府愿意郑重承诺,将采取一切有利于其希腊臣民的措施,但拒绝"损害其独立与主权的基本原则",因此不得不"拒绝俄国皇帝对他做出的提议,即与俄国缔结一项公约以此来约束奥斯曼帝国"。最后,它表达了对"全世界的公共舆论"的信赖,并寄希望于"皇帝本人的公正与真诚"。

我们已经看到,1853 年 5 月 10 日,土耳其人重新显现出勇气:法国的舰队不是停泊在萨拉米斯湾,作为巴黎为他们提供支持的担保吗?在两个星期的时间里,英国人将睁开眼睛,彻底改变政策,烧毁他们曾经崇敬的,赞美他们曾经蔑视的,到滑稽可笑的程度。如果土耳其人知道这些,他们会更加放心。德鲁安·德·吕关注的是,"欧洲不允许任何人认为,如果君士坦丁堡发生一场可能危及奥斯曼帝国存在的危机,法国和英国会采取不同的态度",他这个愿望将得到实现。但伦敦的突然转变,既不是因为拿破仑三世政府几个月来所坚持的观点的重要性,也不是因为对友好协约突然有了

---

① Camille Rousset, *op. cit.*

一种宽宏的理解。它仅仅是英国的自尊心受伤后的反应。早在 1
月，英国就应该能明白一切。但他们什么也没明白。皮埃尔·德拉
戈尔斯写道："英国很少被愚弄，一旦被骗，就是彻底被骗。"①

英国被愚弄了，确实如此。但实际上，它把拿破仑三世政府当
作一个危险的业余选手俱乐部，这种略带轻蔑的居高临下的态度，
也让它无法赞同巴黎的分析。

对沙皇少一些盲目，对法国皇帝少一些成见，也许能避免这场
即将导致克里米亚战争的危机。

英国的变脸

1853 年 1 月 9 日，"最奇特的谈判"开始了，"各国外交官们
的塔罗占卜已经解开了谜团"。

54

沙皇那时刚刚收到前一个月伦敦突然发生的内阁变更的消息，
他把这个消息解读为一种鼓励：确实，难道不能预测法英关系的降
温——这个俄国在东方做出任何重大行动的必要条件吗？即使尼古
拉确信"滑铁卢的战败者不会与战胜者开战"，最好也不要冒险。

因此，在 1853 年初，圣彼得堡可以合情合理地思考这个问题：
圣地之争如此容易激化，奥斯曼帝国比以往任何时候都衰弱，法兰

---

① *Op. cit.*

西帝国宣告成立才几个星期，据说很不稳定，英国新内阁对法国极不友好，而且其联合内阁的性质不允许任何冒险，难道现在不是一劳永逸地解决东方问题的时机吗？

俄国皇帝的思维不够细腻，学识也不够广博。他所犯的一系列判断错误中，第一个错误是亲自冒险投入一场危险的谈判当中，他在这一点上可能远甚于之前的任何其他君王，而且还在谈判中泄露出他最隐秘的内心想法。

但确实，除了表现出分寸感，沙皇做出任何事情都不令人奇怪，密茨凯维奇（Mickiewicz）写道："在神秘主义者看来，上帝的万能权力好似深渊，他在永恒的生命中一直探测深浅，尽管他自己既不知道应遵循什么原则，也不知道尽头在何处。对于俄国皇帝来说同样如此。"①

然而，尼古拉的表现总让人感觉他对于议会制度一无所知，议会制度禁止英国女王陛下的大臣们做出公众舆论会反对的任何承诺，何况他们通常都是正直聪明、性格强硬的人。

难道沙皇对于反对派的作用、大臣的责任、公开的辩论竟然如此无知？必须做出这种假设。总之，他有可能误解了1844年他访问伦敦时，他的英国"朋友们"，尤其是阿伯丁勋爵对他所说的话。

当然，当时双方同意尽可能长久地"维持"奥斯曼帝国的存在，并在其解体"似乎迫在眉睫"时听取其关于领土分配的意

① *Les Slaves*, *op. cit.*

见……但对于英国人来说，这只是一种礼貌的意见交流，甚至有点 55
勉强。至于尼古拉，他是否把他热切希望达成的一项正式协议当成
了现实？

1853 年 1 月 9 日，在海伦娜大公夫人举行的一次宴会上，尼古
拉将英国大使汉密尔顿·西摩拉到一边。①

这位君王似乎不经意地悄悄对西摩说："您知道我对英国的感
情。两国政府，就是说英国政府和我，我和英国政府，保持最佳
关系是非常重要的；这种必要性从来没有像现在这样明显。我请
您将这些话转达给罗素勋爵。我们达成一致时，我对欧洲西方就
不会有任何担忧；其他人究竟怎么想并不重要。至于土耳其，那
是另一个问题；这个国家正处于危急状态，可能会给我们带来很
多麻烦。"

沙皇正要离开时，对其所言极感兴趣的英国大使拦住了他，请
他说得详细些。尼古拉似乎犹豫了片刻，然后突然说道："喏，我
们手上有个病人，一个病得很重的人；坦率地跟您讲，如果有一
天，他从我们身边溜走，特别是在采取一切必要措施之前，那将是

---

① 十三个月后，在约翰·罗素勋爵在下院的一次演讲中猛烈抨击了沙皇的口是心非
之后，涅谢尔罗迭的部门认为出于政治需要，可以在《圣彼得堡日报》上发表一篇文章，
透露 1853 年 1 月至 2 月的秘密谈判，并声称伦敦的内阁"手中握有书面证据"，可以证明
尼古拉的善意和诚意。这个挑衅太笨拙了！被触怒的外交部立即公布了汉密尔顿·西摩勋
爵及英国驻君士坦丁堡外交官的全部信件。（ *Correspondance respecting the rights and privileges
of the latin and greek churches in Turkey, presented to both Houses of Parliament by command of Her
Majesty, op. cit.* ）之后的对话摘自卡米尔·鲁塞为其《克里米亚战争史》而从信件中截取
的片段。

一场巨大的灾难。但现在不是跟您谈论此事的时候。"

在沙皇表现出再次与他交谈的愿望之前，汉密尔顿爵士不得不等了五天，与此同时，他琢磨着这些出人意料的开场白到底意味着什么。1月14日，尼古拉在冬宫对他发表了一通既详尽又非同寻常的演说，他说："您知道叶卡捷琳娜女皇沉迷其中的梦想与计划；这些梦想与计划一直传递到今天；但是我，作为她广袤领土的继承人，并没有继承她的幻梦或者意愿。我的帝国是如此庞大，各方面都和谐完满，所以我想要拥有比现在更多的领土和权力是不明智的。相反，我第一个告诉您，对一个已经过于广阔的帝国进行新的扩张，会给我们带来巨大的风险，也许是唯一的风险。离我们最近的是奥斯曼帝国，在目前的形势下，没有什么比这更符合我们的利益了；在当今时代，我们无须再害怕土耳其人的狂热和好战。但是，这个帝国里有几百万基督徒，我有责任关注他们的利益，而且这也是一些条约赋予我的权利！我可以非常确信地说，我对这项权利的使用是非常有节制的。我必须坦率地承认，这项权利有时附带着一些极其令人为难的义务，但我不能逃避一项积极的职责。我们在俄国建立的宗教起源于东方，有些情感和义务永远都不应忘记。在您所知的当前形势下，奥斯曼帝国已逐渐陷入一种衰败状态，就像前几天我跟您说的，无论我们多么希望延长病人的生命——请相信我，我和您一样希望他能继续活下去——他还是会突然死去，成为我们的负担。我们无法让死人复活；如果土耳其帝国即将崩溃，那它就会彻底崩溃，不会再重新崛起。这就是为什么我要问您这个问题：如果土耳其突然崩溃，而我们还没有对后续有所安排，那我们应事先做好准备，这难道不比面临动荡、混乱，甚至欧洲战争更好吗？这就是我想提请贵国政府注意的一点。"

汉密尔顿爵士觉得正在经历他外交生涯中的一个重大时刻，他大着胆子说，没有任何理由会让人相信土耳其正在经历的这场新危机，将不可避免地导致其崩溃，英国的原则是不猜测一个友好国家的政权更迭。

沙皇顺势说道："原则是好的，永远是好的，尤其是在当今这个充满不确定性和变化的时代；然而，最重要的是我们要相互理解与合作，而不是相互欺骗。我想以朋友和绅士的身份说，如果英国与我，我们能够在这件事上达成一致，其他一切对我都不重要。我不关心别人怎么想，怎么做。因此，我要坦率而明确地对您说，如果英国有朝一日打算进驻君士坦丁堡，我是不会容忍的。并非我认定你们有这个意图，而是在这种场合下，最好开诚布公地把事情讲清楚。就我而言，我也准备做出承诺，不会进驻君士坦丁堡，我指的是作为所有者，因为作为受托人，我无法拒绝……"

俄国皇帝的讲演达到了高潮。

他继续说道："如果不采取任何措施，如果一切都任其盲目发展，迫使我占领君士坦丁堡的情况就可能发生。"

"占领君士坦丁堡"！关键词终于泄露了。

谈到这儿时，沙皇提到了圣地的公开危机，关于这次危机，他只想记住一件事：苏丹向他许下了一个诺言，但其并没有遵守诺言，事情不可能就此了结。

最后，他结束对话送客时说道："您要向女王政府汇报我们之间的谈话，您就说我愿意就这个问题接受女王政府认为适合与我进行的任何沟通。"

对英国政府来说，这些提议并不新鲜：沙皇在 1844 年 6 月访英之时就已向威灵顿公爵、阿伯丁勋爵与罗伯特·皮尔（Robert Peel）提到对于"病人"同样的担忧。

在 1853 年与在 1844 年同样清楚的是，沙皇打算在他在世时解决"病人"的后继问题。

但这一次，难道他没有决定走得更远，亲自触发这个不可避免的结局？

2 月 9 日，约翰·罗素爵士起草了英国的答复：唯一适合奥斯曼帝国的政策应该是对其问题保持克制与理解；并且，伦敦与圣彼得堡之间关于奥斯曼帝国问题的任何谈判，都必须让巴黎与维也纳参与进来。当这个拒绝函发到圣彼得堡时，缅什科夫正在前往君士坦丁堡的途中……

汉密尔顿·西摩原定于 2 月 21 日接受沙皇的正式接见，以向他传达英国政府的答复，但就在前一天晚上，两人在皇后宅邸会面。沙皇知道该怎么做，因为当天早上涅谢尔罗迭接见了英国大使。

汉密尔顿对他说："陛下已经知道，答复正是我之前暗示给您的答复。"

"我很遗憾得知这个答复，"尼古拉回答道，"但我认为贵国政府没有明白我的意图。我并不急于知道病人死后将要做什么，我只是想与英国确认不该做什么。"

英国外交官反驳道：

"但是，陛下，请允许我向您指出，我们没有任何理由认为病人即将死亡。"

"那么，"沙皇有点不快地说，"我要告诉您，如果贵国政府倾向于认为土耳其还保留着某些生命要素，那一定是得到了不准确的信息。我再跟您说一遍，病人就要死了，我们决不能让这样的事令我们措手不及。我们必须达成一项协议，我确信，只要我与贵国的大臣——比如阿伯丁勋爵，他很了解我，我们相互之间有着充分的信任——谈上十分钟，就能达成这个协议。请不要忘记，我不是在要求一项条约或一份议定书，我所希望的只是一个普通的君子协议，这就够了。暂且就讨论到这里吧。您明天再来，无论何时，只要您觉得与我的交谈有助于在无论哪个问题上达成协议，就请人转告说您想见我。"

第二天，约翰·罗素爵士的急件正式递交给了俄国皇帝。在这第四次也是最后一次会谈中，尼古拉继续加大攻势，觉得将自己变成一个引诱人的魔鬼是聪明之举。汉密尔顿爵士早就知道会发生什么，前一天晚上，在给英国政府的一份急件中，他总结道："毫无疑问，一个如此固执地坚称邻国即将垮台的君主，他心里已经决定，挑起而非等待其解体的时机到了。皇帝的目的是将与圣彼得堡和维也纳内阁保持一致的女王政府拖入一个瓜分土耳其的计划，将法国排除在这个协议之外。"

2 月 21 日，在比以往任何时候都更殷勤的英国大使面前，沙皇也不得不总结陈词。就像他从前所做的那样，他只是声称他要预测**59**的不是在土耳其解体的情况下应该做什么，而是不应该容忍什么，以防透露太多。

汉密尔顿·西摩向他提问："也许陛下您愿意告诉我您对这个消极政策的个人看法？"

自 1 月 9 日他们的首次会谈以来，英国外交官只满足于倾听，从不懂得接住抛过来的橄榄枝，在他面前，尼古拉只能孤注一掷了。

"好吧，"他脱口而出，"有些事情我永远不会容忍。首先，就我们而言，我不希望俄国人永久占领君士坦丁堡，但我更不希望君士坦丁堡有朝一日被英国人、法国人或任何一个大国的人占领。我也决不允许有人试图重建拜占庭帝国，不允许希腊获得领土扩张，变成一个强国。我更不能容忍的是，奥斯曼帝国被分割成小共和国，成为科苏特们（Kossuth）、马志尼们和欧洲其他革命者的现成避难所。我宁愿开战，也不会忍受这样的布局，只要我还有一个人、一杆枪，我就会继续战斗。"

汉密尔顿爵士仍然坚持自己的行为准则。

他又问道："为什么总是关心病人死后将发生的事情呢？为什么不努力让他恢复健康？"

"这一点正是外交大臣反复跟我讲的，"沙皇表达了很可能是发自内心的赞同，"但是早晚有一天，危机会发生，我们会措手不及的。"

说到法国，他一直在哄骗法国大使，那位正直的将军——卡斯泰尔巴雅克侯爵。尼古拉不仅将法国排除在自己的计划之外，还佯装认为它是著名的国际事务搅局者，他对汉密尔顿说："上帝不许我冤枉任何人，然而，君士坦丁堡和黑山发生了一些非常可疑的事情。人们可能会认为，法国政府试图干扰东方事务，希望更轻易地达到其目的，比如占有突尼斯……"

此外，他又补充道，他曾向苏丹表示，如果法国变得太具威胁性，俄国将为他提供忠实的援助。①

汉密尔顿爵士提醒沙皇，另一个大国奥地利会不会觉得东方事务首先关乎其自身利益？尼古拉驳回了这个异议："哦，您应该知道，当我谈俄国时，我也在谈奥地利；适合俄国的也适合奥地利；就土耳其而言，我们的利益是完全一致的。"

终于，就在其心腹缅什科夫亲王抵达博斯普鲁斯海岸的几天前，沙皇忍不住提到他采取的这项"外交举措"。"您瞧，"他对大使说，"我是如何对待苏丹的。那位'先生'没有信守诺言，对我表现得非常无礼；而我只是派一位大使去君士坦丁堡要求补偿。只要我愿意，我当然可以派一支无可阻挡的军队，但我只是想表明我不允许有人戏弄我。"

是结束会谈的时候了，尼古拉无所忌惮地表明了他的想法：现在的问题不再是不该做什么了；俄国皇帝开始勾画一个真正的奥斯

60

---

① 在某种程度上，沙皇对巴黎的怀疑是合理的，因为法国皇帝表现出恢复法国在世界上，特别是在地中海的主要作用的愿望。比如，众所周知，法兰西学院教授、圣西门主义者米歇尔·谢瓦利埃在 1852 年拟订"地中海体系"计划的时候，表达的就是拿破仑三世的思想，这项计划包含近东，其铁路网与轮船航线在法国经济的控制之下。

曼帝国分割图。"各个公国,"他说道,"实际上是我保护下的独立国家,这种状况可以继续下去。塞尔维亚可以接受一个类似的政府形式,保加利亚也是如此。就我所知,没有理由让这个国家成为一个独立的国家。至于埃及,我完全理解这块领地对英国的重要性。我所能说的是,对解体后的奥斯曼帝国进行分割时,如果贵国占有埃及,我不会提出反对。对于干地亚(Candie)① 也是如此:这个岛可能适合贵国,我看不出它为何不能成为英国的领地。"

会谈进行到这个阶段,英国外交官可能觉得自己已经做出了足够的妥协,必须提出一个反对意见,他立即说道:"英国对埃及的唯一希望,就是保证其宗主国与印度之间快捷而自由的交通。"

但沙皇寄希望于他在伦敦内阁中的朋友,他对英国大使说:"请您劝说贵国政府就这些问题再给我写封更详尽的信,不要迟疑。我相信英国政府。我要求的不是一项承诺、一个协议,而是一种想法的自由交流,必要时,一句君子之言。仅限于我们之间的交流,这就够了。"

尼古拉是否真的以为,英国会不假思索地、贪婪地扑向他递过去的诱饵,为它打算日后以低廉的成本获得的东西支付高昂的代价,并因此心甘情愿地与法国——一个已成为欧洲第一大国的法国——突然决裂?

对君王的愚蠢可能造成的后果进行止损,是涅谢尔罗迭作为一

---

① 干地亚是伊拉克利翁市的旧称,当时指整个克里特岛,1669 年成为奥斯曼帝国的领土。

名资深外交官的责任。

3月7日，他向汉密尔顿爵士提交了一份文本，这份文本被认为是对约翰·罗素爵士的急件的答复。为了使这种假象更圆满，日期写的是2月21日，也就是英国大使向沙皇转交英国外交大臣信件的日子。尼古拉轻率的言辞被巧妙地修改、更正、淡化到无关紧要的地步，这份备忘录说："尽管与英国特使就随时可能导致奥斯曼帝国垮台的原因进行了亲切的会谈，皇帝还是无意为这种可能的情况，提出一个使俄国和英国可以事先处置苏丹管辖省份的计划、一个现成的制度，更无意提出两国内阁之间要达成的正式交易。既没有分割计划，也没有其他王室必须签署的公约。这只是一个简单的意见交流，皇帝认为没有必要提前讨论这个问题……"

俄国外交大臣的工作做得很好，但他几乎不抱希望说服英国大使，因为英国大使亲耳听到了沙皇的言论；他也不抱希望说服伦敦内阁，因为英国外交官向伦敦内阁详尽通报了会谈的所有细节。

3月23日，克拉伦登勋爵——他于2月21日接替约翰·罗素勋爵执掌英国外交部——在一份引人注目的急件中，确认英国政策仍将遵循同样的原则，新外交大臣写道："女王政府由衷欣喜地获悉，皇帝自认为比英国对防止土耳其发生灾难更上心，因为女王政府确信，所有欧洲大国都希望避免的事件的加速发生或无限期延迟，取决于皇帝陛下对奥斯曼帝国采取的政策。女王政府确信，没有什么比不断预测一场即将到来的危机更能加速这一事件的发生，没有什么比假定土耳其会迅速和不可避免地衰落对其更加致命。如果沙皇认为土耳其帝国的日子屈指可数的看法广为人知，那么这个

62

帝国垮台的那一天，就会比看起来皇帝陛下所设想的更早来临。"

尼古拉的引诱手段显然失败了，克拉伦登勋爵接下来写道："英国不希望领土扩张，它不能参与一项从中可以获取这种利益的预先协议。英国不能加入一个对其他大国保密的协议。女王政府认为，奥斯曼帝国需要的只是其盟友的宽容、他们不对苏丹提出有辱其尊严和独立的要求的决心，最终，还有弱者有权从强者那里得到的友好的扶持，无论是国家还是个体之间。"

外交大臣涅谢尔罗迭对汉密尔顿爵士说的话很对："这些问题太敏感了，因此讨论它们总是会有麻烦！"

因为急于结束一个如此具有爆炸性的话题，俄国外交大臣3月15日向英国外交官递交了一份安抚性的，并且希望是最终的备忘录。他在其中写道："皇帝愿意承认，维持土耳其政府存在的最好办法，是不以有辱其独立和尊严的方式对它提出过分的要求，避免让它疲惫不堪。皇帝准备一如既往地遵循这个方法，只要约定好所有大国一概遵守同样的行为准则，并且任何一个大国都不会利用土耳其政府的虚弱来获取有损其他国家的特许权。"

那么，俄国外交大臣是在影射法国吗？

但是，十三天前，正是缅什科夫亲王令土耳其政府遭受了长期以来所能遭受的最严重的侮辱！

仍然是他，在涅谢尔罗迭的备忘录提交六天之后，开始在奥斯曼帝国的大臣们面前提起这项"外交公约"，而五个星期之后，他则是以纯粹的最后通牒的形式，"要求"制定这项"外交公约"！

至于沙皇，英国人对其提议的冷淡态度令他恼火，他因此越发固执起来，一意孤行地在选定的这项冒险政策上越走越远。

他甚至认为不该把最终决定权——尽管是纯粹外交性质的——留给其外交大臣：4月18日，在冬宫的一次晚宴上，他再次试图说服英国大使，但这次的语气带着隐约的威胁，声称他将不惜一切代价得到补偿，土耳其人终将以某种方式屈服。①

无论如何，已经太迟了，损害已经造成，并且无法弥补：沙皇已经暴露了他的计划。

而英国内阁则看起来仍愿意相信尼古拉在圣地问题上的意志，它急于避免君士坦丁堡发生最令人担心的灾难，不愿与新的法兰西帝国联合起来共同对抗俄国。

然而，图弗内尔看得很清楚，他在5月14日给卡斯泰尔巴雅克将军的信中写道："如果有什么事件让英国意识到它被愚弄了，它也许会从麻木迟钝的状态中清醒过来，也许要由我们来拉住它。"

5月10日，当里法特帕夏向缅什科夫递交奥斯曼政府的否定答复时，他预计决裂会立即发生。但决裂不会发生：在如此彻底的失败之后，亲王也许并不急于返回圣彼得堡，他只是离开君士坦丁堡前往上博斯普鲁斯海峡的比于克代雷，那里是他的消夏别墅所在地。他甚至接受了定于5月13日的与奥斯曼帝国首相的新会面。

---

① 第二天，即4月19日，缅什科夫变戏法似地突然提出了他的要求，要求就苏丹的东正教臣民的保护权问题达成一项"公约"。这可以解释他在一个半月多的时间里始终保持的模糊姿态：他在等尼古拉试图与伦敦进行的秘密谈判的结果。如果谈判成功了，也许会与英国人共同制定另一种策略，以迫使君士坦丁堡当局屈服。

但是，那一天，尽管穆罕默德－阿里帕夏正在库鲁－切什梅宫（palais de Kourou Tchesmé）等他，但缅什科夫并没有去那里，他觉得有必要重演一回3月2日对奥斯曼帝国的侮辱行为，奥斯曼帝国首相会看到俄国特使的船堂而皇之地在窗外驶过，最后停靠在苏丹皇宫附近；尽管苏丹并无任何打算接见俄国谈判代表，他却傲慢地出现在皇宫，要求国王（le Commandeur des Croyants）立即接见他。

他会不知道君士坦丁堡尽人皆知的事情吗？苏丹刚刚失去母64 亲，他不接见任何人，将自己关在后宫里，悲痛欲绝。然而，阿卜杜勒－迈吉德将不得不为这位以征服者姿态行事的独特外交官破一次例。但会晤非常简短，其结果只是牺牲了奥斯曼帝国的谈判代表里法特与穆罕默德－阿里，以雷希德帕夏与穆斯塔法帕夏（Mustapha-pacha）取而代之。

苏丹采取这一行动仅仅是为了争取时间，还是屈服于缅什科夫的命令？这个问题不无意义，因为从爱德华·图弗内尔留下的文件中可以看出，在1853年5月13日这一天，一切本还可以挽回。

事实上，1855年，奥赛码头的政治主任被任命为驻圣彼得堡大使，在那里，他将从奥斯曼帝国前大维齐尔口中得知一些令人不安的隐情：据他说，穆罕默德－阿里帕夏正准备与缅什科夫了结此事，无计可施的缅什科夫不再指望能缔结一个正式的公约，奥斯曼帝国政府一个简单的照会或许就能让他满足。但一直以来与英国人关系密切的雷希德帕夏希望重新掌权。所以，他可能通过行政官尼古拉·阿里斯塔奇（Nicolas Aristarchi）向亲王保证，如果他重获外交大臣一职，他绝不会反对签署亲王要求的公约。因此缅什科夫可能去向苏丹要求让雷希德接替里法特，而雷希德一回到政府，便迫不及待地否认他的承诺，高调声称他"宁愿双手被砍掉也不愿签署那项公约"！①

当然必须考虑到奥斯曼帝国事务那一贯的混乱局面，但透露给图弗内尔的这些隐情，尤其是当它们出自穆罕默德-阿里帕夏——他本人始终支持英国的势力——这样的人之口时，就不能不令人深思了。因为在这一切当中，应受质疑的是英国大使斯特拉特福德勋爵扮演的角色：难道不是他，为了让他的朋友雷希德重新掌权暗中策划了一切？难道不是他，无论是出于对沙皇的私仇（十年前，沙皇拒绝了对他担任英国驻圣彼得堡大使的任命），还是出于要扮演首要角色的傲慢与意志，欣然促成了最终的决裂？每个人都知道，勋爵不是一个容易相处的伙伴，他把土耳其变成了自己的财产，把君士坦丁堡变成了自己的领地。

每个人都可以注意到，当缅什科夫被一些人左右、被另一些人愚弄之后，最终离开君士坦丁堡时，斯特拉特福德是所有西方外交官中唯一一个违反外交礼仪的人，他在缅什科夫离开时没有向他致礼。

到5月13日时，缅什科夫仍然希望内阁改组能对他的计划有利，希望雷希德信守诺言，能够就签署俄土公约的必要性说服其在土耳其政府内的同僚。因此，他很大度地同意将动身去敖德萨的日期推迟几天。

---

① Louis Thouvenel, *op. cit.*

一切都是枉然：5 月 17 日，奥斯曼帝国政要大会（le Grand Conseil des dignitaries de l'Empire）召开，以 42 票赞成 2 票反对的结果，决定维持对最后通牒的拒绝。

因此，第二天，缅什科夫在一份空洞而夸张的照会中宣布，面对谈判对手"对俄国的侮辱态度"，他将彻底中止谈判。

然而，5 月 20 日，在奥地利代表以所有欧洲谈判代表的名义，前往比于克代雷最后一次求取亲王的善意后，亲王表示，"出于对欧洲的尊重"，他决定做出并无实际意义的让步：他放弃了之前要求的公约，宣称只要求一个简单的"照会"。土耳其人仍然持拒绝态度。像其他很多人一样，耿直的托德莱本（Todleben）将军对此感到愤怒：俄国始终是温和的，它要求的不过是一个"普通的照会"，土耳其政府难道不是因为感觉到西方列强的"鼓励"，才敢拒绝这个"普通的照会"吗！①

塞瓦斯托波尔的英雄没有讲明的是，缅什科夫要求的绝不是一个"普通的照会"，而是——用他自己的话说——一个"具有强制性的外交照会"，这自然使它近似于一项公约，并且仍然符合同样的要求：让土耳其对俄国做出正式承诺，迫使土耳其政府给予俄国对奥斯曼帝国东正教臣民的正式保护权。而这一点恰恰是不可能的。

缅什科夫为自己的恐吓行动不如莱宁根伯爵成功而羞愧气恼，

---

① Todleben, *op. cit.*, tome I, p. X.

因此只能乘三个月前来时乘的那条船返回敖德萨。5 月 21 日，他在"雷霆号"的船舱里发去了最后一条信息，明确指出，俄国要求获得对奥斯曼帝国东正教徒的"正式"保护权，"连同其所有的民事和行政司法权"，但这一要求没有得到满足。

他至少扔掉了面具！

当代办奥泽罗夫（Ozerov）从俄国公使馆的门楣上摘下国旗与徽章，将文档装箱，为工作人员准备行李时，这个强大的北方邻国不会在君士坦丁堡留下任何物品与人员。

"可怜的土耳其人"没有屈服于威胁。是否应该真的相信，这是西方列强利用被煽动起来的反俄思想与高涨的情绪，通过不断深入的刺激，试图诱导［俄国］采取一些在欧洲眼中具有危害性的行动?①

无论如何，对于缅什科夫亲王以及沙皇尼古拉来说，这是对自尊心何等的伤害！这是何等的屈辱！

几天前，5 月 14 日，图弗内尔给卡斯泰尔巴雅克写信道："我觉得，俄国皇帝在如此喧闹的开场之后，很难接受如此微薄的成果。我相信，我们很快会看到东方问题更加全面的重启，我们必须考虑一些重大决议。"

奥赛码头的政治主任写道："如果有什么能向英国证明它受到了愚弄……"

俄国 5 月 5 日发出最后通牒的消息 5 月 20 日才传到伦敦。在此

---

① *Op. cit.*, tome I, p. X.

之前，公众舆论在阿伯丁内阁极力的安抚与商界和审慎的观察家们
露出的担忧之间摇摆不定。

这条消息是一个真正的重磅炸弹：因此，缅什科夫的任务绝不是
人们认为的那样，具有"无害和无足轻重的"① 性质！因此，女王陛
下的政府任由自己被圣彼得堡的独裁者与其外交部的安抚声明愚弄
了！因此，这个国家正在走向战争，而人们对此一无所知!②

于是，突然间，在新闻界与公众的反俄情绪不断高涨的时候，
外交部彻底改变了措辞。

67　　皮埃尔·德拉戈尔斯写道："英国有其特有的忘记侮辱的方式：
它擅长忘记的不是它受到的侮辱，而是它发出的侮辱……"

因此，昨天才对没落的土耳其人和新贵法国人做出的种种批评
和错误行为，都被忘记。

《泰晤士报》的文章被忘记，比如，这些文章曾宣称："土耳其人
要抱怨的第一个压迫者是法国。这个众所周知的大使馆③存在的唯一
原因就是，法国外交要求特别让与。我们无须弥补法国的错误。"④

一夜之间，就像 1831 年的美好时代一样，《友好条约》再次成
为时尚话题，英国人对其海峡对岸的邻居不吝殷勤友善之辞。

---

① 汉密尔顿·西摩在 1853 年 5 月 27 日写给克拉伦登的信中引用涅谢尔罗迭的话。
(*Correspondance...*, Ire partie, no 212.)

② 克拉伦登勋爵在给其驻俄大使的一份函件中回忆说，在 1 月 8 日至 5 月 19 日期间，
涅谢尔罗迭曾十五次向英国人重申，缅什科夫的任务的唯一目的是解决圣地问题，这个问题
不能动员海峡对岸的任何人！(*Correspondance...*, Ire partie, no 195.)

③ 缅什科夫的大使馆。

④ 1853 年 3 月 22 日。

在巴黎，法国人即使内心有想法，也会避免指出这种行为的可笑与俗套，因为都知道局势很不好，现在比以往任何时候都需要团结。法国人没有忘记 1830 年与 1840 年的教训，他们早就知道，在任何一个英国人身上都有两个截然不同的个体：一个是充满顾虑与道德情怀的个人，一个是只以自己明确的利益为导向的政治家。

5 月 27 日，约翰·罗素勋爵与克拉伦登勋爵通知下院与上院，英国支持土耳其，与法国的协同关系比任何时候都更紧密。因此，面对英国人的群情激昂，就像每次海峡成为辩论的核心问题时那样，巴黎认为应该让其盟友知道，法国尽管立场坚定，但就其单方而言，无意投入一场反俄运动。5 月 31 日，德鲁安·德·吕在给瓦莱夫斯基的信中写道："我们并不想鼓励土耳其拒绝任何和解，而是想保护它免遭迫在眉睫的危险。"

在海峡两岸，许多人仍愿意相信沙皇的善意，希望缅什科夫因其挑衅态度而受到谴责。不幸的是，情况绝非如此。5 月 31 日，外交大臣涅谢尔罗迭继高调张扬的海军大臣之后，向土耳其政府发出一份具有威胁性的函件。"几个星期之后，"他写道，"俄国军队将受命越过帝国边界，不是为了开战，而是为了得到物质保障，直到奥斯曼帝国政府能够恢复公正态度，给予俄国道义保障。两年来，俄国在君士坦丁堡的代表们及大使一直要求而始终未得到。"他向雷希德帕夏明确指出："缅什科夫亲王递交给您的照会草案仍在您手里；请阁下在征得苏丹殿下的同意后，立即在这份未经任何更改的照会上签字，并尽快将其转交我国在敖德萨的大使，他现在应该还在那里。"

第二天，6 月 1 日，俄国外交部的一封电报向巴黎和伦敦通报了发出这一催告函的情况。如果需要的话，这份函件可以确认，俄国政府完全赞同其令人不安的谈判代表的要求，而且这位谈判代表刚刚被任命为克里米亚总督。

在如此坚定的意志面前，涅谢尔罗迭这最终的说辞显得多么可笑，他想让英国大使斯特拉特福德勋爵来承担整个事件的责任，"极端的怀疑态度，充满偏激情绪的活动概括了他全部的行为特点"，斯特拉特福德勋爵将成为替罪羊，为即将到来的战争承担责任！①

6 月 2 日，英国马耳他舰队接到与法国舰队会合的命令，6 月 13 日与 14 日，海军中将邓达斯（Dundas）与德·拉·叙斯（de la Susse）共同在达达尼尔海峡入口处的贝西卡湾（Bésika）② 抛锚停泊，那里离古代特洛伊城的遗址不远。

正是在危机的这个阶段，即紧张局势不断加剧的时候，俄国外交任性地走向一种奇特的愚蠢：涅谢尔罗迭急于在欧洲舆论面前捍卫自己国家的观点，于是让 6 月 11 日的《圣彼得堡日报》刊登了他于 5 月 30 日发给其在国外所有外交使节的一份通告文本。

但是，俄国外交大臣希望说服谁呢？

---

① 1853 年 6 月 1 日写给布吕诺的信（Correspondance..., Ire partie, no 214）。涅谢尔罗迭先是对瓦莱特，继而对斯特拉特福德勋爵的谩骂，为所有那些指责巴黎和伦敦的东方政策的人提供了充足的论据。的确，即使在那个时期，在职外交官，特别是驻君士坦丁堡的外交官的个人行动也往往超越其政府的行动。但是，万不得已，如果这个论点在圣地之争最开始的时候可以成立的话，那么从各国君主亲自介入的时刻起，它就站不住脚了。不应忘记，尼古拉的第一次干预是在 1852 年 10 月底。

② 贝西卡湾在夏季是极好的帆船停锚地。但是，从秋天起，强劲的北风就迫使船只离开，前往防护更佳的地点。

像这份文本所表明的那样，肯定俄国的要求既无新的内容也无特别之处，因为它们仍然在《库楚克—凯纳吉条约》与《亚得里亚堡条约》（le Traité d'Andrinople）所赋予的权利范围内，就是公开否认最新的外交文书，即 1841 年 7 月 13 日签署的《伦敦条约》69 的效力——这项条约将土耳其置于五大国的集体保护之下，从而排除了在土耳其领土的任何单方行动！

没有什么可以比这更能激起对沙皇的抗议了，不仅是欧洲公众舆论，还尤其是沙皇期待得到支持的皇室，即《伦敦条约》的共同签署者——维也纳皇室与柏林皇室。

自俄国军事干预匈牙利以来，它就成了奥地利的恩主？普鲁士与俄国被强大的家族关系联结在一起吗？这些都不足以让德意志强国批准 5 月 31 日的这个致命通告。

在维也纳，老梅特涅亲王（le prince de Metternich）将这个通告形容为"道德败坏与傲慢自大的真正纪念碑"①。而在柏林，当俄国大臣布德伯格向普鲁士首相曼陀菲尔（Manteuffel）断言沙皇不会退缩时，这个普鲁士人勃然大怒，激烈地反驳道："我有权告诉您，如果他不反对缅什科夫亲王，那么所有人都会反对他！"②

但归根底，尼古拉似乎彻底丧失了判断力：他看错了奥斯曼帝国，期望无须诉诸武力它就能立即屈服，臣服于他。

---

① Metternich, *Mémoires*, tome VIII, p. 356, Paris, Plon-Nourrit, 1880-1884.

② 曼陀菲尔确实属于普鲁士自由中产阶级。贵族与宫廷在传统上更亲近圣彼得堡。

他看错了英国，以为通过不断给它喂"宽心丸"并做出友谊的保证，它就能长期置身事外。

他看错了本应对他感恩的维也纳与柏林，它们完全没有站在他的一边。

他看错了两个海洋强国，他似乎不可能得到它们的赞同。

最终，他看错了拿破仑三世，他对此人有着相当负面的看法，这是其驻法大使的偏见的产物。在国书事件发生后，佩尔西尼徒劳地警告基塞列夫："您以为我们的皇帝被周围一群平庸之辈所左右，"他说道，"事实是，他也许有着许多聪明人共同的弱点，为了避免内部争斗，喜欢在自己身边聚集一些没有个性、思想肤浅或怀疑上帝的人。他也许错误地让自己被一种虚假才能的表象所诱惑……他似乎没有意识到这个奇怪的错误很可能会在他执政期间对政府造成沉重的影响。这个错误使得杰出的才能无法得到施展。这是某些个性对其思想影响的秘密。但所有这一切都与他的政府的重大问题无关，与他性格的高贵敏感无关——他的性格也许是宽厚温和的，但在行动时则坚定果断，格外大胆。然而，如果根据他周围人或好或坏的才干秉性来判断他的为人，您可能就会大错特错。如果您为了自己的骄傲而不断拉紧绳子，那么，它肯定会被拉断。"①

---

① Persigny, *op. cit.*, p. 224. 这是最了解路易-拿破仑·波拿巴的一个人所做的非常中肯的分析。1849 年春，路易-拿破仑·波拿巴给他的堂弟普隆-普隆的信中写道："你很了解我，知道我永远不会屈从任何人的影响，我会不断努力为大众的利益而非某个党派的利益而执政。我敬重那些能够以他们的才干和经验向我提出良好建议的人；我每天都会听到截然相反的意见，但我只服从我的理性和心灵的冲动。"只要他的健康状况允许，这就是真的：男人对他的影响微乎其微，女人——无论稗史有何记载——就更不用说了。

外交大臣涅谢尔罗迭随后就会向整个欧洲申明其君主的和平意图！当然，他想要的不是战争！但谁会为了战争而战争呢？正直的卡斯泰尔巴雅克写道："我仍然坚信，俄国希望避免战争，但它希望和平能确保它得到同样的结果……"

涅谢尔罗迭本人也许并不知道，在圣地与希腊人保护权的问题上，沙皇的意志是如此坚定，以至他更加热忱地为自己的国家辩护。因为这位信仰神秘主义的东正教统治者不会对他——一个德意志人，路德派教徒——吐露知心话；确切地说，知心话是讲给他的助手谢尼亚文（Séniavine）与拉本斯基（Labenski）听的。在这一过程中，他本人不得不支持一项与其想法完全不同的政策。而且，1853 年已经 72 岁的他更致力于排除异议，而不是提出异议，沙皇面对试图给他讲道理的汉密尔顿爵士，曾叹息道："唉！您跟我谈话就像涅谢尔罗迭一样……"

6 月 17 日，俄国外交大臣收到了土耳其对其 5 月 31 日发出的催告函的答复：遵照其西方盟友的建议，土耳其政府重申了对其东正教臣民做出良好安置的保证，并允诺很快将通过正式文件确认给予东正教臣民的权利，但该政府仍然拒绝通过与一个强大的外国立约的形式来做出这种确认。

于是很快，令人不安的消息在君士坦丁堡接踵而来：塞瓦斯托波尔与敖德萨已成为军事行动的蜂巢；土耳其的俄国商人被他们的总领事要求尽快结束生意；俄国人大量购买木材，似乎表明他们准备在普鲁特河（le Pruth）与多瑙河上建造桥梁。

此外，尽管土耳其政府仍然能够保持克制，俄国的情况却大不相同。正如卡斯泰尔巴雅克于 2 月 2 日写信给图弗内尔所说："圣地问题是唯一一个涉及深层民族情感的问题，而民族情感在俄国比人们通常以为的还要强烈。"

6 月 26 日，沙皇通过帝国所有教会的神父向俄国人民发出了激动人心的宗教号召，他宣布决定占领多瑙河公国来消除"土耳其人的顽固"。"如果这还不够，"他喊道，"那么，呼唤上帝来帮助我们，我们将依靠他来解决我们的分歧，我们对他的全能之手满怀希望，我们为捍卫东正教信仰而进军。"

这一切是因为圣地的拉丁僧侣们拥有伯利恒教堂正门的一把钥匙，仍有权在圣母教堂做弥撒。①

7 月 3 日，无可挽回的事终于发生了："为捍卫东正教信仰"而进军的 7 万名俄军士兵越过普鲁特河边界进入摩尔达维亚，两天后，将军戈尔恰科夫公爵（le général-prince Gortchakov）在布加勒斯特建立了他的总部。

的确，经过俄国几个世纪的蚕食，摩尔达维亚与瓦拉几亚公国的地位更近似于苏丹的附属国而非其完整的属地；但很明显，尽管《库楚克-凯纳吉条约》初步规定了俄国作为保护国的权利，《阿克曼公约》（la Convention d'Akkerman）与《亚得里亚堡条约》进一步强化了这个权利，它还是不能凌驾于苏丹的宗主权之上，奥斯曼

---

① 然而，一个不断重复的错误并不能因此成为历史的真相。在众多的著作之后——或之前，热拉尔·穆尔的《历史百科全书词典》（博尔达斯，1978）将这些利益形容为拿破仑三世获得的"重大让与"。他的文章《克里米亚战争》断言，自 1840 年以来，东方的宗教对抗其实是天主教的扩张逐渐消灭了东正教徒。

帝国对于摩尔达维亚与瓦拉几亚的主权对任何人都是毋庸置疑的。因此，对公国的入侵是一种明显的战争行为，在整个欧洲看来，奥斯曼帝国的军事反击是正当的。

圣彼得堡却声称对事态有另外的看法："我们想要得到的是一个物质保障，我们开始的不是一场战争"，涅谢尔罗迭在汉密尔顿·西摩面前如此狡辩道。西摩只能叹息："不幸在于，他们认为自己是温和克制的……"

因为，从那时起，一切都注定了，俄国"在轻率地向前迈进后，为了自尊也不能后退"①。

沙皇是活着的上帝，怎么可能开倒车呢？

完全被信仰鼓舞起来的俄国人民对他的推动远甚于他对他们的引领，而且信仰是一种多么无法抗拒的力量啊！

奥古斯特·孔德（Auguste Conte）认为没有人比沙皇更懂得"以静制动"。他写道："没有一位领导人比沙皇更有能力抵抗愚昧民众的邪恶冲动，他不赞成他们的盲目冲动，而且这种冲动的虚假造作胜于真实。"在这一点上，孔德大错特错了。

实际上，伟大的皮埃尔·高乃依（Pierre Corneille）是对的：

> 如果为自己的王子而死是一种光荣的命运，
> 那么为自己的神而死时，死亡又是什么？②

---

① 1853 年 7 月 15 日卡斯泰尔巴雅克写给图弗内尔的信。
② Corneille, *Polyeucte*.

巴黎和伦敦陷入困境

这个问题特定的俄国背景，要由涅谢尔罗迭将其翻译为外交语言来表述。

这确实是一项艰巨的任务！

当然，在几个月的时间里，英国被动听的言辞所蒙蔽，因为阿伯丁勋爵还活在 1815 年，他的联合内阁似乎注定要做出折中和妥协。但在巴黎，法国人很快就明白，世界和平在君士坦丁堡再一次岌岌可危，人们竭尽全力来应对这一危险。

并不是法国人热衷于战争，绝非如此：波尔多的演讲仍在每个人的耳边回响；也不是因为公众舆论在升温：1853 年的法国已不是 1840 年那个萎靡困顿的国家。而且，除了政权几乎不给任何意见表达的权利之外，圣地问题本身也没有引起很多人的关注，除了天主教报刊对瓦莱特在 1852 年 2 月取得的"辉煌胜利"进行了不合时宜的大肆宣传，几乎无人谈论圣地问题，甚至连《两世界杂志》都认为没有必要专门刊登一篇关于圣地问题的文章。尽管它对外交政策问题持开放的态度，当它在 3 月 15 日的那期杂志中提到缅什科夫对君士坦丁堡的巡视时，也只是估计"黑山的独立似乎是其使命的主要目标"。

6 月 25 日，德鲁安·德·吕对涅谢尔罗迭 11 日发表在《圣彼得堡日报》上的通告做出回应，他向俄国外交大臣指出，他经常援引的《库楚克—凯纳吉条约》并不包含俄国声称已经得到的任何正式保障。法国外交大臣重申了拿破仑三世在国际关系方面的一个主要思想，他向尼古拉·基塞列夫明确指出，有"一个裁决国际争端的公认法庭，即参与制定 1841 年和解协议的五大国之间的一个会议。在目前的形势下，五大国有资格审查，土耳其政府是否过高估计了俄国的要求的重要性，或者俄国人是否低估了这些要求真正的含义"。

7 月 2 日，戈尔恰科夫的先遣队越过普鲁特河的前一天，涅谢尔罗迭发表了第二份通告，将俄军的推进解释为对法英舰队抵达土耳其水域的一个简单反击，一种"军事姿态"，旨在恢复据说被西方国家打破的平衡。

对于这种颠倒角色与责任的做法，法国外交大臣在 7 月 15 日的一份通告中几乎毫不费力地给予驳斥：对平衡的第一次也是真正一次的破坏，要归咎于俄国，当时它在多瑙河公国边境集结军队，以此作为一种施压手段，旨在加强缅什科夫在君士坦丁堡的行动。西方舰队 6 月中旬抵达贝西卡湾，目的只是恢复了平衡。对多瑙河公国的入侵，不过是又一次侵略行为，再次并且是更加危险地打破了力量的平衡。此外，这次行动绝非宣称的那样是作为反击而采取的一种措施，在联军的海军中将抵达贝西卡湾的前两周，涅谢尔罗迭不是在 5 月 31 日给土耳其政府的照会中已经宣称了这项行动吗？但是，巴黎与伦敦非但没有建议土耳其人运用他们的正当权 74

利，进行武力反击，反而鼓吹克制。苏丹出于对盟友的尊重，也为了让自己的外交具有更多的自由度，只是对俄军入侵多瑙河公国进行了纯柏拉图式的抗议。

1853 年 7 月，阿卜杜勒-迈吉德仍掌握着博斯普鲁斯海峡上的局势。

至于可能解除危机的外交创议，将由巴黎提出。

6 月初，沙皇也许终于确信拿破仑三世是位非常爱好和平的君王，于是请卡斯泰尔巴雅克向法国皇帝转达邀请，直接与自己会谈。英国终于睁开了眼睛，刚刚从他身边溜走；也许法国会被他引诱，海洋强国之间亲密结盟的噩梦也许不会变成现实……

无论如何，拿破仑三世当时正在起草沙皇与苏丹之间的一份和解协议草案，那是缅什科夫 5 月 5 日打算让里法特帕夏签署的照会与 5 月 10 日土耳其外交大臣的答复之间的一种妥协方案。法国皇帝不想与英国分道扬镳，7 月 1 日，在伦敦的完全赞同下，他向圣彼得堡和维也纳递交了这个文本，沙皇刚刚接受了维也纳的斡旋提议。

因此，很自然地，普鲁士也被请求就设想的和解协议发表意见，德鲁安·德·吕暗示的"法庭"，即 1841 年与俄国签订条约的列强的法庭，在奥地利内阁首脑布奥尔伯爵（le comte de Buol）的倡导下自发形成了。在将近一个月的时间里，法国的布尔克内男爵，英国的威斯特摩兰勋爵（lord Westmoreland），普鲁士的卡尼茨（Canitz）将与布奥尔伯爵一起对法国皇帝起草的文本进行讨论。

维也纳会议诞生了。

正如后世经常书写的那样，维也纳会议将"在多瑙河两岸洒下的墨水与后来在克森尼索高原（le plateau de Chersonèse）流淌的鲜血一样多"。

凭借维也纳会议，奥地利直接进入了正在进行中的棋局，这也正是拿破仑三世所期待的，因为哈布斯堡王国在西方国家与俄国之间占据了一个非常合适的中间人的位置。尽管年轻的皇帝弗朗茨-约瑟夫的感激与敬重之情促使他站在沙皇一边，但被发展壮大的民族运动日益削弱的奥匈帝国的最大利益，迫使他不能容忍俄国在东方影响力的扩大。首先是在简单的地理层面上，奥地利主要是一个多瑙河强国，它既不能容忍俄国在多瑙河口的存在，也无法容忍沙皇对黑海的霸权，或更糟情况下，对君士坦丁堡的霸权。对弗朗茨-约瑟夫来说，多瑙河公国的自治，甚至独立，是一种绝对的必须。

因此，在奥地利皇帝开始摇摆，明显矛盾的两种倾向彼此交替占上风之前，调停人的角色很自然地属于奥地利，更何况，俄国驻维也纳大使迈恩多夫男爵（le baron de Meyendorf）恰好是布奥尔伯爵的姐夫。

这正是维也纳会议将很快捉襟见肘的原因吗？

维也纳会议的成员国对法国皇帝的原始提议做了无数次的补充、调整、修订、校读与更改，而布奥尔伯爵以此事为己任的态度更是令这些工作得以积极地进行，最终达成了一个文本。7 月 31 日，成员国一致批准通过，并且立即向沙皇和苏丹寄去一份副本。

8 月 3 日，令所有人满意的是，尼古拉宣布他赞同这个"在维也纳商定的权宜之计"，但要保持原样，并附带了一个绝对条件，即土耳其不得对文本作出任何修改。①

当时人们对和平的期待十分强烈，以至谈判的达成令欧洲所有的大使馆里转瞬之间都一派欢欣鼓舞！在巴黎，8 月 7 日的《箴言报》传达了谈判的喜报；8 月 15 日，皇帝在参加庆典活动的外交使团面前同样宣布了这个圆满结局。8 月 20 日，英国内阁通知议会，危机即将结束。

然而就在同一天，一声惊雷从天而降：在君士坦丁堡，奥斯曼帝国政府向法国、英国、普鲁士与奥地利的代表们递交了一份备忘录，宣布它拒绝《维也纳照会》，除非按照它给出的极其明确的措辞对这份照会做出三处修改。（见附录Ⅲ）

即使在对土耳其人最有好感的首都，愤怒也立即爆发了！怎么，这个衰弱帝国的托管国们竭尽所能地确保它的存活，而这些忘恩负义的人却为了几个微不足道的细节要重新审查他们的整个工作成果？

同往常一样，欧洲人主要关心的是解决他们自己的问题，他们只是忘了东方问题首先涉及的是土耳其人，这对他们来说是一个生

---

① 这是 8 月 3 日通过电报收到的正式批准，当然，在《维也纳照会》正式传达给沙皇之前已经请求他并且得到了他的非正式批准。

死攸关的问题！

然而，自从多瑙河公国被入侵以来，君士坦丁堡很难遏制情绪的升温——民族情感的高涨以及宗教情绪的激昂。这份最后提交给苏丹签署的照会，仿佛只是为了确认一个既成事实，它难道不是沙皇批准的吗？最后一个才轮到发表意见，这难道不是一种羞辱吗？既然这个文本只能在不改动一个字一个逗号的明确条件下才被批准，怎能相信它不是完全符合圣彼得堡的利益？

雷希德帕夏费劲心力才让其政府内部的同僚审查《维也纳照会》，因此他认为让他们回心转意是很难的，更何况所要求的三处修改总是与奥斯曼帝国政府的同一个关注点相一致：它给予帝国东正教徒的特权是苏丹的善意的表达，绝不可能来自一个俄土双边协约。

至此，热情已消退，问题即将解决的希望已破灭！8 月底即将来临，如果土耳其人看不出世界和平再一次与他们的命运息息相关，他们最好的朋友会任凭他们接受悲惨命运的主宰。

8 月 1 日，图弗内尔给卡斯泰尔巴雅克的信中写道："如果到月底一切还没有结束，我们肯定会渡过达达尼尔海峡，也许还会渡过博斯普鲁斯海峡。一旦秋天到来，我们的舰队在贝西卡湾的情况会很糟［……］每个法国人都想要和平；但是，除了证券交易所内，各地都希望我们的政策是高尚而强有力的。皇帝很清楚地预感到黎凡特事务的糟糕结局对政府的声誉将是非常有害的。"

因此，维也纳会议带着怨恨的情绪重新开始工作。它将土耳其

77　人修正的文本与俄国人接受的文本每个字，每个逗号地进行比较，最后得出结论，这些"可怜的土耳其人"确实没有常识，他们的要求完全没有道理，他们几乎不值得人们为他们付出辛苦！法国驻圣彼得堡大使惊叹道："这些异教徒在戏弄我们！"

布奥尔伯爵并不在乎"他的"计划失败，他很不清醒地求助于尼古拉的伟大灵魂。"就他所处的高度来说，"他写道，"沙皇弱小的对手之间微小而狭隘的争吵对他又有什么关系呢？"愤怒的抗议从四面八方雨点般砸向土耳其政府，各方都敦促苏丹赞同《维也纳照会》，哪怕只是出于对其忠实盟友的尊重，他也很可能会把他们拖入一场恐怖的灾难。

这些盟友的位置确实变得不那么舒服了：当涅谢尔罗迭9月7日提请他们注意，沙皇原封不动地同意了他们自己起草的计划，他们能做何回答呢？

确切来说，在圣彼得堡这种无条件的默许中，难道没有什么令人不安的东西吗？①

据记载，维也纳会议的剧情可谓跌宕起伏：为何涅谢尔罗迭当时必须向其驻外使节发出一份题为《对奥斯曼帝国政府在奥地利的照会中所作修改的审查》的通告？是像卡米尔·鲁塞认为的那样，满足感过于强烈以至无法自抑，还是对问心无愧的确信令其看不出

---

① 毫无疑问，《维也纳照会》证明了西方国家对和平的真正愿望。但它绝不是勇气与远见政策的表现。它只是想把问题推迟到以后，将缅什科夫残忍撕开的面纱重新笼罩在俄土关系上：让俄国像过去一样对土耳其施加其精神影响力，只要这种影响力保持在同等范围内，俄国也不要求西方对其表示正式认可！

其中的恶意，抑或是一种挑衅，目的是让西方国家及其外交在土耳其人眼中信誉扫地，从而最终迫使他们拿起武器？①

不管怎样，事实是，在天知道是怎样传到柏林一家报纸的编辑室的这份即将公开的文件里，每个人都可以读到土耳其人要求做出的三处修改确实极其重大，因此应该强有力地拒绝。沙皇之所以同意《维也纳照会》的原始文本，是因为他在其中完整无缺地发现了缅什科夫递交给土耳其人的照会中的所有要求！

因此，聚集在维也纳的列强在连续不断地修改之后，最终完全窜改了法国皇帝提议的文本，使其与5月5日俄国发出的最后通牒保持一致！他们如此执迷于得到圣彼得堡"妖怪"的赞同，以至他们无意识地在为捍卫他的专属利益而工作！

无意识地，真是如此吗？

阿尔伯特亲王曾毫不犹豫地写道："维也纳的照会似乎只是迈恩多夫通过布奥尔设置的一个陷阱。"②

无论如何，这是一场何等的灾难！三个月的外交努力付诸东流，俄国的野心展示给世人，友人受到不公正的批评，而敌人得到鼓励！③

布奥尔伯爵绝非公正的调停人，他试图说服巴黎与伦敦，应该

---

① 更有可能的是，涅谢尔罗迭希望，或者欧洲对一切都毫无察觉，或者因害怕战争而不表示反对；无论是哪种情况，欧洲的沉默都似乎支持了俄国的要求。

② 戈尔斯所引的给斯托克马男爵的信，*op. cit.*, tome I, p. 191。

③ 土耳其人受到不公正的批评，并将长期受到这种批评。所以保罗·盖里奥这样总结整件事："就在沙皇表现出通融的时候，土耳其却变得毫不妥协！"（*op. cit.*, tome I, p. 234.）

让土耳其人接受初始版本的《维也纳照会》，但没有成功：太晚了，损害已经无法挽回。

9月17日，德鲁安·德·吕在给布尔克内的信中写道："在涅谢尔罗迭伯爵先生解读的《维也纳照会》与缅什科夫亲王先生的要求之间，差异是难以觉察的。"与此同时，克拉伦登勋爵也做出同样痛心的评论。"俄国的分析，"他写道，"显示出圣彼得堡内阁的观点与我们的观点相距多么遥远。"

当消极沮丧的情绪弥漫于巴黎和伦敦时，沙皇却开始郑重重申1849年在匈牙利铸成的奥俄之间的兄弟情谊：9月底，他受邀参加奥地利军队在奥尔米茨（Olmütz）的秋季大型演习，他身着奥地利军装亮相，率领一个枪骑兵团在弗朗茨-约瑟夫皇帝面前行进，最后当着集结的军队与曾经受他庇护的皇帝拥抱在一起，此时军官们纷纷挥剑，士兵们则高呼乌拉。尼古拉觉得这个盟友是放心可靠的，他此时并不知道，他正走向最残酷的幻灭。

79　　　沙皇行进之际，布奥尔与涅谢尔罗迭在不间断地进行会谈。沙皇前往华沙与普鲁士国王这位丝毫算不上热情积极的盟友会面，布奥尔与涅谢尔罗迭则继续在华沙进行他们的会晤，最终向欧洲的外交官们交出了最后的权宜之计：奥斯曼帝国政府签署那份著名的《维也纳照会》，而沙皇一方则郑重声明他丝毫无意侵犯苏丹的权威。所有这些秘密会谈最后达成的就是如此平庸的结果！因为，显而易见，人们已经不会再盲目相信沙皇的话了……

第一次维也纳会议确实已经名存实亡了。

此外，在这个 9 月，君士坦丁堡的事态发展迅速：一个由宗教学者，或者说宗教博士，组成的代表团向土耳其政府提交了一份请愿书，要求以伊斯兰的名义立即开战。紧张局势加剧，坊间传言蒙受耻辱的政府可能会遭受袭击。宫廷革命的时代会重演吗？随着拜拉姆节（les fêtes du Bëïram）的临近，气氛变得越发沉重，拉库尔与斯特拉特福德都觉得有必要各自从他们的舰队中召集两艘护卫舰——12 日，这些护卫舰抵达城前抛锚。24 日，苏丹在塞拉甘宫（palais de Tchéragan）召集国务会议，帝国政府再次宣布《维也纳照会》是不可接受的。第二天，帝国 163 位最杰出人物组成的大议会在崇高之门决定选择战争还是和平。

因为，既然谈判已经失败，维持一种和平状态又有什么用呢？这样只会使俄军的力量在其占领的公国里得到加强，最终只会增加国内的危险。

与它向西方做出的保证相反，俄国在摩尔达维亚与瓦拉几亚的表现与其在其他被征服国家一样：大公们被禁止与君士坦丁堡的宗主有任何联系，他们不得不退隐事外；向土耳其进贡的贡品被没收；当地民兵被收编入俄军。怎么能相信圣彼得堡把两公国还给苏丹时，它们的"状况会比它（俄国）得到它们时的状况更好呢"？[1] 80

---

[1] 涅谢尔罗迭对汉密尔顿·西摩所说的话，由后者于 1853 年 8 月 12 转述。大公是摩尔达维亚与瓦拉几亚两公国的统治者。

大议会以 160 票对 3 票的结果，发出了强劲的战争宣言。

9 月 29 日，一道帝国旨令批准了大议会的决定，10 月 8 日，土耳其最高统帅奥马尔帕夏从他在舒姆拉（Schumla）的营地向戈尔恰科夫公爵发出警告，限令他在 15 日内撤出多瑙河公国，否则将对俄开战。

正如《海峡公约》所允许的那样，既然战争状态已经宣布，苏丹将打开海峡：在他的召唤下，法国舰队与英国舰队于 10 月 23 日离开贝西卡湾，渡过马尔马拉海（la mer de Marmara），历经恶劣天气造成的艰难险阻之后，在离君士坦丁堡不远的博斯普鲁斯海峡上的贝伊科斯（Béïcos）抛锚。

因此，衰弱的土耳其在一定程度上摆脱了保护者的控制，拿起武器以击退俄军入侵。

至于苏丹的保护者，他们的舰队所处的抛锚地清楚地表明了他们打算在这场即将开始的对抗中占据的位置：对他们来说，这只是从海上来确保奥斯曼帝国首都安全的问题，因为它一直处于来自塞瓦斯托波尔的突袭威胁之下，在危险迫在眉睫的地方——多瑙河两公国——进行自卫反击是土耳其人自己的责任。

一切都表明，在这场刚刚开始的"东方战争"中，就法国来说，它只是为形势所迫才逐步介入其中，因为要捍卫的事业似乎非常抽象，没有任何国家利益受到直接威胁。1849 年 6 月 7 日，在给刚刚召开的立法大会的致辞中，主席路易-拿破仑·波拿巴怀着圣西门主义者的坚定信仰宣布他主要关注经济发展："欧洲的文明状况不允许将其国家置于一种全面冲突的风险之下，除非有显而易见的权利和必要性［……］像我们这样的国家，如果要投入一场庞大的战争，就必须能在世界面前证明，或者其胜利的荣耀，或者其失败的高贵。"

在 1849 年的这个春天，没有任何迹象预示会发生一场冲突，迫使行政首脑强调法国的"权利和必要性"。史书记载这场冲突源自——就像 1840 年差点发生的那样——这个令人生畏的东方问题，几个世纪错综复杂的冲突对抗，或明或暗的利益纠缠，始终让人无法一眼看出权利属于哪一方，也看不出有何迫切的必要性！

然而，在［法国］皇帝的意识中，在其最清醒的大臣们的意识中，正如在将要指挥这场战争的将帅们的意识中一样，这场始于东方的战争从一开始就显示了它的真面目：它是影响力的对抗，是与俄国这个过气的超级大国的交锋，是以欧洲平衡受到严重威胁的名义进行的第一场战争。在 20 世纪，这个观念将为人熟知。而在 19 世纪，尽管有一些切中肯綮的分析之作，比如欧仁·福尔卡德（Eugène Forcade）于 1854 年初发表在《两世界杂志》上的分析文章，人们并不总是能理解这场战争的含义，很多人还是会经常满怀恶意地思忖："法国和英国到东方去做什么？"

因此维克多·雨果写道："是否为了从教堂的顶部摘下的一颗银星，地球上最大的几个国家将相互厮杀？"

1853 年 10 月，在伦敦和巴黎，重要的既不是伯利恒的银星，也不是摧毁俄国在黑海的海军力量的冷酷计划。两国只是决定在和平与战争的边缘尽可能地向前推进，特别是在巴黎，人们做着预防军事行动升级的准备，坚定地寄希望于用外交手段来解决俄土冲突。土耳其人非常清楚这一点，他们通过宣战来避免向其保护国发出求救的呼唤，仅仅以审慎的措辞，几乎以道歉的方式告知它们事态的发展。

　　而且，俄国人自己不是一直在申明他们的和平意愿吗？尼古拉像往常一样强调他那众所周知的"克制"：宣战的不是他，将开第一炮的也不会是他。"已经向我们宣战了，"涅谢尔罗迭向英国大使确认道，"我们绝不会对土耳其发动进攻；我们会静观其变，仅仅决心击退对我们的任何侵犯。我们将以这种方式度过冬天，准备接受土耳其可能向我们提出的任何和平建议。"①

　　此外，在伦敦和巴黎，人们还可以通过回顾前几次俄土战争的例子来安慰自己——这些战争往往持续多年，更多是因为糟糕的季节而非一次决定性的行动而停战。正好，冬天不是快到了吗？至于奥斯曼帝国出了名的迟缓，所有人都知道这是始终存在于统治集团各个层级的严重问题。苏丹在10月31日下令"立即"装备他的护卫队时不是宣布他将于第二年春天出征与他的军队会合吗？

　　所以，如果像涅谢尔罗迭宣告的那样，戈尔恰科夫的庞大军队果真采取严格的防御策略，那么有什么可担心的呢？不仅多瑙河会将交战双方分开，而且土耳其军队也是普遍同情的对象。

---

　　①　汉密尔顿·西摩给克拉伦登的信中引用涅谢尔罗迭的话，1853年10月14日的公函。（*Correspondance...*, *op. cit.*）

当然，通过寻求可能结成的微妙组合或可能解决一切问题的偶然事件来冻结军事行动并展开大规模外交行动，没有什么比这些前景更符合法国皇帝的性情了。一直以来，命运不是站在他这一边吗？

人们仍然相信：在被战争波及之前，还是会找到和平的解决方案。

但这意味着相信俄国只奉行一项政策，即涅谢尔罗迭不辞辛苦代言的外交部的政策。

这意味着没有考虑战争的不测风云，没有考虑现代火炮的杀伤力——尽管那时它还不为人所知，但人们很快会发现火炮的威力。

这还意味着没有考虑在战区附近悬挂国旗可能带来的风险。

1853 年 10 月 25 日，也就是奥马尔帕夏的最后通牒到期的两天后，东方战争的第一次交火开始了：土耳其炮兵炮击了一只沿多瑙河逆流而上的俄军舰队，在伊萨克查（Isaktcha）造成了一些伤亡。

几乎同时，在 10 月 27 日夜间至 28 日凌晨，在军事行动区的另一端，位于黑海东海岸的圣尼古拉小要塞遭到土耳其亚洲军团士兵的突袭后被攻克。当然，正如托德莱本所写的那样："这个号称尼古拉海关屏障的哨所，严格说来并不是一个要塞，只是起着粮食仓库的作用；它由两个步兵连，一个民兵小分队，几个哥萨克骑兵，两门野战炮把守。"[1] 但他的小守备部队在突袭中几乎被消灭

---

[1] *Op. cit.*, tome I, p. XV. 土耳其人将该阵地命名为"切凯第要塞"。

83 殆尽，几天后，试图夺回这一阵地的努力也失败了，此次事件中，俄军的一艘汽船被极其老练的土耳其炮兵击沉。①

沃龙佐夫将军（le général Voronzov）在撰写报告时一定备感耻辱：他不仅在这场"如此不幸的事件"中损失了一些兵力，而且被土耳其人夺取的哨所是以皇帝陛下的名字命名的，而被击沉的汽船正是8个月前让缅什科夫亲王在君士坦丁堡胜利登陆的那艘"雷霆号"！

但没有人真正被这第一场胜利所蒙蔽，那不过是突袭的结果，因为土耳其亚洲军团的两个部队集中了奥斯曼帝国最糟糕军队的所有缺点——他们只是些既无军饷，也无纪律的非正规军团伙，勉强集结在一些荒野之地：没有防御工事，没有行政管理，没有辅助服务，更糟的是，没有名副其实的指挥。面对与沙米尔山区武装长年作战淬炼下的俄国高加索军团，土耳其人实际上没有任何胜算。11月14日，他们被奥尔贝利亚尼公爵（le prince Orbéliani）击败；11月26日和12月1日又接连被安德罗尼科夫公爵（le prince Andronikov）与贝图波夫公爵（le prince Bétoupov）击败；根本不是俄军对手的土耳其人慌乱撤退，以寻求卡尔斯要塞（la forteresse de Kars）火炮的保护，那里距离边境需要三天的行军路程，面对俄国人派来的增援部队，他们重新占据主动的希望十分渺茫。

但多瑙河前线的情况截然不同，土耳其鲁梅利亚（Roumélie）军队的总司令奥马尔帕夏显示出面对艰难形势的强大应对能力，圣

---

① 托德莱本对这次不幸的反攻闭口不提。

阿尔诺写道："他的不可替代性使得他在土耳其人当中的杰出与作
用更为明显。"① 除了四万非正规军，他还拥有八万正规军的兵力， 84
在多瑙河右岸的有利位置上安置了精锐的分遣队：维丁（Viddin）、
拉霍瓦（Rahova）、西斯托瓦（Sistova）、尼科波尔（Nikopol）、鲁
塞（Routchouk）、图尔库泰（Tourkoutaï）、拉索瓦（Rassova），特
别是锡利斯特拉（Silistrie），这个将于次年传遍欧洲的名号。

　　奥马尔帕夏的战略选择与俄国人宣告的战略选择相同，这是奥
斯曼帝国有限的财力迫使他做出的唯一选择：防御。但由于他拥有
一支坚实可靠、训练有素、纪律严明的军队，尽管缺乏长期作战的
财力，最高统帅仍打算赢得几场战斗，取得一些局部胜利，这些胜
利不仅会提高其军队士气，更重要的是会给西方国家留下有利的印
象。因为奥马尔帕夏，不仅是圣阿尔诺所描述的"拥有高度军事智
慧"的"真正军人"，还是一位精明的政治家，通过将其主要军力
集中在奥地利边境一侧，他证明了这一点。
　　从 10 月底开始，他在多瑙河的各个地点都占据了主动，在河
的后方，戈尔恰科夫非常薄弱的兵力部署在铺展过长的战线上，

---

① 1854 年 5 月 19 日圣阿尔诺元帅给瓦扬元帅的信。
　　奥马尔帕夏，真名为米哈伊尔·拉塔斯，原本是克罗地亚人，为奥地利效力的一名普通
士兵之子。他开始过着一种冒险小说般的流浪生活。先是在奥斯曼帝国的波斯尼亚，在那里
他成了穆斯林，然后在君士坦丁堡，凭着坚定意志，晋升到最高阶层，成了科什鲁帕夏的门
生，娶了首都最富有的一位女继承人，并得到总参谋部的赏识。1841 年，他参与了对黎巴嫩叛
乱的镇压。1848 年，他被任命为费里克，也就是将军，将自己的名字从奥尔-贝改为奥马尔帕
夏，指挥土耳其军团与俄国联合进入多瑙河公国以维护那里的秩序。1851 年，他镇压了波斯尼
亚的起义，被授予元帅的称号。次年，他指挥了对黑山叛乱分子轻率发动的远征。

他们只能等待迟迟不能到来的援兵，而土耳其的军队则斗志旺盛，他们既会使用火炮，也会用有效的防御手段保护自己或用刺刀发动进攻。对于很多人来说，这是一个新发现：这支由强悍的流浪汉组成的部队仍保留着最初的英勇，他们有一个总司令，但几乎没有军官，更没有名副其实的士官，他们以米饭或干饼为粮，席地而睡，在既无医生也无药品的"医院"里因得不到治疗而悲惨地死去！

在巴黎，土耳其人的最初胜利非但没有激发人们的热情，反而引起了人们的担忧：这些胜利除了让沙皇的立场更加强硬外，似乎也没有什么其他结果。11 月 2 日，在得到这一消息之前，图弗内尔仍然心存幻想，希望事态能够缓和，他在给卡斯泰尔巴雅克的信中写道："土耳其人的疯狂将会为俄国人所用，土耳其人很可能战败，他们的军事荣誉将得到保全。"①

然而，实际情况恰恰相反。在 1853 年的这个深秋时节，俄军

85 损失了几千兵力，同时还有他们最大的一个幻想。因为人们已经明白，他们的防御战略不是建立在所谓"克制"基础之上，他们就是一支入侵部队。俄军防御战略的理由主要是为了避免彻底激怒奥地利，看到"北方的野蛮人"在"自己的"大河沿岸绵延数百公里的营地已经让奥地利深感惊恐不安。这个防御战略还与俄军在动员与部署上历来的缓慢有关，最终还因为俄军坚信奥斯曼帝国军队一

---

① 当时法国外交想方设法平息君士坦丁堡的局势。12 月 2 日，新任驻君士坦丁堡大使巴拉盖·迪利耶将军给爱德华·图弗内尔的信中写道："自我到任以来，我所做的就是给穆斯林发热的脑袋上泼冷水。"（Cité par Louis Thouvenel, *op. cit.*）

触即溃。因此，对于沙皇的高级参谋部来说，觉醒是严酷的：奥斯曼帝国也许摇摇欲坠，但土耳其士兵仍然勇猛顽强。在多瑙河左岸的卡拉法特（Kalafat），奥马尔帕夏在 11 月初已经在那里布置了兵力，在两个月的时间里，他建起了一座坚固的桥头堡，而俄军不敢对其发动攻击。在这种情形下，轻蔑对待土军元帅的主动预防措施，像托德莱本那样称其为"徒劳无功的努力"，并不足以掩盖问题的实质：士气上的优势属于土耳其人。①

政治上的优势同样如此，即使在巴黎，人们意识到外交棋局正变得越来越胶着。12 月 1 日，图弗内尔给卡斯泰尔巴雅克去信："在多瑙河和亚洲的微小胜利冲昏了君士坦丁堡的头脑。我们将委派巴拉盖·迪利耶将军（le général Baraguey-d'Hilliers）去戳破这些被幻想充起来的气球。"

但是，对于土耳其人和西方国家来说，重要的难道不是使奥地利人下决心明确地站在他们一边吗？然而，在卡拉法特隆隆作响的火炮不断提醒维也纳它从古至今的忧虑：多瑙河公国里绝不允许俄国人的存在！但俄国人确实就在那里："哥萨克骑兵出现了，这些不折不扣的斯拉夫人。在赫勒斯滂海峡（l'Hellespont）的岸边，平民们听到了他们瘦弱马匹的嘶鸣；西方的宝座已经倾斜，资产阶级

① 托德莱本就是这样轻蔑地看待他所说的"切斯塔特事件"：1 月 5 日夜间至 6 日凌晨，1.1 万名土军士兵从卡拉法特桥头堡出动，遭遇安雷普将军率领的一支大约由 5000 名士兵组成的俄军先遣队。几个小时的激战之后，土军因兵力伤亡而撤退，但他们给俄军造成的伤亡比自己的损失要严重得多。

的欧洲已经感到它的银行在颤抖······"①

因此，从 10 月底开始，布奥尔伯爵满怀诚意地将法国、英国与普鲁士大使再次召集到奥地利，令维也纳会议得以"复活"。

更重要的是，维也纳会议公布了其 12 月 5 日的议定书，从而正式确立了自己的存在，并且以交战国的调停者自居，要求奥斯曼帝国政府公布其和平条件。这个文本意义重大，因为欧洲凭借它清楚地揭示了冲突的真实性质，在圣彼得堡面前建立了一道共同的外交阵线，向沙皇表明，土耳其的领土完整不可侵犯。12 月 5 日的议定书宣告："土耳其在条约限定范围内的存在，已成为欧洲平衡的必要条件之一。"

那么，尼古拉还能期望什么来实现他的目标呢？也许他期望见到法国皇帝，法国皇帝不断表达其和平意愿，当面对一场不可避免的战争时，却在最后一刻退缩了。英国驻巴黎大使考利勋爵在 11 月 11 日写给外交大臣的信中，谈到拿破仑三世时说："实际上，对于我们与他的结盟，我唯一感到担忧的是，他希望事情得到解决的意愿并没有压倒任何其他考量。"② 爱德华·图弗内尔在向卡斯泰尔巴雅克传达"皇帝的正式意图"时明确指出："我们希望合理地维护土耳其的独立和完整，但我们将反对它的愚蠢行为，并且不会追随它的冒险事业。"③

在君士坦丁堡，巴拉盖-迪利耶全力以赴地支持对土耳其公开

① Ernest Cœurderoy, *Hurrah ! Ou la Révolution par les Cosaques*, Paris, 1854.
② *Papiers* de lord Cowley.
③ 1853 年 12 月 1 日的公函。

其和平条件的要求，而在维也纳，苏丹的良好意愿已经为人所知，人们以为谈判将很快取得结果。巴黎则沉浸在乐观的气氛中，《箴言报》甚至暗示危机已经结束。

但是，帕默斯顿在 10 月 24 日以其特有的清醒和尖锐写道："维也纳会议意味着布奥尔；布奥尔意味着迈恩多夫的妹夫，而迈恩多夫意味着尼古拉。"① 他是正确的。

因为一个残酷的、血腥的、意想不到的事件即将发生，它将再次表明俄国的双重标准政策，并将促使法国与英国做出致命的姿态。

传言与事实

在 1853 年的秋天，奥斯曼帝国的大部分舰队停留在博斯普鲁斯海峡，负责保护首都，但仍有一些轻型舰船继续在黑海航行，为安纳托利亚的港口提供补给，并保持君士坦丁堡与其高加索军队之间的联络。

在 11 月的最后几天，一支由七艘风帆护卫舰、三艘轻护卫舰和两艘汽船组成的小型舰队在海军将领奥斯曼帕夏（Osman-pacha）的命令下进入黑海，为巴图姆（Batoum）军团提供补给，船上有担

---

① 1853 年 10 月 24 日写给约翰·罗素勋爵的信。收于艾芙琳·阿什利的《帕默斯顿的生平》，德拉戈尔斯引用。(*op. cit.*, tome I, p. 201.)

任舰队指挥的费里克①侯赛因帕夏（le férik Hussein-pacha）。这个舰队是否像俄国人后来宣称的那样肩负向顽强不屈的沙米尔山区武装提供补给的使命？这并不是不可能的。②

很快，恶劣的天气将迫使奥斯曼帕夏开进锡诺普（Sinope）的锚地寻求避风。他让舰队停泊在那里，而贝伊科斯的法军和英军参谋部里却笼罩着忧虑的气氛，因为他们知道塞瓦斯托波尔的舰队正在巡航，寻找拦截奥斯曼帝国的船队。

11 月 27 日，在锡诺普公海的海面上出现了几艘帆船，但土耳其海军少将并未因此而惊慌：本来由于恶劣的天气，如果他不继续其航程，至少可以顺利返回君士坦丁堡，他却平静地让舰队又停泊了三天。也许他认为俄国人绝不会冒险采取行动，令联军舰队的 53 艘舰船，2239 门火炮和 2.2 万名水兵立即开进黑海！

正如意料之中，11 月 27 日的几艘帆船正是俄国海军上将纳希莫夫（Nakhimov）的船。塞瓦斯托波尔距离锡诺普只有 42 海里，急需的增援部队很快就赶来与之会合。

11 月 30 日中午时分，借助大雾与顺风，一支庞大的俄国舰队突然出现在锚地：六艘战列舰，其中三艘为三层舰配 120 门火炮，三艘巡航舰与三艘武装汽船，舰上装备有"佩克桑"火炮，这种炮发射的不是球形弹，而是爆破弹。土耳其人的装备根本无法与之相比，他们的小型舰船只装备有传统的火炮，而且口径很

88

---

① 费里克（férik）是奥斯曼帝国的军衔，介于少将和中将之间。——译者注
② 沙米尔是一位传奇人物，自 1824 年以来一直指挥高加索山区部落对抗俄国，直到 1859 年才归顺。

小。但对于向他们发出的要求投降的信号，土耳其水兵勇敢地开火了。三个小时后，他们的舰队被歼灭，只有"塔伊夫号"船在情势危难之际紧急撤出海战，返回君士坦丁堡通报。其他所有战舰或者沉没，或者燃着熊熊烈火在海岸搁浅。那些无法继续战斗的水兵没有降旗投降，而是与被炮轰的舰船同归于尽，例如阿里贝伊（Ali-bey）的"纳维克号"，一艘装备有 52 门火炮的护卫舰；又如卡德里贝伊（Kadri-bey）的"尼扎米埃号"，它装备 62 门火炮，侯赛因帕夏也在这条船上。

在三层船"玛丽皇后号"的后甲板上，海军上将纳希莫夫欣喜若狂："康斯坦丁大公号"只用了五分钟就荡平了一只陆军炮兵中队，炸毁了停靠在它旁边的、试图提供微不足道防护的护卫舰。由此可知一支现代炮兵部队相对于没有装甲防护的木船的威力了。①

大卫对抗歌利亚的这场战斗中，土耳其方面英勇卓绝，但是俄国方面为什么如此凶狠无情呢？是想对在多瑙河上遭受的挫败进行警戒性报复，无论其外交后果如何？是想以尽可能惨重的伤亡人数挑战尚在观望之中的欧洲舆论？否则，为什么不将破坏局限于奥斯曼帝国的舰队，而不断地炮轰港口与城市本身，使城市的大部分沦为废墟？为什么不按照国际惯例至少通告外国领事注意他们自己及其公民的安全？12 月 2 日，纳希莫夫确实派人向奥地利

---

① 两年后，当纳希莫夫在一片废墟的塞瓦斯托波尔战死时，覆盖在其棺木上的旗子正是"玛丽皇后号"的军旗。

驻锡诺普领事递交了一封信，在信中他宣称："敌人的炮火稍一停歇，我就派一艘小艇载着一位军使去向城市当局解释我的真实意图；但那位军官在那里待了一个小时，没有找到任何人。"怎样才能相信他的诚意呢？当他宣称，"对这座城市造成的最大破坏一定来自土耳其战舰燃烧的残骸，而且大部分船只都是船员自己放火点燃的"①，他能否让领事相信，"他同情这座城市及其无辜居民的悲惨命运"？

我们可以想象俄国得知锡诺普事件消息时的兴奋激昂，在圣彼得堡甚至为此唱起了《感恩曲》（Te Deum），但是对于缅什科夫亲王寄给沙皇的报告该做何感想呢？毫无疑问，他最了解皇帝对正在发生的冲突的想法，还趾高气扬地叫嚷："陛下的命令得到了最出色的执行。"

至于沙皇尼古拉，无论在其笔下还是在其言语中都找不到他在西方外交官面前高调宣扬的和平意愿的丝毫痕迹。他只是给予舰队军官奖励与晋升，并且对克里米亚总督回复道："在锡诺普赢得的胜利再次表明，我们的黑海舰队光荣体面地完成了使命。我怀着真诚与诚挚的喜悦委托你们向我们勇敢的海军战士表达我的谢意，感谢他们为俄国的荣耀与俄国国旗的荣誉而完成的这场出色战斗。"

---

① 巴藏古引用，*La Marine française dans la mer Noire et la Baltique*，tome I，Paris，Amyot，1858。1854 年 1 月 6 日，海战一个多月后，停泊在锡诺普的一艘法国战舰上的一名军官写道："房屋变成了毫无形状的砖石堆。所有面向大海的斜坡上，大量俄军炮弹的弹痕留下了宽阔的沟壑，城市和村庄里到处都是炮弹。"（Bazancourt，*op. cit.*，tome I，p. 47.）

如果这些内部言论可以通过向西方使馆做出新的安抚声明来抵消的话就好了！但这种情况已经不可能了。因此，土耳其人遭受灾难的消息传遍整个欧洲，在各地都将激起怒火与愤慨。①

许多后来书写这些事件的人对西方的激烈反应都佯装惊讶，将它归因于"过度的敏感性"。确实，从 1880 年代起，不得不考虑到与俄国结盟的信条以及它对于人们思想施加的那种独裁。但是，我们能否像一些人那样认为，令人震惊的主要是土耳其战败的惨痛，而非这种正常的军事执行方式？难道我们不应像另外一些人那样，将"锡诺普事件看作《武器法》所允许的一场海上突袭吗"②？此外，由于军事史上"经常发生同等破坏程度的战例"，难道我们不能承认"这些惯例与记忆可以为纳希莫夫上将提供理由，或至少为其做出辩白吗"③？

承认这一点意味着在其政治和外交背景之外，仅仅从军事层面来看待这一事件。然而，锡诺普事件并不像伊萨克查的炮击或圣尼古拉要塞事件那样，是由中下级军官在当地发起的一桩次要事件。它自始至终都是由邻近其总部的俄国海军最高参谋部策划与执行，并由克里米亚总督缅什科夫亲王直接指挥，整个行动期间，他都在塞瓦斯托波尔。

而且，奥斯曼帝国的惨败难道没有为俄国舰队敞开了通往君士坦丁堡的道路吗？

---

① 拉马丁在其《土耳其史》中感叹道："让厄运降临到唤醒欧洲良知的人身上！"
② Pierre de la Gorce, *op. cit.*, p. 198.
③ *Op. cit.*

在巴黎和伦敦，除非像那位善良的卡米尔·鲁塞一样，相信俄国"抗议的诚意"，而这种"诚意"被"错误地"附着了恶意①，如此严重的一个事件不可能让人无动于衷。

公众舆论的骚动在很大程度上可能要归因于西方报刊上的煽情文章。这些文章出于迎合的目的夸大伤亡数字②，描绘了一座沦为废墟、死伤遍地的城市。

然而，我们不能因此就认为，仿佛通过某种传染，"这种情绪"很自然地"蔓延到外交使馆，[并]一直渗透到德鲁安·德·吕先生相对温和的心灵里"。③

像所有外交官、参与正在进行的谈判的欧洲法院那样，法国外交大臣只是对锡诺普事件作出恰如其分的评估：这一事件猛烈揭穿了俄国高调宣扬的和平意图，大肆吹嘘的"克制"，以及它宣称对土耳其人秉持的严格防御策略的谎言。

更重要的是，由于其挑衅性质，这一事件的发生似乎只是为了加速圣彼得堡与海上列强之间的彻底决裂。

在此阶段，还有一个传言需要澄清：拿破仑三世是出于宗教原因而投入东方战争。

诚然，在 1853 年，皇帝不得不重视天主教群体的意见，毕竟那是他最坚定的支持者之一；但他的整个政策通常不都趋向于迎合

---

① Camille Rousset, *op. cit.*, p. 70.

② 奥斯曼土耳其一方 5000 人死亡的数字已达成普遍共识。仅奥斯曼帕夏属下的海军士兵有 4500 名，前往锡诺普的法英舰队的医生只带回 200 名伤兵。

③ Pierre de la Gorce, *op. cit.*, p. 199.

这个群体吗？他不仅没有任何必要表明如此极端的决心，而且还需要考虑波拿巴派中的雅各宾派与反教权派分子。前一年的立法机构选举已经清楚表明了这一点：各地政府部门更愿意将官方的正式提名给予一个归顺的前正统派，而不是一个纯粹的、强硬的，但在选区影响力较弱的波拿巴派，尽管他高喊："皇帝万岁！打倒教皇！打倒神父皮条客！"①

毋庸置疑，皇帝本人绝不是虔诚的教徒。他年轻时说过一些带有模糊自然神论调，为人们乐于转述的话？但那只是浅层的宗教情感，空幻的冥想。如果他是一个狂热的天主教徒，路易-拿破仑绝不会像在 1831 年所做的那样，亲自拿起武器反对圣父在意大利的利益；1849 年法国对罗马的干预，绝不会具有总统不顾一切要极力赋予它的开明自由的色彩；1863 年波兰起义时，皇帝也绝不会采取弃权政策，因而为自己招致好战天主教徒的仇恨以及妻子欧仁妮与堂弟拿破仑-热罗姆（Napoléon-Jérôme）的激烈指责。为天主教的波兰开战？"这不是法国的利益所要求的"，他如此对普隆-普隆②说道。

实际上，在宗教领域，路易-拿破仑只是接受了他伯父的思想：宗教与秩序和道德共同构成了社会的支柱。事实证明，支持宗教是正确的政策，正如皮埃尔·德拉诺（Pierre de Lano）所写的那样，皇帝做出表率，致力于"向主教表现亲切和善，在神父面前扮演深

① 参阅 Bernard Ménager, *Les Napoléon du peuple*, Paris, Aubier, 1988。
② 普隆-普隆（Plon-Plon）是拿破仑三世的堂弟拿破仑-热罗姆亲王的绰号。——译者注

得民心的好好先生"。这样做至少令路易-拿破仑得以与其笨重的岳母——蒙蒂霍伯爵夫人（la comtesse de Montijo）——和平共处，她从来不会忘记向欧仁妮打听她眼中重要的事情："皇帝，"她会担心地问，"他跟上帝怎么样了？跟圣母玛利亚呢？他对他们好吗？他做礼拜吗？"[①]

92

但当我们读到，比如在乔治·鲁（George Roux）的书中，拿破仑三世这位彻底的怀疑论者在 1853 年 3 月"也许会承认"，他"一直都被在异教徒占优势的地方确立基督教的想法所吸引"，我们会以为这是在说梦话！[②] 安德烈·卡斯特洛（André Castelot）在他本人为拿破仑的侄子所作的传记中也引用了这句话，但没有给出进一步的来源。事实上，如果这句话确实说过，我们想知道是在何种背景或者在什么样的内心想法下说出的，因为它与拿破仑三世本人丝毫不吻合。无论如何，这句话不足以对奥尔唐斯（Hortense）的儿子这样复杂的一个人形成一种意见，因为拿破仑三世从来没有真正向任何人吐露内心，而且，用他堂弟的话来说，天生具有一种"非凡的沉默力量"。

对于神职人员，皇帝丝毫不打算实行一种优惠政策。他只是想创造和维持某种亲切友好的气氛，人人各司其职、各就其位。教会对此很清楚，并且接受这一点，正如卡尔卡松（Carcassonne）主教

---

① Pierre de Lano,《L'empereur》, dans *Histoire anecdotique du Second Empire*, Paris, Flammarion, *s. d.*

② *Op. cit.*

德·博纳绍斯（Mgr de Bonnechose）明确表达的那样："任何为了教会的利益而损害国家的事情都将是对教会不利的；任何为了国家利益而反对教会的事情都将是对国家不利的。"

皇帝永远不会走得更远，他永远不会希望一种宗教反动势力来推翻大革命的成果。因此，拿破仑三世总是拒绝满足有可能真正加强教会地位的要求，例如：废除民法典中将宗教婚姻从属于民事婚姻的条款；正式并全面禁止星期天工作；限制大学的规模。尽管有《法卢法案》（la loi Falloux），主教团仍认为这种限制过于宽泛。

因此，皇帝不得不放弃他在兰斯大教堂的加冕计划，因为要让教皇做出决定而可能付出的代价——彻底废除 1801 年《和解协议》（Concordat）的建制条款——过于沉重。

政府对宗教事务的态度，6 月 9 日的《箴言报》简单地将其定义为："政府希望宗教戒律得到遵守；全国各地都做出了示范，但是政府不想也不应做更多的事情：这对每个人来说是一个信仰自由的问题，不允许胁迫或恐吓。"

因此，帝国与教会和平共处，确实如此，但前者从不放弃某种保留。事实上，早在 1853 年的头几个月就可以看出这一点，当时正值圣地事件最关键的时刻：非常官方的《箴言报》非但没有求助于天主教的意见，反而对整个事件保持完全的沉默。直到 3 月 3 日，它才为这一事件写了刚好三行字："关于圣地问题，在圣彼得堡进行了一些友好的交流解释，但与土耳其就这一问题展开的谈判

93

必须在君士坦丁堡进行。"3 月 20 日，《箴言报》又用几行字宣布，英国驻君士坦丁堡代办将于 3 月 5 日向地中海舰队发出号召，但等到第二天，它将罗斯上校的这个举动形容为"非同寻常的决定，它令人不可避免地猜想，或者罗斯上校仓促行事，或者奥斯曼政府向英国求助"。直到 3 月 24 日，这份法兰西帝国的官方报纸才终于决定在"德意志新闻"的标题下刊登关于圣地问题的一个极其简短的摘要，但对五天前在大臣会议上做出的启动土伦舰队的决定仍然只字不提！

的确，对一个只会在东方采取行动以赢得天主教徒好感的政府来说，这是非常审慎的态度！①

当然，教会极力夸大它所处的地位，并极力恭维皇帝，将其形容为"现代的君士坦丁大帝"或杜伊勒里宫的国王从未要求的其他溢美之词；但天主教报刊上的赞美颂歌，将拿破仑三世比作圣路易的牧函应该不会让人产生错觉：教会从来只以自己的名义说话。当巴黎大主教号召对东正教会进行十字军东征时，认为皇帝与政府赞同他的分析与热忱，这是轻率的或者说不诚实的。"一种新的野蛮威胁着我们，"西博大主教（Mgr Sibourg）喊道，"我们也把这场战争称为一场圣战［……］我们的士兵可以重复他们父辈的古老呐

---

① 关于克里米亚战争，人们往往提到"十字军东征"，但这个词被严重误用了。《克里米亚的十字军东征》是让-皮埃尔·沙皮伊（Jean-Pierre Chapuis）于 1978 年在 S. P. L. 出版的一本书的书名。这本书至少有一个优点，那就是回顾了这场冲突的基本特征：一场"被遗忘的""奇特的""现代"战争，但也是一场"被历史背叛的"战争。

喊：这是上帝的旨意！"①

　　但是，是他，也只有他这样说。

94

　　因为要进行十字军东征，首先需要有十字军战士，而关于拿破仑三世的士兵，至少可以说他们没有当十字军战士的情怀。人们可以查阅克里米亚老兵留下的无数回忆叙事，却从来找不到关于他们战斗的圣战性质的任何暗示。巴藏古男爵（le baron de Bazancourt）于 1857 年——也就是战争结束一年后——出版的非常正统的著作《克里米亚远征》中也丝毫没有提及这一点。这本书是作者受公共教育与宗教事务大臣伊波利特·福图尔男爵（le baron Hippolyte Fortoul）之命而作，从逻辑上讲，它比任何其他著作都更应该颂扬这项伟大的宗教功绩，但实际情况并非如此。首先，我们已经注意到皇帝对纯粹的宗教问题的关注是处于次要位置的。其次，因为军队的绝大部分是世俗化的。对此我们不应该感到惊讶吗？毕竟，军队只是法国人民的一部分，除了近两千年的基督教文化之外，法国人民还新近发展出一种新的哲学：进步、教育、生产和利润的哲学，这种哲学塑造了明天的人民，与其说是反对教会，不如说是置身于教会之外。国家，以及军队正处于去基督化的历史进程中，而正是因为教会意识到这一点，它才略带悲怆地试图鼓舞民众的精

---

　　① 人们同样还会注意到，第二年，当法国大使巴拉盖·迪利耶在君士坦丁堡与斯特拉特福德勋爵支持的奥斯曼帝国政府在关于鲁梅利亚的希腊天主教徒问题上发生争端时——因为这些教徒的颠覆活动，奥斯曼帝国政府希望驱逐他们，巴拉盖·迪利耶徒劳地站在这些天主教徒一边；皇帝将做出相反的决定，并且——当然，出于各种原因——大使将被召回。1854 年 5 月 10 日的《箴言报》在报道这一事件时明确指出："应由奥斯曼帝国政府来判断哪些人的存在或不存在有可能造成危险。"

神。但我们已经看到，国家保持了它的矜持。在军队里，信仰仍属于私人领域，没有人在意邻居的情感生活。

如果说在某种程度上，君权与教权的相辅相成仍然是现实，军队与教会的结盟却只是神话。而且，如何调和军旅生涯的绝对必要与第五诫"你不可杀人"？由于《法卢法案》的实施，越来越多的年轻军官从耶稣会学校毕业，但这丝毫没有改变状况：从上至下的军衔等级中，大多数军人仍然无宗教信仰或是怀疑论者。帝国近卫军的军官们可以在星期五的两份菜单中做出选择：一份是荤菜，一份是素菜……

95　　　　军队对自己宽容，因此对教会只能采取一种"政治的"态度，简单说就是顺从的态度，它很清楚这样做从整体来讲与国家，从个体来讲与皇帝的态度是一致的。1855 年，梅茨主教要求马雷-蒙热（Marey-Monge）将军用彩灯装饰其军营以纪念圣母的无玷始胎，他一边执行一边抱怨说："鬼知道无玷始胎是什么意思，但主教让我在军营点灯，那我就点灯好了！"①

马雷-蒙热将军并不比其第二帝国的同僚们更具有十字军的情怀。

然而，东方战争的这个所谓宗教层面总是不断被突出、反复提

---

①　对军队来说，第二帝国是一个幸运的时代，他们没有遭受任何形式的迫害。这种相当罕见的情况值得注意。在复辟时期，政府追捕共和派或波拿巴派军官；第二帝国迫害社会主义者；第三共和国以对遵守教规的天主教军官的监视与揭发而闻名——恶劣的"纸牌事件"（affaire des fiches）于 1904 年爆发并引发公愤。

及。人们总是提起皇后欧仁妮——众所周知的虔诚教徒——对皇帝施加的影响，认为这种影响是不言而喻的。但这一猜想从未得到任何确凿论据的支持。相反，很多作者仿佛习惯性地重复这一猜想，而自己似乎却不是很确信：例如，克洛德·迪弗雷纳（Claude Dufresne）在其新出版的关于皇后的精彩传记中告诉我们，当得知天主教徒是如何受到希腊人的掠夺时，欧仁妮会大喊道："路易，你不能让这种事发生！"他补充道，"她不断提起这个话题很可能对丈夫产生影响。"①但在一场无休止的冲突整个过程中，皇后说过什么、做过什么能够显示她对于这个宗教理想的忠诚，对此作者只字未提。恰恰相反，他明确指出，欧仁妮"赞同"当时君主们的意见，他们通常觉得"战争及其后果"与自己并无"直接关系"。②

这种冷漠完全能够衡量皇后对那个时期像拿破仑三世这样一位很难被影响的人物所能施加的"影响"的分量。

莫里斯·帕莱奥洛格（Maurice Paléologue）在他那著名的且广为引用的《欧仁妮皇后访谈录》中使用了一种极其缺乏说服力的方法：在转述 1914 年 1 月 19 日对当时已 88 岁高龄的法国前皇后的访谈时，帕莱奥洛格让欧仁妮本人表达对帝国政权负有严重责任的所有战争的看法：意大利战争、墨西哥战争、1870 年对抗普鲁士的战争……而他自己则充当专注细心、一丝不苟的记录员。但当涉及克里米亚战争时，书中却找不到欧仁妮任何反思的痕迹！只有帕莱奥

---

① Claude Dufresne, *L'Impératrice Eugénie*, Paris, Perrin, 1986, p. 164.
② *Ibid.*, p. 167.

洛格自己在表达。此人显然对篇幅不够而感到遗憾，他在第 244 页写道："关于 1854 年那场疯狂的战争，我还有更多话要说……"然而，帕莱奥洛格先生——顺便说一句，在这次会面的一个星期前刚被任命为法国驻圣彼得堡大使——对这场战争的看法又有什么意义呢，怎能怀疑皇后对那场战争不会如以往那样表达她的看法呢？但是，皇后说了什么，无人得知。当然，众所周知的她个人的宗教关注除外，帕莱奥洛格赶紧对此做了记录："在这些僧侣争端的背后，"她可能向他吐露道，而后者就像获得了新发现般地引用她的话，"是一个很严重的问题——希腊十字架与拉丁十字架的敌对……"①

不错，但皇帝个人对这些问题漠不关心，深切渴望和平，沙皇肩负的决定性责任，我们是否应该相信皇后对这些问题只字未提？无论如何，帕莱奥洛格对这些问题没有丝毫记述。这显然是法俄友谊所迫，尤其是在 1914 年初。德意志的威胁已经成了巴黎和圣彼得堡的心头之患，面对这一威胁，尽量淡化对尼古拉一世的回忆的考量恰好与已经形成的未经核实就对第二帝国进行批判的习惯相契合，第三共和国长期以来一直担心第二帝国死灰复燃，后者也因此而承受了更多的羞辱。

"诽谤，只有当它符合一种历史需要时才能成为武器。"②

需要是存在的。

---

① Maurice Paléologue, *Les Entretiens de l'impératrice Eugénie*, Paris, Plon, 1928.
② Lénine, *Ma vie*.

1853 年 12 月 11 日，锡诺普之难的消息传到了巴黎。帝国政府确信土耳其经不起第二次这样的打击，于第三天决定"占领黑海"。为了防止"锡诺普大屠杀重演"，巴黎将黑海作为"质押，直至俄 97国撤出多瑙河公国或和平得以恢复"。

12 月 16 日，德鲁安·德·吕在给瓦莱夫斯基的信中写道："如果我们不能在多瑙河上实现停火，我们至少可以在海上实现。"于是，法国驻伦敦大使受命向圣詹姆斯内阁提议法英海军联合进入黑海，指示非常明确：在黑海相遇的任何俄国船只都被要求立即返回塞瓦斯托波尔；对土耳其船只或安纳托利亚海岸某一地点的任何攻击都将招致联军的反击。何况，为公平起见，奥斯曼帝国舰队的行动也将受到严密监控，以防止他们的任何进攻企图。

值得注意的是，这次仍然是因为法国立场坚定才导致了英国的介入，而不是相反。很快，尽管帕默斯顿的公开身份只是内政大臣，但在辞职被拒后，他将在伦敦发挥主导作用，英国公众的愤怒情绪将压倒阿伯丁勋爵的胆怯畏缩。此外，仅仅是出于对拿破仑三世在东方独自行动的恐惧——人们错误地认为他有能力这样做——就足以令英国全体行动整齐划一！①

1854 年 1 月 3 日，海军中将邓达斯（Dundas）与海军中将哈

---

① 保罗·盖里奥在其著作中认为，拿破仑三世在英国的坚持下，只是"同意"舰队进入黑海。

梅林（Hamelin）的联合舰队驶离贝伊科斯锚地，在船员高涨的士气下进入黑海，当舰队主力象征性地启航前往锡诺普停靠时，英国护卫舰"报应号"驶向塞瓦斯托波尔，向缅什科夫亲王宣告西方国
98 家的决定。①

命运已经注定！自从俄国人从土耳其人手里夺走了黑海的大部分，他们就将黑海视为俄国的一个自然边境省，而现在英法军队第一次进入了这片好客海（Euxin）。②

他们打算向叶卡捷琳娜大帝的子孙们发号施令吗？

可以理解，当善良的卡斯泰尔巴雅克于 1 月 12 日向涅谢尔罗迭递交案文，告知俄国外交大臣法国政府的决议时，他的心情是沉痛的。第二天，汉密尔顿爵士做了同样的事情。涅谢尔罗迭顺理成章立即提出抗议：拦截为高加索叛乱分子提供补给的舰队是俄国的权利，你们有什么权利进行质疑？而且，圣彼得堡确实承诺在各公国保持防御态势，但对黑海区域没有做出任何这样的承诺！因此，请西方国家解释一下他们"真正的意图"吧！

1 月 16 日，涅谢尔罗迭在给基塞列夫的信中写道："西方列强

---

① 给缅什科夫的电文如下：

"海军上将先生，总督先生，根据我们两国政府的命令，法国舰队即将与英国舰队协同进入黑海。这一行动的目标是保护奥斯曼帝国领土与国旗不受任何敌对行为的侵害，我们将这一目标敬告阁下，以防止任何可能损害我们两国政府与贵国政府关系的冲突，我们希望维护这种关系，您大概也想维护这种关系。我将很高兴得知阁下出于同样的和平意图，愿意向俄国驻黑海部队指挥官发布指示，以防止任何可能危及现有和平的事件发生。

巴黎号舰，博斯普鲁斯，1854 年 1 月 4 日

哈梅林，邓达斯"

② 音译"攸克辛海"，黑海古称。古代希腊人起初认为黑海不利航行，因称为"不好客海"。后航海技术改进，可以航行，改称"好客海"。——译者注

声称，舰队进入黑海的唯一目的是防止任何新的冲突。好吧，但这个结果只能通过公平的互惠来实现。因此，应该达成约定，同俄国舰队一样，土耳其舰队不能作出任何攻击行动。此外，只有在给予俄国人同样权利的条件下，才允许土耳其人在奥斯曼帝国的港口间进行往来。在黑海水域，对两国海军应给予同等待遇，只有这样，海军停战协定（既然要这样叫的话）才会是公平的，并将规避任何流血事件。"①

为清楚起见，尼古拉·基塞列夫在向德鲁安·德·吕递交俄国政府的"解释请求"时，前者觉得有必要讲明："不瞒您说，如果我的请求得不到满足，我的指令要求我收回外交护照，离开法国。"

但恐吓不再有效了。2月1日，法国外交大臣在接见俄国大使时解释说："我们只是连番警告，不是威胁，不是挑衅［……］俄国已经控制了瓦拉几亚与摩尔达维亚，我们希望黑海不要成为通往一个对整个欧洲来说至关重要的国家的另一条路。有人说，如果俄军被困在塞瓦斯托波尔的锚地，而土耳其军队能自由离开，地位就不会平等，确实如此，但军力也是多么不平等啊！有人谈到海军停战协定：我们想要的不是这个，我们希望的是能够实现和平的全面停战协定。"②

德鲁安·德·吕补充说他"会接受皇帝的命令"。但法国皇帝

---

① 1854年1月16日，涅谢尔罗迭给基塞列夫与布吕诺的急件。
② 1854年2月1日，给卡斯泰尔巴雅克将军的急件。

依然意志坚定：俄国舰队不应再离开自己的港口。而基塞列夫对法国皇帝所作的最后努力得到的只是对危机开始以来俄国众多恶劣举动的一个总结。拿破仑三世总结道："俄国把土耳其人赶出多瑙河公国。而我们把俄国人赶出黑海。"巴黎和伦敦希望通过保证土耳其舰队不会采取任何攻击行动来满足圣彼得堡的要求。但关于涅谢尔罗迭的第二条诉求，他们仍然予以拒绝：土军舰队可以自由地沿其海岸线航行，运送军队与补给；但俄军舰队不应离开其港口。该待遇不平等源于双方对峙军力差。

2月4日，基塞列夫在巴黎，布吕诺男爵在伦敦，各自向其法国和英国的对话者发出断绝外交关系的正式通知——这是继缅什科夫的最后通牒，入侵多瑙河公国，锡诺普大屠杀之后的第四项粗暴行动，这些行动只能导致战争。①

更何况沙皇非但没有寻求与土耳其人及其西方盟友可能达成的协议，反而坚持自己的要求，显然是在为最坏的情况做准备。

巴黎与圣彼得堡的行为没有任何相似之处，皮埃尔·德拉戈尔斯再次误导了他的读者，他这样写道："各方都拒绝采取破坏行动。更重要的是，一切都已崩溃，而他们还在寻求达成协议。"②

---

① 皮埃尔·德拉戈尔斯写道："正是通过一系列的防御行动才达成了一项普遍承诺。俄国是为了自卫才将军队集结在比萨拉比亚边境，入侵公国，将其部队一直推进到多瑙河岸边，将其舰队一直推进到锡诺普的锚地。"这是令人难以理解的，作者是在讽刺吗？一切都表明情况非如此，在这里他比俄国人还像俄国人。俄国人一直承认，除了锡诺普事件，这些事件是施加压力的手段，旨在迫使土耳其政府屈服，而绝非"防御行动"。（*op. cit.*，tome I.）

② 同上。

确实，巴黎、伦敦、维也纳以及君士坦丁堡都在焦躁不安地寻求达成协议。而另一方圣彼得堡却别有所图。[①]

因此，俄国外交最终说服波斯国王对苏丹宣战。

它轻蔑地拒绝了奥斯曼帝国政府作为对 12 月 5 日《议定书》中提议的答复而向维也纳会议发出的和平提议：土耳其人承诺郑重确认东正教徒的特权，忠实执行关于圣地的协议，制订奥斯曼帝国的改革计划，但前提条件是俄军撤出其非法占领的多瑙河公国。1 月 21 日，涅谢尔罗迭认为这个条件是对其主君的"冒犯"。实际上，阿卜杜勒-迈吉德越是想满足沙皇，重申他对帝国进行深入改革的愿望，他就越发令尼古拉强硬不肯妥协——如果土耳其的基督徒真的获得与穆斯林平等的地位，那将来俄国还有什么理由进行干预呢？

1 月 27 日，一位与缅什科夫亲王同样重要的人物，奥尔洛夫伯爵（le comte Orlov）前往维也纳，在没有防御同盟条约的情况下，试图迫使奥地利宣布中立。但年轻的弗朗茨-约瑟夫没有因为对沙皇的感激之情而失去判断力，在表态之前，他向奥尔洛夫要求沙皇本人做出承诺，他问道："沙皇是否允诺他不会越过多瑙河，在战争结束后将退出各公国，将遵守奥斯曼帝国的领土完整？"

---

① 除非我们竭力把圣彼得堡建议作出的所谓"布尔克内计划"看作一个严肃的提议——但法国驻维也纳大使立即否认了这个计划的作者身份——土耳其将接受并签署缅什科夫的照会。一位土耳其大臣将把它带到圣彼得堡。作为答复，沙皇将发表一番评论，这番评论将缓解苏丹对因此给予俄国的保护权范围的所有担忧……（汉米尔顿爵士给克拉伦登的信，*Correspondance...*, Iᵉ partie, n°317。）

奥尔洛夫何以作答？

弗朗茨-约瑟夫继续说道："既然如此，我也不能同意俄国的提

101　议。这场对抗的机运太不确定了，东方问题与奥地利紧密相关，我

不能先让自己的手脚被一个中立公约束缚住。我将忠于维也纳会议

提出的原则，至于其他，我将只遵循我的帝国的荣誉与利益的

准则。"

沙皇的特使也许和在比于克代雷时的缅什科夫一样气恼，他现

在只能看着窗外出征的队伍将特兰西瓦尼亚边境奥地利侦查团的兵

力扩增到 3 万人……

在柏林，尼古拉同样的手法得到的只是同样的失望：布德伯格

男爵试图绕过自由派首相曼陀菲尔直接向腓特烈-威廉四世提出宣

布中立的要求，但最终遭到拒绝，而且比奥尔洛夫在维也纳遭到的

拒绝更无情——普鲁士也决定遵守维也纳会议的决议。

更糟的是，4 月 20 日，德意志的两大强国根据《柏林公约》

相互保证各自的领土完整，而且还保证，如果俄国对多瑙河公国的

占领继续下去，抑或是俄国人越过巴尔干半岛到达君士坦丁堡，他

们将转为攻势。

显而易见，他们已经淡忘了前一年秋天奥尔米茨的拥抱、华沙

或柏林的家庭场景！前首相施瓦岑贝格（Schwarzenberg）曾预言：

"奥地利的忘恩负义将震惊世界。"不久之后，尼古拉向他的波兰副

官勒热夫斯基（Rzevouski）吐露说："最愚蠢的波兰国王是扬·索

别斯基（Jean Sobieski），因为他帮助维也纳抵御土耳其人，而最愚

蠢的俄国君王——就是我，因为帮助奥地利人镇压了匈牙利人的起义。"

　　因此，沙皇在1840年建立的反法欧洲联盟，现在似乎正在重建，但这次反对的是他自己。这还只是坠入地狱的开始，因为尼古拉不是路易-菲利普，"可怕的东方深渊"不可能吓退他，情况恰恰相反。①

　　至于法国皇帝，当时在整个欧洲看来挺身而出对抗俄国野心的人，仍然决心不放弃任何拯救和平的机会。英国人现在已失去任何形式的克制，英国驻法大使发来的急件令他们担忧不已，在这些信中反复提到"很容易从法国皇帝的举动看出他是多么惊慌不安、渴望维持和平"②，但这有什么关系呢？维克多·雨果扭转了局面，参透了未来的秘密，对着岩石发出怒喊：

　　　　他在达达尼尔海峡前因惊恐而战栗……
　　　　不管你多么胆怯，我们还是要战斗，来吧！③

　　沙皇有时会巧言令色地对法国大使说："让拿破仑直接与我对

---

　　① 3月1日，《两世界杂志》写道："当我们想到（俄国）君主的处境时，不禁会对这个人产生某种同情。"至于俄国天然盟友的彻底疏离，托德莱本的说明与其他一切都一样：非常简单。奥地利与普鲁士"不可避免地受到舆论潮流的裹挟"……（*op. cit.*, p. XIII. ）
　　② 考利勋爵的文件。
　　③ Victor Hugo, *La Fin*, octobre 1853, publié avec *Les Châtiments*.

话，我们最终总能达成一致。"现在看来，整个事件难道不能归结为两个君临天下的强大君王——代表着各自国家的尊严和利益——之间的一种个人争执吗？因为一个国家没有议会，而在另一个国家全民代表失去了发言权。

因此，1 月 29 日，拿破仑三世给沙皇写了一封亲笔信，全文如下：

> 杜伊勒里宫，1854 年 1 月 29 日
>
> 陛下，
>
> 您与奥斯曼帝国政府之间的纠纷已经发展到如此严重的地步，我认为我必须亲自向陛下解释法国在这个问题上所起的作用，以及我设想的排除威胁欧洲安全的危险的方法。
>
> 陛下刚刚向我国政府与维多利亚女王政府发出的照会力图表明，两大海上强国从一开始采取的施压方法只是令问题得以恶化。而在我看来正相反，如果不是占领多瑙河公国使这个问题突然从争论的范畴转移到事实的范畴，它有可能仍然只是一个内阁的问题。
>
> 然而，陛下的军队一进入瓦拉几亚，我们就劝告奥斯曼土耳其政府不要将这次占领视为战争状态，以此表明我们促成和解的强烈愿望。在与英国、奥地利和普鲁士协商后，我向陛下提出了一份旨在令各方满意的照会；陛下接受了这个照会。
>
> 但是我们刚刚得知这一好消息，您的大臣就以解释性的评论破坏了这个照会的全部调解效果，使得我们无法在君士坦丁

103

堡坚持完全采纳它。另一方面，奥斯曼土耳其政府对这个照会草案提出了一项修正，维也纳会议的四大国觉得可以接受这项修正，但是它们没有得到陛下的赞同。

因此，奥斯曼土耳其在尊严受到伤害，独立受到威胁，已经投入大量军力来对抗陛下军队的状况下，宁可宣战也不愿继续处于这种不确定和屈辱的状态。它向我们求援，我们认为它的事业是正义的；法英舰队奉命在博斯普鲁斯海峡停靠。

我们对土耳其的态度是保护性的，却是消极的，我们并没有鼓励它开战。我们不断向苏丹提出和平与温和的建议，因为我们确信这是达成一致的途径，四大国再次一致同意向陛下提出进一步的建议。

陛下方面表现冷静，这种冷静源自对自身力量的认识。陛下仅限于在多瑙河左岸——像在亚洲那样，击退土耳其人的进攻，并以无愧于一个强大帝国领袖身份的克制，宣布自己将保持防御态势。我必须说，至此，我们只是关注事件的旁观者，仅仅是对抗的旁观者，然而锡诺普事件的爆发迫使我们采取更鲜明的立场。

法国与英国认为没有必要派遣登陆部队去援助土耳其。两个国家的军队因此没有参与陆上发生的冲突，但在海上，情况就大不相同了。

在博斯普鲁斯海峡的入口处有3000门火炮，它们的存在向土耳其发出了响亮的信号，两大头号海上强国不允许有人从海上攻击它。锡诺普事件对我们来说是一场未曾预料的惨痛事件，因为土耳其人是否想在俄国领土上运送战争弹药并不重要。事实是，尽管俄国曾保证不发动攻击战，尽管我们的舰队就在附近，俄国军舰行驶到土耳其海域，袭击并摧毁了安静停靠在一个土耳其港口的土耳其舰船。此时遭受失败的不再是我们的政策，而是我们的军事荣誉。锡诺普的炮声痛苦地回响在英法两国所有有着强烈民族尊严感的人心中。他们发出一致的呐喊：我们的火炮射程所及之处，我们的盟友都必须受到尊重。

因此，我们的舰队奉命进入黑海，并在必要时以武力阻止类似事件的再次发生。因此，我们向圣彼得堡内阁发出了集体通告：尽管我们阻止土耳其人在属于俄国的海岸上发起攻击战，我们也会保护他们在自己的领土上对军队进行补给。

我们禁止俄国舰队在黑海航行，是将它置于不同的情形之下，因为在战争期间，保留一个质押很重要。该质押可以是土耳其的部分领土——如果以之作为一项渴求的交易的凭证，便可促进和平的缔结。

陛下，这就是事件的来龙去脉。显然，事件发展至此，必须迅速达成一个结果，要么一项最终协议，要么一次彻底决裂。

陛下已多次表明对欧洲安宁的关切，您利用自己的影响力对抗煽起动乱的思想，对欧洲的安宁做出了强有力的贡献，我毫不怀疑您实施供您选择的替代方案的决心。

如果陛下同我一样渴望和平的结局，还有什么比宣布今天将签署停战协定，恢复外交进程，停止一切敌对行动，交战部队撤出因战争而被召集的地方更简单的事情呢？这样，俄国军队就会撤出多瑙河公国，我们的舰队也会撤出黑海。如果陛下愿意与土耳其直接商谈，您可以任命一位大使与苏丹的全权代表商订一项公约，然后将这项公约提交给四国会议。

希望陛下采纳这项英国女王与我已达成完全一致的计划，让和平得到恢复，让世界得到宽慰。事实上，这项计划中没有任何令陛下屈尊，或损害陛下荣誉的内容。但是，如果陛下出于某个难以理解的原因拒绝这项计划，法国像英国一样，将不得不把今天由理性与正义所能决定的事情留给军队的运气与战争的机遇。

请陛下不要以为我心里有一丝一毫的敌意；除了陛下本人在1853年1月17日的信中表达的意见，我的信中没有其他想法，您在信中写道："我们的关系应该是真诚友好的，建立在共同的意愿基础之上——维持秩序，热爱和平，尊重条约与互惠互利。"这个纲领无愧于制定它的君主，而且，我可以毫不犹豫地说，我一直忠实于这个纲领。

皇帝是否以为，在如此明确地表达他的诚意之后，一切对抗都将消失，与东方问题有关的利益纷争将得到解决，他的外交官们将停止个人行动？2月13日，他对瓦莱夫斯基进行训诫，因为他在伦敦的言论在皇帝看来偏离了他的思想路线，他给大使的信中写道："请您暂且认为我给俄国皇帝的信应该是行动的唯一基础。因此我很高兴看到奥尔洛夫伯爵与布奥尔伯爵对此予以认同。"

　　很可能他像菲茨－詹姆斯伯爵（le comte Fitz-James）在上院提到这封信时那样，心里只抱有"一丝希望的影子"，他主要是希望在欧洲面前表现出克制。因此，两天后，《箴言报》刊登了这封信的文本，令老派外交官德鲁安·德·吕愤怒不已。他徒劳地反对这种公开宣传：像这样在公共场所处理国际事务！但皇帝坚持这种"新式"执政风格，格拉涅尔·德·卡萨尼亚克（Granier de Cassagnac）在佩尔西尼的授意下，在《立宪主义者报》（*Le Constitutionnel*）中对这种执政风格进行辩护。这位议员兼记者写道："在欧洲目前的形势下，不仅君主们之间在对抗，还有国家之间的对抗。对欧洲来说，重要的是，在这场巨大的危机中，冲突的所有因素都公开呈现出来。"①

　　沙皇2月8日的回信直到2月18日才到达巴黎。不幸的是，在人们翘首以待的这封信中，看到的几乎只是所有令人无法接受的理由的重复。

　　　陛下，我对您最好的答复莫过于重复您信中结尾的几句话，因为这些话是我说的："我们的关系应该是真诚友好的，建立在共同的意愿基础之上——维持秩序，热爱和平，尊重条约与互惠互利。"您信中说，接受并忠实于我本人制定的这个纲领。我大胆地认为，同时我的良心也告诉我自己并没有偏离

---

　　①　不幸的是，今后几年的帝国外交没有证实这些极好的布局。

这个纲领。

因为在令我们产生分歧的事件上，我一直寻求与法国保持友好的关系，尽管事件的根源并不在我；我极尽小心地避免在这个问题上与陛下明言的宗教利益相抵触；我为维持和平做出了我的荣誉所能允许的一切让步，当我要求为土耳其的教友确认长期以来俄国人的鲜血为他们赢得的权利与特权时，我的要求并没有超出条约中的内容。

如果任奥斯曼土耳其自生自灭，那么令欧洲处于紧张状态的争端早就消除了。致命势力的突然出现只是制造了障碍。通过挑起无端的怀疑、激发土耳其人的狂热、误导他们的政府、歪曲我的要求的真正意义，这些令这个问题变得严重夸大，以至于必然爆发战争。

陛下的信中已经说明了当前形势的来龙去脉，因此对于陛下个人眼中的形势，请允许我不再详述。我所采取的几个行动，在我看来并未得到准确的评价，还有几个被颠倒的事实，要恢复它们的本来面目——至少如我设想的那样，需要长篇的论述，而君主之间的通信并不适宜展开这种长篇大论。

陛下认为占领多瑙河公国是一个错误，那是因为它把问题从争论的领域突然转移到事实的领域。但您忽略了这次占领——仍只是一种可能性而已——之前一个极其严重的前期事实，而且这次占领很大程度上是由这个事实引起的：联合舰队出现在达达尼尔海峡附近。除此之外，在更早以前，当英国还在犹豫是否对俄国采取恐吓态度的时候，陛下就已经率先派遣

106

舰队前往萨拉米斯。

　　这种冒犯性的示威当然表明对我缺乏信心，它还会鼓励土耳其人，通过向他们表明法英两国无论任何情况下都准备支持他们的事业，从而预先阻止谈判的成功。法英两国无法建议奥斯曼土耳其采纳《维也纳照会》，陛下同样将其归咎为我的内阁对该照会的解释性评论。

　　但陛下可能还记得，我们的评论是在对照会彻底的拒绝之后而不是之前发出的。我认为，只要各大国是真的希望和平，就有义务从一开始要求对照会的完全采纳，而不是允许奥斯曼土耳其政府修改我们未作修改已经接受的内容。

　　此外，如果说我们的评论中有几点难以实现，我在奥尔米茨已经给出了令人满意的解决方案，奥地利与德意志也认为如此。不幸的是，在此期间，打着保护当地英国与法国国民的生命与财产的旗号，英法舰队的一部分已经到达达达尼尔海峡。为了让整个舰队全部进入达达尼尔海峡而不违反 1841 年条约，就必须让奥斯曼帝国政府向我们宣战。

　　我的看法是，如果法国与英国像我一样希望和平，当初就应该不惜一切代价阻止这次宣战，或者一旦宣战，至少要确保战争停留在我希望为它划定的多瑙河上的狭窄范围内，这样我就不会被强行改变我希望遵守的纯粹防御体系。

　　但既然你们放纵土耳其攻击我们的亚洲领土，占领我们的一个边界哨所（甚至在开战的最后期限之前），封锁阿克哈特西克（Akhattsyk），蹂躏亚美尼亚省；既然你们允许土耳其舰队在我们的海岸线上自由运送部队、武器与战争补给，你们有理由希望我们耐心等待这种试探的结果吗？难道你们不应该料想我们会竭尽所能来防止这种试探吗？随后发生了锡诺普事件：这一事件是两大国所采取的态度的必然结果，对你们来说当然在意料之内。我曾宣布，只要我的荣誉与利益允许，只要保持在一定的限度内，我希望保持防御态势，但那是在战争爆发之前。

你们是否采取了必要的措施以确保这些限度不被突破？如果陛下不满足于旁观者，或者调停者的角色，希望成为我的敌人的武装助手，那么就早该向我宣战，坦率地告诉我这一点，这样才更光明正大，更符合陛下的身份。因此各方都已清楚自己的角色。但你们没有采取任何行动阻止事件的发生，却在事后对我们横加指责，这是一种公正的举动吗？如果锡诺普的炮声在法英两国所有有强烈民族尊严感的人心中痛苦地回响，陛下是否认为您所说的博斯普鲁斯海峡入口处虎视眈眈的3000门火炮以及它们进入黑海的传言，在我必须捍卫其荣誉的国家心中不会产生任何回响？我第一次从您口中得知（因为这里对我做出的口头声明对此事还只字未提），在保护土耳其军队在其领土上进行补给的同时，两个大国决定禁止我们在黑海航行，这显然是剥夺我们在自己的海岸进行补给的权利。请陛下想想，这是否就是如您所说的促进和平的缔结，是否允许我在向我提出的替代方案中，哪怕只是片刻，对您提出的停战，立即撤出多瑙河公国，与奥斯曼帝国政府协商一项公约将其提交

108　　　四国会议等建议提出异议，做出审查？陛下，如果您处在我的
位置上，您会接受这种状况吗？您的民族情感允许吗？我敢大
胆地回答"不会的"。因此，请给予我跟您有同样想法的权利。

　　无论陛下做何决定，我都不会在威胁面前退缩。我相信上
帝和我的权利，我保证，俄国在 1854 年的表现还会像它在
1812 年那样。

　　然而，如果陛下对我的荣誉还有所在意，明确回到我们的
纲领上来，如果您像我现在对您所做的那样，向我伸出真诚之
手，我会欣然忘记过去对我造成的伤害。那么，陛下，只有那
时我们才能进行讨论，也许达成协议。希望您的舰队仅限于阻
止土耳其人向战区运送新的兵力。我愿意承诺，他们丝毫无须
担心我的举动。请他们向我派一位谈判代表，我将妥善地接待
他。我的条件在维也纳是众所周知的，这是能够让我进行讨论
的唯一基础。

　　请陛下相信我，您的忠实朋友，对您的真挚之情。

尼古拉

　　我们可以看出，法国皇帝的语言有多么庄重与缓和，沙皇的语
言就有多么尖刻与咄咄逼人。而且，重提 1812 年的往事，这种最
大的傲慢，这种刻意的挑衅有什么意义呢？[1]

---

　　[1]　对法国人来说，提到 1812 只是一种挑衅。但对俄国人民来说，它意义重大：1812
年，不仅是反对拿破仑统治下的法国的"卫国战争"的胜利，它还是民族情感与宗教情感相
互激发的高潮，是沙皇亚历山大胜利地进入巴黎，是向最雄心勃勃的梦想敞开的大门。

这一次，一切都已结束：要么沙皇想发动战争，要么他不会做任何努力来阻止战争，这一点现在已经很清楚了。然而，自从联合舰队进入黑海，数千门火炮相互对峙以来，正如涅谢尔罗迭在其1月16日的解释请求中所写的那样，"一个偶然事件就足以引发一场冲突"……

2月21日，沙皇发表了一份毫无和平意愿的宣言，他寄希望于民族与宗教战争以对抗即将对他发起的政治战争。他宣称："俄国人民的英勇顽强已经在1812年的辉煌盛典中得到证明，难道今天的我们不是同样的俄国人民吗？愿上天赐予我们机会，让我们投入伟大的事业！［……］让我们怀着这个希望，为那些信仰基督的受压迫的弟兄们而战，俄国将齐心齐声地发出呐喊：上帝！我们的救主！我们何所畏惧？愿基督复活，让其仇敌四散！"

对于这种狂热信仰的高涨激情，德鲁安·德·吕以3月5日的一份通告做出了冷冰冰的答复：

"法国与英国无须为自己受到的指责进行辩白；它们并不支持伊斯兰教对抗所谓的希腊东正教；它们将保护奥斯曼帝国的领土免受俄国贪欲的侵蚀［……］就我们而言，我们真诚地相信，对于基督教信仰来说，我们比将这一信仰作为实现世俗野心的工具的政府更有用。俄国在对其他国家的指责中太容易忘记，自己对其帝国中那些信奉非主流信仰的臣民的宽容远远不及奥斯曼帝国政府理应引以为豪的宽容。"

2月27日，巴黎与伦敦向沙皇发出催告，限令他在4月30日前从多瑙河公国撤军，并明确表示，拒绝执行或答复将被视为宣战。第二天，在邓达斯中将与哈梅林中将精诚合作共同指挥的黑海战区，一个由四艘蒸汽护卫舰组成的分舰队，法国的"戈默号"与"萨内号"，英国的"桑普森号"与"费尔布兰德号"，在海军准将巴尔比耶·德·蒂南（le contreamiral Barbier de Tinan）的指挥下，启航沿克里米亚海岸巡弋。每位指挥官都收到指令，"尚未宣战［……］尽可能保持全部礼仪"并"确保没有命令，一炮也不能发射"。但舰队的任务非常明确——必须把俄军封锁在他们的港口。

巴黎与伦敦的催告令于 3 月 13 日到达圣彼得堡，第二天由两国的领事——公开战争爆发前夕仍然坚守岗位的最后的外交使节——递交给涅谢尔罗迭。3 月 18 日，俄国外交大臣召集两位领事，不出所料地向他们宣布，"皇帝认为不宜做出答复"。他还重申："我们不会宣战。"

但是，在宣战国与想方设法让战争变得不可避免的国家之间，历史总能清楚地识别出侵犯者。

我们已经看到，1848—1853 年，俄国几乎在欧洲各地，尤其在
110 法国，都处于激烈争论的中心：人们或多或少对它有种隐约的恐惧，有些人将它看作受无政府主义威胁的社会的救世主，还有一些人则以社会进步的名义主张对它开战。大多数情况下，这些立场是极端的吗？它们反映了当时的政治态度：伟大的儒勒·米什莱（Jules Michelet）不是将俄国看作一个"饥饿、冷酷的巨人，嘴总是向着富裕的西方张开"，一个比"热带大蜘蛛，伸出触角和吸盘

冲着我们胡乱摆动的可怕章鱼"更令人厌恶的生物吗？对现代史之父来说，"俄国，是霍乱［……］，是谎言帝国"。[1]

思想极度紧张的时期与第二共和国的解体继而崩溃相对应。但是，政变一开始，局势就发生了变化，政权的稳固从此将保证国家的安全。国内秩序一旦恢复，俄国就不再被看作严重社会对抗的潜在仲裁者，也不再是法国人关注的中心。问题不再是"沙皇什么时候干预"而更可能是"重建后的法兰西帝国将采取什么样的外交政策"。

因为不再是俄国匪夷所思地让法国感到恐惧，今后是法国将变本加厉地令整个欧洲感到恐惧！

诚然，在欧洲的宫廷里，人们没有很清楚地辨别皇帝建立权威的基础。当如此众多的法国杰出人士也在这个问题上犯错的时候，我们不应感到惊讶吗？

这个奇特之人——非典型的波拿巴——似乎即是专制君主，又是民主主义者。作为仁慈的专制君主，他依靠军队。然而，整个欧洲过去遭受法国军队之苦还少吗？

此外，作为真正的民主主义者，难道他不赞同极度好战的左派的想法，梦想在攻击其他专制宫廷之前推翻圣彼得堡的暴君？[2] 蒲鲁东（Pierre-Joseph Proudon）仍处于 1793 年的伟大传统之中，

---

① 1851 年 8 月 31 日至 9 月 2 日发表在《事件报》（L'Evénement）上的文章，后来集中收入《北方的外交传奇》（Légendes Démocratiques du Nord，Paris，Calmann-Lévy，1899）。

② 左派认为，一场与俄国的战争将在各方面取得胜利：胜利将使尼古拉一世下台，失败将把拿破仑三世赶出杜伊勒里宫。

1853 年 1 月，关于圣地问题的谈判令他怒不可遏，他在给拿破仑-
111 热罗姆亲王的信中写道："我们再次被让步与耻辱压垮了 ［……］
而这种衰败，伟大的上帝，我们要将之归功于皇帝的姓氏，归功于
一位拿破仑！"

维克多·雨果热诚地期盼着战争，对这位伟大的人道主义者来
说，血流成河又如何，只要从中能够诞生一个新世界：

> 战争，他写道，就是末日。人民啊，我们已经开战，
> 国王的最后时刻，男人的最初时刻！①

伟大的诗人拒绝了君主的特赦，像圣赫勒拿岛的拿破仑一样，
以泽西岛上的牺牲者—救赎者自居，他在预卜未来。日后，他将指
控拿破仑三世是不知悔改、"耀武扬威的武夫"。但在 1853 年 7 月，
当维也纳会议审议法国皇帝起草的折中草案时，他痛斥的却是"爱
丽舍宫的懦夫"：

> 士兵们！这是何等的觉醒！帝国，就是逃跑。
> 士兵们！帝国，就是恐惧……
> 你们的荣耀在这双手污浊，心如铁石的
> 丑恶梦魇下消亡。
> 啊，战栗吧！沙皇正在进军多瑙河，

---

① Victor Hugo, *La Fin*, *op. cit.*

而你们不能进军莱茵河!①

费利西泰-罗贝尔·拉梅内（Félicité-Robert de Lamennais）甚至写道："从外面看来，路易-菲利普的耻辱与我们目前的屈辱比起来是一种荣耀!"②

当然，巴尔贝斯（Barbès）曾对他的朋友们说："如果他们那时掌了权，不会任由圣彼得堡悄悄控制君士坦丁堡。"③

左派好战，但在政治上已不复存在；右派通常是和平主义者，忙于做生意，急于迁就沙皇，因为沙皇始终是防止"共享者"们东山再起的可能的求助对象。至于法国人民，整体上来说，他们一直对"北方的巨人"怀有同样无声的敌意：他们对专制政权的天然盟友、波兰的屠夫、东天主教徒④的迫害者、圣地的破坏者满怀愤恨，但他们并不好战。在他们看来，恢复帝制是对国家自 1815 年以来遭受的凌辱的充分报复。他们知道，从今往后巴黎不会再上沙皇的当。这种坚实感让他们感到欣慰满足。

1853 年 12 月初，《哥萨克人》在盖特剧院上演，这部剧作向惬意的巴黎人展现了讲"切夫-契夫-乔夫语"，"吃肥油的人"，获

---

①　Victor Hugo, *La Reculade*, juillet 1853, publié avec *Les Châtiments*.

②　1854 年 1 月 8 日给利热雷夫人的信。

③　见 Taxile Delord, *Histoire du Second Empire*（Paris，Germer-Baillère et Cie，*s. d.*），但他是激烈的反波拿巴派。

④　这个词指拜占庭基督徒，他们在 1596 年脱离莫斯科牧首辖区，加入罗马教会。俄国当局一直对他们百般刁难。

得巨大成功。但四个月后，圣马丁门剧场上演了根据果戈理的《钦差大臣》认真改编的剧本，却遭到彻底的失败："每个人都拿起手杖与帽子，去大街上散步。"①

1854 年，在圣彼得堡的资助下，夏尔·德·圣－朱利安（Charles de Saint-Julien）的书《风景如画的俄国之旅》恰逢其时地出版了。书中描述的国家在一个拥有彼得大帝所有优点却毫无其缺点的君王统治下，一切都美好而和谐，然而要消除法国人对这样一个国家的敌对态度，不是这本书所能做到的。

俄国不会得到——也从来没有得到过——法国人民的好评。

因此，如果事态发展使圣彼得堡的独裁者一手策划的战争成为必然，法国人将投入战斗。当然，没有激情与仇恨，因为自七月革命以来就已预料到这场纯粹的政治斗争，即便如此对帝国政权也没有抱怨。

"因为认为这场战争是必要的"②，法国人民，无论左派还是右派，都将接受它。

1854 年 3 月 2 日，立宪会议开幕，皇帝的开幕词与沙皇的武力号召形成了鲜明对比，他宣告："征服的时代已经一去不复返了，因为今后一个国家的荣誉与强大不是通过扩大其领土的疆界来获取，而是通过引领崇高的思想，让法律与正义的帝国得到广泛的承认。"

---

① Charles Corbet, *L'Opinion française face à l'inconnue russe*, Paris, Didier, 1967.

② Taxile Delord, *op. cit.*

语气虽然平静，但言辞非常明确：

"去年，"皇帝接着说道，"我允诺为维护和平、安定欧洲将竭尽全力。我信守了诺言［……］毫无疑问，欧洲现在知道，如果法国亮剑，那是因为迫不得已。它知道法国没有任何扩张的想法，只是想抵制危险的侵占。只需要对君士坦丁堡提出的一个毫无根据的要求便足以唤醒沉睡的欧洲。实际上，我们已经看到，在东方深厚的和平状态中，一个君王突然向他相对弱小的邻国索要新的利益，未果，就入侵了邻国的两个省。这一事实本身足以让那些对这种恶行感到愤慨的人拿起武器。但是，我们支持土耳其还有其他原因。法国与英国一样不想沙皇的势力无限度地扩张到君士坦丁堡，因为这相当于统治地中海；我想，没有人会说，只有英国在这片我们拥有 1000 多公里海岸线的海洋中拥有巨大的利益。我们去君士坦丁堡是为了保护基督徒的权利，捍卫海洋自由以及我们在地中海正当的影响力。"

上一年，政府降低了国库券支付的利息以便将国家不再需要的资金引向企业，年初，政府决定将国库券支付的利息提高到 5.5%。3 月 7 日，就在沙皇拒绝 2 月 27 日法英两国催告令的消息传到巴黎之前，立法机构授权发放一笔 2.5 亿法郎的战争贷款。根据皇帝的明确意愿，这笔贷款向所有人开放，而不再像过去那样，只对几个大投机商开放。它将募集到 4.67 亿法郎的资金。①

①　巴黎将认购 2.14 亿，外省将认购 2.53 亿。将有 98000 份认购，其中 60000 份的认购金额为 50 法郎或以下。所需 2.5 亿法郎的盈余部分将得到偿还，但只限于大额认购者。

3月12日，在君士坦丁堡，苏丹得到了法英两国给予武力协助的庄严保证。

3月27日，最后一步终于迈出，决定命运的言辞终于发出：维多利亚女王与法国皇帝在两国的议会面前宣读了一份公告，与俄国外交关系的中止已为战争状态所取代。

4月10日，法英联盟正式在伦敦成立。

114　　前一天，维也纳会议发表了一项议定书，确认普鲁士与奥地利在道义上完全同意海洋大国追求的目标：当然是东方的和平，但是，也要维护土耳其的领土完整。

对拿破仑三世来说，遗憾的是，这场非他所愿的战争，他竭尽所能避免的战争，最终将给他带来诸多利益，以至黑色传奇必然将战争爆发的大部分责任归咎于他。

因为东方战争——就像当时称呼的那样——将使民众与一支已被政变不幸降级为镇压工具的军队和解，正如塔克西勒·德洛尔（Taxile Delord）所写的那样，那时这支军队唯一的荣誉称号还只是"向其最杰出的领袖下手，在大街上枪杀妇女、儿童和老人"①。

无论是履行强者支持弱者的义务，还是遵守对盟友做出的承诺，军队都将在大众心中树立权威，甚至包括那些没有被仇恨蒙蔽双眼的反对派：因为正是通过捍卫神圣的原则，法国军队才会重新获得它在欧洲应有的首要地位。也正是在为正义事业而战的过程中，法国将表达它不允许俄英帝国主义独占世界的意志。

---

① Taxile Delord, *op. cit.*

此外，在一个四分之一世纪以来仅限于关注物质问题的国家里，军队将为法国气质带来迫切需要的英雄气度。无论在乡间茅舍还是杜伊勒里宫，每个人仍或多或少隐隐约约地梦想着军事上的荣耀。

最终，这是一项宏大的事业，它的到来恰逢其时，它吸引了所有人的目光，占据了所有人的思想，转移了人们对国内政治问题的注意力。当然，新政权是稳固的，比很多人佯装相信的还要稳固，因为它享有广泛的民众共识，而且皇帝对这一点也很清楚，否则他怎么会决定把最精锐的军队派到数千公里之外的地方？军队是他最忠实的支持者。但是，像欧洲各地一样，1853 年的收成很糟，1854 年的收成也不会太好。1853 年 10 月底，巴黎出现霍乱。问题来了，不确定因素开始显露。在国民专注的目光下即将上演的宏大悲剧将促进帝国新机制——无论是进步的，还是压迫性的——的运转，并将使经济增长得以平稳进行，这种经济增长"将极大地补偿法国人的顺从"，正如皮埃尔·德拉戈尔斯所写的那样，它将使"强制……比自由更受欢迎"。① 115

在外部层面上，国家将从这场已然开始的对抗中获取的利益似乎同样巨大：东方战争将摧毁已经摇摇欲坠的三个专制王室的联盟，它们是神圣联盟的最后残余，是 1815 年巨大耻辱的最后提醒。东方战争同时将终结法国的孤立状态，为新的外交联合开辟道路。这场战争还将巩固英国联盟这块帝国外交饱经风浪的试金石。它还将使皇帝信奉的民族理论得以实现，在战争结束时令罗马尼亚人民获得解放。

---

① Pierre de la Gorce, *op. cit.*

何等精彩的总结！是否还应该加上"何等的才干"？

实际情况，正如贝延斯男爵指出的那样，更可能是，路易－拿破仑忠于自己，懂得等待有利时机，让形势自然成熟。他在等待机会来展示其对外政策的宏伟计划，"伴随着这位天选之人的好运，似乎是从一开始他就被赐予了正当其时的有利时机"①。

只可惜，尽管这项研究精辟深刻且内容充实，作者却对皇帝怀有一种比利时人对一位波拿巴特有的不信任，他坚信拿破仑三世"只有通过战争才能实现他的宏伟计划"，却绝口不提他为维护和平所做的不懈努力。

皇帝当然懂得利用时机，但反过来，他没有做任何事情来制造时机。

需要几年的时间才能衡量一场胜利的战争获取的利益，在何种程度上更多是表象而非真实，才能理解新的外交格局的主要作用是制造新的危险。1854 年的最初几个月，情况并非如此。1852 年的法令与 1853 年的法律削弱了对政权的任何形式的反对，甚至在各地的劳资委员会，任命原则也取代了选举原则。新闻界资讯不足，又受到恐吓，只能听命行事。国民团结一致地支持帝国政府，正如团结一致地在 1848 年 12 月选举共和国总统，在 1851 年 12 月支持政变，或者在 1852 年 11 月欢呼帝国的重建。

国民团结一致，虽然没有真正表现出战争热忱，但情绪乐观。伊波利特·贝朗热（Hippolyte Bellangé）的一幅石版画，目前收藏

---

① Beyens, *op. cit.*

在铜版画展室，表现了两名身着军装的法国骑兵，右手持剑，左手食指指向集结在一条大河对岸的俄国士兵，大声喊道："你们让我们想起 1812 年的严寒，但你们会记住 1854 年的惨败！"①

---

① 人们可能会认为，一些作者把他们对东方战争的法国档案资料的全部分析都浓缩在这幅版画中。例如，俄国历史学家鲍里斯·尼科夫斯基（Boris Nicolski）在其于 1945 年出版的《俄国人民史》中写道："克里米亚战争是拿破仑三世对 1812 年的反击。"仅此而已。

第二章

东方的对峙

> 屹立在我们面前的这支军队,这是一整个世界,自本世纪
> 那个高贵而血腥的春天以来,我们的年轻人被禁止思考这个世
> 界。在这些敌人的刺刀后面,仿佛有一个失去的遗产需要我们
> 去夺回,仿佛有一个失落的家园我们要返回其中。
>
> 保罗·德莫莱内斯
>
> 《一个士兵的评论》,1860

威慑还是干预?

在东方进行军事干预伴随着巨大的战略与后勤问题。在 1853
年春天爆发的这场危机的全过程中,人们非常缓慢地才认识到这一
点。克里米亚战争作为一场"我们不知如何准备"的战争的典范留
存在法国人的集体记忆中。

但要在离祖国 4000 公里之遥的地方作战,我们确实只能为计
划进行的战争做准备:我们不能对君主进行两种相互矛盾的指责,
即指责他年轻时就梦想军事上的荣耀,又指责他疏于准备他统治期

间的第一次，无疑也是最危险的武装冲突；我们更不能以 1914 年 8
月的标准来衡量 1854 年，将 1854 年 3 月 19 日第一批远征军成员在
土伦的出征与 1830 年 7 月阿尔及尔远征军酝酿已久的出征相比；
也不能将圣阿尔诺元帅 5 月 26 日写给皇帝的那封著名的信当作所
有作者必须参考的资料——"我沉痛地对陛下说，"东方军总司令
在其少有的一个消沉时刻写道，"我们既没有能力也没有条件进行
今天这场战争……"

　　直到最后，至少在锡诺普的炮声响起之前，皇帝一直以达成一
个和平解决方案为荣。首先是因为他对自己的星座吉运充满信心，
但也是因为他几乎别无选择：在政变后整个欧洲都对他抱有怀疑的
情况下，他怎么可能实施过度的军备政策？恰恰相反，他感到有义
务向欧洲王室做出保证，将 1853 年的应征兵额的数字减少 3 万人，
然后又将 1854 年的预计征兵数额减少 2 万人。① 因为自 1851 年 12
月 2 日的政变以来，整个欧洲都在高喊"狼来了"！尽管要对抗俄
国，与英国联盟就是必不可少的，但英国本身一直对法国从加来海
峡的"入侵"——就像在诺曼底公爵的时代那样——充满恐惧。至
于奥地利，当它看到巴黎的"年轻人"，如布奥尔语带轻蔑所说的
那样，为了一个似乎毫无意义的借口，面对圣彼得堡"年迈的贵
妇"全副武装、严阵以待时，它会立即采取什么立场？

---

　　① 在那时，每年的征兵额通常是 8 万人，从所有年满 20 岁的法国男人中随机抽取。
这个征兵额的一半进入现役，另一半组成预备役留在家中。

在杜伊勒里宫内，1853 年 3 月 19 日的会上，也可以看到佩尔西尼的决定面对的是何等的缄默。除了几个非常了解他的人，那时整个欧洲倾向对皇帝做出的评价就像一个多世纪后的乔治·鲁（Georges Roux）在一部不可靠的传记中做出的那样：“一位冒险家，一个拿破仑，”这位作者写道，“是为冒险和战争而生，就像苹果树是为结苹果而生！”①

这就是历史科学！但我们还是严肃些吧：在征召军队，充实军火，租用船只之前，重要的是证明法国的诚意，让被俄国麻痹的英国一步一步走向强大而真诚的盟友。必须给奥地利时间让它意识到自己的真正利益，并在维也纳会议上建立一个欧洲外交阵线。

119　　　英国历史学家威廉·史密斯在其精彩的拿破仑三世传记中写道：“路易-拿破仑在 1849—1850 年意大利事件中的孤立令他遭受了种种困难，他因此意识到与英国或与其他任何大国共同行动并非易事，因为它们都害怕他的冒险政策。”②

但是，直到 1853 年底，维也纳会议的一份郑重文件，即 12 月 5 日的《议定书》才为可能的军事干预提供了坚实的外交基础，尽管皇帝期望奥地利在军事上而不仅仅在政治上做出承诺，他因此而感到一种痛苦的失望。

同样重要的是说服国内舆论，法国皇帝在牺牲他于 1852 年 10 月 9 日向国家许诺的“工业的、进步的、光辉的”和平之前，确实

---

① Georges Roux, *op. cit.*
② *Napoléon III*, Paris, Hachette, 1982.

在 1853 年 3 月 3 日征求了立法机构成员的意见，就像他当时说的那样，"以便在其荣誉许可的范围内［……］尽可能地避免一场对抗"。

直到 1854 年 1 月，各国外交部似乎已经山穷水尽之后，拿破仑三世才决心做最后一次尝试——采取旧制度下的方法，给沙皇写了封亲笔信。同年 2 月，沙皇对此傲慢拒绝，之后各方的责任才得以清晰确定。

只有在那时，帝国政府才可以自由行动，公开地为战争做准备，3 月 3 日立法会议上的开幕词将给事态进展带来新的节奏。

在 1854 年的这个 3 月初，伟大的转折介于不备战与备战之间。

如果想到戈尔恰科夫的军队理论上离君士坦丁堡只有几天的距离，是否为时已晚？但这是侵略者相对于被侵略者的永恒优势，尤其是当前者在一个多世纪的时间里精心地、执着地为出征的基础做着准备。至少俄国黑海舰队的 16 艘战列舰与 6 艘护卫舰 48 小时内无法再自由地猛扑博斯普鲁斯海峡，因为海军中将哈梅林与邓达斯的 18 艘战列舰，22 艘护卫舰与轻巡航舰将果断出击。①

早在 1854 年 1 月和 2 月，49、50、51、52 级的预备役人员，即 16 万兵力就被召入现役，以加强已编入军队的 40 万兵力。一道令下，一个由 10 艘战列舰、14 艘巡航舰与 15 艘小型风帆护航舰组

120

———————

① 联军 18 艘战舰中只有 3 艘蒸汽舰，但所有的护卫舰与轻巡航舰都是蒸汽舰。俄军的整个舰队都是风帆动力舰，仅有的几艘蒸汽动力舰属于波罗的海舰队。

成的分舰队得以组建。从 3 月到 5 月都在整编新的部队，加强现有
兵团的兵力，但进展难免缓慢，因为在那个时代，和平时期的军队
不是以旅或师为单位进行组编，而是以营、中队或团的形式驻扎在
国家的 20 个领土区划里，服从军事区划总指挥的命令。因此，在
1854—1855 年，根据 1854 年 5 月 1 日的法令重建了一支帝国卫队，
到 1855 年底它将拥有 19 个团。另外，在其他新兵团中，在现有兵
团的基础上建立了一个阿尔及利亚步兵团，在现有外籍军团两个团
的基础上重组了两个外籍团。61 个骑兵团中有 53 个在现有的 5 个
中队基础上增加了 1 个中队，之后，在 100 个步兵团中现有的 3 个
营的基础上增加了 1 个营。① 所有这一切过程中都遇到错综复杂的
行政与运输问题。

　　4 月 10 日，一项法律将 1854 年的应征兵额从 8 万人增加到 14
万人。5 月，7 万名新兵征召入伍，使法国军队的兵力达到 63 万
人，其余的人将于 9 月入伍。值得注意的是，征兵行动进展顺利：
即使在传统上反对征兵的地区，如马耶纳省和普瓦图省，贝尔纳·
梅纳热（Bernard Ménager）严格审查过的官方报告也没有出现逃避
兵役者，自残的案例也极少。②

　　至于炮兵部队，从编队到装备进行了完全彻底的重组：到春
天，它的主力包括 5 个步炮兵团、7 个山地炮兵团、4 个骑炮兵团，
还加上 5 月成立的帝国近卫军炮兵团，以及架桥兵、炮兵技工、军

---

①　四个阿非利加猎兵团后来增加了第 7 中队与第 8 中队。

②　Bernard Ménager, *Les Napoléon du peuple*, op. cit.

械师和资深炮兵。

在黑海战区，正式宣战很早之前，舰队已经发挥了不可忽视的
作用：它们对黑海海岸进行了勘察，绘制了那些鲜为人知的地区的
地图。土耳其人本身对这些地区几乎无法提供任何信息，它们还在
其能力范围对敌人的兵力与防御能力进行了研究。因此，早在 1 月
6 日，一位法国军官，海军中尉伯尼（le lieutenant de vaisseau
Bonie）登上了英国舰长德拉蒙德（Drummond）的"报应号"，利
用递交海军中将哈梅林与邓达斯给缅什科夫亲王的信的机会，起草
了一份关于塞瓦斯托波尔港的详细报告。他的报告结论是，这个港
口"由 962 门火炮把守［……］，是不可能从海上夺取的一个据
点"，但是可以"在距离要塞三四英里［……］的几个地点轻松登
陆"，"无须大量登陆部队"即可从陆上攻占阵地。

"报应号"与"卡顿号"勘察了多瑙河河口，注意到航道并没
有像人们以为的那样被俄国人封锁。"桑普森号"与"酋长号"勘
察了黑海的东海岸，海军画家迪朗-布拉热（Durand-Brager）测绘
了俄军要塞的平面图，大部分要塞正在撤离当中，他还绘制了切尔
克西亚（Circassie）、阿巴西亚（Abasie）和明格列利亚
（Mingrélie）的海岸图。遗憾的是，这些信息几乎派不上用场，因
为未来交战的地方不在这些战区。然而事实上，由于蒸汽护卫舰行
动灵活，不受洋流和强风的影响，联合舰队在 1854 年的这个春天
控制着黑海，进行探测与测绘，偶尔截获商船，骄傲地在整个黑海
海岸张扬着法国和英国的旗帜。

在巴黎，从 3 月初开始，皇帝、战争大臣、海军大臣、外交大臣、英国大使考利勋爵与奥斯曼帝国大使韦利帕夏（Véli-pacha）几乎每天都在进行会谈。

实际上，俄军一直坚守着多瑙河阵地，俄国的真实意图让人无法知晓；奥地利的态度则始终摇摆不定，尚未决定从外交支持转向军事同盟；而一贯难以预料的奥斯曼同盟的真实能力又令人无法确信。因此，尽管人们知道要保卫君士坦丁堡，但几乎不知该如何着手，也不知为实现这个目标要走到哪一步。

122　最初期望舰队于 1853 年 11 月进入博斯普鲁斯海峡，继而于次年 1 月进入黑海，以此做出有益的绝杀一击。毕竟海军中将哈梅林与邓达斯不仅能够挫败针对君士坦丁堡的任何海上行动，还能在必要时发挥强大如初的英国海军与重振雄风的法国海军①的最佳传统——让 2.2 万名装备精良、训练有素、严阵以待的士兵从海上登陆。此外，他们在黑海的介入从此将阻断俄国的任何海上补给，因为对于一支从多瑙河顺流而下进入博斯普鲁斯海峡的军队来说，那是唯一可行的补给方式。

但一击绝杀的希望破灭了，人们重新面临着一个真正的战略难题：这个同时被其广袤的土地、严酷的气候、显见的消极所保护的软弱无力的巨人的弱点在哪里？如果他自己不发动进攻，只满足于保持威慑作用，那么该采取什么战争目标，实施什么战争手段？

---

① 这要感谢七月王朝的努力，尽管努力的有点晚了，感谢杰出的领袖茹安维尔亲王（le prince de Joinville）的倡议。托德莱本写道："所有这些措施，加上拿破仑三世的坚定意志，使得法国海军在东方战争中的表现几乎不逊于英国海军。"

首先想到的自然是派一支远征军登陆，其任务是与舰队保持紧密联络，从陆路保护君士坦丁堡，但它更重要的作用是加强战舰的威慑作用。但兵员、战马、军需、火炮、现场无法找到却不可或缺的交通工具的运输，以及海陆联合作战时代的全新视角给海军和参谋部带来了令人焦虑的问题：一切都取决于船只的不停往返，但大部分战舰和几乎所有商船都是帆船，航行距离为 600—700 海里，也就是说要在海上度过大约 30 天，还没算上这个季节在爱琴海与海峡肆虐的逆风。总之，黑海的航行条件绝大多数时候是非常恶劣的。

实际上，在这片已经令古人为之胆寒的好客海上航行、探测、运输和战斗，他们很快就体会到它的凶险。2 月 22 日，当指挥官德 123 赫宾根（le commandant d'Herbinghen）乘坐其"沃邦号"护卫舰从塞瓦斯托波尔巡弋归来，他写信给海军中将哈梅林："将军，无法想象大自然力量更狂暴而无法遏制地爆发。大海狂躁喧嚣，波涛汹涌，激烈澎湃。一道道海浪以我前所未见的凶猛和力量向我们扑来。船被卷进稠密的暴风雪的旋涡，甚至辨不清船头与我所在的船舱位置。狂风呼啸，在它扫过的所有障碍物上将大片的积雪凝结成冰 [……] 这种状况持续了 34 小时，其间的每时每刻都可能遭受各种损害与破坏……"

但这也确实令人体会到人类的英勇无畏——2 月 26 日，还是这艘"沃邦号"孤身大胆地驶向离塞瓦斯托波尔几英里远的俄军的一艘护卫舰与三艘双桅战舰。指挥官对全体船员说："如果我们不得已战败，我绝不会降帆投降，我会炸掉"沃邦号"的残骸！"他后来在报告中写道："可怜而忠诚的孩子们！我刚告诉他们我将把他们炸死，他们却纷纷向我送上祝福。我永远不会忘记一个甲板炮长向我伸出拳头，从他的炮位向我喊道：'放心吧，指挥官，您会光荣地死去！'我也不会忘记我的副手，护卫舰舰长朱尔·乌萨尔（Jules Houssard）握着我的手，双眼闪着光芒，对我说：'我会在任何地方，指挥官，如果最终时刻来临，请相信我，我会在弹药舱里！'"

然而，人们很快就意识到，这样的行动是无法实现其目标的。2月9日，一个法英军事考察委员会在加利波利（Gallipoli）登陆，以寻找一个合适的行动基地。委员会认为那片林木茂密、水源丰富的狭长地带非常理想，可在最佳状况下接收联军的人员和设备。因此，他们计划将这片狭长地带改造成一个四周设防的营地，用一道6公里长的防线封锁萨罗斯湾（le golfe de Saros）段的地峡，这样至少可以保护达达尼尔海峡免受俄军的进攻。万一出现危难状况，还可允许舰队撤退。在那里可以从容迎战巴尔干半岛内外的俄军，封堵他们进军君士坦丁堡的道路，甚至彻底将其击垮，赶出多瑙河公国。

后来他们又设想从黑海的卡拉-布尔努角（le cap Kara-Bournou）到马尔马拉海靠近圣-斯特凡诺（San Stefano）的一个海湾修筑一道八九海里长的防御工事，从陆路一侧来保卫君士坦丁堡。

但是，考虑到俄军在多瑙河对岸正在进行的大规模增兵，巴黎和伦敦设想的 6000 名法军与 3000 名英军能采取什么措施来支持这些战略目标呢？英国的伯戈因（Burgoyne）将军、法国的德里厄（Drieu）上校和阿尔当（Ardant）上校在君士坦丁堡及土耳其军队控制的要塞进行了调查，令军事考察委员会对需求有了更准确的认识，因此，3 月初，他们决定派出一支由 3 万名法军和 1.8 万名英军组成的远征军①。不到一个月的时间，陆军部的登记表显示，东方军队最终集结到 6 万名法军与 3 万名英军。因此，从威慑到武力展示，从远征军到大部队，对东方的军事干预是不言而喻，逐步渐进，规模庞大的。

3 月 11 日，法国远征军正式成立，根据一道帝国法令，圣阿尔诺被任命为总司令。为了这项棘手的任务，战争大臣是拿破仑三世在众多人选中特意选定的，因为"他才干卓越、精力充沛、决策果断，在官兵中享有盛望。他还精通英语，这对与伦敦内阁任命的总司令拉格伦勋爵的合作非常有利"②。除了这些品质，他还具有钢铁般的意志：圣阿尔诺有严重的心脏病，为此饱受折磨，却丝毫没有表现出来。甚至皇帝与他自己的随从都不清楚他的病况究竟有多么严重。他本人非常清醒，写信给特罗许上校（le colonel Trochu）

---

① 法国军团的组织结构图让人想起阿尔及尔远征军，它是这方面唯一的参考对象：步兵由三个师（康罗贝尔、博斯凯、拿破仑亲王）和一个预备役师（福雷）组成，骑兵先拥有一个旅（达隆维尔），然后是一个师（莫里斯）。

② Quatrelles l'Épine, *op. cit.*, p. 293-294. 瓦扬元帅在陆军部接替圣阿尔诺。

表示打算让他成为自己的第一副官与特别参谋长："接受这个命令时，我知道我要去哪里。我得了一种病，它现在还只是间歇发作，令我尚能维持生机；但一位专家大胆地给了我警告，我从他那里得知，这个病是不治之症。如果某个时候病情恶化，我宁愿在我的士兵当中而不是在床上结束生命。但我必须预料到健康衰竭的问题。到那时，我身边必须有一个助手，让我在生活上和军事上有所依靠，您将成为这个助手。"①

特罗许是一个共和派、帝国公开的反对者，但这并不重要。他很有能力，这就够了。自 1852 年 1 月 10 日以来，他一直是陆军部的人事主任，因此，早在 1853 年底，他就发起一项计划，组建一个能随时开战的军团，并事先制定了执行命令，只差签发了。②

维克多·雨果后来讽刺道："Trochu（特罗许），trop choir（太令人失望）的过去分词。"但那时特罗许注定要从阴暗处走出来。

圣阿尔诺元帅将带着一个周密制订的作战计划投入这项宏大的事业吗？当然不是。他从皇帝那里得到的指令含混不清，缺乏真正的战略计划，战场上延续着战争准备期与军队登船时惯用的临场应变之策，所有这些问题都招致众多非议。因此，在保加利亚举行的军事会议上，由于没有更好的计划，圣阿尔诺不得不完完全全地

① 圣阿尔诺这里指的是他的心包炎。然而在阿尔及利亚经历了多年的恶心、痉挛与发烧之后，他的整个健康都被毁了。在方杜克，他得了黄疸；在波讷，他得了霍乱。1839年 6 月，他写信给自己的兄弟："与其说我是一副骨架，不如说我是一根棍子。"在攻占吉杰勒之后，仿佛有一种预感："在荣耀的阴影后，可怕的疾病……"

② 他拒绝了皇帝提供的副官职位。

"附和"英国的计划：摧毁塞瓦斯托波尔的俄军舰队，在克里米亚登陆。

然而，现实却迥然不同。

1854 年 4 月 12 日，在巴黎，元帅接到皇帝亲笔书写的最初指令，首先是几条建议：总司令必须永远保持谨慎，他应当密切关注军队健康，在加利波利建立联军后方基地时需要采取哪些措施；然后，皇帝明确指示"你们向巴尔干半岛挺进之后，万一不得不撤退，返回加利波利一边比返回君士坦丁堡一边要有利得多，因为俄军绝不会冒险从亚得里亚堡进军君士坦丁堡，而不管其右翼一支 6 万兵力的精锐部队。但是，如果你们想巩固君士坦丁堡前面的卡拉苏防线（la ligne de Carassou），你们必须做好把它留给土耳其人自己来守卫的打算。我再说一遍，这是因为当我们处于俄军的侧翼时，我们的位置会比困在色雷斯半岛时更独立，更有威慑力。" 126

皇帝随后提出了三个计划，元帅将根据战场局势的发展，与土军和英军总司令共同研究这些计划：

1. 如果他们入侵奥斯曼帝国的首都，则进击俄军。

2. 登陆并控制克里米亚。

3. 登陆敖德萨或者黑海的另一个敏感点。

在第一种情况下，必须占领保加利亚海岸上的瓦尔纳（Varna），并且绝不能与海岸沿线的支援舰队失去联系。除非奥地利协同联军参战，否则绝不能越过多瑙河。

在第二种情况下，考虑到兵员、马匹与装备的落地行动将极为繁重，因此应选择一个能躲避敌军侵袭的登陆点。应占领相对靠近塞瓦斯托波尔的优质港口用地巴拉克拉瓦（Balaklava）。只有在收到足够的围城装备后，才应进攻俄军的强大阵地。

在第三种情况，也就是登陆敖德萨的情况下，应该仅仅把这个行动当作一个辅助行动，但这种辅助太过有限，所以无法做出行动的决定，除非最终卷入冲突的奥地利军队进入比萨拉比亚。

4月12日这封信的最后一句话意味深长，皇帝仅仅写道："我完全信任您，元帅。"一切或几乎一切尽在不言中。因为即使这些指令在密室战略家们看来"含混不明"，让他们急躁狂怒，元帅也会怒气大发，它们却非常符合当时的迫切需要和不确定性：俄国人的意图是什么，手段是什么？土耳其人呢？英国人呢？在穷乡僻壤之地，我们能真正依靠什么资源？最重要的是——这也许是最令人焦虑的问题——奥地利会怎么做？它是否会派军进入多瑙河公国？如果派军，奥军会在俄军的背部，切断他们的交通线，还是在联军眼皮底下，阻止他们向北推进的任何企图。如果奥地利强力占领俄军已经预先撤离的摩尔达维亚与瓦拉几亚，远征军就可以自由地考虑在克里米亚或其他地方发动进攻。但如果奥地利不这样做，法英联军将无计可施，只能持枪立正等待时机，为君士坦丁堡充当掩护。但这样的话，这种状况要持续几个月，甚至几年呢？奥军是在自己的地盘上，俄军同样靠近自己的后方基地，他们有的是时间！

事实上，如果没有提出几个可供实地考虑的备选方案，再根据情况对它们加以调整，并让一位享有充分信任的领导人对它们进行评判，几乎任何行动计划都是不现实的。

此外，如果从欧洲前往土耳其执行严格的防御任务，巴黎和伦敦的人们都很清楚，如果形势需要对俄军进行决定性的一击，这只能发生在塞瓦斯托波尔，无论对法国还是英国，它都既是战争目的也是政治利害，哪怕只是为了实现远征的目标——彻底消除悬在奥斯曼帝国首都上方的威胁。

英国驻巴黎大使考利勋爵在其《回忆录》中提到他在巴黎与皇帝关于塞瓦斯托波尔进行的多次谈话。

4月19日，圣阿尔诺抵达马赛，收到拿破仑三世的一封信，该信似乎是对后来层出不穷的恶意言论的预先回应。皇帝写道："如果我们在加利波利，并不是因为英国希望如此，而是因为根据瓦扬元帅的指示，我们认识到这是一个重要的战略位置。如果您决定攻占克里米亚，主动权将不是来自英国，而是来自我自己。在我看来，征服这个岛屿是对俄国的重大打击，让我们握有一个担保的唯一途径，这样就无须恐惧也无须怀疑。让我来关注祖国的利益，我们不会被任何人蒙蔽，因为我们将永远是自由坦荡、坚毅果敢的。

"请相信我真诚的友谊。"①

再说一遍，这封信写于1854年4月19日。

十天后，圣阿尔诺在给弟弟写信时说出了自己的心里话："克

---

① 这封信是为了回应元帅就英国的政策与意图所表达的一些保留意见与担忧。

128　里米亚！你说的是克里米亚！这是一颗珍珠，我梦寐以求的一个珍宝，我希望谨慎不会阻止我把它从俄国人手里夺走，这对于他们来说将是最猛烈的打击。但除此之外，事先什么也无法说。必须与土耳其人对话，知道俄国人在哪里、想做什么，迫使他们调遣军队，开始现身。因此，我们正在制订一个即审慎又大胆的计划，我们正在强有力地行动。"

　　到达奥斯曼帝国境内几天之后，圣阿尔诺收到皇帝另一封写于5月9日的信，很遗憾，这封信很少被引用。"我越思考军队的状况，"皇帝写道，"我就越坚信只有两件事可做：

　　1. 如果俄军前进，就让他们前进，直到我们找到并选好交战的有力地点。

　　2. 如果他们不前进，攻占克里米亚。"

　　三句话概括了整个战略形势。

　　是否应该因此得出结论，在军事准备方面，帝国政府无法做得更好呢？

　　远非如此！不难理解作战计划的制订刚好完全取决于形势。但是，难以接受的是，关于我们要迎战的俄军或要支援的奥斯曼军队的军力，关于我们将被指定的作战地点，关于这些地方所能提供的资源或保护，所有这些情报几乎全部缺失。然而，搜集情报难道不是准备工作最重要的一项形式、参谋部的一项核心职权吗？尤其是对一个真正的军事政权或所谓的军事政权来说。从危机一开始，至少从最初的军事措施——1853年3月的派遣舰队——开始，我们本应有时间认真切实地搜集关于俄军军力、土军的实际能力和克里米亚地形的情报。

这样，我们当时就能更清楚地意识到俄军的力量主要是精神上的力量；土耳其军队足以将戈尔恰科夫的部队长时间地牵制在保加利亚，即使后者的部队能渡过多瑙河，也远远不能一鼓作气兵临君士坦丁堡城下，如迪比奇将军（le general Diébitch）在 1829 年所做的那样。我们可能会发现，距离塞瓦斯托波尔半步之遥的卡米什（Kamiesch）既满足登陆的需要，也满足行动基地的需要，因此可通过滩头战在三日内同时摧毁缅什科夫的部队与要塞。最终，我们也许会知道，塞瓦斯托波尔在海湾北岸的主要防护，著名的"北方要塞"其实只是一个修建粗糙、装备简陋的阵地。同样地，我们本可以在不惊动外国的情况下，在远征军正式成立的几个月前，在纸面上组编一支整装待发的远征军雏形，特罗许上校在 1853 年底就已经提出创议并在有限的资源下着手这项工作。因为这毕竟只是一项文书工作，对其可以相对保密。不幸的是，文书工作正是法国军队长期以来最厌烦的工作——刺刀优于情报，这是法国军事工具一个非常可怕的缺陷。它随着时间的推移只会变得更加严重，最终发展成傲慢自大地蔑视任何形式的准备工作，完全看不懂参谋部地图，轻视对行军或休息部队的任何掩护或照明。

因此，在历经磨难挫折之后，我们将到达深渊的边缘。1870 年，我们将看到一支强大的骑兵队，除了英勇的自杀式冲锋，他们忘记一切主要任务；我们将看到一位将军在敌人面前带领他的部队沿着一条河的河床前进，却把这条河误认为另一条河；我们将看到一整个兵团在宿营地，枪支歇架，士兵们做饭洗衣时被一个普鲁士兵团突袭！

难以承受的责任当然不能由帝国完全承担，但它要承担其中的大部分。①

圣阿尔诺肩上的阿特拉斯

卡米尔·鲁塞写道："马赛，就像是混乱事件的会合地……"

由于决策被迫迟缓，皇帝自然希望我们"迅速行动"。于是，兵员、设备、物资、马匹从法国的四面八方杂乱无章地涌向巴黎—里昂—马赛的仍未完工的铁路线，最终堆积在马赛的仓库和码头，同时检修、征用、租借所有能在海上航行的船只。这确实是"累积的混乱"。

但怎能不想"迅速行动"呢？3月19日，三艘船载着康罗贝尔（Canrobert）将军、博斯凯（Bosquet）将军与德马坦普雷（De Martimprey）将军从土伦港首次出征，任务是建立加利波利的行动基地。但是，四天后，俄军突然决定强渡多瑙河，使冲突进入一个新阶段：现在他们占领了多布鲁察（Dobrutsha）的北部，但这个地

---

① 需要注意的是，尽管俄国预谋了这场危机并挑起了战争，但它没有做更多的准备，对西方国家可能对它施展的手段一无所知。缺乏准备将导致俄国的战败、沙皇的死亡及其制度的危机。但在所有交战国中，最缺乏准备的——在各个领域——是英国。它将为此付出的代价是，英军将在克森尼索高原上度过严冬。令它战胜考验的是它的潜力与毅力。

区的卫生状况极其恶劣，在那里停留不可能没有危险。而保加利亚的边境对俄军敞开，直至巴尔干半岛脚下的舒姆拉，保卫君士坦丁堡的最后阵地。①

从这些纸上谈兵，在陆军部组编的师，到多布鲁察与博斯普鲁斯海峡之间把守稳固的优良阵地还有很大的差别！因此，一切都是同时进行，一天天地构建，随事态发展而变化：预备役师将成为现役师；骑兵从一个旅的编制扩增到由三个旅组成的一个师的编制；工兵与炮兵起初由上校指挥，后将由将军指挥。②

海军与殖民大臣泰奥多尔·迪科（Théodore Ducos）不遗余力地卖命工作，第二年死于这项任务。一年来，他的资源被专门用于向东方派遣和养护舰队，以及当时欧洲因几乎普遍的粮食歉收所必须进行的谷物运输，而我们——首先是圣阿尔诺——经常忘记这一点。海军大臣疲于应对来自四面八方的要求，根据土伦海事长官的说法，他深受"不是海员"和没有"军事意识"等严重不利条件之苦，与"命运、大风、海洋和煤炭"进行搏击，如好挖苦人的圣阿尔诺所写的那样，他因此肩负着这项有无数细节与不可估量因素的庞大行动的全部重担——这项行动将在两年的时间里，向3000

---

① 多布鲁察是东边的黑海，西边的多瑙河下游，北边的多瑙河河口，南边的图拉真古城墙之间一大块狭长的土地。那里几乎只有沼泽地或几乎沙漠化的平原，人烟稀少，没有任何资源，人在那里会遭受热病的侵袭以及破坏性气候的影响。奥马尔帕夏说，对于他，"俄国人在多布鲁察度过的每一天都是一场胜利的战斗"。

② 第四师（福雷）变成现役师。阿隆维尔旅（第一与第四阿非利加猎兵团）与卡赛尼奥尔旅（第六、第七龙骑兵团），埃尔兴根公爵旅（第六、第九重骑兵团）合并整编成一个师由莫里斯将军指挥。比佐将军接管工兵，蒂利将军接管炮兵。

多公里外的帆船上投入 30 万人、4 万匹马，以及历史上前所未有的大批物资和武器装备。

当我们知道，比如说一艘双桅横帆船，几乎只能装载 24 名骑兵以及他们的坐骑和维持三个星期的给养，我们能想象，除运送兵员与马匹之外，1536 门火炮及炮架、2740 辆车、213 万发炮弹、7000 万发子弹与 4000 吨火药的制造、集中、装船、运输与在土耳其卸货的艰巨行动吗？还有 92 万个用于防御工事的沙袋、2800 个铸铁炉、54 吨钉子、223 吨焦油、5 万根冷杉梁、10 万块木板以及 13000 吨饼干，22000 吨面粉，1200 万升葡萄酒，15000 吨煤，15 万吨干草、大麦和燕麦，80 万个马蹄铁和 600 万颗铁钉。还不能遗漏 35 万顶帐篷、56.7 万根帐篷桩、37 万条毯子、33 万双鞋、33 万个军用水壶、3 万把铲子和镐，这些物资及无数的日用品、设备、食品和杂物构成了最庞大的目录。①

显然，迪科已经尽了最大的努力，克莱蒙-托内尔上尉（le capitaine de Clermont-Tonnerre）在 1854 年 4 月 27 日写道："在马赛港，一颗销钉也不会丢掉。政府租用了近 500 艘双桅船或三桅船，港口里平均仍有 40 多艘汽船。"②

---

① 见 1856 年 9 月 8 日战争大臣瓦扬元帅给皇帝的报告。（Eugène Pick de l'Isère, in *Les Fastes de la guerre d'Orient*, Paris, Librairie napoléonienne des Arts et de l'Industrie, 1858.）

② 在 1854 年和 1855 年，东方军队将不间断地使用：

—132 艘帝国海军军舰战船；

—陆军部租用的 66 艘汽船与 1198 艘帆船；

—英国借给的 50 艘船（8 艘海军战船，42 艘商船）；

—加上克里米亚总督与在君士坦丁堡执行任务的军需官为持续保证克里米亚登陆部队的补给而在土耳其租用的舰船。（瓦扬元帅给皇帝的报告）

但面对迅速变化的军事形势，东方军的总司令如何保持冷静？4 月 19 日圣阿尔诺在给他兄弟的信中写道："如果俄军强力挺进，会让我们陷于困境。他们会很快到达亚得里亚堡，发现首都门户大开［……］怒火在我心中燃烧。浪费了多少时间！一切进展都如此缓慢！"

元帅很快意识到，在东方统帅一支军队不能像指挥对一个凶悍阿拉伯部落的夜袭那样。东方战争的官方史学家巴藏古男爵后来假装温和地写道："元帅［……］忘记了，对于如此遥远的出征，可能会遇到各种障碍、各种不可抗力以及航行的困难。"

最终，在 4 月 29 日，对自己"像一个老迈的随军厨娘一样"，在一艘故障船和另一艘看不见影的船之间"来回空跑"已经厌烦之极的总司令终于登上了驶往加利波利的船。

前一天晚上，他要求战争大臣组建第五师，作为预备部队取代福雷将军（le général Forey）的师。他展示了优秀的识人能力，向瓦扬元帅建议将第五师的指挥权交给"全面的战地军官"麦克马洪将军（Marie Edme Patrice Maurice de Mac-Mahon），但瓦扬元帅没有听从他的建议，直到 1855 年 8 月，麦克马洪将军才得到战争大臣的认可。

从 1854 年 4 月起，临时指挥官康罗贝尔满怀工作热忱，日复一日地将加利波利改造为合适的行动基地，法英部队、作战装备、军需补给每天都在那里下船上岸，但可惜秩序散乱。因为当海风停息时，只有汽船与牵引帆船可以继续航行，而其余无数的船有时会

132

遍布海面，张起全部船帆也无法前进一寸——运送夏尔·米斯梅
（Charles Mismer）的龙骑兵的船在风平浪静的海上停滞了好几天，
它周围的船就"像赛车日香榭丽舍大街上的汽车一样多"①。

到达加利波利后，士兵们感受到巨大的失望，他们或多或少都
梦想着一个传统的东方，到处都是宫殿、集市、清真寺尖塔、蒙着
面纱的神秘女人。伟大的勒内的旅行踪迹看起来多么遥远啊！这个
由简陋的房屋和弯曲的街巷组成的蹩脚城市真的就是 3 月 30 日
《箴言报》所写的"土耳其最美丽的城市之一"吗？米斯梅又写
道："到处都是垃圾和腐烂的动物尸体，浑身癞痢的狗争抢着这些
尸体。"②

然而，像原计划预计的那样，军官忙于在北边 14 公里处的布
拉伊尔地峡（l'isthme de Boulaïr）修筑防御工事、安置营地、创建
医院、清理港口、拓宽街道和码头，安排数量越来越庞大的部
队——5 月 20 日，加利波利将有 3 万多法军，加利波利至斯库塔里
（Scutari）段将有 2 万多英军——的日常生活，他们很快就会忘记
自己的情绪。至于士兵，至少非洲部队的士兵将向冷漠的土耳其
人、惊讶的英国人以及被感动的法国军官展现积极快活、熟谙露营
生活且善于应对各种困难的大兵形象。对于他们那些来自宗主国，
由于缺乏锻炼而对战争之事表现出惊人无知的战友，朱阿夫兵与土

133

---

① Charles Mismer, *Souvenirs d'un dragon de l'armée de Crimée*, Paris, Hachette, 1887.
② Charles Mismer, *op. cit.*

著兵将慷慨地提供各种建议。米斯梅还写道："对于搭帐篷、拴马、露天做饭这些事，我们同新兵一样都是没有经验的新手，这是一种全新的教育。分发的供几天吃的战地食品一两顿就吃光了，军饷比和平时期高，但没有用来改善日常伙食，而是消耗在无聊琐事上。未受过战争锻炼的士兵过着得过且过的日子。"

经过阿尔及利亚艰苦战斗淬炼的精锐战士，尤其是身着色彩鲜艳的军服，享有近乎传奇般威名的朱阿夫上兵，是所有人钦佩的对象和学习的榜样。米斯梅能"在整个战斗期间保持健康"要感谢一名朱阿夫士兵的建议，这位阿尔及利亚老兵告诉他："一个士兵应尽可能地少喝水，完全不喝纯净水。你会看到所有能喝水的人很快就不见了。特别是行军途中，喷泉和泉水的化学成分不同，必须避免喝水，除非你把它和咖啡一起煮沸或者把它和烧酒掺和起来。"

这位朱阿夫老兵是厄运的预言家，但他本人还没有意识到这一点。这一年的 5 月，在加利波利，正如即将指挥总司令的北非骑兵护卫队①的保罗·德莫莱内斯（Paul de Molènes）所写的那样，"无数的简易小酒馆里挤满了我们的士兵，我们的葡萄酒和利口酒将喧闹的醉意倾泻在这片向来无声沉醉于咖啡、鸦片与印度大麻的土地上［……］我们的士兵还是一直以来的那样，无论在哪里，都快活自在、无忧无虑、不拘小节：真正的高卢云雀，无所畏惧地落在任何地方，甚至最凶恶的稻草人肩上，飞到哪里就唱到哪里"②。

134

---

① 从驻扎在阿尔及利亚的北非骑兵团中选出的 86 名骑兵。

② Paul de Molènes, *Les Commentaires d'un soldat*, Paris, Michel Lévy, 1860.

5月7日，圣阿尔诺抵达加利波利，但当天晚上他再次动身前往君士坦丁堡，奥斯曼帝国政府似乎又一次正在走向解体。

确实是困难重重！

就这样，法英两国大使非但没有联合力量，反而公开对立起来。法国大使不无道理地认为，英国大使对苏丹的某些大臣施加了过于专断的影响，但他错误地作出结论——必须立刻要求苏丹改组内阁。

之所以错误，是因为巴拉盖-迪利耶将军——一个粗鲁的军人，偶然当上的外交官——虽然很好地履行了法国大使的职责，但相比之下，斯特拉特福德·德·雷德克利夫勋爵则更好地履行了他的职责：奥斯曼帝国政府的守护天使，从伦敦的角度来看，二十多年来他出色地扮演了这一角色。

而且巴拉盖-迪利耶将军已经不合时宜了。诚然，在1854年的这个春天，如卡布罗尔（Cabrol）博士所写的那样，"英国人与法国人只能通过自童年起就被灌输的、难以根除的长期偏见来相互了解"，圣阿尔诺的私人医生认为这些偏见"在军队中根深蒂固，尤其在军官当中"。[1] 但对于东方军的总司令来说，旧时代已经一去不复返了：5月9日抵达君士坦丁堡后，圣阿尔诺拒绝站在巴拉盖-迪利耶的利益一边，他解释道："我不支持你与之斗争的那些人，但我反对那些可能危及我军胜利的某些想法［……］法国与英

---

[1] Dr Cabrol, *Le Maréchal de Saint-Arnaud en Crimée*, Paris, Tresse et Stock, 1895, p. 14-15.

国从来没有像现在这样在任何地方都达成一致，恕我直言，在您的办公室、您的脑海中除外。"

因此，5 月 21 日，在请求巴黎将其立即召回后，大使将离开君士坦丁堡，让圣阿尔诺称心如意地兼任军事首脑与事实上的外交代表，这样才对有待完成的使命①最为有利。

135

然而，这种称心如意转瞬即逝！因为法国公使馆里还有代办贝内代蒂，更重要的是，元帅将很难忍受这种"龌龊事""被冠以外交之名的阴谋诡计"②，尤其是那位奇特的斯特拉特福德勋爵，他起初留给元帅的印象是"一个礼貌周详之人，他英俊而严峻的脸庞首先预示着一种坚定不移，或许耿直不阿的性格"③。但在这背后，他很快会发现一个有着"撒旦影响力"的官员，一个有着"贪婪控制欲"的人，[……]"土耳其和英国的邪恶妖魔"。④

另一个未曾预料的困难是，因希腊国王奥顿过于公开地表露亲俄情绪，而必须对希腊采取的措施令使得运输部门受到阻碍，而该部门已经是整个行动中的薄弱环节了。因此，对希腊的独立和土耳其的受辱功不可没的西方国家开始为他们的"成功"付出代价：希

---

① 甚至在圣阿尔诺通知他之前，在收到巴拉盖-迪利耶的召回请求之前，皇帝就下令让大使回国。"这样，"他在 5 月 9 日给元帅的信中写道，"你就可以更自由地采取任何公开行动和军事行动。"5 月 10 日的《箴言报》公布了这一消息。

② 1854 年 5 月 12 日写给他一个兄弟的信。

③ 1854 年 5 月 14 日写给拿破仑三世的信。

④ 1854 年 5 月 15 日写给拿破仑三世的信。

腊人在极端的东正教狂热中，号召他们在马其顿、伊庇鲁斯（Épire）和塞萨利（Thessalie）的教友起义反抗奥斯曼帝国的威权。雅典政府抓住时机，一边利用东正教徒的狂热情绪（通常俄军一越过普鲁特河，这种狂热情绪就会爆发），一边利用战时状态下奥斯曼帝国政府异常繁重的赋税在拉亚人——信奉基督教的臣民——中间引发的不满情绪，允许非正规部队甚至一些将军和国王的副官们参加战斗。

直至2月，已经有4万名叛乱分子。3月，阿尔塔要塞（la forteresse d'Arta）被包围。海盗再次出现在群岛上，骚扰奥斯曼帝国的交通运输。

因此，福雷将军在前往加利波利的途中改变了路线，他奉命带领他的第4师向比雷埃夫斯（le Pirée）开进，并在必要时登陆，目的是"让希腊政府重新意识到法国对它的恩情，法国为它做的太多了"①。

圣阿尔诺望眼欲穿地期盼着第4师，总司令在5月25日的一封信中向皇帝请求派遣该队伍。他被告知，福雷在比雷埃夫斯只负责"示威演习"。已经不抱幻想的元帅回答道："我知道什么是示威演习，它们引发的后果总是超出人们的预想，我刚刚得到了证据……"

然而，福雷还是在几天后与圣阿尔诺会师了，但此前他在比雷埃夫斯留下了一个3000人的旅，由布雷东上校（le colonel Breton）

① 5月20日，福雷将军在马耳他向他的部队发表宣言。希腊政府忘得有点太快，1832年5月7日，法英两国与俄国身份同等地保证希腊王国的独立，当担保国之间对其存在出现分歧时，希腊唯一必须采取的态度是严守中立。

指挥，该旅不久将由另一支旅，特意从土伦派来的迈朗将军（le général Mayran）的旅取代。

至于严格意义上的军事事件，还是接连不断地急剧发生了：由穆萨帕夏（Moussa-pacha）的1.8万名土军把守的多瑙河畔的锡利斯特拉此时正被俄军包围。3月10日，老元帅，同时也是华沙亲王的帕斯克维奇（le maréchal Paskiévitch）接任俄军的指挥，在要塞周围集结了4万人，但没有完全将其包围。围城即将开始，也许很快会发动猛攻，如果这道门闩被破，再没有什么能将俄军与舒姆拉分隔开来，而奥马尔帕夏的主力部队就集中在舒姆拉。

在黑海前线，战争即将进入公开状态。联合舰队在此处巡航了三个多月，未开一炮，但4月22日，元帅还在前往加利波利的途中，8艘蒸汽护卫舰——5艘英国船和3艘法国船——毫不夸张地使敖德萨军港化为灰烬，这是对俄军"挑衅"做出的回击，而那次"挑衅"也许只不过是俄军一个无名炮台指挥官干的一桩蠢事。

发生了什么事？

4月6日，英国护卫舰"雷霆号"驶往敖德萨去接英国领事。它自然停靠在火炮射程之外，并放下一艘小艇，小艇在军事谈判旗的保护下于帝国港口的码头靠岸。

小艇上的亚历山大中尉曾与正在执勤的俄军军官有过一段简短但令人困惑的对话：俄军军官是否先是对中尉说"领事不在那里，他来得太早了"，然后"劝他回到小艇上去"，就像"雷霆号"舰长写的那样？又或者像敖德萨总督坚称"英国领事已经离开敖德萨"？① 实际上，说了什么话并不重要。对帝国港口采取军事行动的原因应该是在小艇离开港口码头返回"雷霆号"途中，码头炮台发射了七发炮弹，并且第一发"显然是对准小艇发射的"，但击偏了"60 或 70 码"，其余炮弹可能"要么是对准小艇，要么是对准军舰"发射的，然而军舰在射程之外。②

4 月 14 日，敖德萨总督奥斯滕-萨肯男爵（le baron d'Osten-Sacken）拒绝为向插军事谈判旗小艇开火负责，他写信给海军上将邓达斯，坚称俄军炮手开火的目标"不是军事谈判代表，因为直到其任务结束，他一直受到尊重，而是敌军的一艘舰船——'雷霆号'，因为它太靠近陆地"。这个解释遭到威廉·洛林舰长（le capitaine William Lohring）及其全体船员的猛烈驳斥，舰长的"舵轮一圈也没有转动"。后来在停泊在商港的货船船长中进行了一项详细调查，调查过程中采集的证词也有力驳斥了敖德萨总督的解释：确定无疑，护卫舰没有做任何动作。为什么卡米尔·鲁塞重复托德莱本没有说服力的理由——"我们那时以为看到护卫舰正在进行勘测"——断言洛林"已经开始尝试进行勘测"？即使敖德萨总督在现场"紧急"为自己所作的辩护词也丝毫没有提及这种操作。

还须海军上将哈梅林与邓达斯来要求赔偿，4 月 21 日他们提出

---

① 1854 年 4 月 21 日威廉·洛林舰长给海军中将邓达斯的信和 4 月 14 日奥斯滕-萨肯男爵给邓达斯的信。

② 威廉·洛林 4 月 21 日的信。

赔偿要求，同时要求奥斯滕－萨肯交出"停泊在港口的所有英国、法国与俄国舰船"，否则"他们将被迫诉诸武力来为联合舰队旗帜所受的侮辱雪耻"。① 此外，他们刚刚收到——哈梅林于 4 月 14 日，邓达斯于 4 月 9 日——双方政府发出的对俄宣战的正式通告，4 月 15 日，"对俄宣战"的战旗，如巴藏古所写的那样，"布满了飘落的白色雪花"，升起在所有旗舰的桅杆上。

4 月 22 日，哈梅林与邓达斯没有收到对他们的最后通牒的任何答复，因此在 6 点 30 分下令向军港，向军港炮台和要塞的 70 门火炮，向军港仓库、火药库和停泊的船只——53 艘帆船、3 艘蒸汽战列舰和 5 台挖泥船——开火。可以说，这是一次轰炸的典范：有序、精确、沉重。联军只有 2 人死亡，18 人受伤，而炮轰结束后，俄军方面一切都被夷平、烧毁或者炸沉。

但敖德萨不应该是锡诺普的一个翻版。4 月 24 日哈梅林写道："我们绝不可能有任何破坏敖德萨城或者破坏其云集着来自各个海洋国家的船只的商港的想法。俄国皇帝的代表是唯一侵犯国际法的人，因此，邓达斯中将和我决定打击和摧毁的只是帝国港口里的仓库和船只，以及保护它们的炮台。"

战斗结束后，人道主义观念占了上风。联合舰队关押了 49 名在黑海俘获的俄军俘虏。4 月 24 日，邓达斯向敖德萨总督提出用这些俘虏来交换自开战以来被扣押在敖德萨的英国商船的全部船员。

---

① 当时在敖德萨有两艘马赛的商船——"阿黛尔号"与"安德烈斯群岛号"，被俄军扣押，它们将趁开战之机逃离港口。

但奥斯滕-萨肯男爵想必拒绝了这个提议，声称他无权处理这样的问题。不过，联军还是决定把他们的俘虏交还给他，尽管没有任何交换。这些俘虏登上一艘奥地利双桅横帆船后，立即被送往敖德萨。

从这次符合惯例的军事行动中可以吸取什么教训吗？因为毕竟在4月12日，也就是对敖德萨公海建立封锁的日子，和4月24日晚之间，塞瓦斯托波尔的俄军舰队没有采取任何行动来救援黑海的这个主要港口、他们的邻居！他们的军舰，护卫舰和蒸汽战列舰承载着2000门火炮，却没有离开塞瓦斯托波尔的避风港去与联军的舰船交锋。很显然，这是因为海军少将纳希莫夫与科尔尼洛夫知道他们根本不是联军的对手。

由叶卡捷琳娜大帝建立的，亚历山大维持的，尼古拉发展的进攻力量中心，实际上已经变成一个防御阵地。这种战略用途的改变违背了设计的初衷，将很快导致它的陷落。从一个时代突然跌入另一个时代，但没有人注意甚至意识到这一点。

5月中旬，黑海上春天常见的薄雾越发沉重地笼罩着联合舰队，令它们在塞瓦斯托波尔前的巡游更加危险。① 自5月12日以来，圣阿尔诺住在临近君士坦丁堡的耶尼-库埃（Yéni-Kuéi）一栋漂亮的大房子里，他已经估量出他的任务所面临的种种巨大困难：

① 英军失去了在敖德萨附近搁浅的"老虎号"护卫舰，船员们不得不摧毁它，以防止它落入俄国人的手中。

既有军事、行政和后勤方面的困难，也有政治和心理方面的困难。它们既与行动的技术复杂性有关，也与奥斯曼帝国首都特有的生活与工作条件有关，在那里，所有线头都交织成一个错综复杂、难以理清的线团：俄国人！土耳其人！英国人！法国人！奥地利人！在博斯普鲁斯海峡上玩了几个世纪的说谎者扑克游戏从来不缺少玩家，在勒鲁瓦·德·圣阿尔诺之前已经不止一个玩家因这个游戏而神经崩溃。

5月10日晚上，也就是苏丹首次接见他的那天晚上，元帅在给他的一个兄弟的信中写道："我不幸的肩膀上扛着阿特拉斯①[……] 我陷入了什么困境？[……] 我要么将走出困境，要么将困于其中。"

那天晚上，刚返回"贝尔托莱号"——他从土伦出发时乘坐的船——的船舱，他突然感到一阵心衰，这是不幸的预兆吗？

卡布罗尔写道："他对未来的信心一定动摇了。那是一种幻灭感。夜幕刚刚降临，他就躺在船舱里，逃离人群，独自沉默，寻求孤独，不让任何人看到他身体上和精神上的痛苦。他的灵魂比身体更痛苦。他的情绪明显受到影响 [……] 只有他自己预先遭受着不确定性结果所带来的痛苦，并将从中产生最坚毅的决心。"②

不仅如此，夜里11点至午夜，看护病人的医生看到元帅闭着的双眼上"滚动着几滴苦涩的泪珠"之后，他的心包炎又一次发作

---

① 阿特拉斯是希腊神话中的擎天巨神。——译者注
② Dr Cabrol, *op. cit.*, p. 40.

了，使他饱受痛苦的折磨，显然，尽管表面上有所好转，但这种痛苦的发作并未停止。

但它怎么能不发作呢？如果像总司令给他女儿所写的那样，圣阿尔诺元帅的夫人有时会"慌恐不安"，因为她"发现并用雨伞打死了她房间里的一只蝎子"。① 就元帅本人而言，他则是夜以继日，心急如焚，一封接一封地给战争大臣写信，请求他让海军大臣作出"卓绝的努力"，恳求他们最终给他派来他的参谋长特罗许上校——他像"等待摩西"一样等待他的到来——以及能让他迅速有效地采取行动的增援部队。他在 5 月 17 日写道："我军必需的集结给我们造成的被迫延迟已经够多了。不行动，相对于俄军来说或许有积极的一面，但在我们目前所处的政治局势下是无法接受的，因为土耳其人、奥地利人、瓦拉几亚人在等待，整个欧洲在等待。不采取任何行动相当于为各地最错误的想法、最恶劣的情绪敞开大门。"

希腊人已经在到处播撒失败主义的种子，而"老土耳其人"则呼吁拒绝与异教徒合作。

此外，元帅还遭受着与他的宝贝女儿"心爱的路易丝"的分离之苦。他每天都给她写信，5 月 14 日他在信中坦承："每天早晚我无法再怀着回忆与伤感亲吻你可爱的照片，因为这会引发我强烈的情绪，随之而来的是心脏病的痛苦发作。你就在那儿，在我身边，在我的桌子上，但被藏起来，关起来了，你只适合活在我不幸的心

---

① 1854 年 6 月 2 日的信。

里，没有你它会很不习惯，唉……"

5月14日，在苏丹主持的一次会议上，圣阿尔诺要求并获得了对奥马尔帕夏与土耳其军队的最高指挥权，一个土耳其师准备并入四个法国师，总司令打算让一个4000人的非正规军兵团成为骑兵后备部队。由于缺少适当的交通工具，骑兵到来时没有坐骑，因此为他们配备1500匹马，更重要的是，为在瓦尔纳召开的所有联军首脑大会确定了日期——5月19日。圣阿尔诺与拉格伦勋爵将从君士坦丁堡，奥马尔帕夏将从他在舒姆拉四周设防的营地，海军上将邓达斯与哈梅林将从他们在黑海的巡航舰，分别赶赴瓦尔纳大会。

这次会议将使联军首脑们能够更好地相互了解，使各方参谋部交换必不可少的情报信息，会议必须决定要采取的作战计划。圣阿尔诺给瓦扬元帅的信中写道："奥马尔帕夏觉得，没有联军他无法再采取任何行动。他唯一确定的想法就是在舒姆拉待战，在此处由45个士兵守卫的设防营地可以在很长一段时间内牵制俄军或无论哪个国家的军队。但陛下知道，在我得到一支军队之前，我无法承诺这种合作：我有军官和士兵，但我既没有完整的旅也没有完整的师；我有火炮，但没有可以上套的马。说到骑兵，我连600名有坐骑的骑兵都没有。"

然而，"在得到一支军队之前无法承诺的"这种合作，圣阿尔诺在几天之后将它给予了土耳其的最高统帅。为什么？因为元帅不仅思想活跃而敏锐，性情奔放而宽厚，还是一位对"有所作为"的

141

绝对必要性坚信不疑的首领。像非洲的大多数军官一样，他在北非山地的戎马生涯中，学习的时间远远少于打仗的时间，长途行军的时间远远多于思考的时间。毫无疑问，他的性格力量胜过思考能力，其思想也必然受到影响。巴藏古写道，这种思想"没有考虑到要穿越的大海，也没有考虑到帆船必须不断对抗的逆风"。克里米亚战争的官方史官明显宽容地作出结论："希望往往是糟糕的逻辑学家。"①

但一位总司令能是逻辑糟糕的人吗？

也许从这种智知上的欠缺可以得出以下结论：虽然在阿尔及利亚一场长达 24 年的战争锻造出了精兵，但不幸也扭曲了国家的军事传统，令指挥与战略的艺术变质。

法国军队成了大胆干预的行家，却不幸忘记了大型战争的规则。但是，当大胆变成鲁莽的冲动，它还有什么价值呢？当积极主动导致即兴应对，它又有什么作用呢？在这一点上，克里米亚战争将使最具洞察力的人睁开眼睛，他们通常也是对政权持最谨慎态度的人。然而几年后，我们会在意大利发现同样的缺陷，而且程度还更严重，同样还出现在墨西哥，最终出现在东部前线，普鲁士的对面。

正如特罗许所写的那样，法国"因为拥有军事机构就认为自己有军队"。

---

① Baron de Bazancourt, *L'Expédition de Crimée*, tome I, Paris, d'Amyot, 1857, 2 vol., p. 46.

从没有资源到没有敌手的作战计划的转变

1854 年 5 月 19 日早晨，联军指挥官在瓦尔纳首次举行了 5 个小时的全体会议。

奥马尔帕夏应邀首先发言，他的报告既清晰又富有感召力："我在舒姆拉拥有 4.5 万兵力，在锡利斯特拉有 1.8 万兵力，在维丁和卡拉法特（Kalafat）有 2 万兵力，在瓦尔纳有 6000 兵力，即近 10 万名战士。至于俄军，他们在锡利斯特拉先有 4.5 万兵力，但一个月后他们能有 13 万兵力，两个月后能有 20 万兵力，因为增援部队正在向比萨拉比亚集结。"土耳其最高统帅激动地补充道："锡利斯特拉必定会被攻占。我希望它能坚持 6 个星期，但 15 天后它可能就被拿下。某天早上，我们可能会惊讶地听到俄军向舒姆拉进军的消息和宣告。另外，就像我跟你们说的那样，如果俄军在舒姆拉向我发动进攻，我几乎可以肯定击败他们。但是，法英两军在土耳其领土，在加利波利，行军 20 天或走海路 24 小时即可到达瓦尔纳。当我们与两军联手可以将俄军击退到多瑙河对岸并拯救土耳其的时候，法英两军还会让我被困在这里，从而失去一支骁勇善战的军队及其军事力量，让俄军来消灭我们吗？"①

这些强有力的话语给在场的所有人留下了"深刻的印象"。给圣阿尔诺元帅的印象尤其深刻，他发现这是"一位真正的战士"，

---

① 巴藏古所引，*ibid.*，tome I, p.32。

一位有着"出色而正确想法"的将军。形势似乎突然给他指定了一个明显的战略目标——解除对锡利斯特拉的封锁，同时把俄军赶到多瑙河对岸。他有实施这个目标的能力吗？就目前而言，元帅的进攻性思维只看到主动性的好处。"提升土耳其军队的士气，他们会觉得得到实际的支持，"他在给战争大臣的信中写道，"同时在俄军中产生相反的效果。迫使帕斯克维奇元帅做出最终决定，无论是在看到法英纵队的先头部队一起再次渡过多瑙河，还是加紧攻势夺取锡利斯特拉。最终使奥地利人表态；因为他们再也不能发表反对意见说法军离多瑙河和俄军太远了。"

圣阿尔诺的热忱感染了英国人，实际上更多感染的是主要的军官而非拉格伦勋爵。联军因此决定派遣法军的一个师到瓦尔纳，英军的一个师到德韦纳（Dévena），既为了展示军旗，也为了这些部队在等待两只远征军其余部队的同时修筑防御工事。但是，英国部队对上前线所做的准备还不如法国部队。

143　圣阿尔诺还是在给战争大臣的信中写道："整个问题，在于我们能够派到前线与土耳其军队并肩作战的兵力，他们将给我们6万精锐部队和200门火炮。"

确实，整个问题就在于此！

次日，5月20日，为亲自了解奥斯曼盟军的真实能力，英法两军总司令在奥马尔帕夏与战争大臣里扎帕夏（Rizza-pacha）的陪同下前往舒姆拉。他们发现那里的行政管理、卫生保健与后勤部门正如之前收到的报告让人担心的那样薄弱，但防御工事和部队，尤其是"和我们的炮兵一样熟练的炮兵"为元帅展现了最"令人印象深刻的画面"。此外,当天晚上 9 点左右,从锡利斯特拉传来了新的消息:7 万俄军正在猛烈地加紧进攻,炮击持续不断,总攻似乎迫在眉睫。毫无疑问,堤坝即将崩溃,洪水将淹没保加利亚。惶恐不安的奥马尔帕夏与里扎帕夏拿着这封令人不安的急件来到元帅的帐篷里,坚持要改变最初的计划。

他们会夸大其词以给圣阿尔诺施加压力,赢得有利决定吗?事实上,这封时间为 5 月 2 日凌晨 2 点的信正是他们自己要求发出的。

无论如何,他们决定快马加鞭:奥马尔帕夏带着 3 万士兵和120 门火炮离开营地,向北行军两天驻扎下来。在将维丁和索菲亚的部队召集到自己麾下的 20 天内,他将集结 7 万大军,180 门火炮,并且还将有 2 万英军、3.5 万法军加入其中。因此,在 20 天内,12.5 万大军,310 门火炮就可与拥有 400 门火炮的 15 万俄军几乎势均力敌地进行较量了!即将到来的战斗令圣阿尔诺处于激奋状态,他已经看到俄军进入他的棋局,紧接着是交战开始,战斗胜利,战争结束。他在给瓦扬的信中写道:"想想吧,不到一个月,我们就可以在舒姆拉城下开炮了!"

5 月 22 日夜间至 5 月 23 日凌晨,两位联军总司令在瓦尔纳会见了海军上将邓达斯与哈梅林,但由于邮船在浓雾中无法定位他们的船,他们没能及时赶到参加第一次会议。因此,这次召开的是第二次会议,没有土耳其人出席,与会者首先谈到克里米亚,舰队刚刚完成了此地的勘测任务，以元帅为首的所有人都满怀渴望地关注着这个半岛。但讨论几乎未在这个问题上停留，因为与奥马尔帕夏商定的计划是将整个法英特遣队迅速运送至瓦尔纳登陆，以便"一天也不延误地将先头纵队投放到俄军面前，向他们亮出联军的旗帜"①。

海军上将们刚刚批准了这个计划，并允诺提供协助，圣阿尔诺就匆匆赶往君士坦丁堡。5 月 24 日，面容比平时更加苍白而悲伤的阿卜杜勒-迈吉德主持会议，在会上元帅自信而坚定地向苏丹与土耳其政府介绍了军事形势，然后又介绍了与联军首脑据此制订的计划。

他是否真的注意到"令苏丹饱受折磨的焦虑正在从他的脑海中消退"，他是否看到"希望，就像一缕阳光，已经闪耀在他的面庞"？② 无论如何，可以肯定的是，元帅从苏丹那里得到了"完全彻底的行动自由与高度的重视"，"尽管巴拉盖-迪利耶将军已经在君士坦丁堡说尽了一切可能的坏话……"③

就在那时，从锡利斯特拉传来了好消息：5 月 20 日和 21 日，俄军的两次突袭被击退，袭击者损失惨重。锡利斯特拉仍在坚守。25 日，圣阿尔诺离开君士坦丁堡前往加利波利，他将在那里监督自己的部队登船开赴瓦尔纳，在给兄弟的信中他满心喜悦地写道：

---

① Bazancourt, *ibid.*, tome I, p. 42.

② *Ibid.*

③ 1854 年 5 月 25 日参谋长克莱蒙·托内尔给他父亲的信。

"部队登陆的命令已经下达，三天后行动开始。6 月 2 日，我在瓦尔纳将有 1.2 万兵力；8 日将有 2.4 万兵力；18 日将达到 4 万。英军将紧随其后。"

他向皇帝解释道："我们将竭尽所能［……］重要的是让俄国人知道我们离他们只有六天的行军距离。我们在加利波利所做的，在瓦尔纳仍然会做，那就是进行筹划安排。"

5 月 25 日晚，登上"贝尔托莱号"时，满怀着绝对的信心，他大声道："如果锡利斯特拉能坚守到 6 月 15 号，俄国人就攻占不了它！"

而且，海军中将布吕阿（l'amiral Bruat）不是刚刚加入东方军队，让自己的海上舰队与哈梅林中将的舰队会师了吗？还有特罗许，"最有能力协助总司令计划的人"①，不是刚刚开始担任他的第一副官吗？

说到底，我们难道不是仅仅在遵守皇帝的最初指示吗？他在 3 月 12 日建议，在对多瑙河发动进攻的前提下，将瓦尔纳作为军队的行动基地。

总司令的幻灭将是残酷的。

5 月 26 日早晨，圣阿尔诺回到加利波利。就在启程之前，他收到了参谋长——杰出的德马坦普雷将军的信，他在夜里充分思考了信中的措辞。他于 23 日向德马坦普雷将军通报了他的北上进攻计

---

① Dr Cabrol, *op. cit.*, p. 52.

划，并得到了迅速的回应："元帅先生，我合作参与了东方军队的组建工作。我注意到其进度的缓慢，任何意志或力量对这种缓慢都无济于事［……］您没有炮兵部队。工兵连所需运输工具的三分之一都没有［……］火车甚至都不够运载救护车。军需库仍然空空如也，你们只能过一天算一天［……］在一个破败的国家里，在敌人的行动范围内，在距离法国更加遥远的地方建立一个新的行动基地，这是在走向灾难［……］我们要做的对俄军来说是正中下怀。"

圣阿尔诺在现场对军需库和军火库进行快速检查后意识到：尽管是向土耳其人允诺的，与英国人商定的，并且高调向皇帝宣布的，在舒姆拉和瓦尔纳制订的这项行动计划实际上是绝无可能实现的。也许元帅被热情冲昏了头脑，现在只能推翻前言。但如何推翻呢？

对于土耳其人，问题可以通过向北调动几次部队得到解决，这至少可以令他不失颜面。

在英国人方面，情势则更为棘手。因为拉格伦勋爵已经通知了英国政府，解释了行动计划，说明了行动日期。因此，英军指挥官急忙决定给克拉伦登勋爵与纽卡斯尔公爵（le duc de Newcastle）写信，请求他们对他刚发去的信保密。这样也许能避免女王陛下的反对所必然引发的风暴！但拉格伦勋爵会因此而避免他的上级的斥责吗？更何况他那完全不切实际的参谋部自以为准备就绪，而实际上绝非如此，却强烈要求立即采取行动。英国人对法国人心怀不满，拉格伦勋爵在军官的压力下签署的这一计划，如果将其取消，将引发一场危机，如果不是两国政府之间，至少也是联军之间第一场真正的危机。

圣阿尔诺最愧于面对的是皇帝，但是也无济于事了。他"回到加利波利，他看到"：部队几乎即将集结完毕，但登了船的辎重、炮兵、工兵、军需、马匹仍在海上。要么是由于缺少足够的蒸汽机船，帆船无法被拖引，要么是因为恶劣的天气，拖船将它们抛在汪洋大海之中。因此，正如巴藏古所写的那样，从那时起，帝国之鹰无法再"展其金翅"！

这就是 5 月 26 日写给皇帝的那封著名的信："我痛苦地告知陛下，"圣阿尔诺怀着歉意写道，"以我们目前的状况，我们既不具备作战的条件，也没有能力作战。我们只有 24 门装配好的、能开火的火炮。在军需供给方面，我们的情况更糟。没有面包、锅灶和水壶就无法作战。我请陛下原谅这些细节；但它们向皇帝证明了一支突然被置于距其有利资源 2400 公里地方的军队所面临的重重困难。这不是任何人的错，这是仓促开战的结果。我们让士兵们登上蒸汽机船，补给、装备、马匹登上帆船：士兵们即将抵达，但那些在这里必不可少的东西，他们却找不到……"

然而，元帅的力量将重新占据上风：当天晚上，他将集结起来的所有蒸汽机船派出以搜寻它们在爱琴海上可能遇到的抛锚帆船，同时开始制订一项新的行动计划。这次计划不再是与俄军接触以进行决定性打击，而是"在瓦尔纳的前方或后方，海路陆路均采取，在准备非常成熟的情况下，集结整个军队，但不让其行

动自由受到约束"①。如果俄军敢向博斯普鲁斯海峡进军，就在俄
军侧翼占据一个稳固而具有威胁性的阵地。这是一个合理的战略选
择，它回归皇帝本人最初的指示，只是之前计划前进两步之后后退
的一步，它差强人意，而且最适应当前和未来的形势。

此外，东方军的兵力在巴黎和伦敦都不断上调，现在达到了6
万法军，2.5万英军。它们不断地涌向加利波利，但兵力部署无法
再在加利波利狭窄的"猫舌"地带完成。瓦尔纳很自然地成为行动
基地。当圣阿尔诺似乎想要脱离这一计划，一时间设想在巴尔干半
岛的南坡建立阵地时，皇帝通过战争大臣之口责备他的这一想法。

6月9日，瓦扬写道："一旦你接受了向瓦尔纳派遣部队的想
法，你在那里就必须拥有非常强大的兵力。我更愿意在瓦尔纳有更
多的兵力，简言之，果断建立一个侧翼阵地［……］这是完全正确
的，符合真正的原则。"

与此同时，元帅确实已经纠正了自己的错误想法，6月20日他
在给战争大臣的信中写道："有一刻我曾违心地想过在巴尔干半岛
的防线后面部署梯队，在瓦尔纳部署一支先遣队。这是错误用
兵。② 我们不能像用2万兵力那样用6万兵力作战。我们在瓦尔纳
的要塞位置很明显，我们可以随心所欲地在要塞前方或后方布兵。"

因为不应忽略，尽管在法国同英国一样，公众焦躁不安，狂热
期待着胜利的捷报，商务咖啡馆的战略家们鼓吹过度进攻，联军来

---

① 1854年5月26日瓦扬元帅的信。
② 而且，英国人不同意这样的部署。

到土耳其却绝不只是为了保护君士坦丁堡免受俄军的入侵。在放弃舒姆拉的作战计划后，瓦扬写信给圣阿尔诺道："对于您改变决定，我丝毫不感到惋惜。您所有的行动与决定必须谨慎。"

最后，在军事上，一切仍与锡利斯特拉的命运息息相关：在这一年的 5 月底，在承受猛烈地攻击、英勇地守卫之后，这个要塞到底会不会陷落？

在土耳其的军事传统中，相比较而言，锡利斯特拉有点类似凡尔登，穆萨帕夏那些衣衫褴褛的士兵完全可以宣告："不准通过！"他们经历着严重的物资匮乏，但唯独不缺子弹与勇气，他们被三倍于己的敌军炮击，围攻，他们粗劣的棱堡几乎被俄军炮兵炸成筛子，即便如此他们每次都能用刺刀将进攻的敌军一直驱赶到他们的防线以外。

长久以来，人们都知道土耳其士兵是令人生畏的胸墙守卫者，他们历来的敌人——俄国人也同样具有这项品质。这一点在 1876—1878 年那场可怕的战争中再一次得到展示，由于各方战士的凶猛顽强，使得战场变成令人恐怖的屠戮场。而在 1854 年，只有"锡利斯特拉英勇卫士"的传奇传遍世界。俄国人自然对此感到恼火。但他们忠实于自己，因此无法对自己关于这场战役的记载提供一个可信的版本，托德莱本只满足于评判西方媒体对事件的所有报道，在他看来这些报道是"如此不准确以致无法辨别事实"。单方面转述除了两次出击外，"土军未采取任何重要行动"对抗俄军，他是否认为这样就能令人信服？但谁是围攻者，谁是被围者？至于写道前方堡垒"所处的状况使得它们无法进行顽强抵抗",这只是一种毫无根据的断言。[1]

当作者承认俄军在锡利斯特拉"损失"了 2800 兵力——但这只是死亡人数,还是死伤混合人数? 我们可以更好地理解他的话。的确,一些英国军官在现场看到了堆满尸体的乱葬坑。根据某些人提出的数字,在锡利斯特拉阵亡的俄军士兵多达 2.5 万人,但我们可以不必理会这个荒诞数字。法军指挥官德维莱尔(de Villers)从锡利斯特拉回到瓦尔纳时,他谈到 1500 名阵亡士兵。卡米尔·鲁塞停留在阵亡 2500 人这个极有可能的数字上,但如托德莱本明确指出的那样,这只是死于"敌人炮火"的那些阵亡者。这座要塞最终未被攻占,要估量俄军在锡利斯特拉前的失败,必须考虑到可能由于伤势,饥寒,伤寒和霍乱等灭绝性流行病而损失的 1 万或 2 万兵力:众多的目击者看到穿过公国撤退的道路上尸横遍野。

149　　正如圣阿尔诺后来所写的那样,俄军最终还将在锡利斯特拉留下"希尔德将军(le général Schilder)的腿,奥尔洛夫上校的眼睛,被炮弹碎片挫伤了脚的帕斯克维奇将军的靴子,以及吕德斯将军(le général Lüders)的健康!"

自 6 月初,根据新的战略布局,博斯普鲁斯海峡上布满了法国和英国的舰船。在奥斯曼土耳其人无动于衷的注视下,蒸汽机船拖引着满载物资设备或承载着欢快部队的帆船。英国军团的铜管乐队

---

[1]　Todleben, *op. cit.*, tome I, p. XXXIII.

亲切地演奏着第二帝国的国歌《向叙利亚进发》①，法军的管弦乐队则一遍遍演奏着热情洋溢的《天佑女王》。船与船之间相互敬礼，军帽被抛向空中，所有人——从总司令到普通士兵，从海军上将到海军士兵——都激发着一种日益确立的战斗情谊。他们即将投入一场富有朝气的欢乐战争吗？从士兵们的士气来看，可以这样认为。

6月2日，法军第1师第1旅抵达瓦尔纳，英军第1师则先于他们抵达此地。

6月11日，圣阿尔诺的一道命令正式将东方军的行动基地从加利波利转移到瓦尔纳，但"猫舌"仍然是过渡，仓储与补给的基地。它已经修了完美的防御工事，3000兵力将留守那里以确保它的防御与运转，而剩余的所有部队单位，无论走陆路还是海路，都将在瓦尔纳会合。

6月17日，圣阿尔诺在君士坦丁堡组织了一次精彩的阅兵，这是因为元帅急于恢复自己在奥斯曼当局眼中的形象，又想给敌视合作的"老土耳其"派留下深刻印象。因此决定让第3师在苏丹面前列队游行，这是由法国皇帝的堂弟拿破仑亲王担任师长指挥的一个师，他的外貌与其伯父，伟大的拿破仑有着极其惊人的相似。

毫无疑问，奥斯曼土耳其人被迷住了！亲王苍白冷漠的面具，以及朱阿夫、猎兵和海军士兵呈现出来的"野战士兵的雄浑与阳刚

---

① 作者不是别人，正是前皇后奥尔唐斯，即皇帝的母亲。

之美"令他们着迷，这些士兵从加利波利徒步行军到君士坦丁堡，
"带着他们饱经风吹日晒的脸，被炮火熏黑的手，沾满污泥和尘土
的破烂军服，气势昂扬地"① 来参加阅兵。

在拉米奇夫里克高原（le plateau de Ramitchiflik）上，他们与
几天前到达、被安置在达乌德帕夏（Daoud-pacha）的土耳其军营
里的步兵们会合。这些可怜的士兵在那里的时间都用于与臭虫展开
无望的战斗，但至少，如第 20 轻步兵团的奥克塔夫·居莱中尉
（le lieutenant Octave Cullet）所写的那样，他们将"洗刷干净，上
好蜡油，武器锃亮地"参加游行。

中尉接着写道："我们的部队铺展成几长条色彩缤纷的横队，
朱阿夫和海军陆战队为第一横队，第 20 和 22 轻骑兵团为第二横
队；在我们后面，右边是炮兵部队，一支北非骑兵队和猎兵
[……] 左边是仓促组编的一个土耳其师，英姿勃发的士兵们头戴
菲兹帽，身着土耳其军服；炮兵部队的演练在我们看来协调一致而
又准确无误。"②

在士兵们着迷的目光下，苏丹骑着一匹披挂着红色和银色铠
甲、毛色乌黑发亮的骏马出场了。君主周围簇拥着众多勋章满身的
帕夏幕僚，但他本人就像过去的拿破仑一样，仅仅穿着一身朴素的
海蓝色军服。他苍白的面容似乎没有任何表情，随着马蹄缓缓前

150

① E. Perret, *Récits de Crimée*, Paris, Bloud et Barral, 1888.

② Octave Cullet, *Un régiment de ligne pendant la guerre d'Orient*, publié par l'abbé Rochet
(Lyon, Librairie générale catholique et classique, 1894). 1854 年 12 月 31 日，法国军队取消轻
步兵的称谓。25 个轻骑兵团变成前线步兵团，部队编号从 76 至 100。

行，马背上的他身体微微前倾，看上去若有所思。

对于德莫莱内斯中尉的北非骑兵来说，这是他们一生中最大的失望！东方战争中的士兵诗人后来写道："这支骄傲而优秀的队伍满怀欣喜地接受苏丹的检阅，以阿拉伯人的想象，他们脑海中伟大的主应该身着日月同辉的礼服，就像驴皮公主的长袍那样。然而那一天，尽管苏丹陛下在菲兹帽上扎了白色的羽饰，他朴素的军服带给这些非洲之子的却是残酷的落差。"①

幸运的是，元帅喜欢他们，这八十六个帐篷之子，还有他们金色的马镫、红白相间的丝斗篷、华丽的坐骑，很多人后面还跟着随从，就像过去的骑士。因此，"怀着对他们的关爱殷勤之意"，他希望"他们的游行能展现阿拉伯骑兵表演最强劲的气势。信号一发出，这支身着红色斗篷的部队就发起冲锋，像一群长着鲜红翅膀的鸟儿那样在苏丹面前飞驰而过……"②

151

东方军第 3 师的游行在无数的观众中引发了轰动效果，但信徒们的领袖从未褪去其悲伤的神情，这是否就是克莱尔上校（le colonel Cler）认为阅兵"毫无生气"的原因？阿卜杜勒-迈吉德想必感到惊讶，因为曾经极力督促他为自己和他的士兵采用欧式军装的法国人却让他们的精兵，他们的朱阿夫士兵身穿"老土耳其人"风格的服装，而那些"老土耳其人"是如此反对任何改革！然而，

---

① Paul de Molènes, *op. cit.*, p. 23. 6 月 17 日，为圣阿尔诺担任贴身警卫的北非骑兵队指挥官仍由迪耶少校担任。他的晋升将使骑兵队移交德莫莱内斯中尉指挥。

② Paul de Molènes, *ibid.*, p. 23.

他欣赏这些从遥远的异国前来保卫拯救他的古老帝国的士兵的军人雄风。难道他没有屈尊与坐在他的车里观看游行的元帅夫人交谈吗？元帅一出征，他没有邀请元帅夫人住进塔拉比亚（Thérapia）他的"一千零一夜的宫殿"里吗？他没有向她伸出一只手？而他从不向任何人伸手，更不用说向一个女人，一个女基督徒，并且是在公共场合伸手。

6月17日的晚上，圣阿尔诺本应感到兴奋与骄傲，然而情况却绝非如此。白天他的心脏病两次痛苦发作。在斯特拉特福德勋爵家用过晚餐后，他乘土耳其轻舟返回他在耶尼-库埃的寓所，船工在博斯普鲁斯海峡上艰难地逆流而上。凌晨1点，他回到寓所。卡布罗尔写道："他被击垮了。他彻夜未眠，遭受着每隔一段时间痛苦就会加剧的折磨。"①

即使他达到了荣誉的顶峰又如何？6月14日，他在给女儿的信中写道："我亲爱的路易丝，不要为我的荣誉而激动，我只是在履行自己的职责，这一切并不会让我感到骄傲［……］与上帝的伟大相比，这只是虚无。你会看到，我还是原来的我，对你仍怀有同样全心的挚爱，对朋友仍怀有同样纯真的友爱，对那些将接近我的人还是同样的亲切和蔼［……］不要钦佩我，但你要永远爱我。而我，我会永远赞赏你，永远爱你。"

心脏病的痛苦发作始终没有停止，也许元帅有时忙碌兴奋，不知疲倦的活动会让他以为身体恢复了健康。卡布罗尔医生有时会在

---

① Dr Cabrol, *op. cit.*, p. 111.

他的心区部位贴上一块有磁性的马蹄铁来缓解痛苦，他惊人的忍耐力令医生称之为"奇迹之人"，除了几个密友，没有人猜想到总司令病情的严重程度。"元帅的健康状况好极了"，克莱蒙-托内尔上尉在 6 月 2 日这样写道……

152

法国海军不得不让刚刚在加利波利艰难登陆的部队重新上船，转移到保加利亚，并在那里重新下船。① 由于法国海军和英国舰队的卓越努力，6 月 30 日，3 万多法军与 2 万英军得以在瓦尔纳会师，而海军中将布吕阿则率领他的海洋舰队——军舰"蒙特贝洛号""拿破仑号""苏弗伦号""阿尔及尔号""马赛号""麦哲伦号"，以及护卫舰"普里莫盖号"与"威洛斯号"——直抵巴尔奇克（Baltchik），海军上将邓达斯与哈梅林的舰队停靠在那里。被布吕阿甩在身后的舰船仍在海上，甚至还在土伦。

加上土耳其军队，三军联盟共计 7 万兵力集结在瓦尔纳，每支军队都呈现出非常独特的面貌，打着每个民族的印记："土耳其士兵衣衫褴褛，沉默寡言，手握念珠，听天由命地屈从于宿命论的规则，并不太关心生命；英国士兵衣冠整洁，饮食优渥，英俊帅气，戎装笔挺，步态端庄，举止冷静，是冷酷而坚定的对抗的完美典范；法国士兵则欢快活泼，举手投足间带着一种洒脱不羁的态度，对任何事情都无所顾忌，信心十足。富于攻击性的性情令他们在行

---

① 根据海军部与船东签订的合同，船东只负责运送兵员与装备，卸载作业由法国水兵完成。

动时显现出先祖们的急躁冲动。"①

到 7 月 10 日，将有 5 万法军、2 万英军和 7 万土军可以开始作战行动，支援锡利斯特拉的守军。而 15 万俄军中有 35% 是病人，按照克莱蒙-托内尔的说法，这几乎是一场势均力敌的较量。

这股强大的军事力量背靠巴尔干半岛，右侧由一支对黑海具有绝对控制权的舰队进行护卫，它是否最终将进入前线，决定一场旷日持久的军事冲突的命运？

153　　然而不幸的是……

6 月 22 日夜间至 23 日凌晨，一场完全出乎意料的戏剧性转折突然间让东方军失去了它的目标：俄军用猛烈的炮火掩盖其军事转移，解除了对锡利斯特拉的包围，并且再次渡过多瑙河！ 6 月 25 日，圣阿尔诺与其整个参谋部在瓦尔纳下船时，在"贝尔托莱号"的甲板上收到了这一消息。对他来说，天好像塌了："帕斯克维奇的逃跑偷走了我得胜的一个好机会，"他大喊道，"这实在不是一件好事！"

人们可能会想，对于一个付出巨大代价，围困了三个多月，似乎即将陷落的要塞，这个突如其来、匪夷所思的战术背后隐藏着什么？但更重要的是，一切都再次受到质疑：目标突然消失了，作战计划被挫败了，需要重新考虑军事手段。一直以来理论上已经排除了追击俄军的假设，因为俄军逐渐接近他们的基地，而联军却在远

---

① 1854 年 7 月 4 日康罗贝尔给德·卡斯特拉内元帅的信。

离他们的基地。只有奥斯曼军队因陶醉于表面的胜利而高估自己的实力，直至在久尔久（Giurgevo）发动了一场鲁莽的进攻。①

就元帅而言，他感到震惊和痛苦，他在给夫人的信中写道："我无法从俄军可耻的撤退给我的打击中恢复过来。他们那时已经在我掌握之中，我本可以万无一失地打败他们，将他们扔到多瑙河里。我们的问题本来已经很简单［……］现在正相反，我们再次陷入不确定状态。"

因为敌人正在撤退，确实如此，他们甚至会慢慢撤出多瑙河公国，重新渡过普鲁特河，回到俄国境内的比萨拉比亚。联军的前方突然空无一人，但令他们来到东方的动机并没有随俄军而消失。联军会重新投入战斗，帕斯克维奇的兵力两三天内会重返多瑙河。至于静候待命，那是无法想象的，何况季节很快就让人无法在陆上作战，更别说在黑海上作战了。然后就要过冬，不发一枪一弹地再过几个月，几乎就是白白来到这里，让士兵们无所事事，冒着疫病的危险，所有这些前景在军事和政治上都是无法想象的。

154

那么，该怎么办呢？

7月17日，圣阿尔诺写信给他的女儿："什么也没解决，什么也没弄清楚。俄军正缓慢撤离，我们却停滞不前。奥地利军队说他

---

① 7月7日，哈桑帕夏以为俄军已经完全撤离这座城市，于是让一些部队在多瑙河左岸登陆，这时俄军索伊莫诺夫将军的师猛扑过来。经过一整天激烈的战斗，俄军放弃了征服桥头堡的努力，第二天土军撤离桥头堡。如果这次事件对土耳其人来说搞砸了，它其实可以迫使联军向多瑙河进发，尽管他们对此迟疑不决。整个战争进程本可能发生变化。圣阿尔诺会因此而更急于最终能掌握主动权。

们想前进，土耳其军队则前进过了头，普鲁士军队甚至在后退。情
况就是这样。"

显然，在 7 月初，一切都需要被重新审视，首先是外交形势。
因为不管军人们愿意与否，仍然是政治在主导游戏。

"东方军的士兵与水手们！你们还没有战斗，就已经取得了辉
煌的胜利。你们与英国军队的出现足以迫使敌人重渡多瑙河。"法
国皇帝在 8 月 20 日向他的士兵发表的公告只能遵循体裁的规则，
演讲的形式重于内容。实际上，俄军战略撤退之际，既没有感到联
军在瓦尔纳的威胁性存在，也没有遭遇多瑙河上一座设防城市的光
荣抵抗。6 月 23 日战事剧变的根源，在于奥地利。

我们已经看到，危机一开始，这个财政与道德全面破产、被民
族紧张局势削弱的泥足巨人，其整个政策都意在从冲突中获取一切
可能的利益——俄军从多瑙河公国的撤离、对多瑙河直至其河口的
控制、俄国的削弱——而无须承担对圣彼得堡开战的巨大风险。这
已经不是 1828 年了，那一年，只要查理十世的法国跟随他，梅特
涅会很乐意发动奥地利对抗沙皇尼古拉。

维也纳首先加入了西方的外交活动，4 月 20 日，它甚至将普鲁
士带进了《柏林条约》（le Traité de Berlin）。6 月 3 日，奥地利在
外交途径上做出进一步的努力，向圣彼得堡发出照会，恭敬地要求
俄军在 "不太遥远的" 的期限内撤出多瑙河公国，因为奥地利的利
益，如布奥尔伯爵所写的那样，"到目前为止在政治、商业和工业
方面因这种长期占领受到极其严重的损害"。

普鲁士再次对奥地利亦步亦趋：6 月 17 日，冯·曼陀菲尔宣称"对奥地利政府的这一行动给予其全部支持"，并补充说普鲁士国王期待沙皇——他令人敬畏的妹夫——"将他从职责与承诺带来的痛苦中解脱出来"。

6 月 14 日，奥地利与奥斯曼土耳其政府终于签订了一项公约，法国皇帝对其寄予厚望，因为它授权奥地利派军进入瓦拉几亚，占领公国直至沙皇与苏丹达成和平。哈布斯堡帝国还开放了一笔巨大的国债，将其军队的兵员增加了近 10 万人，在其东部边境设防，并委派老将冯·赫斯（le général von Hess）指挥驻军。

在那时，一些奥地利军官与代理大使①查尔斯·德·布吕克（Charles de Brück）在圣阿尔诺身边展开联合行动，他们前往瓦尔纳、舒姆拉和君士坦丁堡，探测意向，评估军力，对联军进行摸底，自己却并不因此而冒进。

元帅对他们很有礼貌，但仅此而已，他认为将行动基地从加利波利转移到瓦尔纳就相当于为维也纳帮了一个大忙，他写道："没有维也纳的消息，我不会行动［……］我在等阿尔布雷希特大公②的一封信，他会对我说'我来了，我在行军，我在前进，让我们在俄国的喀尔巴阡山上会合'。嘿！那样，我就会飞过去。在此之前，我尽可能按兵不动。"

这也是沙皇巧妙运用他对德意志其他公国的影响力的时期。这

---

① 代理大使是奥地利驻君士坦丁堡大使的传统头衔。
② 奥地利卡尔大公的长子，他在 1848—1849 年与皮埃蒙特人的作战中扬名。

些公国完全效忠于俄国，对于它们来说，俄国是对抗一触即发的革命的最终后盾。它们聚集在班贝格会议（la conférence de Bamberg）内，试图与维也纳会议的外交机器抗衡，它们对普鲁士有着重大的影响，反复无常的普鲁士国王开始后悔自己被弗朗茨-约瑟夫拖进了 4 月 20 日的法案。

"普鲁士军队正在后退。"圣阿尔诺在 7 月 17 日如此写道。事实上，奥地利将军克罗金（Corokine）刚收到弗朗茨-约瑟夫进军瓦拉几亚的命令，普鲁士驻维也纳公使阿尼姆伯爵（le comte d'Arnim）就匆匆赶到布奥尔家中，"奉国王本人之命"宣布，普鲁士认为自己"不受"《柏林条约》义务的约束……

在北方的三个王室之间，一切都变得混乱不堪，但没有什么比奥地利的军事干预更不确定了。在瓦尔纳，人们期待着这次行动，因为它也许能让联军参谋部摆脱被迫的停滞。同样地，在巴黎，拿破仑三世指望奥地利的军事干预能让沙皇恢复理智，使法国免于一场大战。

尼古拉被其天然盟友的不友好行为深深刺痛了，他终于明白，只要驻扎在特兰西瓦尼亚的奥地利第 3 军团和第 4 军团向前推进，切断其多瑙河部队与基地联系的风险就是真实存在的，更何况，自从俄军舰队被禁止进入黑海，俄军唯一可用的作战路线是奥地利边境沿线三百多公里的地带。

此外，重渡多瑙河，撤出瓦拉几亚，然后又撤出摩尔达维亚，这些行动表现不了他的诚意吗？这是想排除与奥地利开战的风险，同时将责任推给联军阵营？因为毕竟，联军为开启和平谈判提出的条件正是俄军预先撤离多瑙河公国。现在，如果说撤军没有完成的话，至少也是在进行当中，巴黎与伦敦怎么能表现出同样的不妥协呢？而且，如果他们与俄军开启谈判，那么在等待谈判达成期间，对于被他们花费巨大代价运送到黑海海岸，并将日益充塞海岸的军队，他们将作何打算呢？

也许尼古拉真像人们所说的那样，对他在锡利斯特拉的失败感到沮丧。然而，从各方面来看，他在 6 月 23 日的战略撤退仍不失为非常高明的一招。

然而，就在 6 月 23 日，维也纳会议宣布 4 月 20 日的《柏林条约》符合其行动所依据的主要原则。

7 月 24 日，日耳曼联邦议会，正如其主席普罗克施·奥斯滕伯爵（le comte de Prokesch Osten）日后所说的那样，因为急于表明所有德意志人"力量和意志团结"，最终将加入这个《柏林条约》。这是否意味着德意志人背弃了他们历来的保护者？是否意味着普鲁士国王腓特烈·威廉（Frédéric Guillaume）不再担心沙皇打算重建波兰王国的流言？根据这个流言，沙皇将把波兰的王位传给他的儿子米哈伊尔大公，这样一来，普鲁士对波森（Posen）与加利西亚（la Galicie）的主权自然就需要重新审视。

这一切是因为俄国对 6 月时奥地利与普鲁士照会的答复并没有让任何人相信沙皇尼古拉真正的和平意愿。在 6 月 29 日的一封信中，涅谢尔罗迭首先问维也纳，一旦俄军撤离多瑙河公国，它能提供什么确定停战的保证。至于德意志诸邦提出的三点，也就是 4 月 157

9 日维也纳议定书中的三点，俄国外交大臣肯定地说，他"威仪的主君会毫不费力地签署它"，但措辞并不令人信服。土耳其的完整？沙皇会予以尊重，"只要它同样得到目前占领着苏丹水域与领土的列强们的尊重"。另外，彻底撤离多瑙河公国？俄国会"通过适当的安全措施"进行撤离……最后，土耳其基督徒的权利？沙皇会同意为欧洲的共同保证贡献力量，条件是"他的同教者们保留他们先前的特权，并获得新的特权！"

对所有这些问题的答复没有一条令人满意。正如德鲁安·德·吕在 7 月 22 日给布尔克内的信中所写的那样，这等于"转瞬就忘记去年进行的漫长而艰难的系列谈判"，这也是忘记联军已经同意做出的巨大的物质牺牲。

1854 年夏天占据主导的外交体系堪称奇特："一方面，法兰西帝国并非真心实意地与世仇英国团结在一起，对俄国发动一场并无仇恨的战争；另一方面，奥地利意外地与普鲁士联起手来，然而对德意志的竞争又使奥地利与普鲁士成对抗关系，二者相互制衡，因此无法决定公开宣称支持交战国的某一方；而俄国处于绝对的孤立状态，正在为皇帝尼古拉脑中孕育的狂妄自大的梦想——一直认为自己是欧洲的阿伽门农①——付出沉重的代价。"

德鲁安·德·吕在 7 月 22 日给布尔克内的急件中提出了恢复和平的四个条件，这"四点方案"或"四个保证"，"一经问世就

---

① Louis Thouvenel, *Pages de l'Histoire du Second Empire*, Paris, Plon, 1903, p. 16-17.

成为欧洲外交的四个信条"①：

1. 废除俄国对多瑙河公国的保护权，代之以欧洲的共同保障。　158

2. 开放多瑙河河口的通航权。

3. 修订 1841 年 7 月 13 日的条约，限制俄国在黑海的权力。

4. 俄国放弃它向奥斯曼帝国政府要求的对东正教臣民的正式保护权。②

1854 年 8 月 22 日，在赫斯男爵将军对瓦拉几亚与摩尔达维亚居民发出请求信任的呼吁之后，奥斯曼帝国政府一位特使也散布了一则关于"友好盟国"的部队的同样令人放心的宣言：这些部队"绝不会成为负担"，因为他们"将准时准确地用现金"支付他们的购物费用。奥地利军队进入多瑙河公国，几个分遣队在摩尔达维亚，两个旅在瓦拉几亚。

俄军已经撤出，奥地利军队将永远没有战斗的机会。

在多瑙河前线，战争确实结束了。

目标：塞瓦斯托波尔

如果路易·图弗内尔所言不虚，法兰西帝国虽仍与其海峡对岸

---

① Louis Thouvenel, *ibid.*, p. 19.

② 俄国将在 8 月 26 日拒绝这四个谈判基础，涅谢尔罗迭日后写道："回到我们的国家，保持守势，通过这种姿态，我们希望能获得一些公平的机会，可以调和我们许下的和平意愿与我们的尊严和政治利益。"（戈尔恰科夫公爵在维也纳的笔记）

的"世仇"团结在一起，却"并非真心实意"。

事实却是，两大海上强国之间的此时联盟是牢固的，然而分歧还是开始显现出来。

首先是实地出现的困难，如放弃第一个作战计划时产生的短暂的信任危机，又如斯特拉特福德勋爵坚持使用的纯粹英国的外交手段，他支持自己的朋友奥马尔帕夏与雷希德帕夏对抗贝内代蒂的门徒、战争大臣里扎帕夏。因为奥马尔帕夏首先将其全部信任给予了锡兰步兵团一位年轻的英国军官巴特勒上尉（le capitaine Butler），此人组织了锡利斯特拉的保卫战，在那里阵亡。然后他又将信任转移给西蒙斯上尉（le capitaine Simons），因为他继承了巴特勒的影响力。① 英国军官自命不凡，他们对祖国的最高利益深信不疑，会与奥斯曼土耳其的友军精心制订一些作战计划，而这些计划对法军来说却没有好处。

圣阿尔诺后来在给皇帝的信中写道："斯特拉特福德正在逐渐蚕食我们。因为英国总是很精明，到处都有支持者。英国的外交官员比我们多，财力也比我们强大，而且还善于使用这些资源。"

幸运的是，圣阿尔诺与拉格伦勋爵之间的完美默契维持了战场上的联盟。

---

① 对金莱克来说，锡利斯特拉的卓越抵抗主要归功于巴特勒和他的朋友——东印度公司的内史密斯（Nasmyth）中尉。金莱克写道，只要他们在场，"似乎足以让穆斯林成为忠诚英勇的士兵"（A. W. Kinglake, *Origine et Histoire de la guerre de Crimée*, Londres, 1855, tome Ⅱ, p. 178）。他也将久尔久的胜利解释为英国将军坎农与七名年轻军官的在场，他们给了土耳其军队"他们所需要的东西"。难道他没有把能够出色地"引导其他种族"的特长归为"英国人的特权"吗？

但在伦敦和巴黎，多瑙河战场一结束，对君士坦丁堡的直接威胁消失了，最重要的问题似乎就需要被重新审视。当然，英国同法国一样，希望结束战争状态，同时确保未来的利益，但正是对于未来，两国有着不同的看法。对英国来说，重要的是给俄国致命一击，以确保南亚地区的长期安全。因此，一得知俄军撤退的消息，英国内阁自然就将目光转向克里米亚，开始考虑摧毁塞瓦斯托波尔。

在杜伊勒里宫，法国并没有同样的战争目标。令拿破仑三世更感兴趣的不是保卫印度帝国，而是以压倒多数的票数被拥戴为法国皇帝，帝国重建，法国在经历了四十年的衰落而得以复兴的伟大事业，即通过谈判修订欧洲地图。每个国家能够实现自己的理想，而法国，作为这项伟大运动的创始者，能够在整个欧洲大陆享有确立其工业和商业霸权的信誉。这就是为什么，在6月底时，这位备受谴责的"冒险家"仍处于观望之中，而他的英国盟友，脑中所做的仅是军事的考量，已经打定主意将攻势推进到俄国领土。

皇帝拒绝接受这种无可挽回之事，只要至少还有另一种选择。160

恰好就在6月底，奥地利政府刚与杜伊勒里宫进行了接触，前者提出一项在多瑙河谷采取联合行动的计划，巴黎则努力让伦敦接受这一计划。德鲁安·德·吕在接见了奥地利大使胡布纳（Hübner）之后，写信给瓦莱夫斯基："我没有做出任何积极的承诺。但我暗示，维也纳内阁的愿望也许会实现。"他之后又强调补充道："皇帝对此满怀渴望。"

维也纳难道没有暗示它会大规模地与联军并肩作战？只要它表明这个态度，俄国就完蛋了，因为整个欧洲或多或少地都会效仿它。

因此，皇帝心想：既然他在保加利亚的军事演习似乎已经取得成果，那么，如果奥地利真的参战，我们难道不能就此罢休吗？为什么要耗费巨大力气去攻占塞瓦斯托波尔，摧毁黑海舰队，并在他为未来设想的伟大外交棋局中失去——也许是永久地失去——俄国的帮助？如果奥斯曼帝国的完整可以通过谈判得到保证，俄国在被迫无奈之下表现出理性，那么这一切还有什么意义呢？

然而，奥地利仍然犹豫不决，这令皇帝感到极度失望。后来他对在巴黎短暂停留的普罗克施·奥斯滕吐露了内心的想法："我以为，你们的利益是如此巨大，如此明确，永久保障这些利益的机会又是如此有利，你们会宣战，也就是说你们会愿意抓住出现的机会。"①

不幸的是，奥地利前进一步，便后退两步，因为它很清楚，奥匈帝国的斯拉夫人正等待着它的失策之举：与他们在圣彼得堡的传统保护者展开对抗。它知道普鲁士窥伺着同样的失误，试图彻底巩固对德意志地区的控制。因此，如果奥地利军队最终在 8 月 22 日进入多瑙河公国，那仅仅是为了"取代自愿放弃其阵地的俄军士

---

① 1855 年 9 月 23 日，也就是塞瓦斯托波尔被攻占 15 天后（普罗克施·奥斯滕，《我与雷希施塔特公爵的关系》，巴黎，普隆出版社，1878）。普罗克施·奥斯滕伯爵刚刚被维也纳任命为驻君士坦丁堡大使。

兵"，而绝不是为了与他们交战。维也纳将满足于在交战各方之间 161
充当缓冲器这种模棱两可的立场，这可以让它在各方面前扮演讨喜
的角色：它在保护联军免遭俄军新一轮的进攻，就像帮俄军防备联
军向北入侵。

英国方面则没有任何情绪，正如其历史上一以贯之的那样，在
缓慢地做出决定之后，它表现出最坚定的决心。既然已经投入战
争，它就会进行战争，将其进行到底，只有在达到目标——所有的
目标——之后才会放手。

在英吉利海峡对岸，社会各界，尤其是靠近伦敦城和东印度公
司的那些阶层，气氛越来越紧张，新闻媒体的腔调越来越激烈，在
6月15日前的《泰晤士报》上可以读道："甚至在俄国人撤退之前
攻陷塞瓦斯托波尔，征服克里米亚，应该才可以补偿当前战争的所
有费用。"6月29日，陆军大臣纽卡斯尔公爵在给帕默斯顿的信中
写道："〔英国的〕目标应该是摧毁塞瓦斯托波尔。"同一天，首相
向内阁的每一位成员送交了一份备忘录，上面写道："克里米亚，
那里是我们的运气。最重要的是，不要把进攻推迟到明年！"

英国已经做出了决定。法国皇帝不久就会从对奥地利的期望中
清醒过来，很快将加入英国的阵营。毕竟，英国正全力以赴地推动
与皇帝本人共同商定的一项作战计划。这项计划还是在之前的3
月，主要由法国皇帝提出的，其目标是在克里米亚展开军事行动以
攻克塞瓦斯托波尔，纽卡斯尔公爵当时将这项计划提交给了女王委
员会，帕默斯顿勋爵现在正将其作为自己的论据。皇帝只是想给和

平最后一次机会。

6月23日，拿破仑三世在给圣阿尔诺的信中指示他，今后重要的是"做点什么"，根据卡米尔·鲁塞的说法，皇帝"模糊地"给他指定了两个要研究的目标：高加索脚下的阿纳帕（Anapa）与克里米亚。

7月1日，一封电报从巴黎发出，它尽管简短，对元帅来说却是个吉兆，战争大臣在电报中写道："即使对锡利斯特拉的包围已经解除，你们还是待在瓦尔纳附近区域，不要下到多瑙河。我们希望军队做好随时被舰队运走的准备……"

瓦扬元帅没有说运送到哪里。这些"神秘的"指示后来成为笑谈……然而，这封电报只能是简短的：帝国政府刚刚收到伦敦向拉格伦勋爵发出的指示的副本，指示他向克里米亚进军，英国大使考利勋爵请求巴黎对圣阿尔诺做出同样的指示。然而致命的巧合发生了，就在同一天，皇帝收到了奥地利的示好信号，这对他的诱惑太大了……

他只犹豫了片刻。奥地利士兵仍然没有离开特兰西瓦尼亚，至于英军，瓦莱夫斯基在其大臣的要求下接近过他们，他们根本不在乎奥地利联盟。

7月13日，圣阿尔诺再次给瓦扬元帅写信："奥地利特使、陆军上校勒文塔尔伯爵（colonel-comte de Loewenthal）在瓦尔纳我家里住了两天。奥地利军队准备进入小小的瓦拉几亚，但还不是作为交战方。他们只想占领俄军撤离的阵地和位置。他们不会动用武器，除非俄军进行反攻，想重新夺回阵地。"①

但是，当尼古拉撤到多瑙河另一边时，奥地利军队确实失去了马上就参加这场一触即发的伟大战斗的任何动机，他们需要进一步观望。那么，拿破仑三世为什么还要坚持拖延时间呢？他为什么还要花费更长时间来阻拦一位他深知其进攻精神并给予其完全信任的总司令呢？

就圣阿尔诺来说，"对拿破仑三世的深入了解"让他引以为豪，"他比他们所有人都更强大，更精明"。②7月14日，他在回复6月23日皇帝的信时这样写道："陛下最深层的想法，我知道，是克里米亚，是攻克塞瓦斯托波尔，是摧毁黑海舰队。陛下是对的，因为没有对俄国力量的猛烈打击，就永远不会实现真正的、有尊严的、持久的和平。我一直渴望，并会永远渴望攻占克里米亚，但我也权衡，估算了成功的机会，以及成功所需的一切。我们一无所有……"

元帅最缺的是攻城的后勤组织，少了它，他就无法行动，另外他还缺少足够的交通工具与登陆工具。

因此，英军与法军总司令开始研究针对阿纳帕的作战计划，并于7月25日接待了一个由纳伊布帕夏（Naïb pacha）率领的切尔克斯酋长代表团。纳伊布帕夏是传奇般的沙米尔的妹夫和副将，他为联军提供了四万名山民武装的协助。

---

① 8月11日，勒文塔尔上校与卡利克上校回到瓦尔纳，与他讨论一个计划：让奥地利军队推进到俄军右翼，与此同时，英法联军攻打俄军的左翼。圣阿尔诺忍不住当面嘲笑他们，他在8月13日写道："我保证，他们不敢宣战。"

② 7月14日给其兄弟福尔卡德的信。

如果说元帅确实有着"对拿破仑三世的深入了解",法国皇帝对"他的圣阿尔诺"则有着更深入的了解。在获悉伦敦传达给拉格伦勋爵的指令后,他已预知瓦尔纳即将发生的事情。因为,7 月 17 日,正如圣阿尔诺在三天前所写的那样,"在模糊与不确定性超常的局势中",拉格伦勋爵终于接到一些总司令们通常喜欢的清晰、干脆而明确的命令——塞瓦斯托波尔是英军的目标。然而,前提是拉格伦勋爵与海军上将邓达斯没有感觉到"不相称的力量对比"或"装备物资的不可能性"的掣肘。因此,即使这些指令通常被认为是正式命令,实际上仍然包含着一个极大的保留⋯⋯

第二天,在元帅家举行了一次军事会议,除两名总司令外,海军上将哈梅林、布吕阿、邓达斯以及海军准将里昂(le contre-amiral Lyons)均出席。当然,就像 5 月 19 日会议上的情形,由于圣阿尔诺终于看到远方出现了与他的伟大事业相称的目标,他的欣慰再加上急躁的性情促使他在拉格伦勋爵宣布他个人赞成远征克里米亚时给予了支持。元帅当时力主的作战计划是强力进攻,可是由于种种原因,这个计划最终未被采纳,但经验将证明他的想法是正确的。布吕阿与里昂赞同元帅的意见,但哈梅林与邓达斯因为近距离看到塞瓦斯托波尔强大的防御工事,担心他们的舰船会被大批歼灭,所以仍持保留意见。尤其是邓达斯,绝非让-皮埃尔·沙皮伊断言的那样已经"饥渴难耐",后者在其著作《克里米亚的十字军东征》中捍卫英国对克里米亚战争满怀热忱的传统观点。① 莫里

---

① J.-P. Chappuis, *Croisade en Crimée*, Paris, S. P. L., 1978.

斯·加科特荒谬地写道，圣阿尔诺"认为他不能让英国人单独行动……所以采纳了英国的计划"!①

实际上，"英国计划"并不比"法国计划"更坚定，因为伦敦的指令要接受英国军事首脑们的评估，而海军上将邓达斯，尽管与摧毁俄国舰队有着首当其冲的利害关系，却不愿去塞瓦斯托波尔! 而且，我们很快就会看到，他的不情愿会让远征军付出什么样的代价……最终，会议的大部分成员赞成远征克里米亚，但一致商定最终决定，尤其是实施方式，要取决于一个对塞瓦斯托波尔周边地区进行勘测的侦察团的调查结果。第二天即7月19日，这个侦察团就启程赴命了。②

同一天，圣阿尔诺在给战争大臣的信中写道："在我家里举行的军事会议作出的决定应被视为最终决定［……］我手边没有确保远征成功所需的所有物资手段，而且差距还很大，在正常情况下，远征需要整整几个月的时间，但我已请求位于比雷埃夫斯的海军上将蒂南与位于土伦的杜布迪厄（Dubourdieu）的协助，我希望能在适当的时机筹集足够的资源，以便能够在良好的条件下展开行动。"

8月1日，瓦扬元帅给圣阿尔诺开了一个明确的绿灯："您希望，而且您能够［比阿纳帕计划］做得更好。那么您就执行军事会议的决定吧。"四天后他又补充道："我很高兴事情就是这样：阿纳帕计划不会有任何结果。"

164

---

① Maurice Garçot, *op. cit.*
② 法军一方：康罗贝尔将军、特罗许上校、勒伯夫上校、工兵指挥官塞巴斯蒂埃。英军一方：乔治·布朗爵士将军、莱克中校、工兵上尉洛维尔、维特恩霍尔上尉。委员会登上英国蒸汽护卫舰"喀拉多克号"，在联合舰队12艘战列舰的随同下离开。

显然，这是英国将法国"拖入"克里米亚的传说的中心点。也许那些真诚相信这一传说的人，并没有真正研究过自东方危机开始以来接踵而至的事件与局势。但毫无疑问，他们也没有把握住法国皇帝独特的性格特征：路易-拿破仑·波拿巴与其说是制造事件的人，不如说是善于等待事件发生并从中获利的人。

法国皇帝从未忘记自己的长期目标，很可能他让英国人承担了——表面上如此——改变战争面貌的责任，战争将从防御走向进攻，并蔓延到俄罗斯的土地上。就这样，他为自己在交战各方重新回到谈判桌的那一天预留了一个正面角色。对奥地利人来说，他仍然是一个真诚的对话者，总是愿意接受谈判，而对俄国人来说，他是那个除了保卫苏丹的首都外从来都别无他求的人。

"执行将做出的决定"，大臣写道……但总司令会有执行命令的体力吗？他每天在马背上度过八到十个小时，在怒海狂涛中造访舰队，在暴风雨中检阅部队，每天写大量的信，为各种事务殚精竭虑、忧心忡忡。他对每个人都说感觉身体很好，但他骗不了康罗贝尔。有一天，在康罗贝尔家，突然袭来的难以忍受的疼痛令他不得不停止活动立即躺下。一瞬间，第 1 师的指挥官以为"他会死在他怀里"。他补充说："在我的记忆中，他曾是优秀的外籍军团上尉，就像我以前见到的那样，在康斯坦丁①（Constantine）的激战中赢得了士兵们的敬仰。而现在，那个备受女人青睐，征服无数芳心，

_____

① 康斯坦丁是位于阿尔及利亚东北部的城市，1837 年被法军占领。——译者注

甚至狱中的贝里公爵夫人（la duchesse de Berry）都对其魅力印象深刻的优雅军官，已经是遥远的过去了。这个面色枯黄、倒地残喘的垂死之人身上看不到当年的影子。他只不过是一个离死亡咫尺之遥的人形残骸，当我看到他扭动的时候，我仍然被他的意志力所震撼，这种意志力使他能够驯服自己的痛苦，并让他在要承担的所有责任之外仍有足够的思想自由来行使指挥权。"

在这种糟糕的情形之下，又多了一个令人忧虑的问题萦绕着元帅的不眠之夜。他对自己离开巴黎前拿破仑三世给康罗贝尔的命令书一无所知，这道命令书基于假设，即元帅因不可抗力——如亡故——而不得不放下指挥权，谁将接替他？

元帅写道："莫里斯将军的资历最老，指挥权将属于他。莫里斯，托莱多之刃，冒失鬼［……］福雷严厉刻板，令人讨厌，他排第二位。最后，能在短时间内管理好一家装备齐全，运转良好的店的人，只有康罗贝尔，但他只排第三位。"

元帅总结道："如果我过去想到这一点，我既不会选莫里斯也不会选福雷……"

当然，有太多的事情是元帅没有想到的，即使在这种情况下，皇帝为他想到了，并为他安排了一个替代者。

现在，他承受的是一种真正的苦痛，卡布罗尔写道："精神和内心是如此紧张，以致人性在这场不对等的斗争中逐渐屈服。这个人是为了一项已经开始的庞大行动而献身的。"[①]

---

① Dr Cabrol, *op. cit.*, p. 136.

最坏的情况还在后面！也许，正如皮埃尔·德拉戈尔斯所写的那样，命运似乎"迫切希望让东方军遭受与其未来的荣耀相匹配的不幸"……

瓦尔纳的灾难

1854 年 7 月，如闪电般击中东方军巨大的兵力聚集区的，不是俄军，而是一种更狡猾而且无法抵挡的灾祸：瘟疫。

在欧洲，这种可怕的疾病只是几年前才为人所知，因为巴黎的第一场流行病在 1832 年才发生，因之而丧生的人中有总理卡西米尔·佩里埃（Casimir Perier）与拉马克将军（le général Lamarque）。但在 1849 年，它再次肆虐，又夺去了比若将军（le général Bugeaud）的生命。1854 年 6 月，它出现在法国南部，阿维尼翁、阿尔勒与马赛周围，而准备启航前往东方的部队，尤其是第 5 师，恰好集结在这个地区。

在东方，这种病属于地方病，几乎流行于各地。在多瑙河流域，它令俄军成批死亡，导致其损失大部兵力。在与马赛、比雷埃夫斯、加利波利、君士坦丁堡长久保持海上或陆路交通的瓦尔纳，最糟糕的情况显然会发生：不计其数的船只停泊在港口，不间断地卸下兵员、物资装备与军需补给。由商人，乞丐和成群结队跟在联军士兵后面奔跑的儿童构成的流动人群，大批涌入兵营进行合法或非法的买卖，请求军医的治疗，与聚集在那里的七万兵员保持着各种关系。尽管自从联军抵达后着手实施了一些卫生清洁工程，令卫生条件有所改善，这座城市本身的卫生条件依旧几乎与东方的其他地方一样恶劣。城市临近沼泽地，夏天酷热难耐。还有那些从多瑙河前线回来的土耳其部队，他们在城里或其周边安营扎寨，尤其是在湖泊周围，土军士兵们每天都要在到湖边饮马的法英骑兵眼皮底下进行五次例行沐浴。

167

在7月9日这个致命的日子，霍乱也降临在瓦尔纳：第一批病例是在医院里报告的；13日，来自加利波利的邮件通报霍乱在远征军的后方基地暴发；14日，一艘载有四具尸体的船靠岸。矛盾的是，这意味着隔离已解除，而这是君士坦丁堡的卫生委员会迅即做出的明智决定。确实，当情况表明舰队与军队之间的密切合作比任何时候都更有必要的时候，一个检疫隔离所，除了让自己连同整个海军变成等死之地和整个军队的恐惧对象，还能做什么呢？而且，如何切断城市的陆上交通？卫生委员会因此宁愿依靠总司令采取措施分散岸上的部队，因为兵员的拥挤显然是最大的危险。

7月18日，登陆克里米亚这一重大行动的决定刚刚作出，正如一位军官所写的那样，对东方军来说，"最可怕的战斗"时刻，"毫无荣耀可言的战斗时刻"来临了……

心急如焚的圣阿尔诺奔波于兵营与医院，为新到的兵员规定了最严厉的隔离措施，下令停止船队的运送，但无济于事，瘟疫仍在迅速蔓延。

7月20日，新近从法国抵达的第1朱阿夫团的12名士兵死于瓦尔纳。第5轻步兵团、第42战列步兵团的一些士兵，也在刚登陆不久就不得不入院治疗。仅 22 日一天，就有 14 人死亡。到了月底，法军中每天有将近 100 名官兵被瘟疫夺去生命，这还不包括死亡的英军或土军官兵，也不包括众多死去的平民百姓。龙骑兵夏尔·米斯梅后来写道："在两个星期的时间里，几乎没有足够的健康士兵将病人抬上救护车，将死者运走埋葬 [……]。我们的战马也受到疫病的间接影响。我们不再给马洗澡。所有的马也不能保证都能喝上水。有些人突然死去。每时每刻，我们都可能得知一位刚刚还在一起①的战友的死讯。"

保罗·德莫莱内斯指挥的元帅的骑兵卫队也受到冲击。但奇怪的是，组成卫队的沙漠之子中没有一人被疫病击倒。仅仅经历两三天的虚弱，斯帕希骑兵团就重新变得生气勃勃、精神抖擞。曾经在海边风餐露宿，在死亡之路上安营扎寨的年轻军官写道："夜里，一个声音不断传入我耳中，那是驶向墓地的沉重的马车的声音。白天是运送被隔离人员的车队。夜里是运送大批死者入土的车队。"②

法军士兵所在之处，除了瓦尔纳周边群山的另一边，第 3 师驻扎的耶尼-科伊（Yéni-Koï）的营地，瘟疫都在吞噬生命。7 月 6 日，在加利波利，指挥铁骑旅的内伊将军（le général Ney），即埃尔兴根公爵（duc d'Elchingen），"勇士中的勇士"的次子，在一次检阅结束后下了马之后用手捂着额头，摇摇晃晃地摔倒在地，当天

①　Charles Mismer, *op. cit.*, p. 56–57.
②　Paul de Molènes, *op. cit.*, p. 33–34.

晚上就去世了。走在送葬队伍前头的是他的朋友，指挥外籍军团旅的卡尔布恰将军（le général Carbuccia），但三天之后，卡尔布恰将军也在几个小时内死去。7月1日，加利波利一天有43人死亡，十七天内死亡人数将达到234人。

在比雷埃夫斯，占领旅也未能幸免：十天内损失了105名士兵。迈朗将军沉痛地写道："尽管士兵得到全力的救治，尽管我将他们分散开来，做了一切努力，他们还是成批倒下。对一个首领来说，这是一种巨大的痛苦。"①

11月底，当第6龙骑兵团在瓦尔纳启航前往克里米亚时，卡赛尼奥尔将军（le général Cassaignolles）对他的部下发表了这样的讲话："龙骑兵们！经过六个月的露营和一场残酷的流行病，你们还是450把利剑！"然而，这个骑兵团从法国出发时有650人。

到8月20日，霍乱夺去东方军5000名官兵的生命。

不幸的是，圣阿尔诺实施一项战略举措正值这场疫情最严重的阶段。对于元帅来说，这一命运的打击给他带来的诅咒与嫉妒是不必要的。

事实上，7月20日，他决定以增援的形式向多布鲁察派出一支 169

---

① 1854年9月13日给德·卡斯特拉内元帅的信。

远征军，期望以此获得几个有利结果：暂时将其部队主力撤离瓦尔纳，他在给皇帝的信中写道，这样做的目的是避免部队被疫病感染的风险，只要还来得及；在长时间的空闲之后，要让士兵们有所运动与行动，因为无所事事也许是士兵们最坏的敌人；考验"东方的斯帕希"，这支骑兵团是他刚刚在奥斯曼帝国非正规军——巴什波祖克①（Bachi-bouzouks）——的基础上组建起来的；让俄军相信联军会挺进多瑙河，从而用虚假的战略目标欺骗俄军；做出对土耳其军队有利的钳制行动；最终，也许能鼓励奥地利采取行动。

这次行动既是一次武力侦察，也是一次驱逐行动。一个星期前，德桑将军（le général Desaint）去瓦尔纳北部160公里处的库斯滕杰（Kustendje）进行侦查，根据侦察报告，多瑙河右岸还有大约一万名俄军，因此要将这些残留的俄军驱逐出去。优素福将军（le général Youssouf）和他的骑兵队——2500名"东方斯帕希"与700名奥斯曼帝国正规军骑兵——作为尖兵部队走在远征军最前方，紧随其后的是随时准备提供援助的第1师，再往后是部署成梯队的第2师与第3师。

"援助行动要迅速而有力，"圣阿尔诺向优素福建议道，"我们在多布鲁察不能浪费时间，其他地方还有更重要的事情等着我们。你们要设法在8月4日回到瓦尔纳，5日登船前往克里米亚。"

7月21日、22日和23日，急于战斗的部队终于开始向北进军。对于优素福的骑兵与被指定同前者合并的第1朱阿夫团的士兵

---

① 土耳其语意为"头脑疯狂的人"，实际上，发音应为"巴什波祖克"。

来说，目标是库斯滕杰，朱阿夫们乘船前往此处。第 1 师的其余兵力也向库斯滕杰挺进，暂时由埃斯皮纳斯将军（le général Espinasse）指挥，他代理在克里米亚海岸执行任务的康罗贝尔的职务。博斯凯指挥第 2 师向曼加利亚（Mangalia）进发，拿破仑亲王率领第 3 师向巴扎尔吉克（Bazardjick）进发。原地不动的第 4 师的任务是在营地接收染病的士兵。

埃斯皮纳斯的部队是唯一真正进入多布鲁察的部队。对士兵们来说，一条真正的受难之路开始了。尽管总司令对他们充满关切，接连不断地给优素福和埃斯皮纳斯发去电文，表示担心行动过度或行动不足，并且指示越来越详细、越来越坚决，几近狂热。对优素福，他重申其行动"必须保持快速侦察的特点"，"拔掉几个哨所就能让行动取得最令人满意的成功"，但重要的是"不要为了获得更多战果而冒任何风险"。对埃斯皮纳斯，他指示道："不要忘记，你们不能在多布鲁察停留太久。你们只须出现在那里，了解敌人，试着拔掉几个哨所，一旦队伍暴露，就原路撤退。" 170

首先，没有什么比圣阿尔诺设想的"军事散步"更让人恐惧的了：在瓦尔纳上方大约绵延 40 公里的区域，士兵们穿越一片雨水充足，几乎是舒适宜人的美丽森林地带。但突然间，景色发生了变化，阿尔及利亚的老兵们在所难免地联想起了撒哈拉沙漠的边缘，这里就是卫生状况恶劣、土地贫瘠、荒无人烟的多布鲁察。此地没有一个灌木丛，没有一棵树，没有一条溪流，平原上长满了高高的草，左边是可以下到多瑙河的山丘，右边是连接草原和黑海的沼泽。每隔一段距离，就有一些丘冢显示着古代墓穴的位置。士兵们在酷暑中行军，遇不到一个活人，由干硬的石头棚屋聚集而成的贫穷村落已经人去楼空，就像被上帝抛弃了一般。有的村子是在 1828 年的战役中遭到哥萨克的洗劫，有的村子是因害怕巴什波祖克而被不久前逃离的村民遗弃。那些较大市镇的情况也差不多：沿海的曼加利亚已经成了废墟，荆棘遍地，灌木丛生。而巴扎尔吉克在几个月前被巴什波祖克纵火洗劫一空，只剩下饥饿的猫狗和无数的虱子臭虫。

各地水井里的水都不干净，因为井里经常被抛入人或动物的尸体。在埃斯皮纳斯的士兵们——第 1 营和第 9 营的猎兵，第 7、第 20 和第 27 战列步兵团的步兵，第 1 团的朱阿夫——看来，整个地区与其恒久流传的军队墓地的名声相符：在一片"蛮荒，沉重而粗糙，与阿拉巴的赶车人和他们沉重的马车协调相称"① 的天空下，一切都含混不明，杂乱无序，仿佛被一代代的无名破坏者践踏过，四处都游荡着幽灵。

7 月 28 日，"东方斯帕希"抵达库斯滕杰郊外，与一支哥萨克分队进行了短暂交火。次日，在城北的卡纳萨尼（Karnasani），他们又投入了另一场小规模战斗。敌人近在眼前，而且似乎兵力强大。优素福和埃斯皮纳斯决定连夜行军，对敌军进行突袭。但 7 月 30 日凌晨，当他们准备出发时，发现优素福的 500 名士兵仍然躺在帐篷里无法起身。天亮时，已经有 550 名士兵死去，其他士兵奄奄一息——霍乱刚刚袭击了"东方斯帕希"和与他们一同行军的第 1

---

① Paul de Molènes, *op. cit.*, p. 37.

朱阿夫团的两个营。

优素福无心再提供后卫防护——他将因此受到责难——立即带领他那些惊慌失措的骑兵们向南撤退。"东方斯帕希"确信自己遭到了瘟疫的袭击，他们重又变成粗蛮的巴什波祖克，一路上四处溃散，在身后留下数百具尸体不做任何掩埋。这场猝不及防的瘟疫实在太令人恐惧了。优素福的一名军官，福尔上尉（le capitaine Faure）讲述道，一名中尉刚从优素福将军身边疾驰而过，将军问他："你这么快要去哪里？"中尉回答道："我要奔跑一阵来驱散剧烈的头痛。"一刻钟之后，赶上他的人发现，他倒在马下，已经死去。

第 1 师完全被摧垮了，它靠着人力，用交叉的枪支做成担架或用临时简易马车将病倒和垂死的士兵运回，一路上捡拾武器枪支和丢弃的袋子，为的是不让它们成为俄军的战利品，死者被掩埋在遍布于漫长撤退路上的坟坑里，对有些士兵来说，这场灾难性的撤退要持续二十天。一些抬着病人的士兵突然倒地，需要别人来抬扶他们，一些挖坑的士兵摇摇晃晃地倒下，最终被埋在他们自己挖的坑里。仅在 8 月 2 日至 3 日的夜里，就有 300 名士兵丧生。第 1 朱阿夫团的两个营仅有一些残军由"冥王星号"汽船从库斯滕杰运回法国，而法军这支精英部队的首领，布尔巴基上校（le colonel Bourbaki）咬紧牙关向总司令递交了一分简要的报告："士气仍在。有些悲伤，但没有绝望……"

8 月 18 日，第 1 师终于回到它在弗兰卡高原（le plateau de

172 　　Franka）的营地。部队兵员的四分之一，相当于 2500 多名士兵染上了瘟疫，1886 名士兵因此丧生。相比之下第 2 师和第 3 师受到的影响较轻，于 8 月 4 日和 9 日返回，但仍有 389 人死亡。

　　至于"东方斯帕希"，他们在这场风暴中消失了：出征时有 2500 人，只回来了 300 人，其余的要么已经死亡，要么开了小差，如何能确知？

　　留在瓦尔纳的部队也未能幸免，正相反，因为疫情在 7 月底 8 月初达到其通常曲线的顶点。舰队也遭受了损失：8 月 17 日，统计死亡人数达到 800 人，病员达 1200 人。8 月 11 日，舰船扬帆启航，撤离疫情中心，在海上航行数日，当疫情开始消退时返回。

　　显然，多布鲁察事件在军事上以部分惨败而告终，从卫生角度来讲则是一场彻头彻尾的灾难。那么，到底该不该进行这次行动呢？

　　如今，对于那些无限微小的微生物、杆菌与病毒，我们对其传染机制有了更好的了解，圣阿尔诺让其部队离开拥挤的瓦尔纳的想法似乎是完全合理的。在一个条件恶劣的地区，在炎热的天气里行军给士兵们带来的疲劳起到了十分明显的负面作用。尽管如此，在所有的不利因素中，最糟糕的仍然是部署在瓦尔纳的数以万计的兵力。正是在三个师离开期间，也就是从 7 月 21 日开始，瘟疫在瓦尔纳最猛烈地暴发了。因此，由于撤走了三万多名士兵，一场比遭受的瘟疫更严重的灾难才得以避免。至于那些离开的士兵，霍乱弧菌就是深藏在他们体内被带走的：在乘船从瓦尔纳到库斯滕杰的短途旅程中，先头部队朱阿夫团的两个营已经有 12 名士兵死亡。显然，圣阿尔诺并没有像有人不断重复的那样，派他的部队去"多布鲁察的瘟疫地区感染霍乱"，皮埃尔·德拉戈尔斯有点过于天真地发问道："是什么动机让元帅决定派军远征这些危险地区？当时没人知道，今天仍然没人知道。"

然而，这位作者所称的"如此非同寻常的决定……"① 的原因是众所周知的，而且在很大程度上是合理的。

因此，有人会说，埃斯皮纳斯过于冒进，让他的部下疲劳过度，将他们推向瘟疫？第 1 师师长当然不如康罗贝尔将军受部下欢迎，无论是行动期间还是行动后，都不乏对他的指责，但他所做的，从来都只是回应优素福的要求。根据元帅的命令，他受优素福指挥，而优素福感到——或以为感到——周围有俄军三个团，要求他给予近距离支援。

那么，我们是否应该得出结论，就像助理军需官勒克勒泽（Le Creuzer）在给德·卡斯特拉内元帅（le maréchal de Castelane）的信中所写的那样，优素福几乎只是"一个没有任何经验的将军"，他"只是为了自己的利益而战"？② 而优素福，自其非凡的军事生涯之初，就是各种嫉妒与批评的对象。1830 年，他开始为法国效力时，甚至没有人知道这个突尼斯监狱里曾经的奴隶——他在 15 岁时成

173

① Pierre de la Gorce, *op. cit.*, p. 237, tome I.
② 1854 年 8 月 28 日的信。

了马穆鲁克①，在极具狂放浪漫主义色彩的情形下从柏柏尔人的国家逃了出来——到底是托斯卡纳人、突尼斯人还是法国人。他先是在阿尔及利亚"以土著身份"服役，如 1832 年的《苏尔特法》（la loi Soult）规定的那样。他在 1833 年任骑兵队中队长，于 1836 年成为康斯坦丁贝伊②，1842 年成为阿尔及利亚斯帕希骑兵队的上校指挥官，并且始终"以土著的身份"在军营中生活。与此同时，他杀人如麻，言语鲁莽，一次又一次地表明面对敌人可以不择手段。有一天他险些捕获，或者说亲手杀死阿卜杜勒－卡迪尔（Abd el-Kader），当时他策马狂追阿卜杜勒－卡迪尔，如疯子般挥刀左砍右劈，而埃米尔对其溃不成军的护卫队大喊："胆小鬼们！你们二十个人，却要在一个人面前逃命！"此外，他夸张地将自己表现成东方的君王，这使他收获了各种好运，却也积累了他人强烈的憎恶。

其实，像圣阿尔诺、弗勒里（Fleury）或其他很多挥霍完青春之后开始为帝国效力的人一样，优素福的过去也令人震惊。整个正统社会，尤其是军界，都声称不接受这个"意大利叛教者"，"一个与突尼斯海军军官有私情的交际花的儿子"，人们认为"他从 14 岁起就从事了一段时间只有在东方才认可的营生……"③

多布鲁察事件不久后，优素福回到法国，不得不面对一场诽谤攻势，这让人想起 1836 年攻打康斯坦丁的第一次战役失败后掀起的诽谤攻势，克洛泽尔元帅（le maréchal Clauzel）在那次战役中阵

---

① 马穆鲁克阿拉伯语意为"被占有的人"。——译者注
② 贝伊是对奥斯曼帝国高级官员、军官的尊称。——译者注
③ 佩利西耶·德·雷诺上尉发表于 1837 年 2 月 9 日《国民警卫报》上的文章。

亡，有人断言优素福煽动这场战役只是为了自我表现。①

至于那些被寄予厚望的巴什波祖克，他们到底是什么人？

圣阿尔诺在 7 月 9 日的信中写道："陛下不会忘记，我的骑兵部队兵力薄弱，而俄军骑兵实力雄厚。我不能让我的五个团打消耗战，去对抗俄军在我周围投放的大批哥萨克。我要利用'东方斯帕希'的优势，让他们去对抗哥萨克，他们服从指挥，英勇善战，还有由我调遣的土耳其骑兵团的支持。"

但对几乎所有目击者来说，军队乐于收编和利用的这些巴什波祖克不过是些狂热的暴徒，既无纪律也无理想，一心烧杀抢掠，奸淫妇女。他们真正的才能在于将已经倒地，或死或伤的敌人迅速斩首，对奥斯曼帝国平民的危害比对俄军的危害更大。

实际上，这是一支非正规骑兵，它延续了奥斯曼帝国早期加齐人（les Ghazis）的古老传统。这些向苏丹服兵役的人来自五湖四海，安纳托利亚或摩洛哥，库尔德斯坦或撒哈拉，但主要是来自亚洲各地，有时甚至来自印度或波斯。他们组编成规模不等的队伍，可能是 50 名也可能是 1500 名骑兵，其中有些人身着萨拉丁时代那样的锁子甲。他们行军时前方吹奏着一种刺耳的音乐，还有一个挥舞铃铛、满身怪异装饰的疯子。他们有一面据说是穆拉德一世苏丹的旗帜，另外还有成吉思汗的旗帜：一块白布，四边是一条宽大的绿色带子，中间是一个黑手印。他们的行为和衣着都显现出一种随心所欲，吸引了奥拉斯·韦尔内（Horace Vernet）。这位画家本人

---

① 确实，优素福提供的所有情报是决定这次远征的依据，而这些情报都是假的。

也身着一身花哨的制服，跑遍了巴什波祖克的营地，乐此不疲地为他们作画。但这种随心所欲与军事活动难以相容：前一天他们还在，第二天就不见踪影，下个月他们回来了，然后再次消失，他们从来只服从自己的命令。

有一天，瓦尔纳出现了这样一支别具一格的队伍，首领是一个被人称作"库尔德圣母"的 60 多岁的女人。她去见优素福派来的一个军官，并接受了给她开的价码，承诺忠实于将军，忠实于法国。不幸的是，在场的一位军官没能按捺住为这位曾经的女英雄绘制画像的欲望：他从口袋里掏出铅笔和纸，开始画素描，忽略了或没有顾及伊斯兰的一条基本原则。"圣母"发现后，一言不发地起身，退到她的帐篷里，贴身保镖紧随其后。然而，军方以为可以指望她及其强悍的部队，这支部队已经隶属于德诺埃上校（le colonel de Noé）指挥的旅。德诺埃上校将自己的帐篷搭在离他的副将的帐篷不远的地方，第二天一早，上校从帐篷里出来，却找不到那只部队，它已经消失得无影无踪，除了十几个真正入编的坚定分子。

由于这些士兵既没有从苏丹那里领取军饷也没有得到任何的补给，他们自然会抢夺劫掠。有人因此而谴责他们吗？他们抬起胳膊指天回答说："我们得活命！"因此，一直以来他们都是信奉基督教的农民的恐惧对象，对他们来说，这些农民只是卖给俄国人的"异教徒的狗"。实际上，巴什波祖克代表着将近三个世纪以来侵蚀奥斯曼帝国的深重恶疾，他们负载着一段历史全部的重量，自马哈茂德（Mahmoud）苏丹实施最初的改革以来，奥斯曼土耳其政府一直试图否定这段历史，但终未成功。他们鲜活地证明了任何形式的宪章都不可避免地走向失败。正是因为他们以及其他一些因素，奥斯曼帝国缓慢地、无可挽回地走向毁灭。

我们可以想象，由传统和理想塑造的法国军官，尤其是骑兵们①，会以何种眼神看待这些保罗·德莫莱内斯所称的"活生生的卡洛②笔下的怪诞人物"，这些"魔怪"，这些"波希米亚人"可以被当成"任何生物，除了基督徒。而他们也无意成为基督徒!"

圣阿尔诺的骑兵队几乎是"细水长流"般地从法国来到东方，作为一个有着丰富阿尔及利亚作战经验的老将，他至少想到要最大限度地利用当地的资源，这点他做到了。他也明智地将招募和训练奥斯曼帝国后备兵力的工作委托给最有资格承担这项任务的将官，他的私交优素福，而优素福本人只是在拿破仑三世于 1851 年 12 月 24 日颁布的法令之后才不再以"土著身份"效力。在阿尔及利亚，对斯帕希的培训是在一个坚实的民政和军事管理框架内进行的，因为他们是在自己的国家。但在保加利亚则是另一番情形——只有一

---

① 夏尔·米斯梅指出：在那个时期，"大学里的怀疑主义和文学颓废还没有毒害爱国主义及任何崇高抱负的源泉。家庭中的男孩［……］更愿意入伍当兵而不愿做有失身份的事。特别是在骑兵团，在各个军阶中都能找到法国最伟大的名字"（op. cit. , p.78）。

② 雅克·卡洛（Jaques Callot, 1592—1635），法国版画家，作品经常表现衣衫褴褛的乞丐、充满痛苦的残废者、活泼粗犷的吉卜赛人以及滑稽可笑令人心酸的侏儒和畸形儿等怪诞人物。——译者注

半的兵力是经过挑选的，而且给予他们的训练时间过于短促，这是因为创建"东方斯帕希"军团的法令6月9日才颁布。此外，针对这个问题以及行动的财政费用问题，皇帝从圣阿尔诺那里得知情况后才对行动表达了一些保留意见。更重要的是，元帅犯了两个错误：过于公开地表达了对其新轻骑兵团的乐观态度；容忍接纳平庸的干部，甚至是经常令人讨厌的干部。

他怎能不如此行事呢？因为圣阿尔诺希望把这些兵力组织成八个团，每团500名骑兵，而且必须对他们进行管理。优素福将军刚到瓦尔纳，用他的话说，就"不无抵触，不无意见"地开始工作。但除了少数几个优秀高级军官——德诺埃中校，骑兵少校马尼昂（Magnan）和阿卜杜拉（Abdelal），上尉福尔、德塞里奥内（de Sérionne）、迪普勒伊（du Preuil）——他只能在退役或停职人员中，甚至那些不会骑马的步兵中找到其他干部。圣阿尔诺在后来写给皇帝的一封信中承认，他们当中很多人都是"有劣迹的"或者是"酒鬼"。优素福以东方人的方式对待他的部下，正如他在阿尔及利亚一贯的做法，也就是说用大棒说话，但仅仅是在需要的时候。军官们仿效优素福，却是不分场合的滥用，结果自然是灾难性的：有些人会反抗，进行反击，另一些人则会开小差。大多数人对听命效力于这些异教徒感到厌恶，而乌里玛①们更是敢对异教徒大发雷霆，尽管他们有着优厚的军饷：每天一法郎，每匹马四公斤大麦或等值的现金。因此，所谓的信仰难题经常出现，巴什波祖克说：

177

---

① 乌里玛（Uléma）：伊斯兰教的学者，神学家。——译者注

"我们准备为苏丹献出生命，作为战士为真主的荣耀而死。但服从异教徒，为金钱效力，就是背离殉道，就是以雇佣兵的身份战斗，这让我们的家族蒙受耻辱。"

此外，必须要说的是，他们与法国士兵相互并无好感，保罗·德莫莱内斯写道："我的斯帕希们带着深深的蔑视看着这些强盗土匪组成的乌合之众奔赴战场。那是一群稀奇古怪的人物，他们的破衣烂衫颜色各异、奇形怪状，呈现出铅笔和画笔所能画出的各种形状［……］土耳其皇帝陛下的这些哥萨克骑着他们的小马，腰挂各种武器，排成长队从我们的帐篷前走过。"①

然而，在六个星期的时间里，这些人中有近 2500 人被帝国政府部门草草地用长矛和步枪武装起来，并被编成六个团，获得了"东方斯帕希"这个响亮的称号。他们自然无法听懂法军使用的信号，因此不得已而求助于喊话翻译，翻译们则接收隶属于优素福将军卫队的一个喊话长喊出的命令，再进行翻译工作传递命令。

对于这些人在战场上的表现，许多人仍持怀疑态度。圣阿尔诺本人私下里也表现出些许疑虑。在 7 月初的一封家信中，他已经写道："（优素福的）那些令人难以忍受的巴什波祖克让我不胜烦扰……"但在公开场合，或在官方通信中，他表现出始终如一的乐观态度："总之，这些流氓无赖在锡利斯特拉打过仗，还将在优素福这样的教练手下作战。"

---

① Paul de Molènes, *op. cit.*

然而，锡利斯特拉的经验并不真正具有说服力：巴什波祖克在那里只出击过一次。

7月28日与29日，他们在库斯滕杰以北与哥萨克的交战中，即使优素福夸大其词，宣扬说他们"像狮子那样"战斗，他们也确实占据了优势，但是代价是双方都有几十人伤亡。这可能只是由于哥萨克采取了传统战术，一旦进入胶着战他们立即撤退以诱导身后的敌军，令其越来越远离他们的基地，就那场战斗而言，也就是越来越向北深入，越来越接近多瑙河和那里的热病，越来越接近俄军。无论如何，这是托德莱本在其《塞瓦斯托波尔保卫战》中对库斯滕杰的交火做出的解释。这一次，我们似乎可以赞同他的观点。

无论如何——优素福在给圣阿尔诺的信中也写到这一点——巴什波祖克"玷污了他们的胜利，他们的行动有愧于一个珍视自己价值观的国家"：因为在追赶他们的朱阿夫们愤怒而无奈的目光下，他们只是忠实执行非洲老兵们熟知的穆斯林古老传统，那就是尽可能多地砍下敌人的脑袋，对于俄军伤兵通常会给予致命一击。优素福自己不得不——这对于一个将军来说是痛苦的——给哥萨克指挥官写信，代表法军否认自己的部下犯下的暴行。①

显然，指望这些巴什波祖克无论如何都不是长久之计。当然，他们也有我们所知的东方人那种崇高的情感冲动，因此，在他们的将军要求下，他们暂停了向南的无序撤退，甚至回过头来，用他们臂膀的力量为处于困境的第1师的军需补给提供帮助。但即便如此，人们还

① 哥萨克指挥官永远不会收到这封信，因为信使尽管打了白旗还是被乱枪射杀。

是无法忘记 7 月 28 日他们第一次投入战斗时发生的情况：指挥他们一个旅的迪普勒伊上尉下令向一队哥萨克人发起冲锋，他自己手握军刀，冲在最前方，身边跟着九名法国军官和士官还有五名土耳其枪骑兵。但在整个巴什波祖克旅中，只有一个士兵与他们一同冲锋，其他人原地不动。迪普勒伊上尉被长矛刺了九枪，身负重伤，在最后一刻获救，被唯一跟随他的"东方斯帕希"拖回自己的队伍，剩下的法军军官和士官及五名土耳其枪骑兵惨遭屠杀。

至于指挥另一个旅的骑兵中队长阿卜杜拉，他对自己的部下做出了严厉的评价："他们都是一样的，无论他们来自哪里。这是些烧杀抢掠的恶棍，指望他们的勇气是错误的，打败仗时他们有多怯懦，打胜仗时他们就有多凶残。"[1]

在整个事件中，只有一件事是真正令人遗憾的，那就是法军想让这些人成为以欧洲方式训练出来的骑兵，能够在前线冲锋陷阵，而这样丝毫不能发挥他们真正的素质。法军本可以利用他们当中 1000 名优秀分子组成一支侦察兵部队，这支部队以后会发挥极其宝贵的作用。但多布鲁察的不幸经验似乎是不容置辩的，法军不再做更多打算，"东方斯帕希"仅仅存在了两个月。

179

在东方军的参谋部，对很多军官来说，一切都已经超出了可以忍耐的限度。热忱消退了，许多人的士气开始下沉。至于圣阿尔诺，他觉得有理由这样写："历史上从未有过像我现在这样的处境……"

---

[1]　引自 E. Jouhand, *Youssouf*, Paris, Robert Laffont, 1980。

敌军撤出多瑙河后方，潜在的盟军放弃行动，炮兵部队迟迟未到，出征克里米亚不断推后，霍乱肆虐，多布鲁察遭遇惨败，元帅遭受心绞痛的折磨……至少，如果在这一切之后，东方军及其总司令的厄运能够结束该有多好！

不幸的是，实际情况并非如此。

损失惨重的第 1 师还没回到营地，一场新的灾难就又降临到瓦尔纳。

8 月 10 日晚上 7 时左右，在这座城市低洼街区靠近港口的地方，一股浓烟——刚刚在一家饮料店烧起来的——冲天而起，但起初人们并未过多担心，因为在东方，尤其在土耳其人家中，这种现象尤为常见。而且，三支舰队的水兵已经将水泵卸上岸，人们毫不怀疑他们将扑灭这场火灾。但很快，城外的联军营地——弗兰卡高原上和山丘另一边的法军营地，湖边与沿河的英军营地——响起了警报，紧急集合号在营房里此起彼伏，集合起来的各营匆匆赶到火灾地点。因为起火的街区是集市区，所有的建筑都是木制的，从海上吹来的风扇动着火焰，令大火蔓延到市中心。因此，水兵们借助水泵努力要将街区淹没，工兵们用斧头试图开辟隔离带以保护还未被火舌吞没的区域，与此同时，士兵们组成人链，一些人传递水桶和沙袋，另一些人传递从火舌中抢救出来的木料，还有另外一些人——英国士兵——传递火药桶，冒着噼啪四溅的火星，将火药桶匆匆运往防御壁垒。

但很快，面对这场巨大的灾祸，士兵们不得不放弃拯救被大火吞噬的集市、商店和房屋，因为构成威胁的是一场真正的灾难：在城中仅有的三座石头建筑中——其中两座建筑的底座还是木石混合的——除了要塞本身内的火药，还储存着大量的弹药，那是军队全部的军火储备——有 200 吨火药、8 万枚炮弹、1000 万颗子弹。这其中除了土耳其军队和一部分英军的弹药，有法军的全部储备。圣阿尔诺后来写道："那些火药足以炸飞整个君士坦丁堡。"火药库四周的巨大仓库里堆满了对一个作战部队来说一切必不可少的东西。装备、物资、草料、煤炭，在总司令惊恐的目光下，都化成了熊熊烈火。整个夜晚，人们都在奋战，但大火并没有消退；火药库周围的火势反而加倍猛烈，火舌很快就会触及火药库的四墙。然后，所有的目击者都证实，在这三座濒危的建筑物周围，他们看到了充满英雄气概的场景。在轰轰大火与熊熊烈焰中，将军们在士兵中间，镇定地指挥着行动，而在火药库的屋顶上，在喷溅四射的火花后时隐时现的炮兵们在薄薄的平瓦层上铺开床单和毯子，用水泵不停地在上面浇水，新宰杀的牛皮也被铺在上面，靠人手固定，以此阻挡火星的侵扰，稍有缝隙，火星就会钻入弹药库，让一切灰飞烟灭。

场景犹如但丁笔下的地狱。圣阿尔诺忍受着夜间病痛惯常发作的痛苦，来到火药库下，有时被卡布罗尔扶着，有时急速拖着他的医生在废墟和火焰中穿行，以至后者几乎跟不上他。不止一次，比赛似乎败局已定，总司令觉得是时候发出撤退的信号，放任军队的弹药幻化成一场巨大的烟花，但至少要把他手下的官兵从灾难中拯救出来。他终于支撑不住了，浑身冰冷，颤抖不止，几乎已失去知觉，最后不得不被送回家，躺倒在床。而就在午夜前，已经疲惫不堪的蒂里将军（le général Thiry）向德马坦普雷将军坦言，"只有奇迹"才能扭转局势。一些库存的白兰地发生爆炸，在瓦尔纳的居民中引发了恐慌，男女老少纷纷涌向城门。难以形容的嘈杂声下涌动着各种乱象：一些士兵因醉酒而被逮捕，而卡布罗尔医生不得不为一名士兵包扎伤口，因为一个土耳其人用军刀砍断了士兵的手腕。

这名士兵是否过于强求瓦尔纳居民的合作呢？根据维科少校（le commandant Vico）给德·卡斯特拉内元帅的一封信，瓦尔纳居民"宁愿死在棍棒下，也不愿投入工作"①。

无论如何，在军队领导人员当中，没有人产生过脱逃的念头。元帅恢复了一些体力后，重新回到现场。部下力劝他待在安全的地方，并且提到他担负的巨大责任，他仅仅回答道："今晚，在士兵们面对死亡的时刻，我必须站在他们前面。"蒂里在元帅问他是否觉得弹药库会爆炸时回答说："也许会爆炸，但必须留下来。"

2点左右，奇迹终于发生了：风向变了。火势因此减弱，工兵们开辟的隔离带也发挥了作用，弹药库终于保住了。但几乎所有的设备，所有的物资都化为了云烟，军队只剩下营地里的东西，其余的东西都被大火吞噬。大火燃烧了将近一个月，烧毁的面积相当于城市的七分之一。

谈到袭击事件，人们很自然地第一时间想到其罪魁祸首很可能

---

① 瓦尔纳及其周围地区的保加利亚人与希腊人因为信仰东正教，长期以来一直拒绝与联军合作，甚至需要每天3法郎才能雇到一辆破烂的阿拉巴——也就是牛车——还得为牲口提供草料，为赶车人提供饭食。设法雇到的人很快就会开小差。至于其他人，圣阿尔诺写道："他们砸烂烧毁车辆，这样他们就不能用来运送我们的物资了。"

是那些敌对的希腊人，他们是沙皇在奥斯曼帝国真正的"第五纵队"，他们对圣彼得堡的独裁者唯一的称呼是"尼古拉神"。不是有人看见一些士兵在火上浇油吗？不是有个工兵砍死了一个正在棚屋上放火的希腊武装分子吗？直接通向联军营地的城门，也就是伊布拉伊拉门，不是被身份不明的人设置了路障吗？那显然是为了拖延救援到达的时间。

可以肯定的是，有人企图利用远征军遭遇的灾难做文章。但火灾本身只是一场意外，瓦尔纳的一个希腊店主向卡布罗尔医生详细讲述了这场意外的经过：一个炎热的日子，在一个弥漫着酒精味的商店里，三个希腊商人——其中两人在火灾中丧生——在平底锅里煎鸡蛋，商店旁边是堆满了草料的棚屋……瓦尔纳七分之一的区域将化为青烟……

城市会从灾难中复苏，毕竟，它是"那些自圣经时代以来，习惯于被各种灾难之翼打击的东方城市之一。无论是战争、瘟疫还是火灾袭击了这些城市，它们沉闷迟缓，麻木混乱的面貌始终如一；它们永远是一片混沌，上面飘荡着一股枯燥萎靡之气"①。

东方军也会重新振作起来，装备和物资会很快被替换。士兵们非但没有被这场新的灾难击倒，反而在这次考验中焕发出新的能量，比以往任何时候都更加渴望启航出征克里米亚，每个人都在谈论克里米亚，接下来的一切将在战场上见分晓。

但对圣阿尔诺元帅来说，这场打击可能是致命的。在那个可怕的

182

---

① Paul de Molènes, *op. cit.*, p. 38.

夜晚，他一整夜承受的痛苦程度是前所未有的。确实，一切似乎都联合起来与他作对，他写道："我将经历所有的艰难困苦。我现在只等暴风雨的来临，与之进行较量。我会战胜一切，但将耗尽我的余生。"

病入膏肓的总司令只剩下六个星期的生命了。

然而，这位看上去顽强不屈的冒险家身上有着何等的活力、何等的热忱！确实，圣阿尔诺现在只想逃离"瓦尔纳的坟墓"，"用惊雷重振军队的士气"，"孤注一掷地以法国的勇气与力量去对抗城墙与火炮"。但他的作战工具，特别是攻城火炮这种必不可少的重型武器，还远未集结起来，他为此恼怒万分，在 8 月 9 日写给兄弟的信中宣泄道："我诅咒那些蠢驴，诅咒那些既无远见卓识又无军事政策却自命不凡的书呆子们，他们把一支 7 万大军投放到离法国 80 万里的地方，而人员装备所需的工具和资源却几乎连一半都没有！〔……〕我诅咒那些无耻之徒们，他们让你围攻、围困，占领一座由 1800 门大口径火炮守卫的要塞，却连一半的攻城装备都不派给你！这些混蛋应该被绞死，如果有一天我遇见他们，我会当面对他们这样说。我这里有 5000 病员，医疗资源只够治疗 1500 人。我有 7 万官兵要养活和管理，工作人员却只够应对 3 万人。我所需的汽船和运输船连四分之一都没有，我要实施第三次登陆，但这次是在敌人眼前，在枪林弹雨下登陆。"

皇帝那时在比亚里茨，因为皇后在那里"要洗海水浴"——拿破仑三世在 7 月 23 日给圣阿尔诺的信中这样写道——对此圣阿尔诺在给兄弟的信中忍不住发出一句尖刻的评论："我觉得健康漫步在当下是如此不合时宜［……］我也想去散散步，最主要是休息一下。我每天在死人和垂死之人中间要度过五个小时［……］这给我的创伤和刺激实在难以忍受……"

然而，瓦尔纳仍然是一派热火朝天的工作景象：远方的天空是一片桅杆、帆架、烟筒的森林；港口与海滩就像一座座巴别塔，来自世界各国成千上万的人员在那里卸下堆积如山的物资，数以万计的士兵和水手在那里认真重复着上船与下船的固定动作；在瓦尔纳周围的林子里，一些作坊正在生产数以千计的柴笼与堡篮，而在君士坦丁堡，登陆艇成批地从法国和英国军官控制的工地生产出来。一场出征在即的大规模军事行动重新激发了所有的活力，鼓起了所有的勇气。当军队的目的地不过是一个公开的秘密时，在8月的第三个星期，一股兴奋躁动之风将吹过所有的军团。

至少在部队中是如此。但在军官当中，尤其是在高层指挥部内，情况完全不同。前往勘察克里米亚海岸，选择登陆点的法英委员会认为7月18日做出的战略选择是现实的，是否应该认为这个战略选择最终获得了一致确认？

维科少校在8月9日给德·卡斯特拉内元帅的信中写道："可以说，法军普遍反对在当前状况下进行远征。"英军指挥部内也是同样的心态。最终，一个人力排众议，做出了采取行动的决定，这个人——即使啰嗦也还是得说——就是圣阿尔诺。

8月12日，几位奥地利上校来到法英参谋部最后一次讨论对多

184 瑙河俄军发动联合进攻的某项计划时，元帅回应他们说："太晚了！你们说希望做到这一点，我们的回答是，我们想要确定性，我们正努力在别处进行沉重打击［……］非常遗憾，并致意。"①

8月22日，圣阿尔诺感到有必要在家里重新召开一次军队与舰队首长会议，因为自7月18日的军事会议以来，部队遭到霍乱的摧残，瘟疫仍然在船员中肆虐。那么，既然情况发生了重大变化，首长们的意见难道不会也发生变化吗？对于圣阿尔诺来说，不能再浪费时间了：季节在推移，很快就会对一切产生负面影响；外交已陷入僵局；军队正在被疾病和无所行动消耗着。最终必须让它"面对一个看得见的敌人［……］进行沉重打击，夺取辉煌胜利"。元帅比以往任何时候都更坚定，从一开始，他就对来家里参加军事会议的成员说："你们要做出判断和权衡，站在形势的高度，统领全局。记住，整个欧洲都在看着你们，表态吧。但你们要清楚，现在已经不允许犹豫不决。一旦做出决定，就无法再回头反悔了。如果你们表态赞成，再没有什么能阻止我们。"

然后，每个人依次发言。海军上将邓达斯无法接受在俄军炮火下可能强行登陆的想法，提醒大家，他接到的命令只要求他让舰船做好随时能让拉格伦勋爵的部队重新登船的准备，仅此而已。海军上将哈梅林与他的英国同僚持同样的保留态度，他发表意见："引出俄军的舰队，进行船战，这才是我们应该的作战方式。"但他是元帅的下属，最终要接受元帅的意见，而邓达斯则独立于拉格伦勋

---

① 1854 年 8 月 13 日，元帅给其兄弟的信。

爵。即便最终所有人都随圣阿尔诺投票赞成远征，即便里昂与布吕阿真诚地希望进行远征，两位海军上将的赞同也是被动多于主动，特别是邓达斯，他的赞同附带了太多的保留意见，这对事态的后续发展不是个好兆头。确实，英国舰队司令是阿伯丁勋爵和阿尔伯特亲王的朋友，而这两位是海峡对岸亲俄派的意见领袖。因此，他会表态赞同，但在联军与敌军正面相遇前，他拒绝作出任何明确的承诺。很快，他将成为远征行动中的恶灵，康罗贝尔甚至认为他尽一切努力"避开敌人，远离目标"……

185

8月26日的最后一次会议只是证实了这些意见分歧。圣阿尔诺在给他兄弟的信中写道："我从来没见过如此混乱的集会［……］一座真正的巴别塔［……］每个人都操着不同的语言谈论着除了重要大事的任何事情［……］我们没有做任何决定，因为一切都已经决定了，但没有人敢发表意见。所有人都在谈困难，只有我在谈成功。当你想原地打转，不做任何实事时，你只要召集一个军事会议［……］我看得出来，英国人来的时候已经打定主意不做表态。不管他们愿不愿意，我都会让他们去克里米亚。"三天后，他给皇帝写信："［英国人］一直在叫喊塞瓦斯托波尔！今天他们的喊声弱了一些［……］也许八天后可以去找他们。"

几乎到处都涌现出反对和批评的言论，或公开或隐晦地反对英法两军中很多军官所认为的——并非没有充分理由——这项冒险行动。巴藏古男爵甚至写道，在那时这项行动"只有寥寥几个支持者"①。

---

① Bazancourt, *op. cit.*, tome I, p. 196.

确实，两位舰队指挥官在 8 月 20 日向圣阿尔诺提交的报告中提出的论点令人不安：

1. 我们将像迷路的孩子一样冲向克里米亚的海岸，而除了塞瓦斯托波尔之外，整个地区都没有港口。因此，舰队没有任何可以避风的港湾，它们的命运将取决于秋天的第一场风暴。

2. 没有港口，再加上这个季节在黑海航行的困难，无论海军和后勤部门如何努力，这种状况将一直威胁到军队的补给。

3. 在阵地受挫的情况下，冒着敌人的炮火重新上船将是一场灾难。

由此可见需要痛苦思考的问题的数量很多，此外，登陆的确切地点仍然存在不确定性，尽管法英委员会在 7 月 19 日出发去克里米亚海岸进行勘察——因为过于贴近海岸，船体挨了 6 发炮弹——承认在塞瓦斯托波尔以北四里格的卡查（Katcha）河口登陆是可行的。圣阿尔诺在 7 月 28 日写道，这次登陆"并非冒险行动，它必定会成功，如果军队强壮，措施得当，资源充足的话［……］当然需要准备充分的火炮，并且必须料想到我们可能会遭遇激烈的抵抗，目睹令人生畏的景象，应对作战阵地的不利地形。"

但每个人都知道，就在登陆前，还需进行最后一次检查，哪怕只是为了评估俄国人可能建立的防御工事。

在关注事项的清单上，还必须加上俄军兵力这一点，据悉俄军兵力达 5 万或 6 万人，这还不包括黑海舰队的 2 万至 2.2 万名水兵。俄军还有一个装备精良、设防严密、固若金汤的要塞。另外还需考虑当地的交通工具，水资源的问题，以及诸多其他问题。因此，元帅并不怨恨那些与自己意见相左的军官，更何况他是生性宽厚之人。他对自己的医生说："我理解这些忧虑和恐惧。他们都是爱兵如子的良将。他们勇猛如刀，一腔赤胆忠心［……］但他们只知道自己的军力，并不知道我的军力……我会继续演好自己的角色，不会止步，这是我的职责［……］我们无须再为那些危险进行争论了。我们必须面对它们，战胜它们！"①

因此，就让英国工兵司令约翰·伯戈因爵士继续坚持"如果没有来自伦敦的正式命令，任何一个名副其实的英国军官都不会考虑如此疯狂的蠢事"吧！圣阿尔诺并不在意这个康罗贝尔眼中的"埃及衰弱老头儿"的意见。但是，当他从妻子的信中得知，在塔拉比亚他的家中，被他邀请去休养的拿破仑亲王和剑桥公爵这两位王族竟敢在元帅夫人的饭桌上批评他，他被深深刺痛了。

两人后来都做出礼貌但坚定的解释。而在此之前，元帅在给妻子的信中愤怒地回应道："这些王侯既不是平民也不是军人［……］首先，不应在一位女士面前谈论战事［……］我现在要求他们做的是闭嘴，服从。他们会服从的［……］军人们过去批评蒂雷纳（Turenne）和孔代（Condé）。我现在应该为被王族批评而感到高兴和骄傲。"

在巴黎，6 月佩尔西尼辞职后，元帅失去了一位他在内阁为数不多的支持者，诽谤中伤不绝于耳，就像在瓦尔纳的露营地或君士坦丁堡的皇宫里那样。此外，东方军的神父帕拉贝雷（Parabère）

187

---

① Cabrol, *op. cit.*, p. 235-236.

与费拉里（Ferrari）的关系势同水火，"为耶稣的教义而相互攻击"。圣阿尔诺的参谋部部分成员因为生病、休养而不断萎缩。"废物！病夫！"元帅咆哮道，而他本人尽管接受了按摩、拔火罐、医用水蛭等种种治疗，还是饱受病痛的煎熬，但他仍然"视死如归，面带微笑，平静淡定地"继续工作着。

幸运的是，自8月20日起，霍乱疫情迅速消退。用于围城的仓库，这座"真正的政府愚蠢纪念碑"，终于被土伦出发的帆船运到了瓦尔纳。最终，巴黎的来信向总司令确保了皇帝的全力支持。

谢天谢地！

8月23日，元帅写信给他的兄弟："当你读到这封信时，我已经自9月2号起出海启航了。几个世纪以来最优秀、最强大、最可怕的舰队将驶向克里米亚的海岸，在二十四小时内，在俄国人的眼皮底下，卸下6万大军和130门火炮。这是第一次航行［……］命运已经注定，我已经下令，我要击溃阿伽门农，我的围城不会像特洛伊围城那样耗时长久。我有几员阿喀琉斯（Achille），相当多的埃阿斯（Ajax），更多的帕特洛克罗斯（Patrocle）；一切都会好起来的，有上帝相助，法国将在10月记录下其历史上最重大、最果敢的一个军事行动［……］我们只需要大海在两周内是友善好客的。"

8月25日，圣阿尔诺签署了一份激情洋溢的战争动员令，紧接着拿破仑三世又向即将登船的部队宣读了一份公告，伟大的拿破仑的侄子喊道："士兵们，你们向埃及军队的榜样学习。金字塔与塔博尔山（le Mont-Thabor）的胜利者们和你们一样要同久经沙场的士兵与疾病作战。尽管有鼠疫和三国军队的围攻，他们还是载誉回到了祖国。士兵们，请相信你们的总司令和我。我关注着你们，我希望，在上帝的帮助下，能很快看到你们苦痛消退，荣光倍增。祝君武运昌隆！"

舰队的启程日期最终定在 9 月 2 日。在瓦尔纳，到处都是发疯地寻找各种军需补给的上兵，对于那些幸免于火灾的店铺的商人来说，还有时间做几桩成功的买卖，要么以高昂的价格出售自己的商品，要么以压到四分之一的价格买回军官的马匹和超过严格规定限制的行李。

356 艘船，承载着近 3 万法军、2.5 万英军和 6000 土军，准备向克里米亚展开猛攻。正是在这个地方，在公元 989 年，弗拉基米尔大公（Grand-Duc Vladimir）接受洗礼，迎娶拜占庭的安妮公主，从而背弃了瓦良格与偶像崇拜的俄罗斯，迎来了新生的拜占庭和基督教的俄罗斯。

正如沙皇公开提醒的那样，弗拉基米尔大公曾经"胸前戴着十字架，手握长剑"地走在这片神圣俄罗斯帝国的土地上，被大公征服的古希腊城市赫尔松（Kherson）如今只剩下一片废墟，但塞瓦斯托波尔骄傲地矗立在它的旁边。

再过几个星期，这座要塞将变成"燃烧的锻炉"，在接下来的十一个月里，"法国沉重的铁锤将敲在俄国坚硬的铁砧上"。①

①　Alfred Rambaud, *Français et Russes*, Paris, Berger-Levrault, 1892.

第三章

进攻克里米亚

你们带走的令人鼓舞的信念是，这座堡垒是坚不可摧的，而且在任何情况下都不可能动摇俄国人民的力量。而让你们信服的，并非那些平行壕、胸墙、巧妙布置的战壕、坑道和相互叠放的枪支，而是那些眼神、演讲、行动。总之，是激励着守卫者的精神[……] 勋章、荣誉和威胁都无法迫使他们接受这样的生活；还需要另一个更崇高的动机，这个动机 [……] 是对祖国的爱！

列夫·托尔斯泰《塞瓦斯托波尔故事》

一座坚不可摧的堡垒？

1854 年的这个 8 月末，联军即将面对的敌人无疑是强大的，但并没有想象的那样强大。

诚然，塞瓦斯托波尔港作为强大的俄罗斯在欧洲南部的神经中枢，可以被认为是坚不可摧的，因为自 1783 年叶卡捷琳娜二世占领此地后，面向大海的防御工事不断得到加强。最后一个重大项目，即 1834 年的项目，最终在海湾两岸建造了八座堡垒或气势宏

大的炮台，三座在北岸，五座在南岸，因此构成了五条连续的射击
线。在此基础上，1854年初又增加了舰队水兵们修建的三座新炮
台。总共571门火炮，这还不包括那些用来武装停泊船只的火炮，
它们能够从侧面或后面连续炮击那些轻率冒险闯入海湾的敌船。

但这个体系也有很大的弱点，那就是陆上的防御工事，也是法
英联军正准备进攻的防御工事。由于预算原因，它一直以来被严重
忽视，从这边发起的进攻似乎是那样难以想象。

早在1805年，指挥舰队和黑海港口的特拉维塞侯爵（le
Marquis de Traversay）就下令在北面和南面各建造一座大型的封闭
多边形堡垒，以确保塞瓦斯托波尔平原一边的安全。但1818年开
始建造的第一座堡垒很长时间都没有得到任何完善，并且第二座堡
垒仍处于计划状态。

1834年，有人设想在城市的整个南侧建立一条连续的防御线：
在山岗上建立七个土垒，入口处用防御营房封闭，土垒之间用带枪
眼的墙连接起来。1837年，沙皇视察塞瓦斯托波尔时，对这个计划
做了一些修改，主要是将堡垒数量从七个增加到八个。根据这一远
景，设想的防御线总长达7.5公里，布局如下：

——1号堡垒靠近船坞湾（la Baie du Carénage），联军将其命
名为岬头堡。

——1号堡垒右边，相距约260萨金①的地方，是2号堡垒，
又称小棱堡。

---

① 萨金是在俄国和土耳其使用的一种旧的长度单位，1萨金相当于2.13米。

——再往右，在马拉霍夫小丘上，一座无编号的堡垒，它是未来著名的马拉霍夫要塞，是要塞整个防御体系的关键。

——在码头峡谷和莫龙佐夫峡谷之间，海军医院的前方，是 3 号堡垒，又称大棱堡。

——在与林荫大道并排的南湾的中轴线上，是 4 号堡垒，又称旗杆堡垒。

——在城市峡谷与扎格罗德诺伊峡谷之间的一个山脊上，是 5 号堡垒，又称中央堡垒。

——再往右 500 萨金的地方，在同样的山脊上，是 6 号堡垒，又称隔离所堡垒。

——最终，在船舶锚地，与 8 号海岸炮台形成体系的是 7 号堡垒。

当联军从 1854 年 10 月起开始围城时，他们将面对的是所有这些工事。但在 1853 年 10 月土耳其人开战的时候，这八处防御阵地中只有一处真正建成，那就是附属于 8 号海岸炮台的 7 号堡垒。用于封闭工事入口的营房只在 1、5、6 号位置上建成，而带有枪眼的墙只连接了 5、6、7 号位置。至于其他工事，几乎才刚开始在选定的地点开凿岩石。因此防御线的四分之三是完全虚空的，而实际建成的四分之一，包括一堵简单的墙，还有营房的胸墙，完全暴露在敌军炮兵的视线范围内，没有任何完备的保护，因此很容易被冲溃。

1853 年底，缅什科夫亲王尽管丝毫不相信大规模陆上进攻的可能性，还是着手保护城市和港口的外围，特别是与基地相距过远的炮台，以抵御一小支登陆部队为支持海上进攻而可能发动的突袭，海上进攻似乎是那时唯一可以想象的进攻路径。冬季期间，他让人实施了一些相当艰辛的工程，因为尽管塞瓦斯托波尔有大量的干石储备，所谓的大草原石，克森尼索的岩石高原上却严重缺土，不得不从很远的地方运土过来。卡尔塔舍夫斯基炮台（la batterie Kartaschevsky）就是这样在城北的悬崖上修建而成的，还有用来监测绵延至贝尔贝克河口（l'embouchure du Belbeck）的海岸的沃洛霍夫塔（la tour Volokhov），以及位于4号和5号堡垒之间，当时还不存在的施瓦茨棱堡（la redoute Schwartz），最后还修建了保护10号海岸炮台的一道栅栏和一个凹堡主交通壕。

1854年春天，随着西方国家宣战，工程剧增。第6营工兵于4月抵达，决定用低级舰船的火炮来为工事设防。夏初，随着联军兵力在瓦尔纳的加强，陆上防御形成了如下的状况：

——1号和2号堡垒仍未修建，在它们的场地上只建造了两座 **192** 防护薄弱的炮台。

——在2号堡垒的右侧，马拉霍夫小丘上，矗立着一座高约10米的两层塔楼，它是由多年前城里的商人出资建造的。两层是为了枪队的射击而设计的，平台上是一个有五门火炮的露天炮台。那时还看不出来它的威力，但几个月后马拉霍夫棱堡将成为一个令人生畏的阵地。①

————————————————

① 这座塔将被托德莱本夷为平地，目的是让围城军队失去它所构成的目标和方位标。

——3 号堡垒已在修建，但尚未完工。它周围的壕沟只是稍微挖了一下，后方由两个小炮台守护。

——4 号堡垒像 3 号堡垒一样，仍然很不完善：它的正面和左侧几乎还未露出地面。它的 14 门 24 磅炮的炮口还未加防护。至于它与 3 号堡垒的连接点，只是一些路障和小炮台。

——在 4 号堡垒的右侧，至少施瓦茨棱堡已经完工并设防。它通过一条由 3 个路障组成的防线与 4 号堡垒相连。

——再往右，5 号堡垒还处于规划阶段，只有用来关闭峡谷的兵营充当防御工事，并且有武器装备。

——6 号堡垒同 3 号、4 号堡垒一样，已经在建，但未完工。

——至于锚地的 7 号堡垒，在开战之前就已存在，它与海岸防御工事形成一体，因此享有特殊地位。

145 门火炮分布在所有工事上，也就是说几乎每 50 米就有一门火炮，其中能将火力集中在同一个点的火炮几乎不过三四门。

"北方大堡垒"——或"北堡"，就像联军有时称呼的那样——尽管勉强得到了加固，但从作战的角度来看，其作用仍然可以忽略不计。托德莱本亲口承认，它是"沿着一条非常不利的路线"建造的，而且"丝毫没有考虑到地形"。这座要塞只是对它前面的阵地提供了极其有限的防御，而且堡垒的狭小使得为其设防的火炮的射程几乎为零。[1]

---

[1] Todleben, *op. cit.*, tome I, p. 132.

一旦联军在城北登陆的消息传到塞瓦斯托波尔，工兵部队的托德莱本中校就将中断北堡正在进行的工程，代之以他自己的计划：在北堡的两侧修建野战防御工事以扩大防御范围。然而，即使像有些人那样，把它说成是"蹩脚简陋的棚屋"是一种极端的言辞，北方大堡垒仍然是一个几乎没有什么防御价值的工事，根本无法阻挡一支坚定果敢的部队。

在 1854 年的 8 月，和圣阿尔诺一样，缅什科夫也一直关注着日历：他看到了即将来临的秋分风暴，尽管他预料到克里米亚早晚会有一场登陆行动，甚至预料到具体的登陆地点①，他却不相信联军在来年春天之前能着手任何决定性的行动。因此，出其不意——圣阿尔诺最为重视的一个"心理效应"，同他曾经的老师比若（Thomas-Robert Bugeaud）将军一样——将对俄军的指挥发挥其充分的效力，更何况缅什科夫无法在短时间内在塞瓦斯托波尔周围集结 3 万多兵力。

除了几支可以忽略不计的当地部队，他拥有——或将立刻拥有——第 14 步兵师，第 6 工兵营，一个半团的顿河哥萨克，第 17 步兵师，以及急行军赶来，刚到达便参加了第一场战斗的第 16 师。总共是 5.1 万到 5.2 万兵力，但分散在整个半岛上：因此，霍穆托夫将军（le Général Khomoutov）指挥的 1.2 万人远在东边，部署在

① 缅什科夫在 7 月 11 日给沙皇的信中写道："我推测，敌人在尤帕托里亚登陆时，或通过一次登陆，或与舰队的船员一起在克森尼索角实施一次假行动，以便将塞瓦斯托波尔的守军牵制在城里。"

狄奥多西亚（Théodosie）与刻赤（Kertch）之间。

缅什科夫也拥有舰队的水兵：舰上有 1.8 万名水兵，另有 1800 名水兵组成了四个登陆营，还有布置在防线上的 1600 名战士，他们坚守着船上和海军仓库里的物资。

尽管如此，缅什科夫亲王还是忧心忡忡：军队的粮食能维持四个月，舰队的粮食能维持七个半月；塞满仓库的 2000 门火炮中，只有不到一半的炮可以服役，而且，只有舰炮配备了炮架和附件；舰炮炮弹储备的三分之一，即 86.4 万颗炮弹中的 27.2 万颗，由于有缺陷或口径太小而无法使用；工兵的物资仅够为 200 名士兵提供正常装备，建筑材料也只有仅限于海军使用的木头、绳索、铁器和帆布。

此外，这个地区的资源有限，与帝国的交通只能通过陆路，穿越彼列科普地峡（l'isthme de Pérékop），经过干旱地区，俄军很早以前就领教过这些地区恶劣的路况，对其充满畏惧。

而且，黑海舰队没有螺旋桨船，已经彻底落伍了。尽管它坚定地等待敌人的到来，也无法免除被禁锢在锚地的耻辱。越来越多的船员将在城墙上执勤，诚如托尔斯泰所写的那样，"从这些颧骨突出、晒得黝黑的脸庞上每道细微的皱纹，从每一块肌肉，从这些宽阔的肩膀，从这些穿着巨大靴子的大脚，从这些平静、坚定和缓慢的动作中"可以看出"构成俄国人力量的主要特征：朴实和固执"。①

---

① Léon Tolstoï, *Les Récits de Sébastopol*, éditions en langues étrangères, Moscou, 1946, p. 25.

当然，塞瓦斯托波尔的男女老少都被最崇高的军事精神所激励着，被最炽热的爱国之情感染着。但是，很多人来自各种不同的行业，除此之外，他们既没有受过训练，也没有武器装备来成功击退将向他们猛扑过来的也许是世界上最优秀的精锐部队，特别是"这些由我们的非洲战争塑造出来的士兵，敢于冒险、不畏劳苦、勇敢坚毅、足智多谋的学生"①，并且配置着极其精良的装备。

显然，圣阿尔诺的战略选择是正确的：必须在尽可能靠近要塞的地方强行登陆，同时发挥人数、锐气、军事科学与海军炮兵相对野战炮兵的优势，以迅雷不及掩耳之势让岸上的敌军陷入混乱。赢得战斗之后必须一鼓作气进入塞瓦斯托波尔，不给撤退的敌军重整旗鼓的时间。当然，直到最后一刻，登陆地点的选择仍是个问题。既然无法从海上正面靠近阵地，那么应该在阵地的北面还是南面登陆？战术考虑与战略考量交织在一起，一次成功的登陆需要若干条件：一个适合登陆艇停靠的海岸，地势要向海军炮兵敞开，还有能令其掩护登陆行动的靶场。但是，从登陆点建立的行动基地出发向最终目标的进军还需要其他条件。首先，这个登陆点必须是增援部队与未来补给的合适锚地，它必须有丰富的资源，特别是水草资源；其次，它必须尽可能地接近目标。作战线——从进攻者的后方基地到战场的路线——不仅要尽可能地短，而且要最不易遭受敌军的攻击，并且从头到尾都处于舰队炮兵的掩护之下。

195

---

① Paul de Molènes, *op. cit.*, p. 51.

拿破仑三世提出的在克里米亚以东卡法（Kaffa）登陆的计划，由于不满足后两项条件，在"卡拉多克号"上的一次会议上遭到否决。

事实上，只有一个地点同时满足了所有要求，但勘察委员会的调查不凑巧没有注意到它：这个地点就是位于塞瓦斯托波尔西南的卡米什湾（la baie de Kamiesch）——芦苇湾。一位熟悉该地区的法军上尉向哈梅林中将指出了这个海湾的存在，9 月 29 日，即登陆两周后，法军在这里建立了行动基地。但在 8 月，卡米什湾显现的优势还不为众人所知，甚至连俄国人也不知道。然而，那里是一个广阔的海湾，舰队可以在那里列阵，停泊时几乎可以避开任何的风浪。那里绵长的海滩适合驳船登陆，平坦而多岩石的地形易于得到舰炮火力的覆盖，却不利于临时的防御。最终，可以从西南方向到达塞瓦斯托波尔，只需行军距离不到十公里，突破不完整的、装备简陋的防御工事。这道工事的存活在很大程度上取决于一门野战炮是否开恩，法国人守护这门野战炮所显示出的积极主动精神和气势很快将在阿尔玛河显现出来。

但正如我们所看到的，情报疏漏是东方军的一个弱点。因此，圣阿尔诺在离开瓦尔纳之前，选中了要塞以北不远处的卡查河口，但实际上这并不是个理想的地点：海湾过于狭窄，不利于大规模登陆，而地势又极其有利于防御。

无论如何，元帅无法再掌控行动的方向，他的健康状况也正急剧恶化。从战术上讲，登陆地点的选择将不再由他主导，从战略上讲，远征行动最终将走向一个与他的雄心和个性完全相反的方向。

这将是俄国人的机会。从那时起，这些无可匹敌的"土地耕耘者"将发挥其全部天赋，利用塞瓦斯托波尔的每个男人和女人，以及联军留给他们的每个白天与夜晚，每个小时的喘息时间来加固他们的阵地，使其变得坚不可摧，并在联军眼皮底下长久地关闭塞瓦斯托波尔的大门。

然而，回过头来，人们仍然可能会问：联军这次改变计划，对俄国人来说，到底是福是祸？

因为1854年9月塞瓦斯托波尔的陷落虽然会给民族自尊心带来沉重的打击，但几乎不会削弱帝国的防御能力。与公众舆论相反，巴黎政府非常清楚这一点。9月14日，也就是圣阿尔诺踏上克里米亚土地的同一天，瓦扬元帅在给圣阿尔诺的信中写道："这场战争有可能是一场持久战。如果您现在要攻打塞瓦斯托波尔，春天将会爆发激战；如果您这次失手，那就要在明年5月将它拿下。无论如何，俄国只有在经过长时间的抵抗，做出最大牺牲之后，才会接受联军对克里米亚的占领。"

塞瓦斯托波尔的快速沦陷可能只会激发俄军所有的力量来进行第二次"伟大的卫国战争"，而联军将很难应对这场战争！难道要重蹈查理十二世或拿破仑一世的覆辙？无论在巴黎还是伦敦，人们做好了一切准备，除了再一次经历这种厄运。俄国非但不会因为第一次军事失利而被迫投降，反而会集结所有的力量，重获所有的机

197 会。如果它决定放弃塞瓦斯托波尔与克里米亚给联军，将会怎样？俄国不会让其军队的所有主力部队飞蛾扑火般相继葬身熔炉的。

就目前而言，双方阵营的时间都很紧迫。病魔缠身的元帅是第一个意识到这一点的人。不幸的是，在这方面他的误判还没有结束。

一次登陆的典范

联军已决定在 9 月 2 日向舰队下达启航的命令。因此，前一天，在巴尔奇克和瓦尔纳，博斯凯师、康罗贝尔师、拿破仑亲王师与福雷师登上了分配给他们的船。

在法军中，没有混乱，没有拖延，每个人都明白自己的角色和位置。行政和后勤部门有如高效运转的机器。

9 月 2 日，圣阿尔诺与他的参谋们以及炮兵和工兵部队的首领在巴尔奇克登上了"巴黎城号"旗舰。

他让康罗贝尔待在他身边，与他的参谋们在一起。这是一种预感吗？

晚上 7 点，法军舰队准备起锚。包括 15 艘战列舰——其中 4 艘为螺旋桨战列舰，11 艘护卫舰，14 艘蒸汽护卫舰，5 艘风帆护卫舰和 117 艘商用帆船。

在船上，除了庞大的装备物资和四十天的补给外，有 3 万士兵、68 门野战炮、27456 发炮弹、半个攻城仓库的 65 门炮及配备的 138410 枚发射弹。由于缺少足够的交通工具，联军不得不放弃骑兵部队，只有一个阿非利加猎兵队的 144 名士兵和元帅的两个护卫排，即 60 名斯帕希与他们的五名军官上了船。莫里斯将军（le Général Morris）的骑兵师，勒瓦扬将军（le Général Levaillant）的第 5 师，以及前四个师未登船的一些成员留在了瓦尔纳。

同样庞大的英军舰队拥有 10 艘战列舰以及 15 艘护卫舰或轻巡航舰，这些全都是蒸汽战舰，牵引着 150 艘完美改造的大型运输船。这些大运输船容纳了 2.7 万士兵，他们分属五个步兵师，其中有一个轻骑兵旅、一个重骑兵团、1000 名炮手、2000 匹马、九个野战炮台和半个攻城仓库，共计 1.8 万名士兵。与法军战舰上挤满兵员马匹的甲板和炮台正相反，英军战舰上既无部队也无马匹，因此在与俄军舰队遭遇时，会处于更有利的态势。

不幸的是，9 月 2 日晚上，当圣阿尔诺写信给他的女儿说"我度日如年，如坐针毡"时，英国人还没做好准备。第二天 9 月 3 日，法国人徒劳地等待着他们的到来。9 月 4 日依然如此。尽管邓达斯上将率领着他的作战舰队已抵达巴尔奇克，但运输船仍在瓦尔纳，因为拉格伦勋爵还没有完成物资和马匹的装船工作。

9 月 5 日，我们的盟友宣布他们即将准备就绪，但邓达斯上将一道相反的命令很快传到圣阿尔诺那里：船队还未完成水的补给工作……

下午 6 点 15 分，超出忍耐极限的元帅希望"刺激一下"盟友的"自尊心"，命令法军帆船舰队起锚，留下蒸汽舰船等待与英军舰队一同启航，以免在海上等待而浪费煤炭。

　　舰队与船队本应于9月3日或4日在多瑙河口外的蛇岛附近会合，但最终直到8日才会合。损失的五天时间给了俄军可乘之机！因此，是否应像克莱蒙-托内尔上尉那样，认为这位英国海军上将"发挥英国人全部的精明来赢得——或更确切地说，来浪费——时间呢？"

　　与此同时，卡布罗尔医生则开始对圣阿尔诺感到绝望。9月7日，他写道："他的病每天都要发作四五次。他吃不下饭，既无法待在餐桌前也无法像平常那样工作［……］他的容貌变了，他举止忧伤，步履蹒跚，稍微动一下，就可能虚脱昏厥。"9月8日，英军舰队和奥斯曼帝国舰队出现的时候，卡布罗尔医生同每位法军士兵和水手一样，被眼前的非凡景象惊呆了：两支英法护航船队伴随着英军舰队，而由8艘战列舰、8艘护卫舰组成的搭载着一支土耳其师7000名士兵的奥斯曼帝国舰队则拖曳着16艘法军运输船。确实，在海上，从没有人见过如此壮观的景象！

　　卡布罗尔医生写道："8海里的海面上风帆点点，海天交界处布满船只，纵横交错着冒烟的烟囱，看上去就像一个工业城市，由五十座拥有数千门火炮的堡垒保护着……"

　　近十万人的喧闹声充斥着这座城市，其中许多人，至少许多法国人，在甲板上、底舱里和拥挤的通道上组织了各种各样的游戏和演出，甚至具有风情的舞会！

　　然而，死亡伴随着他们，因为霍乱并没有完全消失，第二朱阿夫团的克莱尔上校在给卡斯特拉内元帅的信中写道："我在'巴雅号'上的航行很不走运；船上有霍乱，我们不得不把 50 具尸体扔进海里。"

9 月 8 日，联军首脑在"卡拉多克号"上举行了一次会议，元帅甚至不能出席，因为他在瓦尔纳染上的恶性霍乱，加重了病情，一次特别剧烈的心脏病发作让他卧床不起。

会议的主题依旧是确定登陆地点，第一副官特罗许上校代表元帅参加了此次会议。自从上次对海岸进行侦察以来，俄军已经着手进行新的防御工程了，因此，会议决定当天派出一个新的考察团，大多数联军重要领导人都参加其中，除了圣阿尔诺，他在病床上痛苦地蜷曲着，忧心如焚。两天后，也就是 9 月 10 日，联军总参谋部的精锐沿克里米亚海岸逆流而上，从克森尼索角短距离航行到叶夫帕托里亚（Eupatoria）。然而，这次考察还是远未发现并恰如其分地评估卡米什湾的价值，但足以近距离观察到俄军船只仍然停泊在塞瓦斯托波尔港的老地方，而且很可能将不再移动。这次考察还注意到阿尔玛河和卡查河的河口驻守了大约 3 万兵力，这显然对圣阿尔诺的战术选择会产生不利影响。这次考察最终发现，在阿尔玛河河口和叶夫帕托里亚之间的半路上，一个被英国地图命名为老堡（Old Fort）的地方——一座古代热那亚要塞的遗址——有一处绵长的美丽海滩呈现出登陆所需的所有优势：完全没有俄军士兵；旁边的潟湖分别从左右两侧对海滩形成了保护；离海岸两公里半的地方，一处轻微隆起的腹地形成了海军火炮的最佳靶场，但两个大盐湖的存在令这片空间变得更加狭窄，实际上把通往海滩的出口收缩

200

成一个易于摧垮的狭道。

　　然而，这个在战术上如此有利的登陆地点也有两大缺陷：首先它远离要塞，距离塞瓦斯托波尔的北部高地有 46 公里。其次，如果在此地登陆，就必须采用一条高低起伏，被四条河流垂直切断的行动路线，而这四条河流有可能构成敌人的防御线。至于舰队可能向部队提供的支援，会因整体陡峭的海岸地形而受到严重影响。

　　尽管如此，委员会成员对考察结果还是相当满意，他们与正在克里米亚西北部塔尔坎角（le cap Tarkan）海域巡航的联军舰队会合，无论大风还是各种事件几乎都不会干扰联合舰队井然的秩序，就像佩雷上尉（le capitaine Perret）描述的那样：

　　"庞大的船队被分成若干组，每组有七八艘船，均悬挂旗帜，标明所属小组、序号和位置；每组之间都有一个空位，几个组形成一支分队。一些护卫舰监察着每支分队，并维持秩序。在航行过程中，一艘为俄军效力的希腊船载着一支俄军步兵分遣队在海岸的航位之间转移。这艘船被发现后，船长升起了法国国旗，然后随便发出了一个序列号。它甚至大胆地想混进我们的一个组，但被拒之门外。队列领头的船上有人喊道：'你不是我们的人！'希腊船随后想要驶离。我们迫使它回到船队中，它试图待在船队尾部，但由于它没有任何损伤，我们催促它跟上船队。这艘可怜的船——联军舰队已经抛锚——整夜都在海上打转，既不敢暴露身份，也不敢逃走，在任何地方都找不到自己的位置。最终，一艘蒸汽船对它不知疲倦、目的不明的行驶操作感到厌烦，向它派去一艘巡逻艇，这才发现了真相——船和运载的俄军部队都被我们俘获。"①

　　9月11日,在圣阿尔诺仍然缺席的情况下,"卡拉多克号"上
举行了一次新的会议,会上最后一次讨论了两种选择的利弊:老堡　201
还是法国委员们根据元帅的命令一直坚持的卡查河口?最后,谨
慎——特别是绝对坚定不移的拉格伦勋爵的谨慎——占据了上风:
最终的选择将是老堡,但仍需得到两位海军上将和圣阿尔诺的批
准。前两位如释重负地表示赞同,而圣阿尔诺只是勉强予以认可。
他在自9月2日一直保存的日记中写道:"我本来希望在离塞瓦斯
托波尔更近的卡查河口强行登陆［……］但我还是让步了,我们将
在老堡登陆。"

　　因此,战术考虑战胜了战略雄心。圣阿尔诺无法再让他的观点
占据上风,考虑到他的健康状况,这样也许更好。特罗许是法国委
员之一,他后来写道,他明白圣阿尔诺也许再也无法骑马指挥从海
滩向塞瓦斯托波尔中心地带发起的猛攻,强力登陆受到严重影响,
自那一刻起,他在内心深处已经屈从于英国人的观点了。

　　此外,对圣阿尔诺来说,一切很快都将结束。

　　从9月9日到11日,当庞大的联军舰队在克里米亚外海找准
方位,秣马厉兵,逆风前行时,元帅正在生死之间徘徊。卡布罗尔
医生第一次在日记中写道:"他的生命危在旦夕。"但病人已将他的

_____

　　① Perret, *op. cit.*

疾病、生死置之度外。只有一个想法支撑着他：塞瓦斯托波尔……
塞瓦斯托波尔……9 月 10 日，他写信给兄弟："这是什么样的猛
攻！什么样的战斗！何等的虚弱无力啊！生命的原则是何等的混
乱！除此之外还有我的担心，我的忧虑［……］想到在登陆前夕，
任由军队处于没有方向，没有指挥的状态！而我，在敌人面前因热
病而死！"

但第二天，他又恢复了那种温柔而轻快的语气，无论发生什
么，他给夫人写信时都是这种语气："我相信，登陆可以在 13 日或
14 日进行。你知道 13 日是我最喜欢的日子，这个数字总给我带来
好运，我第一次见到你就是在一个 13 日……"

对康斯坦丁的猛攻也是在 13 日——1837 年 10 月 13 日——取
得成功。正是在这场战斗中，圣阿尔诺作为外籍军团统帅立下了卓
越功勋。

1854 年 9 月 13 日，元帅差一点就把法国国旗插在了克里米亚
的土地上，他在日记中写道："［11 日］夜里 10 点，邓达斯上将在
没有任何可信理由的情况下，前来改变已经制订的计划，造成让人
恼火的延误，进而可能会危及行动。他写信给哈梅林上将，说他将
在塔尔坎角停泊，在那里过夜，而不会为了突袭敌人而继续航行，
在黎明时分停泊。我们将在敌人的视线范围内停留六个小时，俄国
人将做出安排部署。我派罗斯将军去找邓达斯上将表达我对这个错
误的不满，我让他为此承担全部责任。"

就在同一天，9 月 11 日，三个月来第一次，元帅在与皇帝的通
信中主动提起他的健康问题：

他万念俱灰地给皇帝写道："陛下，我谦卑地请求陛下的原谅，我不得不悲伤地向您讲述我的情况［……］我倾尽全力效忠陛下，希望能有足够的力量统领陛下的军队直捣塞瓦斯托波尔。但在这最后一次效力之后，我需要长时间的彻底休息。我不想辜负赋予我的使命，因此，我请求陛下为我指定一位继任者。如果我的健康急剧恶化，甚至身体受损，永远无法康复，我的余生、我的剑和我的心仍将听命于陛下。唯一支撑着我，并赋予我力量令我能够坚持到底的，就是我对陛下的无限忠诚。"

9 月 13 日，风和日丽，舰队停靠在叶夫帕托里亚的前方，从舰上只能看到一些平民匆匆地在聚拢他们的牲口或是躲入家中避难。"巴黎城号"上的最后一次会议对第二天的登陆安排做出决定，与此同时，斯蒂尔上校与特罗许上校乘独木舟抵达叶夫帕托里亚，这座城市不到一个小时就投降了。当然，城里只有检疫医生、几个职员和一些患病的或处于康复期的俄国士兵，此地疗养胜地的声誉令他们慕名而来。城里的鞑靼居民对法国人的到来持欢迎的态度，要塞的指挥官是一位少校，他"相貌平平，举止粗俗，似乎没有受过教育，对军事惯例和规章显示出一种完全的无知"①，对催告的回应相当友善质朴："我们全部投降，你们想做什么都可以。"②

---

①　Dr Cabrol, *op. cit.* , p. 259.

②　这段逸事是无可争议的，因为它出现在圣阿尔诺元帅 9 月 13 日的日记手稿中。但这一插曲一定让托德莱本很不快，因为他写道："当联军的舰队逼近时，担任要塞指挥官的布罗尼茨基少校（le major Bronizky），带着塔鲁蒂诺猎兵团大约 200 名休养病人离开了叶夫帕托里亚，撤到辛菲罗波尔（Simphéropol）。"（*op. cit.* , tome I, p. 166. ）

203　　当特罗许向近一周未见的总司令做汇报的时候，元帅的面貌令他震惊，他明白今后没有什么问题比指挥的连续性更重要了。

　　夸特莱尔·莱皮纳（Maurice Quatrelles L'Épine）写道："目前福雷将军是资历最老的师长，因为莫里斯还在瓦尔纳。然而，特罗许预感到，被全军选定的康罗贝尔可能是皇帝选择的未来领袖。两人并非关系密切的朋友。特罗许觉得康罗贝尔不喜欢承担责任，更缺少承担重大责任的奉献精神，康罗贝尔则认为特罗许嘴快话多，所以一直小心谨慎地不向他吐露任何秘密［……］因此，特罗许上校来通知康罗贝尔将军，心想他有取代元帅的任命书。"①

　　自 3 月 12 日康罗贝尔离开巴黎以来，这封信就一直在他手上。由陆军大臣瓦扬元帅签署的这封信是这样写的："奉皇帝之命，如果某个战争事件或疾病使圣阿尔诺元帅无法保留东方军的指挥权，您将接任东方军总司令。"

　　夸特莱尔·莱皮纳接着写道："半个小时后，康罗贝尔将军进到总司令的船舱。同特罗许一样，自从前一星期元帅病情的可怕发作后，康罗贝尔就没见过他。由于病人仍在大剂量奎宁的作用下，康罗贝尔见到他时的感觉就更难过，用他自己的说法，奎宁使元帅萎靡迟钝、精疲力竭。他面对的不过是一具尸体，面无血色，眼神无光，软弱无力地躺着，膝盖蜷曲在腹部。这个垂死之人即使还能说话也非常勉强。康罗贝尔对他说：'我知道，还未指定继任者让

————————————

①　Quatrelles l'Épine, *op. cit.*

您焦虑万分，我来就是为了消除您的疑虑。我有一封任命书，但是出于慎重，我一直不想告诉您这件事，因为那样您会猜想我在试图利用这种可能的情况，还因为信是封口的，属于高度机密，只有在绝对必要的时候我才会打开它，当然，我也希望这永远不会发生。'元帅急于看到康罗贝尔最终接替他的位置，因此多次试探他，但都徒劳。"可以想见这一番话是如何令元帅感到激动和舒心。他睁开 204 因痛苦而半闭的眼睛，显示出极度的欣慰，他将双手伸向康罗贝尔将军，对他说："您去除了我心上何等沉重的一块石头啊！"

康罗贝尔接着说道："元帅先生，我们这次谈话必须保密，从中不能走漏任何消息。您的病情不久就会康复，您将指挥登陆，攻取塞瓦斯托波尔。如果您需要我，我将待在您的舰上以防万一。"①

从那一刻起，元帅似乎获得了重生。他站起身来，投入工作。不久，他跨上战马，夺取辉煌的胜利，这是自滑铁卢以来法国可以引以为豪的第一场胜利。

1812 年的 9 月 14 日，拿破仑一世进入了莫斯科。42 年后——1854 年——的同一天凌晨 2 点 30 分，当康罗贝尔将军与德马坦普雷将军在最后一次侦察中确定海湾南部的海滩同前一天一样荒芜后，舰队在叶夫帕托里亚的锚地起锚了。早上 7 点，哈梅林中将的命令传到"巴黎城号"："根据既定的计划停靠"，也就是说，法军和土军在海滩南部停靠，英军在海滩北部停靠，三支大队立即在老

---

① Quatrelles l'Épine, *op. cit.*

堡的海滩前排成平行队列的阵势。

载着帝国部队的法军战舰排成四排，第一排距离海岸 600 米，第二排 800 米，第三排 1000 米，第四排 1200 米。第 4 师登上的最后一排护卫舰和轻巡航舰在原地只停留了片刻。它迅速组成一个纵队，加入一支小型英军舰队，向南驶往阿尔玛河口与卡查河口执行一项诱导任务。

因此，60 辆满载火炮、装备、马匹、骡子、粮食和救护车的运输船开始在第三排后面集结，它们被指定在今天卸船上岸。

为了应对任何不测，四艘装备有小口径火炮和康格里夫火箭的长船，以及一艘护卫舰和两艘通信艇被安置在海岸附近。但俄军只剩下一名骑马的中尉，他被几名哥萨克簇拥着，从一个山岗上用望远镜观察舰队，并悄悄地做了记录，然后调转马头消失不见了。

8 点 10 分，登陆行动开始。即使在今天看来，这次登陆仍是同类行动的一个典范。就当时而言，这是一项真正的壮举。战争的进攻阶段刚刚开始，众多的目击者已震惊于他们正在经历的事件的重大意义：昨天的登船与渡海，今天的登陆清楚地表明，随着技术与行政管理的进步，整个战争历史都在进入一个全新的时代。武器的精准性和杀伤力、因大量使用蒸汽机和电报而缩短的距离、大规模且有计划地运送增援部队和物资补给，以及第一批记者和摄影师对事件的报道，这些都将令克里米亚战争毋庸置疑地成为第一场"现代"战争。

佩雷上尉讲述道：

"每个师都有颜色不同的三面旗帜：第一面旗是红色，第二面旗是白色，第三面旗是蓝色；船组的领头船与指定运载同一师的驳船均悬挂相应的旗帜。在海滩上，康罗贝尔将军与海军少将布埃-维尧姆兹（Louis Edouard Bouët-Willaumez）让人插上了三面类似的旗帜以标明三个师的登陆地点，第一旅在旗帜的南面，第二旅在旗帜的北面。"

舰队的驳船和独木舟的定期往返是通过使用一个简单的旗帜系统来保证的，旗帜成梯形悬挂在风帆或蒸汽战舰上，颜色表明所承载的部队或炮兵的性质，在高度上的三分点排列足以表明登陆尚未开始，已经开始，或登陆已经完成。在最后这种情况下，旗帜被完全降下。运输船上也规定安装了类似的装置。

驳船装载部队、火炮或马匹的问题已经得到了精心安排，船只拖曳问题也得到了同样细致的解决。

从早上 8 点到夜幕降临，舰队把三个步兵师连同他们的行李和马匹送上了岸，这还不包括德莫莱内斯上尉手下的斯帕希、工兵连及他们的装备、50 门装备齐全的火炮。在克里米亚土地上的这个首次军事行动中，圣阿尔诺元帅希望显示一种非凡的气派和威严。保罗·德莫莱内斯说："第一场战斗将重新接好我们被打断的胜利链条，他一心想要让这第一场战斗展现出骑士般的热忱风格，而这种骑士般的热忱正是他身上最显著的特征之一。所有的旗帜都招展着，所有的音乐都发出些奇特而强烈的音调，莎士比亚笔下的一位英雄，威尼斯的摩尔人，在极度痛苦的时刻将这些狂热的声音融入人们满怀遗憾离开的这个世界的魔力之中。今天，许多喧嚣与许多沉默将我与这些声音分隔开来，从那以后，我也听到其他军号吹响其他的战斗，但老堡的音乐以一种独特的力量留在我的脑海中。我听到它在我们的记忆深渊中回响，炽烈、欢快而骄傲，而成堆的逝去之物在记忆里再现。"①

因为几天前奄奄一息的圣阿尔诺就在海滩上，从下午 1 点半开始，忍着身体的病痛，在马背上待了几个小时，以至维科少校第二天给德·卡斯特拉内元帅写信说，总司令"在渡海期间病得很厉害，但现在已经完全康复了"。登陆的三个师排成纵队，喊着"皇帝万岁！"的口号从他面前经过前往露营地。元帅将会到他们的营地进行巡查，亲自确保前哨部队，以及小哨所与支援岗哨被安置在适当的距离，哨兵被安排在最佳位置。第二天，保罗·德莫莱内斯和他手下的斯帕希在一个村庄里劫持了十几名俄军士兵、一名中士和几名市政雇员，元帅将亲自审问这第一批战俘。

不幸的是，病魔并未离去：元帅大汗淋漓，痛苦不堪，没吃晚餐就去睡了，这是他在克里米亚度过糟糕的第一夜。

同样不幸的是，法英联合行动的缺陷仍然存在。我们的盟友从第一天起就落后于计划：他们仅仅将五个步兵师中的两个师送上岸，并且这些人很快就对法国大兵的装备用品——特别是小型个人掩体帐篷——所开的玩笑感到后悔，他们喜欢将这些法国大兵称为"搬运

207

---

① Paul de Molènes, *op. cit.*, p. 100-101.

的骆驼"。由于缺水和木材，老堡的露营地已经显得非常简陋。而且，从第一天起，天气就变得恶劣起来，倾盆大雨下了一整夜，而英军舒适的集体帐篷和集体炊具都还在船上。而"搬运的骆驼"们除了个人帐篷，每人还配备了几天的粮食，因此他们有吃有喝，有遮风挡雨之地，而英军却浑身湿透，饥肠辘辘，一整夜都穿着夏装瑟瑟发抖。第二天早上，英军营地甚至发现了几名死于寒冷的士兵，他们是一长串不幸的人当中最早的几个，属于无能的军事管理的牺牲品。

对于克里米亚的这第一支英军分遣队来说，在老堡的悲惨宿营只是让他们几乎全军覆没的漫长磨难的前奏。

15 日早晨，海面波涛汹涌，登陆行动艰难地继续进行着。上岸的有英军的最后三个师、土耳其师、物资、马匹以及前天晚上完成南方的诱导行动后返回的法军第 4 步兵师。海况是如此艰难，以至载着福雷将军及其参谋人员的小艇被海浪掀翻了，幸运的是没有人溺水。

法国人总是办法很多，有条不紊地应对一切。尽管有一些过激行为，令圣阿尔诺痛斥"某些士兵的掠夺本能"，与当地鞑靼人的关系总体上还是友好的，他们从鞑靼人那里购买粮食时支付现金。第 20 轻骑兵团的居莱中尉（le lieutenant Cullet）写道，从平原上的一个村庄，"我们的士兵满载着鸡鸭回来了，他们的军用水壶里装满了我们将开怀畅饮的白葡萄酒"[1]。

---

[1] Octave Cullet, *op. cit.*, p. 68.

必须要说的是，马匹不喝井里的咸水，那些大胆饮用咸水的士兵都会腹泻，因此不得不走 14 公里到邻村找水取水。但这个地区的葡萄大受欢迎，立即被命名为"缅什科夫莎斯拉"①。

实际上，每个人的内心都是愉悦的。但一个困惑萦绕在这些战士的心头：6 万多士兵悄悄踏上了这个令人生畏的帝国的土地，他们心中明白这个帝国被数以百万计的刺刀保护着，然而现在怎么却看不到一个士兵，听不到一声枪响？

16 日晚，法国人终于将物资装备卸载完毕，做好了向前挺进的准备。因为必须赶在俄军之前开始行动，之前与拉格伦勋爵商定好，法军将在第二天即 17 日动身，根据 15 日搜集到的情报，圣阿尔诺估计阿尔玛的俄军不到 1 万人，卡查的俄军也不到 1 万人。但俘虏们肯定地说，阿尔玛集了 5 万俄军，那里是最有利于俄军计划的阵地。

元帅在给拿破仑三世的信中写道："时间是宝贵的，每个人都应该明白这一点，但邓达斯上将什么也不明白。"②

那么，圣阿尔诺的计划是什么？尽管这个计划每时每刻都需得到他的英国盟友的支持。

首先，俄军肯定会在通往塞瓦斯托波尔的路上与他们交火，那么就在那场战斗——或那几场战斗——中打败他们。然后，夺取北

---

① Chasseras 是法国莎斯拉出产的一种白葡萄。——译者注

② 圣阿尔诺在其 9 月 14 日的日记中写道："酒囊饭袋！邓达斯真是个愚蠢的混蛋！"

方的大堡垒，不幸的是，人们经常把它与控制海湾北部入口的君士坦丁要塞混淆，因为情报太含糊了。最终，从北部高原的山顶上，通过背面进攻，消解锚地北部的防御体系，向联军舰队开放港口，无须再担心受到火力夹攻的联军舰队进入港口，将协同陆军炮兵部队轰炸俄军舰队，南岸的防御工事与城市的战略要地。

尽管他意识到困难重重，却并不怀疑这一联合行动的结果，因为它将陆军与海军的互补资源结合在一起，更何况新攻破的博马松德要塞（la forteresse de Bomarsund）刚刚表明，只有这种联合行动才能攻克花岗岩般的防御。

的确，在欧洲北部，在之前的几个月里，海军上将纳皮耶（l'amiral Napier）的强大舰队与海军上将帕瑟瓦尔-德舍纳（l'amiral Parseval-Deschênes）的小分队会合，一直在波罗的海上寻找俄军舰队，但徒劳无功：它采取了与黑海舰队相同的战术，躲在喀琅施塔得（Cronstadt）强大的防御工事后面，不再出动。因为还是必须要"做点什么"，他们决定突然转向封闭波的尼亚湾（le golfe de Botnie）的博马松德要塞。8 月 8 日，一支法国远征军在要塞附近登陆，这支 1 万兵力的部队由巴拉盖·迪利耶将军指挥，工兵交由尼埃尔将军（le général Niel）指挥。

8 月 11 日，围城工事开始修筑。15 日，陆军和海军炮兵同时开火。16 日，博马松德投降，交出 2000 名俘虏。这次胜利清楚地表明法英两国海陆联合行动可预期的结果。但这是一次昙花一现的胜利，因为波罗的海的俄国舰队仍然完好无损。

自此以后，所有人都明白，只有在克里米亚，战争才能赢得真正的胜利。

阿尔玛，滑铁卢的复仇

9 月 16 日晚，法军准备就绪，但这一次，他们的盟友还是没有做好准备。法军将一些驳船借给他们，帮助他们卸下庞大笨重的行李与相当数量的骑兵。但第二天 17 日，甚至 18 日，他们还是没有准备好。他们还需要整整两天的时间，缅什科夫亲王利用这两天将其所有的克里米亚部队集结在身边，特别是第 16 步兵师，他们恰好在战斗即将开始时赶到。

9 月 18 日，圣阿尔诺再次狂怒了，他写道：“英国人会让我气死的［……］我刚给拉格伦勋爵写信说我命令军队明天早上 7 点开拔，如果他愿意，他可以来［……］我敦促哈梅林上将明天早晨启航，带领他的舰队跟随法军在阿尔玛、卡查和贝尔贝克的行动。哈梅林上将已将其舰队的调动通知邓达斯上将，并请他跟随这次军事调动。邓达斯回复说，他认为阿尔玛、卡查和贝尔贝克的锚地对他的舰队来说不够安全，他将在叶夫帕托里亚停靠，等待事态的发展！［……］邓达斯这个反复无常、心智幼稚的任性老头，总是与常识和理性背道而驰［……］真是个老傻瓜！”

210　　常识、理性与战争的本能所要求的——圣阿尔诺虽无天赋，但在最大程度上具备这种能力——是能够迅速投入战斗，并利用数量上的优势，对已经因联军的大规模出现而动摇的俄军进行致命的打击。为俄军效力的德意志医生普夫卢格（Pflug）写道："每个人似乎都认为并确信，事情会朝着对我们不利的方向发展，士兵们的脑海中无法消除对联军可怕武器的恐惧。"

至于缅什科夫亲王，普夫卢格进一步写道："他的行为举止流露出烦躁不安［……］对即将到来的灾难的预感给其心魄造成的困扰并不亚于给其士兵的困扰。"①

俄军总司令决定在塞瓦斯托波尔前方作战，但这只是在做他应该做的事，因为尽管过去几天做出了巨大努力，这座城市的防御体系仍然很不完整。通过集结分散在整个半岛上的部队，规定长达50公里的日行军里程，他表明了自己的坚定意志。但当他决定在联军面前选择正面阵地时，尽管这似乎是由对他有利的地形的性质决定的，他实际上犯了一个严重的战术错误：毫无疑问，他应该选择侧翼阵地，依山面海，这样就能把法英联军赶进大海，同时可以确保自己不会因侧翼受到攻击而调转方向。最后，他邀请塞瓦斯托波尔上流社会的贵妇们乘着马车，打着阳伞，带着面纱前来观赏一场他假装认为不战而胜的战斗，不惜冒着让自己成为笑柄的风险。这是一种厚颜无耻的吹嘘，他当然对此习以为常，但这次他会后悔的……

1854 年 9 月 19 日。早上 7 点，天气晴朗，联军开始出征。法

---

① Dr Pflug, *Unter dem Doppeladler*.

军的四个师成菱形，其中最后一个师前面穿插着土耳其分遣队，在
一个起伏平缓的平原上行进，将成群的野兔从洞中惊动出来，在干
草地里四处逃窜。阵形的中心是炮兵和工兵预备队，大件行李与救
护车。在法军的右侧，终于联合起来共同行动的舰队沿着海岸航
211　行，作为对炮兵部队的后援。在左侧，英军成两个纵队行进，遗憾
的是，队列中缺了几支分队，他们很晚才赶到露营地……现在还在
睡梦中。

　　下午 1 点左右，他们越过了水量减弱为细流的布尔加纳克河
（le Boulganak），抵达一排山丘，从那里可以清楚地看到，南面五
公里处俯视阿尔玛河左岸的高地已被兵力强大的俄军占领。

　　法军队列中显现出激动的情绪！

　　保罗·德莫莱内斯写道：“这一次，我们终于见到了敌人！我
们的父辈几乎已经习惯于对战争荣耀不抱希望，因此，对我们来
说，这一刻尤为庄严。”

　　他们渴望一场激战，但要等到明天才能开始战斗。居莱中尉写
道：“各师保持着行军顺序，安置好他们的帐篷。大约两点时，在
我们的左边，英军纵队的排头兵终于出现了。在我们的战线前沿，
各连队分头行动，他们将作为前哨部队在离军队 1000 或 1200 米的
地方布岗。”①

　　再往前几百米，一些农庄在燃烧，是几支哥萨克分队放的火。
各师正在安营扎寨。他们观察地形，尤其是敌人的动向和情况，他

---

① 　Octave Cullet, *op. cit.*

们看敌人看得很清楚，甚至可以数出有几支骑兵中队。

俄军希望把法英联军阻断在阿尔玛河背后，这条河发源于恰蒂尔山（Tchatyr-Dagh），在塞瓦斯托波尔湾以北 28 公里处注入大海。河水不是很深；有几处地方可以涉水而过，但河床经常出现危险的下陷。河道非常曲折，叶夫帕托里亚和塞瓦斯托波尔在布尔留克（Bourliouk）通过一道横跨河上的木桥连接起来。河的北岸，土地平坦，布满了树丛、果园、葡萄园和鞑靼人的房屋。南岸则相反，地势很高。这些山岗分成两块高地，由一道洼地分隔开来，叶夫帕托里亚到塞瓦斯托波尔的道路就从洼地的底部经过。比较平缓的东部高地与西部高原形成了一个非常开阔的角度。至于西部高原，它的前沿面向阿尔玛河，由一些陡峭的凸壁支撑着。这些凸壁划定了狭窄而短小的山谷，溪流在山谷中流淌，最终注入阿尔玛河。随着向海靠近，山坡坡度增大，在海岸上，山最终变成陡峭的悬崖①……

无论是伪装的还是真实的，缅什科夫亲王对其防御阵地的信心似乎是不可动摇的，他写道："我在一个无法逾越的阵地上等着法国人，即使他们有 20 万大军，我也会把他们扔进大海。" 212

然而，即使在塞瓦斯托波尔只留下最精简的部队，即四个后备营和四个海军陆战队营，缅什科夫也不可能在阿尔玛河后面排出 4 万多人的兵力，也就是 42 个半营、16 个正规骑兵中队、11 个哥萨克连，以及 96 门火炮。

---

① Gustave Maréchal, *La Guerre de Crimée*, Paris, Firmin Didot, 1888, p. 86–87.

他的战线绵延近 8 公里，对他的兵力来说铺展太长，而且他还犯了另一个错误：大股部署兵力，而不是采用更适合他准备作战的细长的队形。拿破仑一世最讨厌的就是这种著名的"小盒子"队形。

他在其右翼和中央，在坚固的火炮掩体后面安置了由步兵部队全力支援的强火炮兵部队，但其左翼太弱，再加上在他看来，通往高原的陡峭山坡就提供了足够的保障，他几乎冒险放弃了其军事部署的最左端，而那里可以俯瞰阿尔玛塔马克（Almatamak）小村庄。至于插入海中的悬崖，很容易受到联军舰队的炮击，因此他将部队部署在距离悬崖大约 2 公里的地方，悬崖上只留下明斯克团的一个观察营。

9 月 19 日下午，前哨发生了第一次交火：几支俄军骑兵中队带着几门火炮，前来试探英军部署，然后又迅速撤退。居莱中尉服役的第 20 轻骑兵团差一点儿错过这次战火的洗礼。《东方战争期间的一个前线军团》的作者写道：

"一个有 30 名士兵的前沿哨所被设置在峡谷外四五百米的地方。在峡谷中央的底部，一些仍在燃烧的农庄为我们挡住了几支哥萨克分队。对面山坡上有一个骑兵团，他们的刀剑在阳光下闪闪发光。上校刚回到营地，一支枪骑兵团就迅速下到峡谷里，从燃烧的农庄的左侧经过，径直奔向我们的前哨。形势变得非常急迫。我们的 30 名士兵拿起武器，准备 1：20 地进行自卫。敌人离我们只有 300 米远的时候，场面突然发生了变化。从我们左侧一个掩蔽英军后卫部队的小山包后面，一支由 25 名轻骑兵组成的英军小分队突然疾驰而出，在离敌军骑兵队几步远的地方举起短筒火枪开始射击，然后迅速返回，俄军被他们的大胆举动惊呆了，迟钝无力地追赶着这支英军小分队。与此同时，一个英军炮兵连继这些英勇无畏的骑兵之后，向俄军的主力骑兵部队开火。在我们的右侧，康罗贝尔师的几个炮兵班飞速赶来，往俄军枪骑兵中间发射了几枚炮弹，他们停了下来，猛然右转，向山脚下疾驰而去。"

正如保罗·德莫莱内斯所写的那样，第一次"在我们城市的街道之外"听到法国火炮发出的"雄壮而令人生畏的声音"，士兵们激动不已，想发起冲锋。但圣阿尔诺并不打算"过于仓促地破坏［他的］优势"，他写道，"除非被攻击所迫，我们只能在部队得到充足休息，在时机有利的情况下投入战斗"。而现在，士兵们已经走了几个小时，并且已经接近傍晚。此外，将近一半的英军都没到位，没有离开老堡的露营地。

因此，元帅必须亲自安抚朱阿夫和阿尔及利亚步兵们，他们唯一的担忧是：火速撤回自己防线的俄军骑兵们会将缅什科夫的整个军队拖入一场狂乱的逃亡，让他们的战斗计划落空，令他们与胜利失之交臂。

圣阿尔诺从他们的队列前走过，随便地对他们说道："不，不，他们一定会等你们的。我甚至可以向你们保证，他们会奋战……"

下午 5 点左右，总司令在参谋部豪华的帐篷里——这顶帐篷还是比若将军在伊斯利战役（la bataille de l'Isly）中从摩洛哥苏丹手中夺来的战利品——向军官们陈述了他与拉格伦勋爵商定的作战计划。如果按照预先的设想执行，这项计划必定彻底摧毁缅什科夫的军力，使他不可能有序撤退，进一步将其部分兵力投入塞瓦斯托波尔，另一部分兵力则撤到半岛内部以保持与帝国其他地区的联系。简言之，通过防止战斗结束后要塞的陷落来挽救局势。

214　　事实上，这一计划设想从两翼接近俄军——右边是土耳其军队支持下的博斯凯师，左边是英军——以迫使缅什科夫撤走其中心的部队，而法军第 1 师和第 3 师统领的主要行动应针对缅什科夫的中心展开。敌军左翼被博斯凯师包抄，中心防线被突破，英军将包抄俄军右翼，将其逼向中心和大海。俄军环绕分布于高原的四周，对其中心展开的这场进攻自然令人想起 1805 年 12 月 2 日拿破仑在奥斯特里茨（Austerlitz）取得的那场值得铭记的历史性胜利……

　　计划的完美执行以行动的协调为前提，但英军无可救药的缓慢将阻碍计划的推进。也有人说，拉格伦勋爵因为注意到俄军右翼的骑兵的优势，所以才拒绝这一兵力调遣。总之，虽然目标是重现奥斯特里茨战役的辉煌，结果却将是重蹈莫斯科战役的覆辙：俄军将被击败，但不会被摧毁。阿尔玛之战并不会决定战争的结局。

　　战斗结束后，会有很多关于战略、战术、"真正的原则"与偶然组合的争论。有人指出，考虑到敌军两翼之间将近 8 公里的距离，对它们同时展开攻击，联军将冒很大的风险，因为他们在数量上的优势只是相对的。因此，对俄军右翼的进攻是否必要？也有人

查理大帝的护身符

兰斯大教堂藏

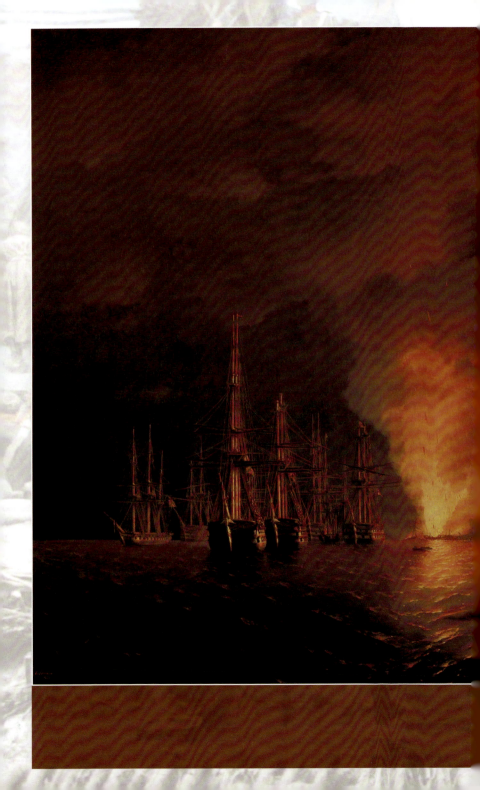

1853 年锡诺普海战

伊万·康斯坦丁诺维奇·艾瓦佐夫斯基（Ivan Konstantinovič Ajvazovskij，1817—1900）绘，
俄罗斯圣彼得堡海军博物馆藏

停泊在博斯普鲁斯海峡的联军舰队

阿梅代奥·普雷齐奥西（Amedeo Preziosi，1816—1882）绘

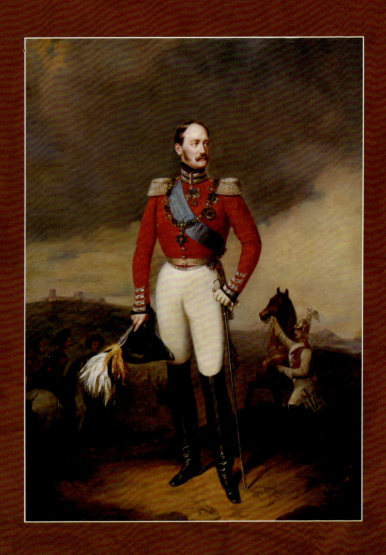

尼古拉一世肖像

弗朗茨·克吕格尔（Franz Krüger，1797—1857）绘

奥斯曼帝国苏丹阿卜杜勒·迈吉德一世、
英国女王维多利亚和法国皇帝拿破仑三世

作者不详，法国国家图书馆藏

战斗中的朱阿夫士兵

亚历山大·拉琴斯基（Aleksander Raczyński，1822—1889）绘，
利沃夫国家美术馆（Borys Voznytskyi Lviv National Art Gallery）藏

两个朋友，1855 年塞瓦斯托波尔

伊波利特·贝朗热（Hippolyte Bellangé，1800—1866）绘，
布罗迪克城堡（Brodick Castle）藏

海军上将纳希莫夫

作者不详

圣阿尔诺元帅

夏尔－菲利普·拉里维埃
（Charles-Philippe Larivière，1798—1876）绘，
法国历史博物馆藏

拉格伦勋爵

威廉·索尔特
（William Salter，1804—1875）绘，
英国国家肖像馆藏

切尔纳亚河战役

杰罗拉莫·因杜诺（Gerolamo Induno，1825—1890）绘，
卡里普洛艺术基金会（Artgate Fondazione Cariplo）藏

《泰晤士报》记者威廉·霍华德·罗素

罗杰·芬顿（Roger Fenton，1819—1869）摄，
美国国会图书馆藏

巴黎和谈

爱德华·路易·迪比夫（Édouard Louis Dubufe, 1819—1883）绘，
法国历史博物馆藏

弗洛伦斯·南丁格尔

亨利·赫林（Henry Hering，1814—1893）摄，
英国国家肖像画廊藏

彩插图片均来源于公版图片

指出，英军的进攻不会产生很大的效果，因为它只是从正面攻击俄军一侧，而不是以迂回运动，同时从正面和侧面与俄军交锋，而这是唯一有效的进攻方式。但是，最初的计划中确实设想了这种迂回运动，之所以最终没能实行，纯粹是因我们盟友的缓慢、迟钝和拖延造成的。

最终，有人严厉指责圣阿尔诺的"前后矛盾"，那时他闭着眼睛设想让博斯凯的炮兵部队攀爬通向俄军左翼的山坡，那些山坡极度陡峭，以至俄军认为没有必要进行守卫。难道这不正是保罗·德莫莱内斯后来所写的"大胆到了令人难以置信的地步"吗？难道这不是对塔布里赫（Tarbouriech）的朱阿夫、迪普莱西（Duplessis）的猎兵和温普芬（Wimpffen）的阿尔及利亚步兵的过度信任吗？

但是，正如拿破仑所说，军事艺术"全部在于执行"，即使结果没有达到预期，事实上圣阿尔诺确实在阿尔玛取得了胜利，在数百万法国人的心目中，这场胜利洗刷了滑铁卢的耻辱。①

1854 年 9 月 20 日凌晨 4 点。经过一个寒冷潮湿的夜晚，法军阵营里响起了欢快的起床号。前一天晚上最终确定的计划，得到了拉格伦勋爵的完全认同。根据这项计划，联军部署的右翼——土耳其军支持下的博斯凯师——于凌晨 5 点 30 分开始行军。左翼的英军于 6 点动身，中央的康罗贝尔师和拿破仑亲王师于 7 点出发。第

---

① 为向这些部队致敬，建于 1856 年的阿尔玛桥装饰有四尊雕像：一名朱阿夫、一名步战猎兵、一名炮兵和一名"散兵"。"阿尔及利亚步兵"似乎被遗忘了……现在的阿尔玛桥建于 1972 年，只保留了迪耶博雕刻的著名朱阿夫。他的战友们被分散到第戎、拉费尔，以及 A6 高速公路附近的格拉维尔堡。

4 师（福雷师）为后备部队。

法军在煮咖啡的时候，士兵之间会就"即将浇在俄军身上的绝妙好汤"开玩笑。然后，在"打起背包"的号令下，士兵在枪束后列队集合。先是宣读战斗部署，继而上尉向自己的连队发表简短的讲话。不是所有人都像保罗·德莫莱内斯那样的口齿伶俐、浪漫！

第 22 战列步兵团的一位上尉这样对他的部下喊话："看在老天的分上！我们是法国人，对不对？第 22 战列步兵团今天将威名远扬，或者成为懦夫。今天只要有一个士兵掉队，我就用剑刺穿他的肚子！右对齐！"

奥克塔夫·居莱所在的第 20 轻骑兵团属于第 3 师，该师将于早上 7 点开拔，他写道："军队里弥漫着急躁亢奋的情绪。在布满俄军的高原上，敌军排成密集的纵队。其炮兵部队在山坡上布好炮位。在山脚下，阿尔玛河畔布置了众多狙击兵。骑兵覆盖了山的右翼。在山的左侧，悬崖峭壁在俄军看来足以构成防御屏障。远处，在我们的前方，我们很难意识到即将穿越的地面有多么高低不平。军队的行军直到河边都将比较轻松，但河的左岸很陡，河岸山坡上长满了葡萄树。我们刚越过阿尔玛河，就必须开始攀登高地。在敌军前线的山脚下，有两个村庄——布尔留克（Bourliouk）与阿尔玛塔马克，它们是敌军的第一个据点。在我们左侧，英军前方，山坡上布满了火炮和大批的步兵。从 6 点到 10 点，我们一直在等待出发的命令……"①

---

① Octave Cullet, *op. cit.*, p. 72-73.

仍须等待，这自然是因为英军还没准备好。

早上 5 点 30 分，按照计划，博斯凯的第 2 师和土耳其特遣队 216 离开了他们的宿营地，与海岸线保持着大约 1 公里的距离，沿海岸线向阿尔玛河行进。6 点 30 分，他们已经聚集在平原上，即将到达河边。而我们的盟友本该在 6 点就出发，却还没有任何动静。

巴藏古写道："康罗贝尔将军一刻也没有耽搁，立即去晋见元帅。元帅已经骑马离开了他在防线后方的宿营地。一得知情况，他急忙派遣参谋部的一位军官，朗松少校（le Commandant Renson）去找博斯凯将军，让他停止行军，等待迟到的英军。与此同时，特罗许上校跃马全速向英军总部飞奔而去。那时已经 7 点。无论上校如何快马加鞭，在地势高低不平，被各路人马的露营地占据的地面上骑行将近 8 公里的路程，还是花了他半个小时的时间。元帅的副官穿过英军防线，他们还在营地里，丝毫没有为约定的行军做任何准备。然而当特罗许上校到达司令部时，拉格伦勋爵已骑在马上。

特罗许说道："阁下，元帅认为您的部队作为战线的左翼，应该在 6 点开拔。"

拉格伦勋爵平静地回答道："我正要下达命令，士兵们准备好，我们就出发。我的部队有一部分夜里很晚才到露营地。"

上校继续说道："恳求您，阁下，请抓紧时间，每耽搁一分钟，我们就少一分成功的机会。"①

但英军直到 10 点 30 分才准备好。至于俄军，"多亏"了我们

---

① Bazancourt, *L'Expédition de Crimée*, *op. cit.*, tome I, p. 203.

的盟友，他们有充足的时间弄明白，五个小时前，博斯凯在他们眼皮底下的行军只是一个次要的军事调遣，甚至只是一个诱敌之计，联军的主要力量针对的是他们的右翼和中央。因此，缅什科夫非但没有撤走其中央的部队以加强两翼的力量，他还撤走了左翼的部队以巩固中央和右翼。圣阿尔诺珍视的"士气效应"已经丧失！

居莱写道："上午10点，我们面前的所有部队都开始行动。朱阿夫和海军陆战队疾步穿过平原，拿破仑亲王师①在中央，士兵们穿着带风帽的军大衣，军官们则身着阅兵服。我们的行军持续了一个半小时，时值正午，我们离河只有几百米远了。敌军狙击手向我们的第一旅猛烈开火。炮火的硝烟笼罩了整个高地，我们周围的土地也开始接受炮弹的翻耕。在我们的最右边，博斯凯将军的部队沿着海岸前进，他的各个旅似乎消失在悬崖的裂缝里，他的炮兵部队紧跟在纵队后面。"

博斯凯的行动将在很大程度上决定最后的胜利。因为必须等待拉格伦勋爵的部队，他不得不在河这边停下来。他命令士兵们架好枪，自己骑着马，在炮兵指挥官的陪同下，去探查峡谷和山坡，寻找可行的通道。他确认了两个通道。一条通道要求他的部队在水齐腰深的阿尔玛河口渡河，然后沿着一条陡峭的，一次仅能供一人通行的小道攀爬悬崖。博斯凯将这条通道指定给布阿将军的旅。② 另一条通道只能

---

① 拿破仑亲王是第3师的指挥官，下辖第20轻骑兵团。

② 第3猎兵团、第7轻骑兵团、第6战列步兵团加上两个装备好的炮兵连和一个工兵连。

让士兵们在被烧毁的阿尔玛塔马克村附近渡河后，借助凹凸不平的地面，互相扶持着，如山羊般攀爬几乎是峭壁的山坡。奥特马尔将军（le Général d'Autemarre）的旅只能将就利用这条通道。①

但火炮怎么办？奥特马尔的部队面对的一条只有骡子才能走的崎岖山道，它发端于峡谷，极其狭窄陡峭，很多地方路都断了，因此要把马拉的火炮运上去似乎是一场赌博。不过，没有什么能阻止非洲士兵！第 3 朱阿夫团的士兵们已经攻下了最前面的山坡，追赶着敌军的散兵。他们像猴子一样敏捷，攀爬五六分钟后登上了山脊，他们的膛线枪的精准射击令俄军无法靠近。

没有什么可犹豫的了。巴藏古写道："如果套车的牲口走在前面，车辆肯定会翻倒在峡谷的底部，因为在峡谷的好几个地段，被水流冲断的道路都留下宽而深的裂口。炮手们把他们的行囊丢在坡道的下方，以便更灵活地应对任何可能的状况。他们将自己置于车轮附近，以便在地面塌陷的时候稳住车轮。士兵们接到命令，如果马匹不肯前进或想抢头，就用军刀抽打它们。信号刚一发出，炮兵班与辎重车就极速出发了……"②

法国炮兵就这样变成了轻骑兵，在一条路上飞速前进，缅什科夫在他给沙皇的报告中，将这条路描述为"一道狭窄的山谷中几乎没有开辟的小道"。

二十分钟后，巴拉尔少校（le Commandant Barral）在高原上就

218

---

① 第 3 朱阿夫团，第 50 战列步兵团，土著步兵团或阿尔及利亚步兵团。后者正是在阿尔玛战役中赢得了辉煌的声誉，直至 20 世纪 50 年代建制消失。

② Bazancourt, *op. cit.* p. 209-210.

位的第一批火炮向明斯克团第2营开火，这令俄国人惊愕不已，第
2营尽管非常英勇，但在左翼孤军作战，无法坚持很长时间。让炮
兵贸然进入第一线与步兵作战？缅什科夫起初无法相信这样的大胆
之举！最终，莫斯科军团赶来救援，尽管巴拉尔损失了一半的炮手
和大部分马匹，但在两个小时内，他的12门炮在与俄军的交火中
始终保持着优势，俄军试图用16门炮，继而32门炮，最后48门
炮让巴拉尔的炮熄火，都未能奏效。

当第一声爆炸声响起，第一团白烟在离悬崖不远的山脊上升起
时，法军队伍中爆发出巨大的欢呼声。在圣阿尔诺周围，几名军官
仍然不敢相信，他们认为开火的是俄军火炮。

元帅喊道："不是，我看到红裤子了！我认得出来，那是我的
老伙计博斯凯的非洲军团！"然后，他以那种无可置疑的优雅姿态，
举起他那顶白色羽毛帽子，转向他的参谋人员，说道："先生们，
这场战斗将被称为阿尔玛之战。"

那时，整个法军防线上都燃起了战火。

居莱写道："朱阿夫们与海军陆战队驱赶着敌军的散兵，越过
布尔留克村右边的阿尔玛河，大胆地开始攀登高地。① 炮弹雨从我
军第1旅的头顶上掠过，翻耕着我们周围的土地。但我们已经前进
很远，超出了炮弹的杀伤范围。炮弹在我们头顶上呼啸而过，落在
我们身后的土地上。我们以营为单位大规模行军，肩扛长枪，直奔

---

① 他们隶属于第3师（拿破仑亲王师）的第2朱阿夫团（克莱尔上校）与第4海军
陆战队团（贝尔坦·杜夏多上校）。

河边。亲王就在我们中间，镇静沉着，不愧是一位拿破仑［……］
我们迅速渡过了阿尔玛河；在河对岸为贝特朗少校（le Commandant
Bertrand）的炮兵队开辟了一条路，所有人都跟在已经上到山顶的　219
朱阿夫后面爬山。"①

　　这时，圣阿尔诺意识到，博斯凯的行动，虽然在原计划中是次
要的，但已经成为决定性的行动，因此他启用了后备部队，命令福
雷的一个旅前进支援拿破仑师，虽然该师不得不推迟出发时间以和
英军保持联结，而另一个旅则向前突进以加强康罗贝尔师与博斯凯
师。托德莱本对于这个巧妙的举措记录道："在博罗季诺团和与博
斯凯师交战的部队之间的空地上，法军指挥着 24 个营、28 门
火炮。"

　　居莱中尉继续写道："在我们的右侧，康罗贝尔师也在攀爬。
每门火炮都有 10 匹或 12 匹马牵引。士兵们推着车轮，锐气令人赞
叹。直到现在，炮弹在我们头顶上飞过。托马将军（Le Général
Thomas）在爬第一个山坡时大腿被击中，摔下马来。我们终于爬到
高原顶部，在那里目睹了一场激烈的战斗场面：在最右边，在俯瞰
敌军阵地的一个山脊上，博斯凯师用火炮连射和步枪齐射的火力覆
盖了俄军的左翼。② 在高原中央，密集的敌军，庞大的炮兵部队被
康罗贝尔师击退，第 2 朱阿夫团，海军陆战队们在赶来的福雷第 1
旅的支援下，向这批俄军发起猛扑。敌军在他们的驱赶下一边缓慢

---

① 　Octave Cullet, *op. cit.*, p. 73-74.
② 　俄军骑兵两次试图赶走博斯凯。由于没有法军骑兵的对抗，最终是舰队的火炮让
俄军骑兵无法靠近。

撤退，一边向这些勇猛的军团开火反击。"①

这些士兵确实勇猛无畏，而且行动上极少循规蹈矩！特别是那些朱阿夫，不仅俄国人对他们的表现感到震惊，联军也如此。因此，第2团的士兵刚到达阿尔玛河左岸的葡萄园，就开始正式收割葡萄。一个绰号"比比"——从来没人知道其真名——的巴黎人就是个例子。

佩雷上尉写道："他拿起一串葡萄，举到空中，对着战友们喊道'枫丹白露的夏瑟拉！枫丹白露的夏瑟拉！'士兵们纷纷跑去拔

220 掉藤蔓，大声喧闹着，模仿巴黎街头和中央菜市场的吆喝声。这一幕令拿破仑亲王和德莫内将军（le Général de Monet）感到惶惑，他们找到监督部队攀登高地的克莱尔上校，对这次进攻的混乱做出批评，并表达了他们的担忧。

"上校用他那带着鼻音的弗朗什孔泰口音回答道：'随他们去吧，随他们去吧！在战斗的日子里，当我的团行动的时候，我就让他们引领我，他们总能把我带到该去的地方。'俄军的三个营假装要封堵第2朱阿夫团的道路，转瞬之间他们就被击溃。"②

法国士兵的所有优点——以及所有缺点——似乎都体现在这些人身上，圣阿尔诺在给皇帝的报告中对他们发出的赞叹是恰如其分的："朱阿夫是世界第一流的士兵！"③

---

① Octave Cullet, *op. cit.*
② Perret, *op. cit.*, p. 111–112.
③ 在朱阿夫身上可以发现 1848 年一代很多巴黎年轻人的影子，他们被制服的异国风味和这种民间骑士的放纵不羁——如果不是果敢大胆的话——所吸引。

至于我们的英国盟友，没有什么比他们在俄军滚滚炮火下的行为更能显示其民族性格的深层特质：他们表现英勇，但落后了半个世纪，他们的将领均年事已高，仍像在第一帝国时期与西班牙的战争中那样指挥战斗。法军已经上到高原，英军还在缓慢地爬坡，径直朝着防御工事行进，如果他们早点起来，如果他们在敌军的炮击下表现出更多的主动性和灵活性，他们就可以绕过这些防御工事，他们本可以通过迅速推进，以完美无缺的队形应对敌军的连续发射而不是成散兵线的作战方式来遏制炮击的杀伤力。

就像在阅兵时那样，他们无所畏惧地前进，完全无视成群成队倒下的士兵，自动填补他们留下的空缺，他们依令停止前进只是为了在敌军炮弹和连射的狂轰滥炸下进行精准的齐射。正如圣阿尔诺后来所写的那样，这也许是"崇高的"，但这已不是1854年的致命武器所要求的战争。

一位朱阿夫后来写道："英国人攻打一座棱堡，就像在一场盛大的晚宴中喝马德拉葡萄酒那样端庄有礼。就在他们拿腔作势的时候，仆人在他们眼皮底下拿走了杯子。"

无论如何，所有的目击者——首先是元帅——都对英军的冷静勇敢和团结一致赞不绝口。[1]

221

---

[1] 当然，战争结束后，特别是法英关系恶化时，会有很多关于双方对最终胜利贡献的争论，不仅是阿尔玛之战，还有塞瓦斯托波尔之战。在关于克里米亚战争的各种书籍中，亨利·拉舒克少校的文本开反英情绪之先河，他在由乔治·布隆指导完成，1965年普隆出版社出版的著作《世界战争史》中，就阿尔玛之战的胜利这样写道："英国人什么也没做……"（第3卷，第18页）

接近下午 4 点的时候，俄军的左翼和中锋开始撤退，右翼仍在顽强抵抗拉格伦勋爵的军队。这支英军部队"像指挥官的雕像那样威风凛凛，气势汹汹地行进着，将自己强有力的大手按到敌军身上"①。但指挥俄军右翼的将军戈尔恰科夫公爵看到法军的几个师在圣阿尔诺的命令——"去帮英国人，先生们！"——下突然向他猛扑过来，于是也选择了有序撤退。因为正如托德莱本所写的那样，的的确确是在"最后时刻"，俄军"突然发现自己的侧翼被法军的火炮包围了"。如果塞瓦斯托波尔的英雄的话是可信的，那么正是元帅指挥的"这场突袭决定了有利于英军的行动的胜利"。②

就是那时，整个俄军再无立足之地，开始慢慢地向南，朝着卡查河撤退。

居莱写道："我们追击俄军的行动持续了一个小时。敌军最终变成了天边的几条黑线。我所在的旅返回战场。我们的队伍散开来以免踩踏敌人的尸体。士兵们每走一步都俯身将自己水壶里的水分给可怜的俄军伤兵喝。"③

实际上，我们不会再追击敌军。最多只会对撤退的敌军进行几次炮击，发射几枚康格里夫火箭，但是他们的骑兵似乎随时准备进行反攻。因为俄军右翼虽然最终被击退，后方却并未受到攻击，他们只是在经过数个小时的血腥激战之后才开始撤退，这场战斗无论对英军还是戈尔恰科夫的部队来说都死伤惨重。卢肯勋爵（Lord

---

① Paul de Molènes, *op. cit.*, p. 60.

② Todleben, *op. cit.*, tome I, p. 198.

③ Octave Cullet, *op. cit.*, p. 77.

Lucan）的 1200 名骑兵长时间被困在阿尔玛的沼泽地里，他们主动向前推进，但违背了拉格伦勋爵的意志，他不得不发出三道紧急命令来阻止他们。愤怒之下，骑兵们放走了他们已经抓捕的俘虏。 222

克莱蒙-托内尔上尉在给父亲的信中写道："我们只要有 1200 匹马，就肯定能俘虏 6000 名俄军。"不幸的是，阿非利加猎兵团和远征军的龙骑兵团还在保加利亚。因此，除了元帅的私人护卫队以及从第 4 轻骑兵团抽调出来的信使与护卫队，法军里没有骑兵部队。而法军的步兵部队此时已疲惫不堪，更何况士兵们饥肠辘辘，而且当中大部分人在奋力前进时，将他们的行囊丢在了山坡脚下，就像他们在非洲时那样。

尽管土耳其军几乎并未参与战斗，由于对自身缺乏足够的信心，各方必须停火，给自己一个喘息的机会去救护伤兵，掩埋死者。圣阿尔诺损失了大约 1400 人，其中 250 人阵亡。拉格伦勋爵损失了大约 2000 人，其中 350 人阵亡。根据托德莱本的说法，俄军有 5709 名士兵失去了战斗力，其中 1800 人阵亡。

英军的罗斯准将（le brigadier-général Rose）写道："有些地方，大批俄军尸体紧密地挤在一起，因此掩埋时只要往上面撒土就全部覆盖，无须给每具尸体都挖一个坑。"

倒在阿尔玛高地上的这八九千名士兵，是一个痛苦的预兆，预示着即将到来的战争屠戮……

凌晨 5 点 30 分，战斗都已结束。最后几枪是炮兵后备部队指挥官拉布西尼埃（La Boussinière）开的，他带领 20 多名士兵策马狂奔，追击缅什科夫的座驾，最终他与五人扣押并占用了这辆车，并获得了这位俄军总司令的信件。①

　　在过去的十二个小时里，圣阿尔诺元帅在战斗洪流和将士们的战斗激情驱动下，骑着战马纵横驰骋于战场上，他的体力已经达到极限。与取自贝朗热（Bellangé）画作的那副著名民间版画所暗示的相反，总司令从来不需要由两名骑兵来搀扶——更何况，阿尔玛根本就没有两名铁甲骑兵！但卡布罗尔医生在元帅的勤务兵多盖（Dauguet）的协助下，寸步不离他的病人，他写道："我们时不时递给他一杯马沙拉葡萄酒，没人知道我们将一块包裹在绒布袋里的强磁铁递给他。在此之前，元帅会停歇片刻，在马鞍上弯下腰来。于是我们走到他身边，多盖递给他银杯，他一饮而尽，与此同时将磁铁递给他，让他把磁铁贴在心脏和上腹部位。这样做能暂时缓解他的痛苦，支撑他去往他认为该去的地方。"②

　　很快，几具俄军的尸体被移走后，地上铺了一件红色的斯帕希斗篷，元帅可以在上面躺下休息一会儿。而此前，在尸横遍野、残骸遍布的战场上，他执意骑马检阅其胜利的部队，活着的士兵站在死尸之间，空缺的位置还没有被填上，很多分队都不见其领头的军官。③

　　这是一场既壮丽又残酷，既辉煌又阴郁的检阅，仿佛元帅希望

223

----

　　① 前一年，他担任著名的"俄国特使"时，正是坐着这辆车到达君士坦丁堡。

　　② Dr. Cabrol, *op. cit.* 从卡布洛治疗心包炎的方法可以看出，第二帝国早期的医学与莫里哀时代的医学相当接近。

　　③ 指挥第1师的康罗贝尔将军胸部被两块弹片击中，受了轻伤。指挥第3师第2旅的托马将军大腿被弹片击中，将不得不撤离。

在这一神圣辉煌的时刻，向那些他深沉爱着的士兵，也向给予他更多痛苦而非骄傲的军事生涯，做一个华丽的道别。很快，在这个炽烈日子的阳光下，在战斗的轰隆声中，元帅脸上充满活力的坚毅神情消失了，面容重新变得憔悴而苍白。

早上6点，军队在战场上建立了宿营地。四个小时后，元帅的两顶帐篷已经搭好，他可以在工作台前兴奋地开始工作了。

他在《日记》里写道："多么美好的一天！拿破仑的王朝已经过去二十年了，我们的士兵仍然是奥斯特里茨和耶拿的法国人。"

他在给夫人的信中写道："胜利了！胜利了！我最亲爱的路易丝［……］没有什么能抵挡法国人的锐气，也没有什么能对抗英国人的秩序和坚固。"

他给皇帝寄去一份热情洋溢的报告，在报告中，他优雅地将功臣的角色归于部下，光明正大地承认盟友在那天的胜利中所起的重要作用。就他个人而言，向所有人证明只有他是对的足矣。两天后，他在给兄弟的信中写道："今天，所有人都在赞扬我，而一个星期前，没有一个人赞同我的意见。态度转变得太快了。从14日开始升温，20日晚上欢呼声开始沸腾，而现在，甚至连拿破仑亲王和剑桥公爵都觉得我是个伟人。唉！人啊……"

就像长期以来的每个夜晚那样，阿尔玛宿营地之夜几乎又是一个不眠之夜，但至少这一夜他可以安然度过。

片刻的满足过后，他思考着小伍长①的名言："没有骑兵，胜利就是无望的。"

因为，自9月20日晚上起，一个重大而棘手的问题很自然地摆在了面前："是否应该立即向前推进？"

圣阿尔诺之死与原计划的废弃

很明显，俄军正在全面撤退。9月20日晚，他们只会在南面几公里外的卡查河边宿营，不会再在那里投入第二次战斗。21日，他们将渡过贝尔贝克河，不做停留，更何况那里的地形无论正面还是侧面都不适合防御阵地。缅什科夫已意识到自己在联军面前的技术劣势，认为没有比着手塞瓦斯托波尔保卫战更紧迫的事情了：必须加固工事、增加补给、重组部队。他无须为手下官兵的行为感到羞愧，正相反，他们表现出一贯公认的俄军鲜明的军事素质——坚固的防守、顽强的勇气、牺牲精神，因而令对手钦佩不已。他们很快就会表明，芬兰元帅曼纳海姆（le Maréchal Mannerheim）在接下来的一个世纪中所写的"任何其他欧洲人都无法想象的，俄国士兵难以置信的吃苦能力"可以达到何种程度。

225　　他们的损失虽然严重，但尚属适中。他们在炮兵和骑兵的掩护下，组成坚实的方阵，秩序井然地进行撤退。即使局部偶有混乱或

①　"小伍长"是拿破仑一世的绰号。——译者注

恐慌的骚动，士兵们也丝毫没有丧失士气。尽管如此，他们还是沉痛地意识到自己在西方人面前的劣势，而托德莱本所强调的西方人的"巨大优势"，实质上要归功于"膛线枪前所未闻的效力和射程"。

因为朱阿夫们的膛线枪或猎兵们的卡宾枪可以在 1200 步外开火，而装备滑膛枪的俄军必须走近到距离目标 300 步的地方才能开火。野战炮兵也有同样的问题：法国炮的射程比俄国炮射程远，同样的火炮可以无差别地发射榴弹或球形弹，并且炮弹口径比俄军的射弹要大，而俄军的射弹则需要不同的炮，加农炮发射圆炮弹，榴弹炮发射榴弹。如果俄军炮手想进入射程范围，敌军狙击手只要消灭副炮手，逐个射杀军官，就能轻易阻止他们的行动。

至于俄军的战术同他们的武器装备一样过时："单兵训练、士兵的自发性、射击的精准性和越来越重要的散兵作用对俄军来说都是陌生的新鲜事物。在队伍中茫然被动的俄国士兵只能机械服从一成不变的命令。在三月广场上进行大规模军事演习可以显现出惊人的精确度，但在战场上，同样的部队实际上已经不再具有机动能力，或者，为了机动作战，它需要大量时间，而一支更灵活更迅捷的敌军便会立刻获得可乘之机。"①

俄军并没有从其无休止的高加索游击战中吸取法国人在阿尔及利亚认真汲取的教训。因此，在阿尔玛遭受的这第一个打击对

---

① Camille Rousset, *op. cit.*, tome I, p. 230-231.

它来说十分惨痛！在与法英联军的每一次荒野交战中，它还遭受其他越来越血腥的打击，而俄军士兵，被温顺地带进屠宰场的穆吉克①，将自我反思、吸取教训，从而对一种制度——几个世纪以来的个体服从大众，主动精神屈从盲目服从——进行第一次深刻的质疑。

至于上帝的庇护，它在哪里？那么，作为上帝在尘世的代表，沙皇的权力与西方的技术相比又有什么价值呢？

上面提到的德意志医生在他的《日记》中写道："在阿尔玛开始的战争是一场可怕的战争。不，这不仅仅是一场战争，这是一个新的历史时期的第一阶段……"

9月20日晚，俄军虽然没有丧失士气，也没有被击垮，却产生了极大的动摇。

那么，联军的一次强力推进能否颠覆一切？

托德莱本认为"可以肯定的是，如果阿尔玛战役之后，（敌军）立刻向北方阵地进军，他们就不会遇到我们从那时起才有时间建造的一半的防御工事和后来为他们设置的障碍。因此，不难预测这件事的结果是什么，也不难预测两个交战国中的哪一方会得到命运的眷顾"。

立即行军，这是圣阿尔诺的计划。元帅认为，在阿尔玛河上宿

---

① 穆吉克（Moujik）：帝俄时代的农民，庄稼汉。——译者注

营一夜后，在伤员连同俄国战俘被集中带到岸边，由舰队负责照料后，必须坚定地向"北方大堡垒"进军。

拿破仑三世后来对卡斯特拉内元帅说道："圣阿尔诺想立刻向北推进，但拉格伦提出了反对。与盟友联合行动始终是一个难题。"①

至于圣阿尔诺，他在9月21日的日记中写道："逗留；掩埋死者，疏散伤员；更新弹药和粮食［……］我担心英国人明天还没准备好，他们有那么多伤员要疏散到他们的舰队上。"

元帅感觉他的时间已经所剩无几，因此比往常更加焦躁不安，他在给兄弟的信中写道："英国人会让我发疯的，他们还没准备好［……］这些人不懂得该如何行动。像这样没法作战，如果哪天我对他们开战，他们就会明白的！"

但是，我们的盟友确实比我们遭受了更严峻的考验，而且，由于在军事部署的左翼作战，他们的伤员位于离海更远的地方，另外，法军的装备中有双椅驼鞍，而他们却完全没有运送伤员的任何工具。② 227

9月21日和22日又是在"等待英国人"中度过的两天。圣阿

---

① Maréchal de Castellane, *Journal*, 27 février 1855, Paris, Plon, 1933.
② 双椅驼鞍放在骡子背上，可以在骡子两边承载或坐或卧的两名伤兵。一些英国伤兵将在战场上待两天两夜，就像这位55团的士兵一样，他的一封信将发表在《格拉斯哥邮报》上。

尔诺写道："俄国人损失了 8000 兵力，1.5 万支步枪和大量武器和装备。如果舰队愿意和我同时发起进攻，利用俄军士气低落的时机，我们也许能拿下塞瓦斯托波尔。我向哈梅林上将提出这个建议，但这位邓达斯是头骡子……"

阿尔玛宿营地要到 23 日早上才撤除。到那天，即使曾经有过机会，也肯定已经错过了。

在 9 月 23 日这一天，短短几个小时之内，塞瓦斯托波尔与圣阿尔诺的命运已定。

上午 11 点，联军正在卡查河畔，突然，从远处塞瓦斯托波尔那边传来一连串巨大的爆炸声。被派去侦察的"罗兰号"蒸汽舰很快带回来一个消息，对圣阿尔诺来说，这个消息比围攻锡利斯特拉时俄军的突然撤退还令人沮丧：俄军做出了一个英勇而绝望的举动，他们在锚地入口处，康斯坦丁要塞与亚历山大要塞之间炸沉了五艘战列舰和两艘护卫舰，因而完全阻断了进入港口的通道，同时破坏了联军——让军队在北部高原的行动与强力进入锚地的舰队的行动联合起来——的计划。这种"对莫斯科战役的模仿"，就像元帅后来写的那样，还将迫使联军刻不容缓地开始寻找港口以便让他们的舰船过冬，他们只能希望在半岛南部找到这些港口，这样一来，他们将会用另一条南-北战线来取代其北-南战线。

因此，联军的整个进攻计划都需被重新审视，更何况那些空闲下来的俄国船员——被炸沉的船的船员和另外一些再也没有海战机会的船员——立即加入城墙工事，组成了 12 个新营。他们都是些非常厉害的士兵，大部分来自黑海地区，世代都是水手。

缅什科夫任命海军少将科尔尼洛夫与纳希莫夫守卫城北和城南 228 区域，他们将成为保卫塞瓦斯托波尔的核心人物，这座城市本身将变成"一艘巨大的船，船体的材料不是橡树，而是泥土和石笼，整整几个月内，俄军对它的保护都令联军无法靠近"①。

9 月 23 日这一天，对塞瓦斯托波尔来说，似乎只要倾尽全力，便有回旋的余地。但对于东方军总司令来说，尘埃落定。

当部队向卡查河进军时，看到九天来元帅每天在马鞍上度过十个小时后，他们有了信心，确信"他不可能死去"，就像卡布罗尔医生写的那样。

实际上，元帅已经虚弱不堪。人们猜测这是由于从瓦尔纳出发时就已经再次显现的霍乱，或者由于正在袭击联军的新疫病的影响。因为在俄军中肆虐的霍乱已经波及克里米亚土地上的胜利者。在阿尔玛之战的前一天，一个赶骆驼的人死在了路上。在战斗当天，联军中还只有零星几个感染霍乱的病例。但到了 23 日，卡布罗尔医生仅在法军中就登记了 25 例，而英军中感染霍乱的人数比法军还要多。

在卡查河畔的宿营地，士兵们看到远处塞瓦斯托波尔出现第一

---

① Alfred Rambaud, *Français et Russes*, *op. cit.*, p. 172.

批防御工事——北方堡垒和托德莱本建造的前方工事——时的心情堪比 1099 年十字军战士见到期待已久的耶路撒冷城墙时的心情，法军队伍中尤其一片欢欣鼓舞。23 日深夜，朱阿夫们仍在摆弄营地中央的电报机取乐，他们说："既然俄国人不想打听我们的消息，那我们必须送给他们一些消息。"

而他们的元帅却度过了一个可怕的夜晚。

24 日早晨，对元帅病情极度担忧的拉格伦勋爵和拿破仑亲王来到他的帐下看望他。人们劝他不要再骑马，但他坚持要跃上马鞍，最终由于体力虚弱不得不放弃。他低垂着头，被人抬到缴获的缅什科夫的马车里，在车中他将度过病痛煎熬的最后时刻：感染霍乱令他腹如刀绞，他不得不几次让马车停下，在卡布罗尔医生的搀扶下隐入灌木丛中，前来辅助卡布罗尔医生的优素福见老友的身体衰弱至此不禁心酸落泪。在一次痛苦的停车间歇，元帅陷入昏厥。

他极度虚弱地躺在马车里的一张床垫上，胸前紧紧抱着夫人和女儿的画像，就这样于当晚抵达贝尔贝克河畔的宿营地。他面色黯淡，五官扭曲，尤其是鼻子歪向右边。他鼓足力量给妻子写信："今天我感觉好些了……"但卡布罗尔私下向特罗许上校说："除了其他病痛之外，他还得了慢性侵袭性霍乱。"

9 月 25 日，元帅在《日记》中写下了他的最后几句话："不能再浪费时间了，必须夺取巴拉克拉瓦。我的粮草只够维持五天。几例霍乱、暴风雨的天气、我的身体状况、比比科夫公爵（le prince

Bibikov）被洗劫并烧毁的府邸［……］太糟了！"①

　　同一天，拉格伦勋爵写信给纽卡斯尔公爵说元帅决定第二天一早辞去指挥权。

　　24日晚，在贝尔贝克河畔的宿营地召开了一次军事会议，会上正式决定放弃从北面展开进攻的计划。最初的计划确实变得更加充满变数，因为舰队无法再有效地参与作战，北方堡垒周围的防御工事还得到加强，另外，俄军在港口停泊了八艘军舰，一旦北方高原被英法联军占领，俄军强大的舰炮就可以对它展开炮击。他们甚至故意让军舰倾斜以延长火炮的射程，使火力更加强势。此外，塞瓦斯托波尔的入口现在已被阻断，那么下一个适合登陆的港口在哪里呢？

230

　　联军选择向巴拉克拉瓦进发，那是一个安全的港口，在克森尼索的岩石高原上从南面进攻要塞之前，军需物资和攻城设备可以在那里登陆。

----

①　9月24日，比比科夫的别墅被洗劫一空，引发众多怒评。但那只是习惯了阿尔及利亚战争的士兵的个别过激、令人遗憾行为，这些士兵对受伤和被俘的俄国士兵表现出同情且几乎友好的态度，但对被主人遗弃的财产却极少在意。英军士兵是否再在意他人的财产？如果其中一位士兵的说法可信的话，他们"不敢拿一块木柴来煮咖啡，因为害怕受到军事法庭的审判"。关于比比克夫别墅，陪同法军的一位《晨报》记者写道："一些侦察兵找到了通往地窖的路。多么遗憾啊，因为消息一传开，指挥官认为这不是纵酒狂欢的时刻，就下令撤离别墅并将其焚毁。于是，每个士兵都带走了几件家具。"这位记者忘了说明，其实是英军士兵开始的这场洗劫。至于元帅也犯了一个错误，他接受朱阿夫送给他的一个"属于亲王夫人的"独脚小圆桌，想把它作为礼物送给夫人，作为对克里米亚战争的纪念。这个缺点不像是他的作风，很可能是由于健康与意志的衰退，以及对他宠爱的朱阿夫们的放纵所致。三天后，英军刚一到达巴克拉瓦，就毫不客气地将那里为数不多的几栋宅邸从上到下洗劫一空，以至拉格伦勋爵不得不派出两个连的精锐士兵来恢复秩序。诚然，自从在老堡登陆以来，所有人的生活条件都非常艰难。

9 月 25 日这一天，联军离开贝尔贝克，向切尔纳亚河（la rivière Tchernaïa）行军，他们将在那里宿营，然后抵达热那亚人的要塞遗址，斯特拉波①笔下"狭窄的港口"，一个希腊人的小村落，自 1770 年"起义"失败后，奥尔洛夫从奥斯曼帝国的镇压下解救出来的希腊人聚居于此。英军以其一贯的拖延在塞瓦斯托波尔以东的这次迂回行动中却充当了领头人的角色，在一片树木繁茂、沟壑纵横的土地上盲目发起这样的行动是极端的大胆冒险之举，足以成为几代纸上谈兵的战略家们的批判对象。

行动进展大致符合原定计划，除去这两个状况：在行动过程中，我们的盟友与向巴克切-塞拉伊（Baktché-Séraï）进军的俄军后卫部队不期而遇，在这场小规模战斗中英军取得了优势；法军不得不在一个叫作"麦肯齐农庄"的地方建立一个条件简陋的宿营地，由于英军刚刚排干了那里的水井，因此那个营地被士兵们称为"干渴之营"。②

第二天，9 月 26 日，在切尔纳亚山谷，圣阿尔诺派人找来康罗贝尔以便正式将指挥权移交给他。他决定完成并签署他写给东方军的动人的告别书，这封告别书是特罗许在向老堡挺进的渡海途中起草的，那时人们以为元帅已经不行了。圣阿尔诺哀叹道："士兵们！你们会同情我，因为我遭遇的不幸是巨大的，无可弥补的，也许是绝无仅有的……"

---

① 斯特拉波（Strabon，公元前 63 或 64—公元 23）为古希腊地理学家、哲学家、历史学家，著有《地理学》与《历史学》。

② 麦肯齐是为叶卡捷琳娜二世效力的俄罗斯黑海舰队的海军上将。

载着元帅的宽大马车由并排的三匹马拉着，在连接切尔纳亚和巴拉克拉瓦的唯一道路上缓慢前进。一路坑坑洼洼，布满了俄军散落的残渣碎片，堆满了必须推到峡谷里的废弃货车。好几次，护卫队的斯帕希们不得不抬起马车以避免颠簸引起元帅的疼痛。夸特莱尔·莱皮纳写道："这支悲伤的队伍就这样向前移动着，看起来像是一辆灵车，后边跟着面带悲伤的参谋官们。整个军队只能看见一只瘦弱的手时不时从门帘里伸出来，看不见其面容或躯干。"①

一位年轻的炮兵上尉，雷比洛男爵（le baron Rebillot）正好在车队经过的路上，他写道："很偶然地，我遇到了将元帅运往巴拉克拉瓦的破旧马车，他将在那里上船［……］马车缓缓地行驶着，然后停了下来。这位气息奄奄的英雄希望随从为他采一束山谷草地中盛开的鲜花。车厢深处元帅脸色苍白，用他虚弱的手在我深深的鞠躬面前缓慢地做出一个亲切的姿态，这就是我最后看到的这个人的样子，弗约（Veuillot）说他在最大的一张裹尸布里死去，胜利将他宠爱的战士包裹于其中。他在世界的注视下进入了历史，我谦卑的敬意与三个国家的敬意交织在一起［……］但作为一名滑铁卢战败者的儿子，我心中的这些情感还夹杂着一丝感激之情：元帅是第一个让我在欧洲战场上听到法国胜利炮声的人……"

因为英军还没有完全占领当地，所以直到 28 日晚上，这支悲伤的队伍才到达巴拉克拉瓦，关于这个小镇，元帅写道："刀削斧

---

① Quatrelles l'Épine, *op. cit.*, p. 441.

劈般的悬崖底下的大海宽约 200 米：这是港口。一座古老的城堡，几栋房子，仅此而已！"

他被放在一个匆匆整理出来的担架上，他让女婿兼参谋官德·皮伊塞居尔上尉（le Capitaine de Puységur）给他读信，然后躺在一张床上，度过了他在这个世界上的最后一夜。这是极度痛苦的一夜，元帅经历了先两个小时的谵妄，然后是彻底的虚脱。

9 月 29 日上午 8 时，拉格伦勋爵与海军准将莱昂斯（le Contreamiral Lyons）前来向元帅做最后的告别。据卡特莱尔·莱皮纳所述，元帅再次挺直了身体以向盟友展现良好的形象，他似乎向拉格伦勋爵说："我好多了，阁下。海边的空气，我妻子的照料会让我很快恢复健康……"① 但始终在元帅身边的卡布罗尔医生并不记得这最后的优雅，他写道："他的神智已经不那么清楚了。元帅徒劳地想和拉格伦勋爵说些什么。可以看出他已经丧失思绪，双唇紧绷，讲不出话来。"②

然后，对元帅有着真挚感情的两位老兵哭着离去，将位置让给了东方军两位首席神父中的一位，帕拉贝雷神父。这是一位精力充沛，果敢干练的神父，他的马在过阿尔玛河时被流弹打死，他就引人注目地骑在火炮上爬上山坡。

大约 10 点，"贝尔托莱号"的水手小心翼翼地将元帅抬上船，前一年的四月，正是这艘船将他从土伦载往加利波利。船员们在船

① *Ibid.*，p. 443.
② Dr Cabrol，*op. cit.*，p. 336.

尾临时为他布置了一个露天舱,这里有一张床、一张桌子和一个祷告台。很快,"贝尔托莱号"喷出一缕黑烟,向西南方驶去,"逐渐离去的船上,元帅只能隐约看到塞瓦斯托波尔,而其他人将有幸进入其中的那个骄傲的地方"①。

所有人都悲痛难耐。这些粗犷坚毅的战士泪流满面,从岸上向他们的首领,还有与他一同登船的人:优素福、迪普莱西、亨利、格拉蒙、皮伊塞居尔、普拉斯、克莱蒙-托内尔和卡布罗尔,致以最后的军礼。

有时,圣阿尔诺会发出微弱的感叹:"啊!皇帝!啊!我可怜的路易丝……"

下午 1 点左右,第一声警报将元帅的忠实随从聚集到他身边:圣阿尔诺昏迷了。元帅恢复知觉后,大家各自退下以免打扰他,只有卡布罗尔和迪普莱西留下来照看他。天空晴朗,海面平静,上天似乎要让这位曾经风流倜傥的潇洒军官,扎阿查(Zaatcha)与康斯坦丁之战中英勇无畏的老兵,12 月 2 日政变的主使者,狂热而真诚的基督徒,安详地离开这个世界。

卡布罗尔写道:"一个半小时过去了,元帅没有丝毫动静。突然,他艰难地、抽搐着转过身来,睁着双眼,目光呆滞,脸颊深陷,嘴唇干枯,他向我伸出双臂,眼睛紧盯着我,努力要和我说话。他一连叹了三口气,像是要向我吐出他生命的最后一口气,我看着他,帮他合上眼睛,抚平他面部紧绷的五官,让他的脸重新呈

---

① Quatrelles l'Epine, *op. cit.*, p. 444.

现出生前惯常的表情。从早上开始，经历了各种剧烈的疼痛之后，元帅怀着对妻子、女儿、兄弟、朋友和法国的思恋，就这样几乎没有痛苦地离开了人世。大脑因幻想而平静，内心却充满了无奈与不甘。9 月 29 日夜里 3 点，东方军总司令在巴拉克拉瓦与君士坦丁堡之间的黑海'贝尔托莱号'上去世。"①

233

有朝一日，圣阿尔诺元帅这位伟大的战士会得到公正的评价吗？就像他竭诚效忠的皇帝那样，长期以来，他一直是黑色传奇的受害者，自色当战役的悲剧以来，第二帝国的一切都受到了批判，首当其冲的就是第二帝国的几位创始者。

路易·弗约（Louis Veuillot）在《宇宙报》（*L'Univers*）上写道："巨大的钦佩之情缓和了公众的痛苦。我们可以为元帅感到遗憾，但我们不能怜悯他。在与不可避免的死亡进行了顽强的斗争之后，在为文明做出了巨大的贡献之后，在英勇事迹被载入史册之后，这个结局是如此美丽！他在世人的注视下死去，击出了帝国生命中重要的一剑。三个国家在他的墓前垂下感激的旗帜。而第四个国家，前一天还以为自己主宰着世界，在其命运衰落的那一天也会记住他……"②

① Dr Cabrol, *op. cit.*, p. 341-342.

② 当然，对于教皇绝对权力主义者弗约就像对于圣阿尔诺的"官方"传记作者卡特莱尔·莱皮纳来说一样，元帅是位圣人。而在弗朗索瓦·马斯佩罗（François Maspero）关于圣阿尔诺的传记里则截然相反，他特别强调阿尔及利亚战争中外籍军团军官可能是位"屠杀者"。他没有证据就将圣阿尔诺说成是一位坚定的波拿巴主义者，甚至在他被召回法国之前，这是错误的。而且，445 页的书中只有 25 页讲述元帅在克里米亚战争中的作用。无论如何，尽管有一些错误和老生常谈，分析和判断是诚实的。（*L'Honneur de Saint-Arnaud*, Paris, Plon, 1993.）

在法国，虽然元帅的英雄结局还不为人所知，一个疯狂的谣言却开始流传，夸大了阿尔玛胜利的消息：塞瓦斯托波尔被攻克了！

谣言先传到君士坦丁堡，然后传到各公国，法国驻布加勒斯特的领事在 9 月 28 日给奥赛码头的一封急件中也在传播这个消息。《泰晤士报》转载了这一消息，然后是 10 月 3 日的《箴言报》，但《箴言报》详细提到了消息逐级传播的随机路线，发布消息的时候做了最大限度的保留。

10 月 5 日，帝国政府正式辟谣：塞瓦斯托波尔并未被攻克，俄军未被摧毁，缅什科夫并未与黑海舰队的残骸一同被炸为灰烬……

在被法英联军和俄军的鲜血淹没的克森尼索高原上，目标还远未实现。 234

最初的挫败

圣阿尔诺弥留之际，联军完成了他们在塞瓦斯托波尔周围危险的侧翼行军。他们在高原南部安营扎寨，舰队开始卸货。侦察队被派往各地，此项任务通常被委派给工兵或炮兵部队。大部分的侦察结果都不令人乐观：纤薄的植被下裸露着岩石，可以想见在此开凿战壕，建造工事，部署火炮必将困难重重；树木稀少，且大都被海风吹弯，无论对于即将开始的工程还是宿营地的篝火，木材资源都严重不足；地面上零星散布着几个水塘，但没有活水。整体环境给人一种严峻，甚至无人区的感觉。

10 月 6 日，接替托马将军指挥第 3 师第 2 旅的索尔将军（Le Général Sol）写信给卡斯特拉内元帅："克里米亚并不是一个值得我们从俄国人那里夺取的地区。就让塞瓦斯托波尔被摧毁、港口被填平吧，军队会很乐意在另一个地方重新讨论东方问题！"

至于该如何评估防御能力呢？透过望远镜，军官们惊讶地发现了一些不规则的防御工事，明显是几天内仓促建造而成，却非常适合起伏不平的地形，实际上，它的外观每天都在变化，令人无法制作任何测绘图、报告和草图，因为这些图刚画出来，马上就失去时效了。但是，必须准确估算俄军火炮的口径，计算射程，确定靶场、盲点和地标，而在俄军那边，多年来他们始终忽视使用砖石、堡垒、棱堡、瞭望台、胸墙、逐渐露出地面的街垒是用沙子、柴笼临时搭成。在整个防线上，可以看到成千上万的男人和女人、平民和士兵在挖掘壕沟，搬运石块、原木、石笼、火炮、弹药，忙着将在北面堆积起来，现在已经无用的防御工事转移到南面。可以猜到，这些防御工事的修筑是在一个真正杰出的领导下进行的，在防御工事的背后有 4.2 万人在忙碌，其中有 3.5 万人隶属于陆海军。因为除了托德莱本所说的 "16569 名前线战士" 外，还必须加上仍在船上的水手、海岸炮台的炮手以及工人连，也就是说还有 2 万多人。因此，塞瓦斯托波尔的平民寥寥无几——而且通常是退伍士兵或水兵——这从一开始就为强有力的，甚至孤注一掷的防御留下了充裕的行动空间。塞瓦斯托波尔是一座战争之城，而不是一个首都。城里只有军营和军火库，无须担心敌军的炮弹炸毁博物馆、图书馆或历史古迹中的艺术品或精神宝藏。至于黑海的水手，他们大多是乌克兰裔，习惯于每天与危险打交道。他们被一种近乎痴迷的爱国主义所驱使，对他们的领袖和皇帝充满信心，甚至到了盲目的地步，他们不会被眼前铺展开的战争机器吓唬住。

缅什科夫早已猜到联军的意图，为了阻挠其实现，他决心牺牲自己舰队的一部分。正如皮埃尔·德拉戈尔斯所写的那样，他的计划显示出"近乎狂暴的能量"，这令人想起 1812 年最糟糕的时刻。

因此，还有什么是无法预料的呢？

俄军中也弥漫着焦虑不安的气氛。一位名叫戈尔布诺夫（Gorbounov）的少校讲述道，因为他在阿尔玛丢失了头盔，一位目睹俄军撤退的妇女将此视为明显的恐慌迹象。她不停地问道："你为什么光着脑袋去？"

就像通常在极端紧张的形势下那样，间谍活动盛行，连带着不可避免的叛变的谣言。甚至有人说——风声甚至传到了圣彼得堡——缅什科夫曾坦言："我曾打算卖掉塞瓦斯托波尔，但联军开的价不够高。"

无论如何，在 9 月底，塞瓦斯托波尔已经做好迎接联军进攻的准备。缅什科夫急于保持与帝国其他地区的联络并保留一定的回旋余地，于 9 月 25 日带着他的主力部队撤退到东北部。他知道，如果联军放弃进攻，那是由于缺少兵员，他们只能包围三分之一的要

236 塞。因此，城市的交通将保持畅通，以确保增援部队和物资补给的到来，将时机掌握在自己手中。这样一来，战斗就不再像是严格意义上的"围城"，而更像是两军对峙，甚至就像一位目击者所写的那样，是"两个塞瓦斯托波尔的相互对抗"，从战壕到前方防御工事，从迫近到反迫近，两个塞瓦斯托波尔一米一米地争夺将它们分开的阵地，直至最后的交锋。

但缅什科夫没有意识到的是，为了保住塞瓦斯托波尔，代价就是他牺牲了舰队，从而打破了俄罗斯帝国防御体系的一个基本原则，即始终以纵深和从外围向中心辐射为基础。

缅什科夫执意要守住这个要塞，将它看作一个不能放弃的前哨，因而将防御力量从中心转移到外围，直至资源耗尽。这恰好迎合了联军的意愿，他们永远不敢重蹈 1812 年的覆辙，一旦塞瓦斯托波尔紧接着阿尔玛之后被攻克，他们就不知该如何对待这个胜利。

普夫卢格博士写道："这场斗争何时能结束？如果联军以为占领塞瓦斯托波尔可以结束这一切，那他们就错了。俄国人最不能接受肯定是媾和。当塞瓦斯托波尔被占领时，哪怕喀琅施塔得，圣彼得堡被占领，联军也并不比这场征服前更接近实现他们的期望。"

相反，一个偏僻的要塞变成了一个固定脓肿，将在漫长的几个月内吞噬俄军的有生力量，因为对这座要塞的顽固防守才最有利于联军的计划——联军能充分利用他们的技术和工业资源，凭着他们的蒸汽船，联军离法国和英国难道不比没有铁路甚至没有可供行车的道路的俄军离俄国更近吗？

缅什科夫的行为究竟是出于英雄主义还是孤注一掷，后来对此有过很多争议，但这一点无关紧要。重要的是，对俄国人来说，从塞瓦斯托波尔得救的那一天起，战争就输了，不过当时没有人意识到这一点。

无论如何，在 1854 年 9 月底，摆在俄军面前的唯一真正的问题是法英联军是否会立即进攻要塞。

实际上，两位联军总司令很快就放弃了这一计划：拉格伦勋爵个性谨小慎微，而刚刚被赋予艰巨重任的康罗贝尔不太愿意采取大胆的行动。而且，两个人都很清楚，有利的时机已经过去。虽然没有一个真正的计划，但至少有一个方案，那就是圣阿尔诺的方案。然而，对康罗贝尔和拉格伦勋爵来说，现在的首要目标是保存他们的部队力量。他们清楚地意识到如果塞瓦斯托波尔的胜利不足以结束战争，那么攻城失败必将迫使他们重新登船，最终以灾难结局收场。目前还不清楚要塞是否能抵御全面的围攻，但已经感觉到它有能力击退一场突袭，哪怕只是一场简单的、随意发动的突袭。此外，缅什科夫的军队正在侦查战场，并与帝国的其他地方进行联络，它可以根据自己的意愿和战况选择冲向要塞，适时进行增援，或者重兵扑向联军后方。

因此，如海军上将朱里安·德拉格拉维埃（l'Amiral Jurien de la Gravière）所写的那样，"在整个军队和舰队的默许下，联军在塞瓦斯托波尔前安营扎寨"也就不足为奇了。

围城并非鼓舞人心的选择，因为它几乎不符合战场的政治需要，而且天气似乎对俄军有利，但盲目进攻又过于冒险，因此，康罗贝尔与拉格伦勋爵将选择一个中间方案：进行一些备战行动，为后面的猛攻谋求最大的胜算。他们的计划几乎已经得到所有军官的认同。10 月 22 日，阿尔玛战役的英雄之一，克莱尔上校写信给卡斯特拉内元帅表示，他"奉命指挥由 400 名朱阿夫和 300 名海军陆战队员组成的突击纵队，希望这次重大而严肃的围城行动能在合适的时间，有利的状况下进行"①。

从 10 月初开始，英军在半岛南部的巴拉克拉瓦建立了行动基地，法军则在东南部的卡米什湾建立了行动基地。成千上万的工人已经在建立包围线和封锁壕，射弹、弹药筒、石笼、柴笼、工具和沙袋被杂务们马不停蹄地从行动基地运到营地，充实了炮兵和工兵仓库。

增援部队从瓦尔纳赶来，英军新增 4000 名士兵，使得他们的兵力达到 2.2 万人，但是其中有 4000 名病员。作为对前四个师的补充，法军新增第 5 师（勒瓦扬师），外籍军团的两个团和一个骑兵旅。② 康罗贝尔现在指挥着 4.2 万人的部队，再加上作为后备部队的土耳其师的 5000 人。

在很快就会聚集数以百计的船只的后方基地，各师的帐篷营地中，在既稀少又糟糕的道路上，这几万名士兵投入一种狂热而无休止的行动，他们缺吃少喝，自老堡登陆以来，除了咸肉和饼干，几

---

① 每个旅组成一个突击纵队。克莱尔指挥第 3 师第 1 旅。

② 阿隆维尔旅：第 1 和第 4 阿非利加猎兵团。勒瓦扬师由第 5 轻步兵团，第 21、41、42 战列步兵团组成。巴赞将军指挥的外籍军团第 1 团和第 2 团到 10 月 18 日才到达。

乎没碰过其他食物。但无论是要塞的火炮向他们发射因射程过远而毫无杀伤力的炮弹，还是俄军只是为了试探对手或夺取部分土地而进行接二连三的出击，这些都丝毫无法动摇他们的乐观情绪。居莱写道："军队对这场攻城战一无所知，我们当中没有人打过这种仗，因此，我们怀着盲目的信心，等待我们的炮火为我们的纵队打通一个缺口……"①

为了防范缅什科夫的进攻，法军第 1 师、第 2 师和土耳其师组建了一个"侦察兵团"，由博斯凯将军指挥。英军的布朗师与莱西-埃文斯（Lacy-Evans）师在得到剑桥公爵师的部分增援后，也加入了该侦查团。这些部队沿萨普恩山（le mont Sapoune）的山脊，从北边的因克尔曼高原（le plateau d'Inkermann）到南边的巴拉克拉瓦山口，在一条 14 公里长的南北线——所谓的封锁线——上摆开阵势。

法军的第 3 师和第 4 师，英军的英格兰师和卡思卡特师（Cathcart）组成了围城兵团，法军驻扎在南边，面对塞瓦斯托波尔城本身，英军驻扎在东南边，卡拉贝尔纳亚（Karabelnaïa）郊区前，那里是大部分军事设施，特别是大型干船坞的所在地。整个围城兵团沿着一条 19 公里长的战线——所谓的包围线，或防御工事网——伸展开来，两国的部队被一条南北走向的深谷隔开，这条深谷起始于南部港口，即塞瓦斯托波尔军港的尽头，塞瓦斯托波尔城

---

① Octave Cullet, *op. cit.*, p. 97.

本身与卡拉贝尔纳亚郊区就是由这个军港隔开的。

联军的计划是在一个狭窄的战线上通过炮轰进攻要塞。联军希望能足够靠近防守南部港口通道的工事，即法军前面的旗杆堡（或4号堡垒）和英军前面的大棱堡（或3号堡垒），以便在摧毁其防御设施后能发动猛攻，从一开始便攻入要塞中心，将被围困的部队一分为二，这样他们经由南部港口的交通只能通过栈桥或船只来保证。

9月28日，康罗贝尔在给瓦扬元帅的信中写道："我认为，我们无须像常规围城那样缓慢行事。"而德马坦普雷将军——在瓦尔纳他已经表现出更敏锐的洞察力——设想的几乎只是"一个短暂的事件［……］它将消耗我们极少的兵力"。

因此，联军只是停留在纯粹的战术考虑层面上，他们还不明白——或者不想明白，因为缺乏兵力和火炮——攻陷这个与俄罗斯帝国其他地区交通通畅的要塞从一开始就应该激发出开阔的战略思维，并且促使人考虑——无论愿意与否——规模庞大而代价高昂的长期作战行动。

用不了多久，幻想就会破灭。

10月8日至9日夜间，在黑暗和发出巨响的狂风的掩护下，法军在距离城墙800米的地方开始挖掘战壕。听到"开挖"的信号，800把鹤嘴锄——还有另外800把准备接替的鹤嘴锄——同时开始凿击岩石地面。清晨，战壕的第一公里——日后将延伸至40公里——已经挖好，并罩上了堡篮，将要塞凶猛的火力引向勉强躲在战壕中继续挖掘工程的士兵们，反常的是，要塞里的俄军反而松了口气：敌人着手进行的这个明显庞大的工程更像是一场正式围城的前奏，而不像是 9 月 25 日以来料想的突然袭击，没有什么比这场突袭更令人恐惧！

英军在同一时间也开始挖掘战壕，但在更远的地方，距离城墙有 1000 米，以尽量躲避敌军主要来自大型海军火炮的火力袭击。不久，在塞瓦斯托波尔城前，萨兰迪纳基（Sarandinaki）峡谷——已经被命名为"英军峡谷"——的左侧，建起了 6 座法军炮台，共 53 门火炮，在峡谷右侧的卡拉贝尔纳亚郊区，建起了 11 座英军炮台，共 73 门火炮。而俄军则不停地在加强、延长、升级、装备越来越庞大的防御工事，现已成纵深分布，而且相互呼应。

居莱写道："随着挖掘工程的进展，要塞的炮击越来越密集，每小时达到 900 发甚至 1000 发炮击，炮火昼夜不停。在这场炮弹雨中，我们的士兵表现出非凡的镇定，他们很快就学会如何看清远处飞来的凶猛炮弹，敏捷地躲避炮火，让自己扑倒在爆炸范围之外，或者当无法再躲避时脸朝下卧倒在地。"[1]

为突击纵队扫清道路的轰炸日期定在了 10 月 17 日，舰队也将参加这次行动。

16 日晚，在高原上，费力安装好的 126 门法军和英军火炮将气势汹汹的炮口对准了 341 门俄军火炮，其中不到一半的炮正对着进攻的炮台，这预示着一场几乎势均力敌的决斗。

究竟哪一方能让对方哑火？

240

---

[1]　Octave Cullet, *op. cit.*, p. 96.

第二天，10 月 17 日，天刚蒙蒙亮，联军火炮的炮口被揭开，所有部队都严阵以待，准备开战。6 点 30 分，根据计划，法军 3 号炮台向俄军防御工事发射三枚火箭：这是开火的信号。霎时间，高原变成了人间地狱，射弹如冰雹般倾泻在城市和郊区。古斯塔夫·马雷夏尔（Gustave Maréchal）写道："从第一次发射开始，塞瓦斯托波尔就响起了紧急集合号，士兵们各自迅速就位：炮手们在自己的炮台边，步兵们在架好的射击踏跺上，后备队在为他们指定的位置上。俄军的火力很快就变得极端猛烈。军官们无法抑制海军炮手们的战斗热忱，他们斗志激昂地为准备开火的火炮填充炮弹，瞄准开炮，炮筒复位。法军炮手试图对俄军展开针锋相对的还击，起初炮击是有节制的，但很快就变得急迫起来。只有英军进行着缓慢而精准的炮击。然而，两排炮台之间弥漫着浓厚的烟云，战士们仿佛迷失在烟雾中，因此几乎无法校准火炮的射击，只能根据敌军炮口时时闪烁的火光来辨认方向。这场黑暗中的决斗持续了大约一个半小时。在俄军的炮台中，许多炮口都是用沙袋或填满黏土的木板搭成的，炮火点燃了袋子和木板，炮口两侧逐渐坍塌，必须不停地进行修补。有时，俄军以为看到了在烟雾中移动的突击纵队，便实施连续炮击，从侧面堡垒的火炮开火。

"上午 8 点左右，法军炮台受命放慢炮击，以便烟雾散去，能够判断战况。在那时，法军炮台已经遭受重创，其中 5 号炮台尤其损坏严重。俄军方面，5 号和 6 号堡垒（中央堡垒和隔离所堡垒）营房的前墙摇摇欲坠，5 号堡垒营房的砖石胸墙被毁，堡垒里的炮台已经熄火。兵员伤亡惨重，海军上将纳希莫夫脸部受伤，但仍坚守阵地，像一个普通炮手那样给火炮瞄准定位。步兵增援部队遭受了巨大伤亡，不得不被撤回。然而，炮击很快又以加倍的火力开始了，这时，大约在 9 点半的时候，鲁道夫山的山顶上升起了浓浓的黑烟和阵阵的火光，很快就伴随着恐怖的爆炸声，声音之大以至一时间盖过了炮火的轰隆声。俄军的一枚炸弹炸开并引爆了法军 4 号炮台的火药库。炮台被炸得面目全非，部分胸墙被掀翻，两门火炮被埋。55 名被炸死或受了重伤的士兵横七竖八地倒在地上，或被埋在爆炸产生的瓦砾碎片下——景象犹如人间地狱。

"看到这一幕，俄军防线上爆发出欢呼声，要塞的火力加倍，超过了我们的火力，5 号炮台被冰雹般倾泻下来的射弹击得粉碎，2 号和 6 号炮台也岌岌可危。10 点刚过，1 号炮台因一个弹药箱爆炸而被炸毁，俄军的优势越来越明显。10 点 30 分，法军炮台接到了停火的命令。俄军继续对我方战壕狂轰滥炸了一段时间后火力减弱。下午，俄军的一枚炸弹炸飞了我们的另一个火药库。下午 4 点，一支俄国海军分遣队以为我们已经撤退到战壕后方，试图进入我们的战壕，但被猛烈的排射和连发炮击退。"①

在英军峡谷的另一边，情况则完全不同：轰炸对他们有利。确实，英军的火炮相对于与之对抗的俄军具有双重优势：数量和位置的优势。英军阵地居高临下，可以进行覆盖式发射，此外，英军火

---

① Gustave Maréchal, *op. cit.*, p.159-160. 由于缺乏大梁，他们的火药库非常脆弱，但法国人后来设法弥补了这个缺陷。托德莱本后来确认法军新建的火药库"非常坚固"。

炮的口径远大于法军火炮的口径，有时甚至超过俄军火炮的口径。从下午开始，遭受重创的马拉霍夫要塞、旗杆堡垒和大棱堡虽然仍坚持开火，但也不得不付出惨重的代价。随后，大棱堡的火药库发生了爆炸，整个堡垒的前部都坠入壕沟，将其填平，而大部分火炮已被毁弃，死伤士兵数以百计。

俄军中弥漫着沮丧的情绪，他们害怕被打开的缺口，那个不可避免地会吸引突击纵队的缺口，就在曾经的大棱堡的位置上敞开着。沮丧过后紧接着便是惊愕——敌军迟迟没有出现！众所周知，尽管拉格伦勋爵本人在敌军的炮火下显现出——借用圣阿尔诺的说法——"一种老式的英勇"，他却不以战术大胆而出众。而且他的部队兵员确实比法军要少，他很难准确评估给俄军造成的损害。

因此，他的炮兵们所做的只是有条不紊地继续摧毁大棱堡，直到夜晚才停止炮击。堡垒这时已完全被夷为平地，死伤遍地，22 门火炮中只有两门火炮在五位幸存者英勇无畏的操作下仍然能够开火。

243　无论如何，机会已经错失，托德莱本写道："我们的部队被迫暂时撤退到海军医院和南湾陡峭的海岸后面，在我们有足够的兵力到达被攻击的地点前，（联军）本可以利用遮蔽阵地的烟雾，让他们的攻击纵队无所顾忌地推进，占领第 3 堡垒高地。敌人本可以占领一个比我们的位置更有利的位置，因为我们的士兵为了夺回堡垒，不得不聚集在阵地斜坡上，背对南湾。"①

---

① Todleben, *op. cit.*, tome I, p. 246-247.

在海岸前线，那一天的战果也并不更令人鼓舞。从下午 1 点开始，海岸堡垒和炮台与 14 艘法舰、11 艘英舰和 2 艘土舰组成的战线之间展开了一场可怕的炮火对决。直到日暮时分，几百门火炮相互开火，海上舰队形成的木墙——幸亏有浓烟的掩护——与海岸堡垒的花岗岩墙勇敢地对峙着。遗憾的是，由于没有与针对相同目标的地面进攻进行任何协调，联军海军上将们的担忧得到了证实：俄军的防御工事几乎没有遭到严重破坏，除了君士坦丁要塞的露天炮台，那里的 27 门火炮损失了 22 门。地堡下的炮台数量当然最多，几乎都完好无损。然而，联军舰队遭受了重创，尽管在这次战斗中没有损失一条船，很多船却遭受了严重的损坏，比如法国旗舰"巴黎城号"的帆缆索具上中了一百多发圆炮弹，船体上中了五十多发圆炮弹，其中三发炮弹在吃水线以下，三团火球引发了几处大火，一颗炸弹落在了后甲板，海军上将哈梅林的参谋部正中央，炸死两名军官，另外四名军官受伤，哈梅林奇迹般地幸免于难。

联军共计有 74 名水兵阵亡，446 名水兵受伤。

就邓达斯和哈梅林而言，毫无疑问，正如海军上将朱里安·德拉格拉维埃所写的那样，10 月 17 日的行动是"一个错误［……］但是一个必要的错误。在战争中无法避免犯很多类似的错误"。因为水兵们感到有责任与在高原上的部队团结一致，共同作战，绝不愿仅仅做个旁观者，他们想要承担自己那份必要的牺牲。至少从这个角度来说，他们介入战斗是合理的。不幸的是，舰队在那一天遭受的创伤不仅仅是被打断的桅杆和被洞穿的船体，之前他们在联军 244

和俄军中享有的威望和士气在这次战斗中也被削弱了很大程度。

从更广的意义上来讲，在与塞瓦斯托波尔这第一次直接的对抗之后，整个作战行动的面貌都将被改变。因为第二天，即 10 月 18 日一早，联军就发现前一天的战斗徒劳无功——在守军非凡的努力下，要塞遭受的巨大破坏一夜之间几乎全部得到修复！联军以为很快就能击溃防御工事，因为他们认为俄军根本没有木材，工事中既没有柴排也没有柴笼，十分的不牢靠。但它们被射弹击穿，只是塌陷而已，而换了砖石胸墙则可能被炸得粉碎。因此，这些工事的优势是，只要有大批的工人和足够的精力，用简单的铁锹就能让它们重新立起来，而对于俄军来说轻而易举。

联军中弥漫着痛苦的失望沮丧情绪。他们在高原上只损失了 348 人，而俄军损失了 1112 人。[1] 但阿尔玛战役令他们产生的对进攻战的盲信被打破了。更重要的是，从 10 月 18 日到 21 日继续进行的轰炸非但没有给联军带来任何优势，反而证明了要塞的防御体系完全达标：防御工事设计合理，每天夜里都会进行修补，不断加以改善；众多的火炮有着超大口径并且得到精心守护；射弹的储备似乎用之不竭。

必须面对事实，康罗贝尔在给战争大臣的信中审慎地写道："要塞比我们想象的更好地承受住了火力……"

---

[1] 其中有海军少将科尔尼洛夫，他在马拉霍夫要塞附近被炮弹炸死，临死前他不断地叮嘱军官们："我把保卫塞瓦斯托波尔的任务交给你们了。一定要守住！"

这是可以说出的最基本的事实。

10 月 19 日，博斯凯将军在给孔塔德侯爵夫人（la Marquise de Contades）的信中写道："想象一下在塞瓦斯托波尔这个伟大的城市周围日日夜夜所付出的努力和辛劳，相信我，不要过早地说塞瓦斯托波尔已被攻占。丝毫不要贬低打垮这个野蛮而狂暴的巨人，将怜悯架在他脖子上所得到的最高荣誉。"

塞瓦斯托波尔的保卫者是野蛮而狂暴的吗？他们只是俄国人而已。不久以后，驻军中一个名叫皮埃尔·莱斯利（Pierre Lesli）的舰长在给妹妹的信中写道："唉，纳嘉，纳嘉！法国人中了什么邪想来塞瓦斯托波尔！无论对它还是对我们来说这都糟透了……"

第四章

攻克塞瓦斯托波尔

没有被征服者的承认，就没有胜利者。

昆图斯·恩纽斯（Quintus Ennius），

《编年史》，公元前2世纪

巴拉克拉瓦，因克尔曼：俄军的失败

10月25日凌晨5点，巴拉克拉瓦方向突然传来一阵猛烈的炮声，在高原上扎营的侦察部队的军团立即进入战备状态，士兵们匆匆进入沿山脊线而建的防御工事中的战斗岗位。

展现在他们眼前的，是令人震撼的景象——在绵延数公里的广阔平原上，缓缓地出现了2.5万名俄军应急机动部队的士兵。

在他们对面的，首先是利普兰季将军（le Général Liprandi），他从乔尔贡（Tchorgun）出兵，很快就把薄弱的土耳其特遣队赶出了他们占据的四座棱堡，巴拉克拉瓦英军基地的入口只有这四座棱堡把守。他统领着四个有枪骑兵支持的步兵团，还有大批被他安排在步兵团前的骑兵、轻骑兵和哥萨克。

紧接着，在利普兰季的右侧，扎布罗克利斯基将军（le Général Jabrokristki）从因克尔曼出兵，他让两个由炮兵和骑兵支持的步兵团驻守费迪乌金山（les monts Fédioukine）。清晨时分，两军阵营相互观察，法英联军在山顶上，俄军在山下的平原，火炮的射程之外。俄军的意图不可能是进攻，很明显，他们的目标是巴拉克拉瓦，英军唯一的港口、唯一的仓库、唯一的军火库，而英军由于兵力不足，无法对它实施真正的防守。实际上，平原上只有卢肯勋爵指挥的英军骑兵——斯卡利特勋爵（Lord Scarlett）的重骑兵旅与卡迪根勋爵（Lord Cardigan）的轻骑兵旅，总共只有400—600名士兵——以及强悍的第93高地步兵团，不幸的是，这个团的人数也缩减到只有650名步兵。还应给他们加上巴拉克拉瓦的守军，即110名海军陆战队员，还有100多名伤兵。在他们对面，2.5万名俄军士兵静静地驻扎下来……不管怎样，至少拉格伦勋爵采取了正确的行动，派人将少数希腊居民赶出了港口！

俄军炮兵从卡马拉（Kamara）高地向英军营地刚发出了最初几炮，英军骑兵就推倒帐篷，跳上战马，在能避开射弹的地方组成了后方防线。土耳其特遣队——实际上是突尼斯士兵组成的一个营——在进行了一段无望的抵抗后，匆匆撤出了堡垒，加入了科林·坎贝尔（Colin Campbell）指挥的高地步兵团。他们在卡迪科伊（Kadi-Koï）为数不多的几栋房屋前排成作战队形，以他们单薄的队列和仅有的步枪封堵了通向巴拉克拉瓦的隘路的入口。

对侦察部队的士兵、康罗贝尔与拉格伦勋爵来说，双方兵力悬殊令人震惊。随即，增援部队经由巴拉克拉瓦山口被紧急派往平原，英军的增援有近卫旅和步枪团，法军的增援有布尔巴基旅、第1和第4阿非利加猎兵团，但他们何时才能到达？进入巴拉克拉瓦的道路漫长而曲折。因此，侦察部队的炮兵队——主要是一些火炮和一些土耳其炮手——开始不间断地开炮，试图阻止俄军大部队靠近，以赢得时间。

上午9点30分，高原上每个人的心都紧绷着：俄军的骑兵队出动了。骑兵们先以慢步径直前行，随后开始小跑，越过4号堡垒。在4号堡垒和3号堡垒之间，他们突然左转，策马疾驰，直奔苏格兰高地步兵们脆弱的防线，这条著名的"红色细线"已经成为英军的军事神话。六个轻骑兵中队，三个顿河哥萨克小分队，总共900名骑兵，铺天盖地般向仅由几百名步兵组成的两条防线发起冲锋。苏格兰高地步兵们举起枪，以他们惯常的冷静等待俄军靠近，然后对俄军进行了三次精准的迎头齐射。向前冲锋的俄军中出现了波动，骑兵们似乎方寸大乱，一时间勒马在原地盘旋，而苏格兰士兵们体验到了进攻的快感，自发地作出向前出击的姿态。因此，一向冷静的科林爵士不得不拦住他们：

"93团！不要冲动！"

至于重骑兵旅——苏格兰灰骑兵团（Scots Greys）与伊尼斯基林骑兵团（Inniskillings）①——的指挥官斯卡利特勋爵，尽管他已

① 苏格兰灰骑兵团里都是苏格兰龙骑兵，他们不戴头盔，只带高顶皮军帽，他们的马的毛色都是统一的灰色。伊尼斯基林骑兵团也是龙骑兵，但都是爱尔兰人。

经 55 岁，而且完全没有现役经验，仍做出了正确的反应：看到一半的俄军骑兵突然右转，向他猛扑过来，他没有错误地等待承受这 1400 名骑兵的攻击，而是立刻率领自己的 500 名重骑兵主动向前出击。高原上的整个侦察部队像看戏一样，注视着平原上上演的这惊心动魄的一幕，却无能为力，对他们来说，这是令人震撼的一刻。时任康罗贝尔将军副官的特罗许上校后来写道："这样的景象，前无古人，后无来者。"因为英军的重骑兵就像一把楔子冲进了乌拉尔轻骑兵和哥萨克骑兵群中。一位目击者写道，仿佛一道无形的波浪穿过俄军的骑兵群，英军骑兵狂暴地挥刀左砍右劈，狂野的号叫如"大海的咆哮声"一直传到山脊。片刻之后，英军骑兵又出现在另一边，仍然秩序井然，似乎毫发未损。这个非凡的举措，加上被苏格兰高地步兵遏制住的俄军骑兵中队出现的慌乱，似乎为每一位优秀的骑兵军官都必须懂得把握的决定性时刻做好了准备。所有的战斗手册中都提到这个"转瞬即逝的时刻"，这个将敌人的失利转化为失败，将失败转化为溃败的时刻，正是骑兵的奇迹时刻。

　　不幸的是，卡迪根勋爵的无所作为使得这个"转瞬即逝的时刻"未能被把握住。他的轻骑兵旅被部署在大后方——当然，这是执行命令——按兵不动，而他的出兵可能具有决定性的意义。他所在的地方离那场激战只有 500 米。在斯卡利特勋爵完成那个壮举之后，他可以猛攻俄军的侧翼，因为俄军的骑兵中队正在慌乱撤退，其中夹杂着挑衅苏格兰高地步兵的那些骑兵。卡迪根勋爵的手下看着撤退的敌军急得直跺脚，令他们愤怒不已的是，卡迪根不去追击敌军，而是任由他们飞速逃离，逃到平原上远离英军炮兵和步兵的地方重整旗鼓。

为何如此？

因为长期以来，卡迪根勋爵与他的姐夫，也就是骑兵总司令卢肯勋爵关系极其糟糕。卡迪根无法忍受听命于卢肯，决定按照字面意义执行他下达的命令，而不做任何努力来理解那些命令，也不采取任何主动——即使有充分的理由——来偏离命令。他与自己军官的关系也很恶劣，就像卢肯勋爵与其手下军官的关系那样。可怜的骑兵们，他们是如此优秀，意志是如此坚定，坐骑是如此精良，却饱受年迈暴躁、昏庸无能的军官之苦，最高统帅拉格伦勋爵对自己的军队尤其缺乏信任。在这一点上，拉格伦仍然忠于威灵顿公爵（le Duc de Wellington），他曾在其手下效力，威灵顿公爵喜欢反复说，虽然一些欧洲军队的胜利经常要归功于他们的骑兵，但他手下的骑兵给他带来的从来都"只是麻烦"……

塞西尔·伍德姆－史密斯（Cecil Woodham-Smith）写道，当时有人看到莫里斯上尉（le Capitaine Morris）走到卡迪根勋爵面前，问他：

"大人，我们不打算向逃跑的敌人发起冲锋吗？"

"不，"卡迪根回答道，"我们奉命待在此地。"

"但是，大人，"莫里斯坚持说，"乘胜追击是我们的职责。"

"不，"卡迪根重复道，"我们必须待在此地。"莫里斯恳求他说："求您了，大人，请允许我派第17枪骑兵团去追击敌军。您看到了，他们正在逃跑！"但卡迪根只是重复道："不，不行，先生。我们不能动。"

250

莫里斯怒不可遏，叫来现场的军官做证。"先生们，"他吼道，"你们听到了我的请求！"①

当然，骑兵总司令卢肯勋爵已经证明了他不是拉萨尔②：他在阿尔玛陷入了战场之外的沼泽地，更严重的是，他听从拉格伦勋爵的命令中断了他已经开始的合理的追击行动。他针对在 9 月 25 日绕开塞瓦斯托波尔的行军部队所做的侦察也非常糟糕，以致他的先遣部队迎头撞上了向巴克切-塞拉伊（Baktché-Seraï）进军的俄军后卫部队。10 月 25 日这一天，要承担责任的人是卡迪根：他只想记住卢肯"坚守阵地"的命令，忘记了那条命令附带的指令，即"攻击任何进入你们能力范围内的东西"……因此，他让俄军幸免于一场很可能发生的灾难，一场他自己即将遭受的灾难。

俄军骑兵，虽然被科林·坎贝尔遏制，被斯卡利特勋爵痛击，还是在撤回自己的防线时，努力带回了突尼斯士兵撤离棱堡时未带走的几门火炮。

托德莱本没有证实这一事实，只是写道拉格伦勋爵"认为他注意到了这一点"，但这位俄国将军对这一天的记叙在很大程度上是不可靠的。

无论如何，拉格伦勋爵在他的观察台的顶上，懊恼地想象着敌军在塞瓦斯托波尔展示这几个战利品时可能从中得到的好处。他还

251

---

① Cecil Woodham-Smith, *La Charge de la brigade légère*, Paris, Robert Laffont, 1956, p. 211.

② 拉萨尔伯爵（Comte de Lasalle，1775—1809），法国大革命战争时期与拿破仑战争时期法国轻骑兵将领，法兰西民族英雄。——译者注

看到，卡迪根在本该行动时却按兵不动，犯下一个严重的错误，这令他无法再保持他那传奇般的冷静。遗憾的是，他也将犯下另一个错误，而且后果更为严重。在那个致命的日子里，他将第四次向卢肯勋爵传达一道含混不清、模棱两可的命令，这道命令由一个没有经验的参谋长起草，被伍德姆-史密斯形容为"外行干的活儿，令人鄙视"。不是每个人都能成为贝尔蒂埃①！这道命令将造成无可挽回的错误，导致在巴拉克拉瓦平原上上演一场悲剧，那是辉煌但血腥且毫无战功的典型。这道命令让一支骑兵队在错过有利时机，甚至条件最为恶劣的情况下发起进攻。

在拉格伦勋爵的口述下，英军军需长艾雷将军（le Général Airey）起草了一份交给副官诺兰上尉（le Capitaine Nolan）② 的命令："拉格伦勋爵希望骑兵迅速向前线挺进，追击俄军，阻止他们掠走火炮。一支骑炮兵部队可以随同行动。法军骑兵在其左侧。立即行动！"实际上，拉格伦勋爵想要的，与其说是保住他们的火炮，不如说是利用俄军中的混乱局面，夺回沃龙佐夫公路沿线上的高地棱堡。这条路是高原上的英军营地与他们在巴拉克拉瓦的基地之间唯一可以真正通行的交通线。正是为了这个目的，他在三刻钟前向卢肯勋爵发出了前进的命令，而卢肯勋爵将其解释为要求他按兵不动！因为这道命令中提到与步兵的联合行动，但是在平原上还没有见到一个步兵，这是由于剑桥公爵和卡思卡特将军的各旅只能像布

---

① 贝尔蒂埃（Louis-Alexandre Berthier）是拿破仑最优秀的参谋长。——译者注
② 路易斯·诺兰是第15轻骑兵团的上尉，他作为一名优秀的骑兵理论家而闻名。

尔巴基和维努瓦（Vinoy）的各旅那样，缓慢地从高原上下来。　　252

　　当时是上午 11 时左右，诺兰带着总司令的这道新命令——或者说正式命令——策马飞奔。尽管他冒着摔断脖子的危险骑马下坡，但要到达卢肯勋爵那里还是需要一段时间，根据特罗许的笔记里的说法，"也许是三刻钟"。然而，有两个因素总司令没有考虑到：命令传达到收信人之前，阵地上的形势可能已经发生了彻底变化；山岗线完全遮住了俄军的阵地和行动，如果说拉格伦勋爵在平原上方 1800 百米的地方拥有战场的全景视野，骑兵指挥官在他的位置上却什么也看不到。

　　因此，当焦躁不安，气喘吁吁的诺兰给他带来书面命令时，可以想见他得知命令后的心情！首先是因为他性情挑剔刻薄，喜欢指责抱怨。在他爱尔兰梅奥（Mayo）的土地上，卢肯勋爵始终与他的佃农、偷庄稼的人和神父处于对立状态。战争开始以来，他就一直在抱怨，他抱怨他那该死的妹夫卡迪根，名义上是他的属下，却做出一副对轻骑兵旅行使独立指挥权的样子。他抱怨指责拉格伦勋爵在争端中没有最终做出对他有利的裁决。但必须承认，读到这个命令，他有理由感到惊讶：什么敌人？什么火炮？在他面前，目力所及之处，是北部的山谷，山谷长 2 公里，宽约 1 公里，左边是费迪乌金山，右边是山岗线，山岗上矗立着被俄军夺取的棱堡。卢肯在犹豫，而诺兰"几乎急得要发疯"，忘了自己只是一个正与一位少将对话的普通联络官，以"最专横的语气"大喊道：

　　"拉格伦勋爵命令骑兵立即发起进攻！"

"进攻？先生，"被激怒的卢肯反问道，"攻击什么？什么火炮，先生？"

这是决定命运的时刻。伍德姆-史密斯写道："诺兰以一种不容置疑而又有失恭敬的态度抬起头来，举起手臂，他没有指向高堤的山脊，也没有指向要收复的棱堡和英军火炮，而是指向北部山谷的深处，在那里，被重骑兵旅击退的俄军骑兵在自己的火炮后驻扎253 下来。

"就是那些，大人！你们的敌人和他们的火炮就在那里！"①

这个回答，以及那个不容置辩的手势，意味着对轻骑兵旅的谴责。

诺兰上尉的意图是什么？很可能只是出于挑衅，他的手势只是指向一个模糊的方向。而且，任何地方都不见敌人和火炮的踪影。勃然大怒的卢肯勋爵毫无疑问想赋予诺兰的手势一个它本不具有的精确意义。毫无疑问，诺兰上尉本人也非常激动，作为一个轻骑兵军官，他妒忌斯卡利特勋爵的重骑兵旅取得的胜利，他对自己的部队有一种狂热的激情，热切盼望着它能在那一天建立战功。此外，他对卡迪根和卢肯有着同样的厌恶，私下里——同许多其他年轻军官在一起时——把他们称作"无能的驴子"和"胆小的驴子"。部队按兵不动，这就是将他激怒的原因。

卢肯勋爵在 11 月 30 日给总司令的信中写道：

"在仔细阅读了这道命令之后，我很犹豫，我坚持认为这样一

---

① Cecil Woodham-Smith, *op. cit.*, p. 217.

个行动是无效的，并且会带来危险。副官以最绝对的语气宣称，拉格伦勋爵的命令是立即发起进攻……您的书面指示是如此明确，您的副官传达的命令是如此不容置疑，我觉得必须服从，我告知卡迪根勋爵必须发起进攻，他向我表示反对，尽管我完全同意他的意见，我还是辩驳说，命令是阁下您发出的……"

轻骑兵旅很不走运，在一位过于冲动急躁的轻骑兵上尉和一位暴躁的少将之外，还得加上它那位毫无行动意愿的直接指挥官，著名的卡迪根勋爵。拉格伦勋爵的命令似乎很奇怪，但两位将军本可以更加仔细地研究它，一同进行讨论。然而，他们没有任何作为，只满足于遵守军事礼仪严格而简短的规则。除此之外，卢肯厌恶卡迪根，甚至于向他传达一道自杀式命令会让他体验到某种快感。至于卡迪根勋爵，他从来不与任何人——尤其不与他的姐夫——讨论。他已经 58 岁，完全没有现役经验，还患有慢性支气管炎和肾病，却以绝对的傲慢表现出一种根深蒂固的信念，觉得自己比他周围的所有人都优越得多。他是英国骑兵军官的典型，用伍德姆－史密斯的话来说，他们"有多无能就有多势利"。同他所有的同僚一样，他像买一桩资产那样买下了他的团，对自己的士兵没有丝毫感情。在这方面，卡迪根勋爵甚至算得上是个漫画式的人物：当他的骑兵在越来越艰苦的条件下宿营的时候，他自己每天晚上都会躲到他自 10 月 13 日以来就一直停泊在悬崖下面的游艇"德里亚德号"上，由一位法国总管为他端上香槟和精美的晚餐，然后在丝绸被单下安然入睡。他的名字之所以流传后世，主要是因为他特别喜欢并让人专门为他缝制的一件羊毛夹克。而且这位军官非常典型地代表

254

着一个社会等级，一个时代，无论他可能引起什么样的反感，仍不失为一位骄傲果敢的勇士。像卢肯勋爵一样，卡迪根勋爵很清楚，他将不得不带领因疾病和补给匮乏而损失了大部分兵力的轻骑兵旅走向一场集体自杀。但他还是提出了反对意见："大人，请允许我提醒您注意，俄军在山谷尽头有一个炮台正对着我们，而且在每个山坡上都有炮兵炮台。"不过，他的姐夫只是耸了下肩膀，烦躁地回答道："我知道，但拉格伦勋爵希望如此，我们别无选择，必须服从。"轻骑兵旅的指挥官说了最后一句话：

"好吧，这将是卡迪根家族最后一个成员的末日！"

于是他回到士兵们身边，安排作战队形：第一排是第 13 轻龙骑兵团，第 17 枪骑兵团；第二排是第 11 轻骑兵团；第三排是第 4 轻龙骑兵团和第 8 轻骑兵团。五个团，但只有 658 名士兵能上马。其他人或死或伤，或生病，或没有坐骑。卡迪根明确禁止别人在冲锋时超过他，将自己置于他那单薄的骑兵队的队首，距离他的参谋两步远，距离第一排五步远，诺兰上尉在他左边稍后的地方。然后，他身着国王蓝的短上衣，樱桃红的踏脚裤，镶金边的皮大衣，一身第 11 轻骑兵团的制服踏镫起身，扬起军刀。军号吹响了。五个骑兵团，也许是整个欧洲最优秀的骑兵团，缓缓出动。但任务是什么？目标是什么？在他们的前方，远远望去，山谷似乎一片

255 空旷……

一位幸存者说，他笔直地坐在马上，"像一座大教堂那样直挺挺的"。卡迪根勋爵用一种非常平静的声音发出命令："骑兵旅，前进！……慢步，开始！……慢步，继续！……小跑！"这时，炮击

突然停止。一阵奇特的寂静让在山脊上观看这一非凡景象的法英联军，即使在很远的距离都能听到马嚼子和军械清脆的撞击声。对这种死亡般的、令人恐慌的寂静的记忆将伴随这些受到震撼的目击者，直至他们生命的尽头。

轻骑兵旅以有节奏的小跑刚刚前进了 50 多米，俄军的火炮就开火了。山岗线上的俄军步兵合乎逻辑地认为这个冲锋是对他们发起的，因此退出棱堡，组成巨大的方阵，刺刀向前，准备迎战。山谷的两边爆发了猛烈的炮火，炮兵、狙击兵和步兵营全部同时开火，炮弹雨下，人仰马翻。根据一位幸存者的说法，就在这时，诺兰上尉策马飞奔，斜穿过整条攻击线，甚至冲到了卡迪根勋爵前面。他转向自己的战友，挥动军刀，吼叫着无人能懂的话语。他是否意识到了自己的错误？是否意识到由于他而正在犯下的蠢事？这些将永远无法知晓：就在那一刻，一枚炮弹击中了他的胸部，他的马转过身来，将伏在马鬃上的尸体一直驮回到出发线。至于卡迪根，他似乎只关心一件事，那就是像演习时那样，以无懈可击的队形发起冲锋。第 17 枪骑兵团的一个中队没接到命令就开始纵马奔驰，即使将军严厉地叫住他们，他们连头也没回：

"冷静！冷静！第 17 团的枪骑兵们！"然后，突然间，成千上万在高原之巅观看这一非同寻常场面的人变得惊慌失措，所有人都挥动双臂开始大喊："停下！停下！"

因为人们看到，在远处的山谷里，卡迪根没有像每个人都预想的那样右转，向棱堡防线和俄军的步兵方阵进发，而是仍然僵直地坐在马鞍上，继续前行，带领他的轻骑兵旅向他看不见的、封闭山谷的俄军炮阵挺进。

片刻之后，俄军炮兵就将密集的炮火喷向这些突然出现，无视所有军事原则，没有任何后援就扑向他们的疯狂骑兵们。此时射弹从左右两边，从正面倾泻而下，轻骑兵旅努力保持着自己的队形。士兵们仍能听到军官们的命令：

"向中心靠拢！……后退，右翼！……调整姿态！……看齐，史密斯下士！……"

伍德姆-史密斯写道："死亡很快就会来临，而轻骑兵旅正以无懈可击的队形去迎接死亡。当一个士兵或一匹马倒下，左右两边的人就会散开，当他们超过倒下的兵马后，又重新恢复队形。远方的观看者知道这种工整而秩序井然的队列代表着纪律和勇气，因而深受震撼。"但行进到中途，队伍已经非常稀疏，无法看齐，士兵们自发地开始纵马奔驰。在隆隆的炮声、密集的枪声、数百匹马狂怒奔腾的马蹄声、伤兵的喊叫声、射弹在军械上爆裂的噼啪声汇聚而成的喧嚣中，只能听到一个喊声：

"队伍靠拢！队伍靠拢！队伍靠拢！"

在高地上，老兵们像拉格伦勋爵那样激动地哭了起来，而康罗贝尔喊道："太壮烈了，但这不是战争！"

在山谷的尽头，将有一场非同寻常的交锋，天知道卡迪根勋爵是怎样推进到离哥萨克们几十米的地方，他的出现完全出乎意料，哥萨克们都被吓呆了。几十名俄军炮兵将被砍死在他们的火炮边，幸存者们将在来自四面八方的滚滚炮火下紧急撤回，尽管莫里斯将军及时派出的第4阿非利加猎兵团的两个骑兵队在死伤三十余人后终于让费迪乌金山上的炮台哑了火。幸存者们还将与拦堵撤退之路的一批俄军枪骑兵发生对抗。一些幸存者或快马飞奔，或一瘸一拐，步履艰难地回到出发线，还有一些无人战马受了惊吓，需要好长时间才能让它们聚拢并安静下来。

但这一切是为了什么？诗人丁尼生写道："想要知道／为何六百名骑兵／在死亡之谷骑行／有何意义？"

确实，为了英国人的自尊心，最好不要思考这些问题。因为拉格伦勋爵自 1815 年以来就没参加过战斗，卢肯勋爵自 1829 年起就站在俄国人一边，卡迪根勋爵从来没打过仗，诺兰上尉也是如此。还有那道轻率发布的命令，以及那些行为举止像明星一样的军官……

卡迪根召集了从地狱中逃脱出来的 195 名仍在马上的骑兵，对他们说："先生们，这次冒险很疯狂，但我对此没有任何责任。"一个颤抖的声音回答说："不要紧，大人，我们已经准备好重新开始！"

俄军逐渐撤退，"巴拉克拉瓦之战"结束了。这时，拉格伦勋爵离开了他的观察哨，向卡迪根走去，《泰晤士报》记者威廉·霍华德·罗素（William Howard Russell）看到他狂怒地挥动着右臂的残肢，对轻骑兵旅的指挥官说："先生，您违背战争惯例和军队习俗，正面攻击一个炮台，是想做什么呢？"卡迪根镇定自若地回答道："大人，我希望您不要责怪我，因为进攻的命令是我的上级军官当着我的部队的面传达给我的。"然后，他"跨上战马，调转马头，神情高傲"地扬长而去，重新回到他的游艇上……后来，卢肯勋爵将在毫无意义的公开论战中度过余生，一直责备他的总司令对这场灾难负有责任，时刻随身带着艾雷草草写就的那张小纸片。至于卡迪根，他将成为民族英雄。1854 年 10 月 25 日这一天，轻骑兵旅的剩余部队损失了 250 名士兵和 500 匹马，从而宣告了这个作战单位的消亡。英军将因其精锐骑兵部队无谓的毁灭而遭到永久的削弱。无论在伦敦还是克里米亚，至少他们开始意识到，尽管在开战时他们确实做好了战斗的准备，却丝毫没有做好战争的准备。

对俄军来说，他们几乎没付出什么代价就可以庆祝，甚至可以像托德莱本那样，将其视为一场"胜利"。需要撒下极大的谎言才能仅以"联军的总司令们没有决定发动进攻"① 为借口声称取得了一场胜利。

同样，也只有这样才可以完全掩盖卢肯接到的荒唐命令，将英军骑兵指挥官的失败仅仅归咎于他们的"迟钝"，从而将轻骑兵疯狂的冲锋转变成一场机动与反机动，最终当然对俄军有利的传统骑兵战斗。

但更需要弥天大谎才能拒绝承认，在清晨发起战斗的应急机动部队指挥官戈尔恰科夫公爵没能实现他仅有的两个目标：或者迫使侦察部队下到平原上，这从康罗贝尔和拉格伦勋爵方面来说是纯粹的疯狂之举，或者夺取巴拉克拉瓦。实际上，应急机动部队的最高统帅暴露了他深层的弱点：他过于胆小怕事，不敢期待一场重大胜利。当他克服了这个缺点后，又会显示出另一个同样严重的缺点：

---

① Todleben, *op. cit.*, tome I, p. 398.

笨拙。

1854 年 10 月 25 日这天上午，利普兰季将军和扎布罗克利斯基将军的部队本可以轻易地大规模向前推进。那么，巴拉克拉瓦脆弱的防卫设施——没有火炮的炮台，没有守兵的防御工事——将会变成什么样子呢？650 名苏格兰士兵几乎算不了什么，英军基地是无力对抗一场坚定的猛攻的。俄军本可迅速投放数以千计的兵力攻打巴拉克拉瓦，洗劫仓库，烧毁停泊的船只，封锁港口。他们可以让炮兵部队驻守卡迪科伊的隘路，也许可以在很长一段时间内阻断联军在进攻后的返回之路。但这需要果断和机动性，需要骑兵在两列步兵前不会调转马头，需要从塞瓦斯托波尔对法军卡米什基地发起的佯攻更可信。因此，事态的发展本具有各种可能性，包括从要塞的一次强力出击，那时它在旗杆堡垒前已经遭到联军紧逼。然而，俄军的战略思维不够开阔，执行也缺乏力度。在这损失虽不惨重——双方阵营各损失了五六百兵力——却惊心动魄的一天结束后，交战各方的状况几乎没有改变。当然，俄军保住了山谷尽头的 1 号和 2 号棱堡，在费迪乌金山上驻扎下来。联军则失去了对沃龙佐夫公路的控制，英军被迫在一段时间内使用狭窄而陡峭的小路作为从巴拉克拉瓦出发的补给线。同样，他们也无法再在切尔纳亚山谷从事砍柴取水的劳役。不过，他们将补救铺展过宽的外部防御体系，从中吸取教训：英军放弃了极难防守的平原，在东边俯瞰巴拉克拉瓦的高地上驻扎下来，而法军则在西边，卡迪科伊与巴拉克拉瓦的山口之间建立了一个冬季旅团。至于土耳其军队，在撤出棱堡的事件中，他们在锡利斯特拉获得的道德信用损失大半。直至战争结束，尽管很不公平，联军最高统帅部都更倾向于将他们视为二等战士。

显然，俄军不可能靠巴拉克拉瓦之战这样的"战役"将"联军赶回大海"。

联军有条不紊地与对手展开了一场真正的顽强决斗。如博斯凯在给瓦扬元帅的信中所写的那样，他们坚韧不拔地"在三四天的时间里，在裸露的岩石上干着在普通的土地上一夜就能完成的活儿"，他们越来越接近塞瓦斯托波尔的壁垒。在旗杆堡前①，法军工兵"完成了几乎不可能完成的任务"：11 月 1 日，他们打通了第 3 道平行壕，因此在十四天内完成了大约 500 米的推进。此外，在同一天，法军发现了六座伪装的新炮台，这些炮台立即向旗杆堡展开了猛烈的炮击，令其彻底陷入混乱，每天损失 200 兵力。托德莱本开始担心，这是否预示着法军将展开猛攻，夺取旗杆堡？这位俄国将军承认，旗杆堡的失守迫在眉睫，而且会不可避免地导致守军撤离塞瓦斯托波尔。俄国工兵指挥官写道："到那一天，我们在城里建立的内部防线的实际作用只是保证我们的撤退。"

---

① 旗杆堡（俄军的 4 号堡垒）之所以被法军如此称呼，是因为在围城之初，这座堡垒有一根旗杆，一名俄军观察员经常爬上去，这名因穿绿色军服而被法国人称为"绿猴子"的俄军观察员被精锐狙击手射杀，但立即就被另一名观察员替代，这名观察员很快也被射杀。俄军最终砍倒了这根旗杆，就像所有可以被联军炮兵用作地标的东西那样。

托德莱本的担忧是有根据的，因为从那时开始，联军隆隆的炮火声不断发出猛攻的信号，一次军事会议将这个日期定在了 11 月 6 日。对法军来说，目标是旗杆堡，对英军来说则是大棱堡。时间在流逝，提前赢得有利结局的原因不仅仅是策略性的。冬天即将来临……从 10 月的最后几天开始，猛烈的阵风接连不断，预示着秋天常见的暴风雨即将袭来。然而，法军的风帆战舰在没有任何保护的情况下停泊在卡查河河口前，哈梅林上将不得不决定将最老的几艘战舰——"耶拿号""苏弗伦号""马赛城号"——送回法国。所有人都知道，一个暴风雨之夜就能决定战争的未来，注定在克里米亚登陆的 7 万将士的命运。哈梅林担忧的不只是舰船，他手下的海军士兵还惨遭坏血病的折磨，因此，当 11 月 3 日康罗贝尔将军要求他"将他所能提供的所有海军陆战队送上岸为进攻日做准备"，希望能接收"1000 或更多"兵力时，哈梅林竭尽全力也只凑齐了600 名海军陆战队员。

俄军同样感到有必要进行一场决战。由于路途遥远，路况糟糕，克里米亚资源贫乏，增援部队最终以小分队为单位于 10 月抵达塞瓦斯托波尔。在现场，俄军意识到必须以一场令人瞩目的行动来阻止围城缓慢而持续的进展以及联军的渐渐迫近。在圣彼得堡，沙皇要给他的子民和外交官们赢得一场胜利，因此他敦促缅什科夫采取行动。他对奥地利的意图感到十分放心，奥军在夏季进入多瑙河公国，没有表现出任何进攻意向。因此，他现在可以从多瑙河军队中抽调大部分部队来保卫克森尼索。于是，久经沙场的军团相继到达克里米亚的总司令那里。总司令收到皇帝一封简明扼要的亲笔信："必须不惜一切代价打败敌人，我希望您的下一封信能给我带来喜讯。"

11月2日，第10步兵师加入塞瓦斯托波尔驻军。次日，第11步兵师赶来增援因克尔曼高原上戈尔恰科夫的应急机动部队，从而使克里米亚的俄军兵力——海军士兵不包括在内——达到10万，对阵法英土联军的7万多兵力。

11月4日，尼古拉的两个儿子抵达塞瓦斯托波尔，这显示出尼古拉的焦急心态，同时激发了军队的热情，23岁的尼古拉大公任职工兵部队总监察，22岁的米哈伊尔大公则是炮兵部队军需长。此外，巴拉克拉瓦的首次尝试，虽然只是表面上的胜利，但仍然极大地鼓舞着俄军，以致托德莱本大胆地宣称："阿尔玛的灾难（因此）被遗忘了。"① 它还标志着对峙的两个阵营各自境况的一种翻转：由于联军无法完全包围塞瓦斯托波尔，要塞的守军不断得到增援，他们将采取一种越来越具进攻性的策略，而围攻者一方将不得不越来越保持守势，他们首先要面对要塞守军对他们的战壕、工事和炮台发起的频繁而猛烈的出击，然后要抵御一支可以自由行动的应急机动部队在他们的后方随时能发起的攻击，这支部队牢牢盘踞在险峻的因克尔曼高原上，切尔纳亚河的另一边。

在杜伊勒里宫，法国皇帝朝思暮想的是尽快对俄军应急机动部队发动进攻，因为只有摧毁这支部队才能完成对要塞的包围，从而对其展开全面的围攻。他甚至在给其主将的信中写道："我可以毫

261

---

① Todleben, *op. cit.*, tome I, p. 401.

不犹豫地说，围城工程不合常理。"但在一个资源贫乏、地势起伏、几乎没有道路、即将迎来一个罕见严冬的地区，而且冒着远离舰队的巨大风险，还能做何打算呢？

在克里米亚，塞瓦斯托波尔防御工事两边的阵营所思所想的是猛攻，他们期待的，同时也恐惧的都是猛攻，特别是对旗杆堡的猛攻。

11 月 2 日，康罗贝尔给瓦扬元帅的信中写道："我们离棱堡的凸角只有 140 米了。"

至于托德莱本，敌军朝着他的 4 号棱堡的推进成了他无法摆脱的焦虑，他写道："棱堡的防御工事'岌岌可危'。"[1]

1854 年 11 初，令一方急切盼望另一方惶惶不安的猛攻并没有发生。因为在联军的部署中，除了巴拉克拉瓦，还有另一个薄弱环节。俄军清楚这个弱点，他们于 10 月 26 日进行的战斗侦察并非出于偶然，这次行动使他们损失了两三百兵力，但也给他们带来了有利结果，让联军始终处于一种虚假的安全感之中。

侦察部队的指挥官博斯凯将军作为一名真正的军人，也很清楚这个薄弱环节。他忧心忡忡地不断对它进行检查，就这个问题向英军提出无数建议。因为同 10 月 25 日一样，要对这个薄弱环节负责的是英军，由于经验不足，更主要的是由于兵力不足所导致他们做出了错误的安排。这个薄弱环节是高原的北部/东北部，也叫萨普恩山，山体一面俯瞰塞瓦斯托波尔港的低地，另一面俯瞰切尔纳亚

---

① *Ibid.*, tome I, p. 435.

山谷靠近河口的地方。这个高地被茂密的灌木丛覆盖，似乎即令联军无法占领，也令俄军不敢发起进攻。

在联军方面，这整个地带理论上都属于英军区域。但实际上，如前文所述，它是一块空无人烟的荒地。这令人遗憾，它本可以为观察防御工事、城市、港口、与外部的交通，以及驻扎在切尔纳亚河另一边的俄军应急机动部队提供出色的观察点。

对俄军来说，这个高地很难靠近。从横跨切尔纳亚河被摧毁的桥出发，两条路通向这里：第一条是工兵路，它在萨普恩山麓绵延，沿港口伸展三公里，然后进入马拉霍夫棱堡附近的卡拉贝尔纳亚郊区。停泊船只上的火炮令联军根本无法出现在山顶，这条路因而受到强有力的保护，它与连接港口南北两岸的船桥一起构成了塞瓦斯托波尔的两肺之一。几乎每天晚上，最前方的英军哨所，都可以听到沉重的声响和咯吱咯吱的声音，这是山下不断行进的车队和部队发出的声音，联军根本无法中止这种行进，正是它给法国皇帝带来了噩梦，并决定了他个人的战略观；另一条路没有沿萨普恩山，而是沿南北向径直爬上了萨普恩山，穿过整个高原，与沃龙佐夫公路相接。从那里右转，可以通过所谓的实验室峡谷到达塞瓦斯托波尔，左转可以通过巴拉克拉瓦山口到达平原。这条路是老邮路。

法军营地在高原南部，英军营地在高原北部。再往北一点是高地，在那里，英军不顾博斯凯的担心和坚持，冒险彻底放弃了一些必要的工程。他们仅仅在老邮路快要跨越山脊前的路段上修了一个堑壕，这里那里零散地设置了几个薄弱的小哨所，在他们最前方的营地——第 2 师的营地——开辟了一条带护栏的简单壕沟。没有什么能真正保证他们在这个方向不遭受突然袭击。

况且，这恰恰就是俄军正在准备的行动……

因为在沙皇的步步紧逼下，在两位亲临前线的大公的激励下，在托德莱本的警告下，缅什科夫亲王决定发起决战，即解除塞瓦斯托波尔的封锁，"将联军赶回大海"的决战。11 月 4 日，他公布了一项议程："兹决定明日，即 11 月 5 日，对英军阵地发起进攻，以夺取并占领他们驻扎的高地。"

11 月 5 日，天即将破晓，但浓雾笼罩着整个地区，俄军防御工事和联军营地，整整一天一夜雨都没有停过，因此道路到处都是湿漉漉的，泥泞不堪，空气沉重而潮湿。

缅什科夫很清楚他的目标：首先是高原北部的莱西-埃文斯师，3500 百兵力；其次是在英军营地的中心，一个叫作磨坊的地方，近卫旅约有 1600 兵力；最后，在叫作船坞谷的地方和沃龙佐夫公路之间，乔治·布朗爵士（Sir Georges Brown）的轻型师约有 3500 兵力。这是英军在糟糕的卫生状况下能够提供给法英侦察部队的全部兵力，法英侦察团总计 2.6 万兵力。其余兵力——大约 1.6 万英军——被分配到工程团或挤在已成为等死之地的救护车上。

缅什科夫的战略构思很简单，那就是派一支 3.5 万兵力的大军端着刺刀冲入熟睡的英军营地。

他的计划似乎很清楚：一支由保洛夫将军（le Général Paulov）指挥的 1.6 万人的部队，必须在凌晨 2 点离开应急机动部队的营地，静静地穿过因克尔曼桥，然后分成两支纵队。一支纵队走工兵路，这条路更利于他们拖曳火炮，然后向偏左的方向爬坡。另一支纵队则直接通过老邮路爬上山顶。在高原上会师后，这些部队将与索伊莫诺夫将军指挥的另一支纵队会合，这支纵队拥有 1.9 万兵力，将通过船坞谷出塞瓦斯托波尔。

然后，这支庞大的队伍在雾中向前进发，毫无声息，一往直前，击溃几无防备的前哨，屠杀帐篷里在睡梦中被惊醒的士兵。然后，俄军牢牢地占领阵地，俯视法军营地，从后面或侧面攻击攻城部队。整个军事行动的面貌将因此被改变！

264　　不幸的是，缅什科夫这个看似周密的计划将无法实现。因为行动的指挥权委派给了丹嫩贝格将军（le Général Dannenberg），他立即发现了其中的漏洞：俄军要前往的高地，地形太过狭窄，无法部署如此庞大的部队，因此他决定修改缅什科夫最初的指令，命令索伊莫诺夫提前一个小时，在 5 点而非 6 点离开塞瓦斯托波尔，以便有时间推进到船坞谷的尽头，这样可以猛攻英军侧翼，而保洛夫将按计划从正面进攻英军。

但这些在半夜送达的新指令似乎非常模糊，最重要的是，它们没有明确取消原来收到的命令。索伊莫诺夫感到很为难，因此决定新旧指令各采用一半，将二者结合起来：也就是说他提前一个小时离开塞瓦斯托波尔，但并不推进到船坞谷的尽头。他会像最初预期的那样，在原计划中约定的地点离开船坞谷，向高原进发。结果将是，俄军将失去两个计划各自所能期望获得的优势——缅什科夫希望的大规模进攻不会发生，因为两个纵队不会同时到达；丹嫩贝格期望的合围进攻更不会发生，因为索伊莫诺夫将不会到达他本该到达的地方。

最高指挥部的混乱将使因克尔曼之战成为一场可怕的屠杀。

当索伊莫诺夫的第一批部队经过船坞谷漫长而静默的行军后在高原上站稳脚跟时，还不到6点。保洛夫部队从麦肯齐高地上应急机动部队的营地出发，其行军路途尤其漫长而艰难，因此严重落后，但索伊莫诺夫对此一无所知。很快，他那些身着灰色长大衣，在大雾、寒冷和潮湿中向前冲刺的大批部队就与英军哨兵交火，这些英军哨兵漫不经心地跺着脚走来走去，什么也没有听见。与俄军的习惯相反，这是一次生猛的攻击，没有一句话，没有一声叫喊。开始几声枪响在英军哨所引起了混乱，英军还不明白发生了什么。托木斯克（Tomsk）和科利万斯克（Kolivansk）的军团已经放下刺刀，径直向前猛冲，他们跃过第2师营地前简陋的壕沟，猛扑向莱西-埃文斯手下的士兵们。在睡梦中被惊醒的英军还是勉强形成了防御阵形，几小群身着蓝色长大衣的士兵很快就与几排身着灰色带风帽长大衣的士兵，在久久不散的大雾和迟迟未至的黎明中搏斗起来。如果保洛夫的1.6万大军也赶到的话，无论英军多么英勇，都将像遭遇飓风一样被肃清。

但是，保洛夫仍然没有赶到。

坚实的部队，优越的武器射程，使得英军临时建立了尚属脆弱但已经有效的防御。英军营地里的混乱没有变成恐慌。詹姆斯·布朗爵士（Sir James Brown）的轻型师赶来救援，黎明终于照亮了小口径步枪的目标。

俄军已经停止前进。索伊莫诺夫将军，托木斯克、科利万斯克和叶卡捷琳堡（Ekaterinenburg）团的上校都已阵亡。仍然密集的大批兵力，挤在越来越狭窄的空间，俄军再次证明，一支失去首领，只知唯命是从的军队已经不再是军队。他们的营队波动摇摆，犹豫不决，最后混乱无序地撤回到他们之前离开的船坞谷。

就在此时，取道老邮路的保洛夫的几个团登上了高原，出现在英军的最右边，被称为"沙袋"的炮台附近。那里只有埃文斯旅的1500 或 1600 兵力。他们面前突然出现了塔鲁蒂诺（Taroutino）团和博罗季诺（Borodino）团，总共 5000 兵力。炮台两次失而复得。增援部队赶来，将索伊莫诺夫的纵队赶到了船坞谷，而塔鲁蒂诺团和博罗季诺团则被击退到采石场峡谷。那时是早上 8 点左右，但是战斗似乎才刚刚开始！

因为保洛夫纵队的主力出现了，这些团拖着他们的重型火炮，从工兵路爬上山坡，它们是鄂霍次克（Okhotsk）团、雅库茨克（Iakoutsk）团和色楞金斯克（Sélenghinsk）团，由丹嫩贝格将军、米哈伊尔与尼古拉两位大公指挥。从萨普恩山的山坡上，可以听到成千上万的士兵齐唱沙皇赞美诗，很快，数千名疲惫不堪，伤亡惨重的英军面前突然出现了 1 万名由 96 门火炮支持的俄军。鄂霍次克团扑向"沙袋"炮台，一场战争史上少见的混战爆发了：子弹打光了，刺刀扭曲了，枪托打断了，士兵们就相互投掷石块，或扭打在一起，试图掐死对方。

当从攻城部队中抽调的其他英军增援部队迅速赶到时，鄂霍次

克团的上校已经阵亡，而士兵们终于占领了炮台。另外两个俄军军 266
团加入了这场集体作战。英军将领伤亡惨重：卡思卡特、戈尔迪
（Goldie）、斯特兰韦斯（Strangways）阵亡；布朗、亚当、托伦斯
（Torrens）、巴特勒（Butler）受伤。除了在巴拉克拉瓦进行警戒的
艾尔（Eyre）旅和留下围城的坎贝尔旅外，拉格伦勋爵已将其单薄
的军队全部投入一场不对等的战斗中……

只剩下一个求助对象了——法军。

俄军炮火刚刚响起，博斯凯就完全理解了戈尔恰科夫在平原上
采取的行动：假装在那里部署军队，对空放炮，并没有吓唬住像他
那样的老兵。这个战术太明显了，仅仅是一次声东击西而已。康罗
贝尔赞同他的下属的分析。

在卡思卡特阵亡、布朗受伤之前，我们第一次向盟友传达了提
供支援的提议，但被这两位将军礼貌地拒绝了。这并未阻止侦察部
队的指挥官在磨坊右边布置第 6 战列步兵团的一个营和第 7 轻步兵
团的一个营进入警戒状态，这两个营由布尔巴基将军指挥。在法军
阵营，将士们急躁难耐，渴望出击。

终于，将近上午 9 点时，拉格伦勋爵派来的斯蒂尔上校（le
Colonel Steel）火速赶到，他冲口而出的话是："我们被击垮了，一
分钟也不能耽搁。"

博斯凯回复道："我们将迅速赶到。"但他甚至无须发令，布尔
巴基率领他的两个营就已经冲向前方。听到尖厉的军号声，红裤子
们冲进了战场。

重新振作起来的英军喊道："为法国人欢呼。"而一向冷静的拉格伦勋爵只是对飞奔赶到的康罗贝尔说："我想我们……病得很重。"

俄军不知正在向他们猛扑过来的部队的规模，显示出片刻的犹豫：第6战列步兵团的营将色楞金斯克团远远地击退到后方，而第7轻步兵团的营则将雅库茨克团逼向采石场峡谷，"沙袋"炮台仍在俄军手里。但很快，俄军这两个团意识到他们面对的敌军只有1500人，便重新发起进攻。第6战列步兵团的德卡马斯上校（Le Colonel de Camas）在试图夺回被俄军俘获的旗帜时阵亡。

英军和法军一同撤退并重新整编了部队，而被逼退到峡谷里的索伊莫诺夫的部队只是被几支疲惫不堪的英军小分队勉强钳制在那里。

那么，谁将取得胜利？

胜利将属于火速赶到的博斯凯，步行赶到的第3阿非利加猎兵团的四个连，第3朱阿夫团的一个营和阿尔及利亚步兵团的一个营。比若元帅珍视的"士气效应"再次显示效力：这些气势猛如豹的部队在阿尔玛已经让俄军受到震慑，面对他们昂扬的锐气和怪异的风格，俄军开始动摇。

费伊少校写道："没有什么能表达出这些面色黝黑，服装怪异，端着刺刀奔跑的非洲老兵们进入前线时所产生的效果。"

容光焕发的博斯凯用阿拉伯语向他手下的"阿尔及利亚步兵"喊道："展示你们自己吧，火的孩子们！"

阿尔及利亚士兵和朱阿夫们从俄军手里成功夺回了"沙袋"炮

台。在这最后一场血腥的混战中，博斯凯自己也被包围，面临被俘或死亡的威胁。但上午 11 点左右，第 3 朱阿夫团的两个营和第 50 战列步兵团的两个营，以及从攻城部队抽调出来的整个莫奈旅赶到战场。

因此，俄军的灾难降临了：色楞金斯克团密集的大部队被"非洲人"的刺刀逼到高原的最边上，步兵们成群成批地掉入沿切尔纳亚河延展的深谷里。要在这样的地形上抢救他们那庞大的火炮是如此艰难，他们将付出血流成河的代价，特别是弗拉基米尔团为了掩护撤退而不得不做出自我牺牲。

因此，俄军数量上的巨大优势给他们带来的就是一场惨败，而战败的主要原因不是俄军士兵个人素质的低下，而是一种非常陈旧的军事文化——腓特烈大帝时代的军事文化，一种同样陈旧的战术以及最高指挥部人所共知的无能。

被围的俄军在上午 9 点 30 分左右进行了一次声东击西的突围行动，令在其军事部署最左侧的攻城部队中的法军伤亡惨重，但他们甚至不能炫耀这个战果，因为这些伤亡更多地要归因于法军的进攻质量，而非俄军的主动精神！

实际上，俄军是在隔离所堡垒那边，在雾的掩护下悄悄出击的：当英军在高原上遭受痛击的时候，季莫菲耶夫将军（le Général Timofeiev）率领明斯克团的四个营将尽可能多的法军部队"固定"在围城行动中。对法军 1 号、2 号和 3 号炮台来说，这是一次全面突袭，一些士兵阵亡，一些火炮的火门被钉死。但是，法军进行了 268

闪电反击，俄军被遏制，被击退，最终被卢美尔旅（la Brigade de Lourmel）完全失控的士兵赶回了自己的营地。遗憾的是，这是一种鲁莽的英勇！卢美尔将军站在第一线，暴露于所有的火力之下，挥舞着他的军帽喊道："前进，我的孩子们，他们在我们手里！他们在我们手里！"他手下的士兵们穿过隔离所堡垒的开阔带，一直冲到工事底部，而他们却无望攻克下来。

鲁莽的勇敢总要付出高昂的代价——卢美尔将军阵亡，他的旅里有950士兵同他一起倒下，或死或伤。

法军本不该去隔离所堡垒，他们最终在堡垒前损失的兵力超过在船坞高原上与俄军大股部队的肉搏战所损失的兵力……

无论如何，传递给被围俄军的信息是明确的，即发动猛攻的那一天，他们将遭遇劲敌。

对俄军来说，11月5日这一天以灾难而告终，他们不仅没有达到进攻的目标，还在战场上遗留了将近三分之一——大约3000人战死、6000人受伤、1600人失踪——的参战兵员。一年半后，在切尔纳亚河方向发现了这些失踪人员的遗骸，他们的骨架挂在树枝上，白骨散落在岩石上或堆积在狭窄的沟壑底部。

至于战场本身，目击者们不知该如何描述其恐怖的景象：堆积的尸体完全遮蔽了地面，不仅骑马无法前行，即使步行，也必须从死人和伤兵身上踩过。作为参加过拿破仑战争的老兵，拉格伦勋爵后来写道："从来没有见过这样的景象。"至于博斯凯，当他从尸体层层叠叠堆在一起的"沙袋"炮台旁边走过时，不禁脱口而出：

"真是个屠宰场！""沙袋"炮台也变成"屠宰场"炮台。

每个人的脑海中只浮现出一个地名：埃劳。

法军损失了大约 800 人。对英军来说，这更是一场真正的灾难，他们损失了将近 3000 人，在参加战斗的 12 位将军中，有 7 位阵亡或受伤。

英军更糟的情况是什么，损失了 3000 兵力，还是剩余部队被法军所救？因为，无论英军愿不愿意承认，那天的英雄都是博斯凯，是他的部队在战场上的突然出现扭转了局面。当然，那天的黄昏时分，拉格伦勋爵去和博斯凯握手时对他说："以英国的名义，我感谢您。"这确实是他能做的最低限度的事。但在他给纽卡斯尔公爵的报告中，却找不到一丝感激的痕迹。

站在英军总司令的角度来看，在紧要关头，这种谨慎是可以理解的，因为他的军队已经饱受行政低效和瘟疫的摧残，现在又在战场上惨遭屠戮！因此，当务之急是提升部队的士气，正如莱西-埃文斯将军所做的，在全体参谋人员面前感叹"在这样的胜利之后，剩下的就是重新上船了"。

但在英国报刊发表的报道中，谈到的却几乎只是"在战斗结束时才赶到的一支法国小分队"。很快，人们就会理所当然地认定，在因克尔曼战役中，少数英军抵挡住了……7 万俄军！直到 1857 年，在拉格伦勋爵的前参谋官卡索普勋爵（Lord Carthope）出版的一本小册子中，才能看到专门讲述博斯凯赶来救援的一章，标题是"法国军队的恐慌"！

当维多利亚女王因给康罗贝尔将军写了一封谦恭的感谢信而赢

得赞誉，但康罗贝尔将军向部队宣读了这封信的事在英国却无人提及时，对此我们该做何结论呢？唯一的结论是：法英联盟在领导人的层面上确实存在，但在两国人民的内心深处却并非如此。这一点将在后续事件中不断得到证实。

此时此刻，每个人都想要独占最大最好的那一份战果。

诚然，博斯凯的干预挽救了局面，但这主要是因为它发生在正确的时间，法军还得益于俄军和英军遭受的心理冲击。不过，法军过于高调地向世人吹嘘自己的战绩，却有点忘了致敬我们的盟友在最恶劣的状况下遭遇突袭时所表现出的一贯冷静和非凡坚稳。比如总是喜欢说，英军步兵是所有步兵中最优秀的步兵，也许世界上只有英军步兵能抵御像潮水一样冲向其营地的敌军，却很少有法国人强调这一点。说话一向无所顾忌的特罗许将军敢这样做，是因为英军营地在法军营地之上，他毫不犹豫地对博斯凯说："如果说我们救了英国人，其实是此前他们先救了我们。"这使得"虚荣心与才能不相上下"的博斯凯对他持有一种根深蒂固的怨恨。

皇帝是对的，他曾说："与盟友共同行动总是困难的。"人们不久就会看到，两个西方盟国的政策很快就会出现越来越严重的分歧，轻松唤醒了两个民族所有陈旧的偏见。

因克尔曼大屠杀之后不久，联军召开了一次军事会议，会上全体一致决定采取一项基于简单常识的新战略：目前已不能进行猛攻。首要任务是巩固已经夺取的阵地。必须加强联军的防御工事以防备俄军应急机动部队的任何新行动，有条不紊地继续进行围城工程，等待正在法国和英国集结的大批援军。这当然是明智之举，但这也让所有人看到了在克里米亚过冬的阴暗前景，越来越严酷的气候，越来越艰难的状况，每天都要工作和战斗，却不知道明天将会怎样。

此外，因克尔曼的一天还留下了一些需要很长时间才能愈合的创伤。有人看到，曾经身先士卒、如雄狮般作战的年轻的剑桥公爵，像孤魂野鬼一样四处游荡，神情呆滞，对他遇见的所有人只会不停地说："我所有的朋友都死了……我认识的所有人，和我生活过的所有人……"亲王从未真正从这一精神创伤中恢复过来，不久之后他将不得不返回伦敦。至少他的离开比拿破仑亲王的离开更能被部队理解。拿破仑亲王当然不是懦夫，在阿尔玛他已表明这一点，但他对军事事务从未真正感兴趣过，对战争更不感兴趣，对指挥一个师则完全没有兴趣。他想要的是总指挥权，但他不具备所需的品质，特别是指挥的艺术，他的刻薄给他带来的几乎只有参谋们对他的强烈敌意。此外，所有人都记得，在瓦尔纳的一次军事会议上，他提出的唯一想法就是进入比萨拉比亚，然后从那里向波兰进军，波兰将起义反抗俄国人，联军前去对波兰施以援手……

不幸的是，11 月 4 日，也就是发动总攻的预计日期的前两天，他向康罗贝尔提出了返回法国的请求。他提出的健康状况的理由几乎没什么实质内容，莱维医生（le Docteur Lévy）于 11 月 17 日在君士坦丁堡撰写的那份报告也不能平息亲王的请求所引发的谣言。这位医生写道，亲王的身体状况"到目前为止并无大碍，然而在克里米亚战争的特殊的饮食和工作条件下，暂时无法继续

271

军营生活"。

几天前，皇帝为了表彰堂弟在阿尔玛战役中的英勇表现给他寄去了军事勋章，因此这个要求被送回国的请求让皇帝真正的朋友们感到痛心：它太像是开小差了。皇帝对此事在克里米亚产生的恶劣影响并且很快将在法国产生的恶劣影响感到生气，因此命令拿破仑亲王在君士坦丁堡停留，等候新的命令……

当11月14日的暴风雨来临时，王朝的继承人已经不在营地了。这场暴风雨让在克里米亚登陆的部队对这一地区的冬天产生了畏惧的情绪。那一天，狂风暴雨夹杂着冰雹从天而降，旋风席卷了黑海和克里米亚半岛。地上的一切都被连根拔起，不仅帐篷和里面的全部物品，甚至被吹散的棚屋的木板，所有的东西都在空中飞舞、盘旋。

箱子、柱子像羽毛一样在风中旋转。有些地方，比如说磨坊高地上，大批的士兵被抛到空中，而野战炮车则开始独自滚动。在救护车里，车顶坍塌在痛苦号叫的伤员身上，生病和发烧的士兵的床则积满了水，塌陷在泥浆中。救援中，人们首先想到的就是伤兵，他们当中有很多在即将淹死时侥幸得救。士兵们尽其所能地忙碌着，沿着地面的褶皱爬行，时不时会遇到受惊后四处乱窜的马。如此出乎意料的狂风！水从四面八方涌进战壕，工事充满了泥浆，台阶塌了，胸墙摇摇欲坠，行走的通道也变成了污水坑。

海上的情况最为糟糕，几艘商船及其装载的珍贵货物沉没，停泊在叶夫帕托里亚附近的"亨利四世号"和"冥王星号"在海岸搁浅，彻底被毁。①

在巴拉克拉瓦，八艘英国大型运输船及其装载的所有保暖衣物 272
和冬季装备沉没。在卡米什，一艘法国双桅横帆船及其运载的龙骑
兵分队沉没，陆地上的士兵眼睁睁看着船上的士兵和马匹淹没在海
里而无计可施。

损失十分惨重。当风暴最终平息下来时，又开始接连下了好几
个星期的雨。克莱尔上校写道："克森尼索就像一个刚刚被清空的
池塘的底部；我们的露营地变成了沼泽地，马的尸体随处可见，呈
现一片遭受洗劫后的荒芜景象。"

当然，法国人从未失去开玩笑的兴致。比如，在一个被淹战壕
的入口处立着一块牌子，上书："木底浴池。平民二十生丁，军人
免费。根据上级命令，禁止不穿内裤洗澡。"

但寒冷、霜冻、大雪和无数新的痛苦很快就会来临。不像俄军
那样在城墙内受到良好的保护，数以万计的法军和英军则焦虑不
安，几个月前圣阿尔诺最坏的料想逐渐成为现实：在塞瓦斯托波尔
城前过冬，修筑工事，进行战斗；同时在一个土地贫瘠、资源匮乏
的地区，承受着一支强大、粗野、士气丝毫未减的军队的威胁，竭
尽所能地保护自己不受敌军、恶劣天气和疾病的侵袭。

在参谋部，人们在寻思外交官们在做什么。

---

① 正是"亨利四世号"的报废激起的情绪使气象学在法国成为一门完整的科学；实
际上，它将使巴黎天文台台长勒维利耶获得必要的贷款来建立一个真正的部门，这个部门
独立于天文台，并定期发表预报。

从维也纳的沙龙到克森尼索的战壕

外交官们在等待奥地利最终担负起责任，并加入行动当中。但维也纳似乎固守着梅特涅的原则，如首次维也纳会议的主持者说的那样，"奥地利的利益，在于它的行动自由，而非承诺"。

自 1854 年 8 月 8 日，即"四点方案"或"四个保证"计划被呈送给沙皇——并被他无视——的那天起，只有火炮在说话。天知道整个欧洲的外交官们是否能听得清它在遥远的克森尼索高原上发出的轰鸣声……军方等着听取外交官们的意见，而外交官们则希望利用军队的胜利。

然而，10 月，在巴拉克拉瓦，俄军打了败仗；11 月，在因克尔曼，俄军依旧是打了败仗。终于，在使馆沉闷的气氛中发生了一件事，或者更像个事件：1854 年 12 月 2 日，奥地利决定与法国和英国签订攻守同盟条约，同两国结盟。

外交突发事件？很多人都这么认为，毕竟，条约第 5 条明确规定，"如果 12 月 31 日之前还没有实现和平，巴黎、伦敦和维也纳将毫不延迟地审议实现其联盟目标的有效手段"。

实际上，奥地利只是从单纯的形式上满足了盟国的要求。而且，它也只能如此：俄国谈判代表，亚历山大·戈尔恰科夫公爵（le Prince Alexandre Gortchakov）——在克里米亚作战的米哈伊尔·戈尔恰科夫将军的远房堂弟——在几天前的 11 月 28 日，从圣彼得堡带回了沙皇对于"四个保证"的"原则上的接受"，却没有任何东西有助于给予这些保证一个最终的解释，也就是一个明确的形式。面对盟国的怒火，奥地利不得不迈出一步。尤其是越发好战的英国人都许久没有重新举办一个已被证明无效的会议，直到10月21日，在法国驻伦敦大使亚历山大·瓦莱夫斯基的敦促下，克拉伦登勋爵才同意开始新一轮的谈判。因此，1855年1月7日，沙皇最终接受联军的全部提议——原则与解释——作为谈判的基础。

不过，这是为了更好地让戈尔恰科夫公爵有机会来着手他的重要任务：拖延，推迟，直至质疑召开新的维也纳会议的起因本身。因为在没有电报的情况下，维也纳与圣彼得堡相距实在过于遥远！然后，还有大雪、严寒、糟糕的路况、收到的指令含混不清、需要再次询问、等待新指令到达的时间……

可怜的克里米亚士兵！

克拉伦登勋爵感受到公众舆论的高涨，他甚至寻思，俄国人和奥地利人寻求的目标是否只是要搞垮阿伯丁内阁。瓦莱夫斯基突然 274 失去了他在一切事情上表现出的诚实，试图向克拉伦登保证奥地利的决心。对他来说，"如果维也纳内阁的政策导致的不是即将到来的和平，而是对俄国的宣战，那这个政策将是荒谬愚蠢至极的，因为其结果就是让所有人都疏远自己"。

瓦莱夫斯基不知道他的想法是多么正确……

在佩尔西尼于11月访问都灵后，一个谣言自12月上半月开始流传：维也纳受到了某种敲诈。据说皮埃蒙特-撒丁小王国不久将加入联军一方，参加军事行动，它将提供一支1.5万人的特遣队，实际上由英国负责运送，并提供军饷。

因此，布奥尔伯爵很生气。难道他没有通过 12 月 2 日的条约充分证明奥地利的决心？而且皮埃蒙特是维也纳最大的敌人！它之所以加入联军很可能只是因为得到保证，战争结束后，它的朋友法国皇帝将对它的效力给予回报。但以何种方式给予回报？一个意大利独立的歌颂者和一个意大利统一的狂热支持者之间的协约让他忧心忡忡，愤怒的布奥尔明白，向奥地利发出的信息实际上可以归结为一个问题：

"您希望哪里能够安宁，多瑙河河口还是意大利？您选吧。但您不能两者同时兼得。"

布尔克内在这一点上遵照外交大臣德鲁安·德·吕的指示，甚至向奥地利暗示，法国"完全可以随时与沙皇达成一种骑士式的和平"，这种私对私的和平不会考虑奥地利的任何战略利益。德鲁安接着说："这样法国就可以让目前的对抗变成俄国与我们之间一个简单的军事荣誉问题，在迫使尼古拉皇帝承认我们在英勇顽强和人力物力上的优势之后，把他的剑还给他。"①

作为法奥联盟的坚定拥趸，德鲁安·德·吕是否觉得自己已经山穷水尽，才会用如此不可信的威胁试图给维也纳施压！但对于他以及所有与他持同样想法的人来说，不幸的是，帝国的外交将朝着他最担心的方向发展：法英撒丁公约于 1855 年 1 月 21 日签署，并于 3 月 4 日获得批准。

---

① 1855 年 1 月 2 日给布尔克内的急函。

对于意大利来说，这是一项开创之举，即使法英两国通过它追求的目标截然不同。对拿破仑三世来说，这是在将终结战争的大会上，向与会的所有列强提出意大利问题的方式，而英国方面只考虑它打算全力以赴进行的战争。但英国兵员不足，因此皮埃蒙特的增援无异于雪中送炭。然而，如果它确切知道了两大帝国私下的利益盘算，它会不寒而栗。不过在这方面，无论德鲁安·德·吕还是瓦莱夫斯基知道的都不比它更多，它怎么会比他们运气更好？德鲁安·德·吕和瓦莱夫斯基是通过《箴言报》才得知 12 月 2 日的条约在维也纳签署的！

皇帝的外交开始采用迂回策略，无论重要角色还是跑龙套的角色都变多了，哪怕是负责同样议题的亲密合作者，他们之中也充满着谎言和隐瞒。谁能理直气壮地说自己是皇帝思想的忠实阐释者呢？在达到权力和荣誉的顶峰之后，那个懂得如何实现自己的梦想，实现自己作为流亡者、阴谋家、阶下囚、政党领袖、议会议员、共和国总统所设想的计划的人，始终认为自己能够主宰事态发展，并从中获取最大利益。但他将自己卷入一连串对他来说最终致命的事件当中，因为时过境迁，昨天的现实，到了明天就成了泡沫。仅就意大利事务而言，他甚至不了解撒丁王国首相加富尔伯爵（le Comte de Cavour）的真实性情。此人远比皇帝想象得更顽固、更大胆、更奸诈，为了达到自己的目的，他不会表现出任何感情用事或顾虑重重。此时，他只有一个目标：将意大利统一在皮埃蒙特-撒丁王国的领导之下。就目前而言，唯一的策略就是加入战争以便在日后重建和平的大会上拥有发言权。奥地利在西方大国眼中越低三下四，他的任务就越容易实现。

可以理解，当撒丁王国特遣队的指挥官拉马尔莫拉将军（le Général de La Marmora）让他的部队在热那亚登船之前向加富尔请求指示时，他只是漫不经心地回答了一句："你们自己想法应对吧，上帝保佑你们。"

皮埃尔·德拉戈尔斯后来写道，在这时，"此前一直无可指责的帝国政策，遭遇了第一次偏差"①。我们很难不认同他的观点。

与此同时，维也纳发生了什么？维也纳会议真的要再次召开了吗？

现实却是一次又一次的拖延：1月底，阿伯丁内阁倒台，戈尔恰科夫不得不请求新的指示。至少法国人很高兴看到帕默尔顿勋爵重新出任财政大臣，并立即为战事注入新的动力，想方设法地救济和增援克里米亚的英国特遣队。

2月没有什么新进展。民众认为沙皇是唯一要对持续的战争负责的人，即使3月2日沙皇突然驾崩也只是给人民带来了无用的希望。那时已不是两个君主之间简单的书信往来就能决定战争或和平的时代了。外交官们并不抱有任何幻想，尽管继承皇位的亚历山大二世被认为比他父亲"开明"，却必须在俄国的背景下来理解这个形容词。人们知道，当俄国自己的领土遭到入侵，深陷民族与宗教战争的泥潭，连最偏远的边境省都被动员起来时，亚历山大二世同

① Pierre de le Gorce, *op. cit.*, tome I, p. 377.

他父亲尼古拉一样无法遏制这样一个俄国的战争势头。因此，尽管巴黎股市上涨，公债在 24 小时内涨了 3 法郎，也只是昙花一现而已。沙皇临终时，紧紧抓着儿子的手，说出的最后一句话是："把握一切!"

亚历山大二世 3 月 3 日向军队发表的《宣言》和《议程》，正如 3 月 7 日他对齐聚圣彼得堡的外交使团发表的讲话一样，几乎令人不容置疑：亚历山大二世"坚持神圣同盟的路线"。当然，像他父亲一样，他"希望和平"，只要"即将在维也纳召开的会议达成一个对（他）来说体面的结果"的前提下。

"体面的"……一切尽在这个词中。战争之所以开始不就是因为尼古拉的"体面"被"玷污"了吗？

新版的维也纳会议最终于 1855 年 3 月 15 日召开。这一次，普鲁士被排除在外——不可能给柏林一笔辞职奖金！普鲁士首相曼陀菲尔在 1 月 5 日的一份照会中要求"出席会议的权利，并非出于最近的规定，而是他的列强身份"。1 月 11 日，德鲁安·德·吕回复曼陀菲尔："列强的身份是连续的，不能当它带来负担时就放弃，而当它只带来好处时就立即恢复。"此外，俾斯麦先生不是曾宣称普鲁士"只在西方"有敌人吗？

在同一次会议上，令所有人都感到满意的是，与前两个"保证"有关的问题得到解决：多瑙河公国的地位将被置于国际保障之下，以及多瑙河上实现自由通航。但 3 月 26 日，一进入重要事项的讨论，也就是黑海的中立问题，对法国人、英国人、俄国人和土

277

耳其人来说唯一真正重要的问题，同时也是唯一能给土耳其的未来提供真正保障的问题，一切就结束了。奥地利退出了，因为问题与它不再有关。奥地利是否忘了这个问题正是导致西方国家发动战争的理由？

幸运的是，如果说英国人同意在维也纳重启谈判，那是因为他们觉得受到了法国人的强迫。至于法国人，尽管他们最在意的是与伦敦的联盟，他们也不希望与维也纳公开决裂。

因此，各方在谈判……

3月4日，殖民地大臣约翰·罗素勋爵前来"督导"英国驻维也纳大使威斯特摩兰勋爵。4月6日，德鲁安·德·吕来到他派驻维也纳的大使布尔克内男爵身边，以发挥其作为法国外交大臣的影响力。土耳其方面，前来参加谈判的是外交大臣阿里帕夏。他们与布奥尔和戈尔恰科夫一步步地进行谈判，共同拟定各种方案。为了达成"在好客海限制兵力"的原则，俄军与土耳其军队同样被允许向黑海派出四艘军舰，四艘护卫舰及相应数量的轻型舰船。尽管这已经远离了西方国家所希望的"中立化"原则，布奥尔却积极支持它，但也只是以自己的方式表示支持。因此，在一次会议中，当戈尔恰科夫问他："如果俄国拒绝，维也纳内阁是否会诉诸战争？"奥地利外交大臣只是回答道："奥地利支持正在讨论的草案，至于其他，皇帝保留他的自由……"

这个回答远未表现出西方国家期望维也纳所采取的恫吓姿态！因此，戈尔恰科夫觉得自己可以随意提出任何提议，哪怕前后矛盾：首先是黑海"向所有人开放"的原则，然后是黑海"向所有

人关闭"的原则，最终讨论到布奥尔艰难拟定的一个方案，即"平 278
衡"方案。戈尔恰科夫说他准备接受这个方案，重新采用限制兵力
的方案，但增加了签约国按比例增加兵力的权利。比如说，如果俄
军增加了两艘护卫舰，法军和英军也可以让两艘护卫舰进入黑海。
这非常复杂而冒险，但罗素勋爵与德鲁安·德·吕厌倦了无谓的争
论，而且想不惜一切代价避免彻底决裂，最终赞同了这个方案。

他们能有一刻相信他们会得到伦敦和巴黎的支持吗？怎么，经
过这么多努力，流了那么多血之后，只得到如此平庸的一个结果？
女工陛下的政府规定了非常严苛的条件：俄国黑海舰队彻底消失，
关闭海峡，这样才能让英国政府满意。而布奥尔的提议是多么可
笑啊！

至于法国皇帝，为寻找一个能在多方面同时满足他的最终结
果，他先是在 4 月 15 日给德鲁安·德·吕写信表示对他的全力
支持。

在伦敦，外交大臣克拉伦登勋爵向奥地利大使表示，"无论土
耳其还是西方列强都不能作为黑海的永久警察而逐渐消耗自己的力
量"。当帕默尔顿勋爵对下院说"奥地利在某种程度上与我们站在
一起。它在……精神上与我们站在一起"时，全场哄堂大笑。

4 月 6 日，布奥尔佯装温和地问刚刚抵达维也纳的德鲁安·
德·吕："俄国舰队现在已被摧毁。即使它未来受到或多或少的限
制，又有什么关系呢？我可以为了增加两三条船向法兰克福议会提
议战争吗？"

奥地利逐步地向普鲁士的弃权政策靠拢。普鲁士国王在给维多利亚女王的信中可耻地写道："我决心保持完全的中立［……］无论土耳其垮台还是依然挺立，对莱茵河畔或巨人山（Riesengebirge）的勤劳居民来说，有什么关系呢？就算土耳其人经历了苦难，但土耳其人不是我们。"

柏林担心的是波兰的革命者们又开始骚动，维也纳害怕的是它的多个民族的分裂。但是，皮埃蒙特不是已经开始领导对哈布斯堡的十字军东征了吗？

因此，弗朗茨-约瑟夫开始从特兰西瓦尼亚撤军，遣散他的预备役部队。

战争？什么战争？

德鲁安徒劳地在布奥尔面前提出建立一个法奥"保守"联盟——拿破仑三世永远不会接受这样的联盟——的前景，在他看来，这比巴黎现在似乎正与意大利"爱国者"达成的"革命"联盟要好得多……而将来又和谁联盟呢？

对德鲁安来说，哪怕是那个蹩脚的带有平衡方案的兵力限制方案都比皮埃蒙特参战，比拿破仑三世正在撰写开篇的民族大冒险要好。

4月23日，皇帝收回了他在4月15日给德鲁安的鼓励，写信给他说："我的意见是拒绝并决裂。"

被撤销授权的外交大臣只能来到巴黎，单独面见皇帝，试图为他认为正确的事业做最后一次辩护。那一天是5月1日，拿破仑三世听着德鲁安的陈词，似乎有所动摇，令谈判代表感觉皇帝会同意他的观点。但 5 月 3 日，皇帝再次表达了拒绝，而此间已回到维也纳的德鲁安能做的只有辞职。

5 月 8 日，他给皇帝写信说："在我看来，这是一种致命政策的开始。愿上帝指引您，陛下，并在您选择的道路上保护您。"①

确实，1855 年 5 月 3 日的这个决定将对第二帝国的未来产生重大影响。直到今天，一整个思想学派视其为拿破仑三世依附英国政治的证据。从他似乎说"是"到最终说"不"的那段时间，难道他没有接见英国驻法大使考利吗？

事后书写历史是容易的，而且我们已经知道该如何看待这种所谓的皇帝屈从于英国盟友意愿的说法。除此之外，皇帝有充分的理由选择坚定，故而选择继续战争：首先，在 1855 年春天，俄国的实力仍只是受到轻微损伤；其次，1853 年笼罩着君士坦丁堡的威胁根本没有消除，更何况本应处置奥斯曼帝国基督徒命运的"第四要点"，谈判代表们甚至还未开始讨论；最后，在做出所有牺牲之后，解除对塞瓦斯托波尔的围困太像是一次失败了，从政治上讲则是一种自杀。

可以补充的是，拿破仑三世支持民族国家的宏伟抱负似乎日渐分明。3 月 24 日，布尔克内让维也纳会议接受了由瓦拉几亚人和摩尔达维亚人联合组成一个罗马尼亚国家的原则，这两个民族只在 1600—1601 年统一了几个月。皮埃蒙特的承诺令人隐约看到隆巴底

①　同年 5 月 8 日，瓦莱夫斯基被任命为外交大臣。在这个职位上，他将像他的前任那样遭受许多侮辱，特别是因为接替他担任法国驻英国大使的不是别人，正是佩尔西尼，他既是拿破仑三世的心腹，又是拿破仑一世的私生子的劲敌。

可能获得的解放，而德意志南部各州面对普鲁士霸权的威胁，可以组成一个联邦国家。当然，人们经常忘记，所有这一切都将在法国的保护下才能实现，法国由此将成为民族国家的仲裁者。这并非出于纯粹的理想主义，而是为了它的最大利益。波兰自己不能重建吗？

当然，可以理解，在同年4月皇帝与皇后对英国进行了历史性访问之后，维多利亚女王的丈夫，即德意志人兼英国人的阿尔伯特亲王就这位令人敬畏的来访者写道："他的脑袋是个养兔场，各种想法在里面像兔子一样迅速繁殖……"

6月4日，维也纳会议的最后一次会议见证了会谈的破裂。实际上，除了布奥尔伯爵之外，无论俄国还是西方国家都觉得能够在军事上获胜的时候，没有人希望过早实现和平。显而易见，战争必须在塞瓦斯托波尔而不是在其他任何地方。火炮比以往任何时候都更具有发言权。

整个这段时间里，在克里米亚，双方都在不停地加强力量，进行战斗。因克尔曼战役之后，联军作出了只在处于绝对优势的状况下才发动进攻的战略决策，紧接着，联军开始建造堡垒和炮台，以更好地保护自己不受牢牢盘踞在切尔纳亚河另一侧高地上的俄军应急机动部队的攻击。法军吸取了季莫菲耶夫从隔离所堡垒那边出击的教训，同样开始加强攻城部队最左翼的力量。无论在哪种情况下，几乎都只是一些法军在干活，因为在1854年的这个初冬，英军的兵力和资源几乎已经耗尽，他们需要法军提供数百名工程师和工人。

俄军展开了同样的行动，遭受着与"法国人"——就像他们 281
在塞瓦斯托波尔所说的那样——同样的苦难：大雨、寒冷、泥泞、
匮乏、疾病、每天在水中浸泡 12 小时的脚、子弹、炸弹和炮弹。
俄军在堡垒里的生活，正如联军在战壕里的生活，是一种长期的
磨难，预示着 1914—1918 年的步兵将遭受的磨难。同样人们心知
肚明要"火力决胜"，就像贝当元帅（Henri Philippe Pétain）在第
一次世界大战期间常说的那样，但没有人从中汲取必要的教训。

在维也纳，各方很快彬彬有礼地进行商谈，有时会小心翼翼地
避免触动 18 世纪式的敏感与神经质。但在克森尼索高原上，从很
多方面来讲，士兵们遭受的可怕的苦痛已经预示了 20 世纪的来临。

一如既往，俄国士兵从不缺少的勇气几乎可以克服一切。从应
急机动部队占领的因克尔曼和麦肯齐的森林，缅什科夫的部队为城
里的守军提供用于柴捆、石笼、堡垒和路障的木材。他们斗志昂扬
的备战活动被托德莱本出色地组织起来，不会留下任何疏漏。因
此，他们封锁了堡垒的咽喉，避免自己在侧面或后面受到袭击。他
们在堡垒里布雷，以防万一……①

因担心大棱堡失守，在堡垒后面，第一道路障已经封锁了进入

---

① 堡垒的"咽喉"是它后部狭窄的部分，用作入口或出口。横梁设置成挡板来堵住
这些入口的决定，看似合理，实际上却是致命的：1855 年 9 月 8 日，当麦克马洪的部队占
领马拉霍夫要塞时，正是这种对堡垒的封喉阻止俄军实施任何反攻，将联军赶出堡垒。

城里和卡拉贝尔纳亚郊区的通道，在第一道路障后面还设立了第二道路障。俄军在城里建造并加固了一个中央内堡，如果攻城部队发动的进攻胜利了，这将是俄军最后的抵抗阵地。双方的增援部队陆续赶到，战斗从对一个要塞的单纯围攻逐渐变成两个世界的全面对抗。从二等兵到总司令，每个人都隐约感觉自己正在参加一项规模越来越大且超出自己理解和掌控的行动。

1854 年 11 月，随着第 6 龙骑兵团的到来，法军的骑兵部队从两个团增加到三个团。不久，土耳其的第 7 龙骑兵团、第 6 和第 7 重骑兵团，以及来自阿尔及利亚的第 2 和第 3 阿非利加猎兵团也加入其中。

步兵部队将接收帕泰（Paté）的第 6 师、迪拉克（Dulac）的第 7 师和德萨勒（de Salles）的第 8 师。从 1854 年 10 月到 1855 年 3 月，每个月都有大约 1 万人前来增援法军。2 月初，法军拥有 8 万兵力，而英军尽管做了最大努力，兵力仍然只是法军的三分之一。

土耳其军队参加了联军的增援行动，奥马尔帕夏放弃了所有向比萨拉比亚方向采取行动的想法，让他的部队渡过黑海。2 月初，他让 3.5 万人在叶夫帕托里亚登陆，此地现已变成可以抵御进攻的要塞，同时也对戈尔恰科夫军队的后路构成严重威胁。

俄军方面，所有可用的部队都被重新集结。11 月 19 日，尼古拉一世写信给缅什科夫亲王，宣布从尼古拉耶夫向克里米亚派遣的增援部队即将抵达。他特别指出，"请注意，这些部队到了后，就再没有增援可以派遣了"。他最后写道："只有上帝知道等待我们的是什么……"

双方的战斗越来越激烈。尽管除了10月25日和11月4日两天外，士兵们几乎只是以几十或几百人的战斗小组投入战斗。无论白天黑夜，要塞里都会发动猛烈的出击，而法英侦察部队则对俄军应急机动部队展开战斗侦察。各方都是每天损失三五十人，除了伤员填满塞瓦斯托波尔的医院和战壕的救护车，医生忙碌无休外，没有任何实际结果。米斯梅写道："在一张临时拼成的长桌上，一些握着刀和锯子的人对躺在桌上的人粗糙地实施外科手术；地上是成堆的胳膊和腿；不远处，担架上的伤员等着轮到他们的手术；到处都是血；总之，这是荣耀的反面。"①

士兵们在"试探摸索"，施加对敌方和自己的压力，熟悉新的环境为日后的战斗做准备。在战线前方，一个凸起地面的后面，设置了由几个士兵组成的埋伏点，以便用精准的射击来干扰敌人的工程。还设置了一些"住所"、天然洞穴、炮洞或弹坑，里面驻扎一个或几个狙击手，负责首先击毙敌军军官或炮手。在弹坑后面，又造出构成棋盘的其他弹坑，这些必须赶在敌人前面"圆满完成"。然后，用地雷或镐头将它们连接起来，进行加固，罩上堡篮，这样便拥有了一条新的进攻线或防线，视情况而定，俄军同法军一样精于这一任务。

当士兵们幸运地在两层坚硬的岩石间找到一层黏土时，就在地下几米处挖一个坑道，但敌军被施工的声音惊动，会竭力破坏坑

283

---

①　Charles Mismer, *op. cit.*, p. 146.

道，让工兵们葬身其中。

一次又一次的出击，从夜间的军事行动到光天化日之下的突然袭击，各方阵营相互夺取，又夺回这些泥泞的坑洞，随后立即砌上干石胸墙，敌人则不停地破坏胸墙或让它反过来干扰建造者。双方一寸一寸地争夺地盘，士兵们一次次地刀枪相向，相互痛击，从棱堡到住所，从战壕到埋伏区，双方阵营都在缓慢地相互靠近。

围攻塞瓦斯托波尔的整个稗史都充满了局部的行动，个体的壮举，超现实的逸事和浸透着攻守双方相匹敌的无声的英雄主义。俄军是反要塞迫近的专家，自 1 月底起，似乎就取得了相对于法英联军的一种优势，因为他们在自己的防线前占据着 40 多个"住所"，从那里向联军的工人、守卫战壕的士兵和冒险靠近的工兵军官发射致命的火力。

无论如何，所有人都经历着同样的灾难：从未完全消失的霍乱，1 月开始下起的大雪，具摧残性的严寒……在法军阵营，每天早上都有一列"冻脚车队"抵达卡米什，成千上万的人将从那里登船被运往君士坦丁堡及那里的医院。

对康罗贝尔的部队来说，围城是一场长期的苦难。但至少如总司令在 1 月 22 日所写的那样："随遇而安，沉着冷静，细心警觉，苦中作乐，法国士兵的优秀典范［……］"将能够应对这场苦难。这并非一句简单的传统套话，而是众多外国观察家见证的现实。所有的回忆叙事都将提起法国人即使在最艰难的时刻也从未失去的这种乐天的性情，这种纯粹巴黎式的戏谑，就像那位在因克尔曼之战中受伤的朱阿夫，他在救护车前平静地排着队，嘴里叼着烟斗，对片刻之后就会切掉他一条腿的外科医生说：

"唉，医生，原来这里还得排队，就像在圣马丁门剧院那样！"

说到剧院，第2团的朱阿夫在原先的因克尔曼战场上的营地附近，单单用木板和帆布就搭建了一个有服装和看台的剧院。在春天，这个剧院成为整个克森尼索高原的必到之处，吸引着法国、英国和撒丁王国的官兵们前来观看两场战斗之间一个可以捧腹大笑的幕间剧。朱阿夫分发配有幽默漫画插图的节目单，这些节目可与林荫道剧院的通俗喜剧相媲美，他们组成了一个真正的剧团，演员可以扮演所有的角色，包括良家少女。经常，"良家少女"从一场刺刀战中回来，勉强有时间匆匆穿上随军厨娘递给他的戏装。或许，"她"会在接下来的一小时里阵亡，令剧院不得不挂出"停演"的招牌。

至于演出收入，则全部用于救护车上的伤员或被俄军俘虏的士兵。

当然，不是所有人都表现出第2团朱阿夫的无私。定期发放的军饷维持着工作时间或战壕执勤时间以外进行的小生意：一个营开了一个阅览室，里面藏有500册图书；另一个营中有人制作布谷鸟钟，印章是用瓶底做的，但整点和半点仍能准时报时；有人看到一些士兵在屠宰场仔细收集羊油，为他们的蜡烛生意提供原料。

钉进地下的锥形帐篷被一道矮墙和一条用来排放雨水的沟渠环绕着，帐篷由军队后勤提供的——或心灵手巧的士兵改装的——炉子供暖，烟囱通过低矮的土墙伸出。在帐篷里面，地面被挖了足足一米以增大空间，提高温度。家具是用经过巧妙拼接的罐头盒的白铁皮做的，床则通常用在切尔纳亚河畔砍下的柳条枝做成。在灵活解决生活难题方面，没有人能比得上法国大兵：为了对抗坏血病，他们去采蒲公英，而总司令——可以称得上是"士兵的父亲"——

285 让人分发醋来给蒲公英调味。至于潮水般涌向卡米什或巴拉克拉瓦的"新城"的各种各样的低级饭店小老板、非法商贩和投机商，当他们为了把一瓶劣质酒或一颗普通的卷心菜卖出高价而串通一气，那么他们不得不让人给自己建造"费卢维尔"（卡米什）或"弗利布斯托波尔"（巴拉克拉瓦）的棚屋时，法军也会反过来向他们索取高价。这样的"工地"对康罗贝尔手下的士兵来说是天赐良机，他们毫不客气地向这些新型的不法奸商要价五六千法郎来搭建最简单的棚屋……

法军的后勤部门尽心竭力地投入工作，但在严峻的条件下，也无法避免疏漏。尽可能地用木板房取代一部分帐篷，炉子也分发下去。为了预防严冬，给士兵们配发了俗称"克里米亚人"的羊皮外套、呢绒护腿套（保加利亚护腿套）、羊毛帽、法兰绒腰带、软底便鞋和橡胶套鞋，但没有真正的替换衣服。如果白天在战壕里或各个工地上，除了承受要塞里每日定量发出的射弹外，还要遭受雨雪的侵袭，大多数情况下，士兵只能穿着湿衣服过夜，因为缺少木材导致无法生火烤干衣服。

在卡米什的菜贩子那里，新鲜蔬菜极其稀少且昂贵。面包也是如此，尽管后勤的面包房日夜运转。因此，官兵们只能吃米饭、咸肉和罐头食品，而且英军的罐头更好。

但官兵们最难以忍受的无疑是缺少厨房灶火或营地篝火所需的木材，因此，他们用镐头挖掘克森尼索荒芜的土地，寻找树桩，仔细搜索海岸，寻找被海浪冲上来的残骸。

普夫卢格医生充满钦佩地写道：

"这群人是真正为战争而生的。"

诚然，英国军队的处境要困难得多。他们每天经历的悲剧最终还变成国家丑闻。我们已经看到，英国人根本没有为战争做好准备。但是，他们缺乏准备的程度超出了人们全部的想象。

当战争状态已经开启时，英国本土没有上兵驻扎，因为当时英帝国仅有的部队像往常一样被用来守卫殖民地。此外，在这个没有征兵制度的国家，英国公民唯恐失去自己的政治权利，会厌恶与穿军服的人做永久邻居。因此，军队只是从属于一位殖民地事务大臣的领导，他将基本上属于议会性质的职能授权给一位陆军大臣。1854 年，军队后勤部门只隶属于"军需署"，自 1815 年以来，"军需署"除了在纸面上，实际上已不复存在了，甚至在母国境内，也找不到任何军事性质的卫生、补给或运输部门。

除了这种超乎想象的情况外，在英国，士兵的性质，即不折不扣的职业军人，也决定了他们的不幸。如果一位英国人选择了军队的职业，通常是为了无须再从事另一个职业。与此相反，由于征兵制度，法国士兵同俄国士兵一样，来自劳苦大众阶层，这个阶层的人没有能力像法律所允许的那样为自己买一个代服兵役者。因此，法俄军人往往是一个工人、手工业者或农民。因此，如果不得不挖掘、砍伐、搬运或以某种方式辛苦劳作，又有什么关系呢？法国士兵做这些得心应手，就像他们懂得巧妙利用自己拥有的微薄资源一样。他们当中甚至还有一些工人团体，如大车修理工、铁匠、军械师等。

英军中就截然相反了。他们会打仗，仅此而已，对于其他任何活动，他们没有兴趣，甚至连想法都没有。他们签的是一个合同，因此，以严格的商业协议的名义，他们的活动必须建立在交易的层面上。必须承认，他们从不回避履行合同中自己的义务，即承担挨子弹的风险，但无论是他们的首领，还是对他们来说没有任何意义的战友，都不要对他们抱任何期望！前者不可能向他们提供任何的晋升前景，后者对他们则完全无足轻重。他们人格特质的这最后一个层面，被认为是一种极度自私的标志，无疑是最令法国士兵感到震惊的。

自从 9 月中旬他们穿着夏装在老堡登陆，在通往塞瓦斯托波尔的路上抛弃了沉重的炊事设备以来，除了战斗和死亡，我们的盟友还做了什么？在围城工程中做的事情微不足道，在日常生活中则什么也没做。到了 1854 年 12 月，他们几乎一无所有。

法军修建了一条从卡米什到自己营地的碎石公路，路上经常跑着满载辎重的后勤大车。

英军没做过这样的事，他们的营地里什么都没有。因为他们从本土收到的物资，由于缺少名副其实的后勤管理，杂乱无章地堆积在码头或巴拉克拉瓦的仓库里。有些辎重彻底被遗忘，在那里腐烂，只养肥了老鼠。有时候，另外一些辎重干脆被运往君士坦丁堡以"腾出地方"，一艘满载棚屋木板的船就是这种情况。

在营地里，在缺乏一切医疗物资的救护车里，士兵们日渐衰弱，但是身为贵族绅士的军官在克里米亚同在英国时一样，最关心的就是保持自己的身份等级，至于伤病员的状况对于他们则无关痛痒。巴拉克拉瓦同卡米什一样，近似于美国远西部的一个新城镇，此外还有着君士坦丁堡的阿拉伯集市的热闹，在这里，这些体面的贵族阶级代表可以找到他们所需的一切，即使价格再高也不要紧。有些人毫不犹豫地把他们的家人带到克里米亚，把他们安置在"弗利布斯托波尔"！

法军尽其所能地帮助英军，他们借给英军双椅驼鞍用来运送伤员，还有他们的马车和马匹，但这不足以让盟友的营地恢复生机，因为通往英军营地的泥泞道路没有铺碎石，早已塌陷，几乎无法通行。

12月11日，一位天主教神父给《泰晤士报》的信中写道："大雨和不断来往的人流使道路变成了深及膝盖的泥潭。在路边，每走一步都会遇到累死的可怜的骡子，尸体已经被野狗和猛禽吃得只剩下一半。"

康罗贝尔的士兵甚至把英军的弹药背到了他们的炮台。博斯凯在1月8日给总司令的信中明确指出："我们甚至优先于自己的工程进行这种运输〔……〕〔今天〕第1师将264发射弹从巴拉克拉瓦运到山口，第2师将1729发射弹从山口运到磨坊的露天仓库，我们的炮兵部队运送了106箱110磅的炸药〔……〕我必须告诉总司令，英国人对这些运输救济似乎没有多大兴趣，无论是在巴拉克拉瓦山口的装货，还是在磨坊仓库的接收和堆放，都没有一个英国人在场……"

在威廉·罗素——虽然算不上是第一位"战地记者",那也是在历史上最早的"战地记者"之一——的煽动下,《泰晤士报》最终承认:"如果我们模仿了法军的组织筹备,如果我们从自己的军事历史中截取哪怕一页,这些困难可能就不会出现。"2 万名年轻力壮、精力充沛的英国人因官方的无能而牺牲。

直到阿伯丁内阁倒台,帕默尔顿东山再起,以及赶到克里米亚的目击者令人震撼的记录公之于众后,悲惨的英国军队——连俄军看到英军俘虏的样子都感到同情——才在 1855 年春天恢复了健康、威仪和力量。

但在此之前,是何等的创痛啊!

英军利用土耳其军队,但并未取得重大战绩,另外需要提及的是,这种利用相当粗暴,他们让奥马尔帕夏的士兵扮演着役畜的角色。他们的兵员也明显迅速减少,但没有一个行政部门考虑损失。此外,他们没有医院,没有救护车,他们的医生通常是些意大利人,既不称职又无任何器械。这方面还是法军尽其所能地提供帮助。苏丹的士兵记录的唯一账目是关于交给他们看管的马匹的,马死时,必须小心翼翼地将它们的耳朵割下来,塞进袋子里,在苛刻的查账员面前进行清点。士兵们竟然没有马匹重要。

至于土耳其军队的营地,第 50 战列步兵团的杜班上校(Le Colonel Duban)写道:"我们很不走运,不得不在土耳其营离开后的空地旁建立我们的新营地。土耳其士兵在那里留下的各种各样的垃圾让人无法想象……破衣烂衫、皮革、器材、帽子的碎片,但最可怕的是虫子！出于好奇，我们想远距离看看这些不幸的土耳其士兵生活于其中的这些恶心垃圾。"①

当然，苏丹拖欠了他们一年多的军饷！

盟友的后勤援助并未使不幸的英军士兵在 1854 年的这个冬天免于寒冷和发烧，他们瑟瑟发抖，由于缺乏炊具，他们吃的牛排难于下咽。夏尔·米斯梅写道："克里米亚的所有士兵都知道面包这个词，因为经常听到，还有靴子这个词，那是因为英军用靴子来换取食物。我们自己也缺少面包，我们能给什么就给什么，但从来不要他们的钱。看到这些骄傲的士兵请求吃我们的饭盒盒底的残渣，真让人同情。"②

因为法国士兵与英国士兵不同，他们以小组为单位生活，践行团结互助的露营原则，每人都从中受益，当有人挖洞建造炉灶时，有人去捡柴，有人去找水，有人去找肉、面包和蔬菜。因此，从战壕回来后，英国士兵从来找不到任何现成的食物，而法国士兵只需递出自己的饭盒，里面就立刻盛满了热气腾腾的熟食，他们在一起喝咖啡，几乎像一家人那样。开始行军的话，法国士兵除了自己的背包，还轮流背小组的大锅和水壶，当他们不确定在宿营地能找到木头时，还要背上一捆木材。

英国的克里米亚军队就这样日趋衰亡。大批的士兵开了小差，他们出现在俄军前哨，穿着破旧的白色帆布裤瑟瑟发抖也就不令人

① Charles Duban, *Souvenirs militaires d'un officier français*, Paris, Plon, 1986, p. 93.
② Charles Mismer, *op. cit.*, p. 124.

感到惊讶了。

记者维克托·努瓦尔（Victor Noir）后来写道："英国士兵必须吃饱才能发挥他全部的能力。如果吃不饱，就是一支弱旅［……］把一个团的英军配给减半，他们就会打败仗。用烤肉和烈酒让他们吃饱喝足，他们就会创造奇迹。"

托德莱本在某种程度上呼应了他的说法，这位塞瓦斯托波尔的工兵指挥官写道："很多时候，英军没有发现我们的敢死队员正在接近他们的战壕，因此一枪都不用开，我们发现战壕里的守兵以一种完全随意散漫的状态坐着，远离他们架成捆的枪。法军则是另一番情况，他们总是处于警戒状态，因此我们很少能接近他们而不被发现，事先总是遭到猛烈的排枪齐射。"

如果士兵遭受如此的痛苦，可以想象马的命运又会如何。

由于持续不断的辛苦劳役，勉强喂养的驾车牲畜大批累死，骑兵的战马的运气也没有好到哪里去。在法军中，马的主人常常不得不把干草一缕一缕地喂给它们，以免风把干草都吹走。

米斯梅写道："尽管我们做了最大努力，但由于口粮不足，我们的马很快就开始相互啃食对方的鬃毛、尾巴和毯子，即使用来拴马的皮绊索也无法抵挡它们的牙齿。"

1855 年 1 月 7 日，仅一天的时间，战马数量就减少了 72 匹。

出征伊始曾让法国骑兵羡慕不已的盟友的坐骑，后来却干脆消失殆尽了。当然，它们是英国行政失当的牺牲品，但也是因为，与阿非利加猎兵和部分法国龙骑兵骑的健壮的柏柏尔马相比，它们的体质太弱了。

1855 年 1 月，士兵大批死亡的证据开始在英国引发公众关注，舆论哗然。激烈的新闻战无疑唤醒公众良知，从那时起，在新闻战的影响下，整个国家群情激昂，要求进行制裁，呼吁采取强有力的措施。12 月 12 日，《先驱晨报》发表了其驻克里米亚记者的一篇文章："毫不夸张地说，有些士兵是饿死的［……］我们的士兵现在是真正的幽灵，不再是刚到克里米亚时的他们的样子，除了食物匮乏，劳累过度，还得加上以惊人速度蔓延的疾病。"

因为霍乱在法军和英军中死灰复燃，而且坏血病也在肆虐，蒲公英也不起作用。

能否想象，在那时，拉格伦勋爵认真地问康罗贝尔，除了自己的工程，法军能否承担英军的所有围城工程，"以便他的整个军队能够得到休息"。

法军总司令越来越担心，写信给他的大臣：

"英军正全面衰亡，然而我不仅把一切都与他们分享，而且三份中，有两份都给了他们……"

正是在那时，1855 年 1 月底，英国下院在这种近似真正的国家悲剧的状况触动下，决定委派辛普森将军对克里米亚军队的情况进行调查。阿伯丁内阁不得不辞职，而首相在讲台上拙劣地发表声明："这场战争中的有些无法理解的事情我已知悉，军队的状况对我来说是不可思议的。"

这一刻终于来临！帕默斯顿主持的新内阁强力控制事态后，决定雇用 1.5 万名瑞士和德意志雇佣兵，同时等待皮埃蒙特的军队进入前线，国家全部的诚意和所有的手段都被调动起来以救助在遥远的克里米亚迷失的孩子们。

很快，一切都将运抵，重组，运转。

甚至会建造一条连接巴拉克拉瓦与英军营地的铁路。随着 3 月放好的天气，我们的盟友终于能够在重新恢复的围城工程和军事行动中充分发挥自己的作用。

从这场戏剧性的转折中将诞生另一个"紧贴克里米亚战争"的传说：这个传说极尽美化英国军队，称其装备精良，管理完善，胜过被灾难性的帝国后勤遗弃的悲惨的法国军队。

这个传说首先忽略了，即使经过重组，英国克里米亚军队的兵力也不及法军兵力的三分之一。

其次，它将 1854 与 1855 年之交的冬天与联军在克里米亚度过的第二个冬天，即 1855 与 1856 年之交的冬天混为一谈。第一个冬天穿插着几场声势浩大的战役，是一个政治上和战略上都很艰难，法军竭尽全力支撑的战争的冬天。到了第二年冬天，英军的装备和面貌在充裕性、舒适性和仪表方面有了极大改善，甚至超过了法军。但到那时，首要之事已经完成：塞瓦斯托波尔已被攻占，而且主要是被法军攻占！克里米亚战争，至少在半岛地区，实际上即将结束。

最后，当第二个冬天即将来临时，联军之间在战争目标问题上出现了深刻的分歧：拿破仑三世倾向于和平，英国则倾向于继续战争。因此，不同的战略雄心在战场上必然表现为军队在待遇，装备和组织上的差异。

此外，斑疹伤寒也袭击了帝国军队，4.7 万人送进医院，超

9000 人丧命……

至于俄国士兵，没有传说，没有神话，因此也没有争议，只有一个事实。无论在克里米亚还是其他地方，无论在那时还是在其他时期，俄国士兵都展示了自己的本色：令人生畏。特别是在"进攻性防御"方面，顽强地坚守阵地，事先已准备牺牲自己的生命。拿破仑一世说过"必须杀他两次"或"杀了他还不足以让他倒下，还得推他"，说的就是俄国士兵。

在俄国，在帝国的整个东部地区，每千人招募十名新兵，所有的政府所在地都接受入伍者，国民卫队、森林民兵和海关民兵都做好了投入战斗的准备，在克里米亚，俄军处于极端残酷的痛苦之中。托德莱本写道："为了弥补保暖衣服的不足，给战壕里执勤的士兵分发了饼干袋编织衣。"[1] 1855 年 2 月，俄军中有 2.5 万名病员，而克里米亚的所有医院只能容纳 1.3 万—1.4 万人，塞瓦斯托波尔的海军医院只能容纳 1800 人。在《塞瓦斯托波尔故事集》中，列夫·托尔斯泰就把被围困的要塞里的日常生活描绘成了一幅但丁式的画卷，在十一个月的时间里，数以万计的人在同一个地方、同一片废墟、同样的垃圾堆和人体残骸堆上过着一种地狱般的隐居生活，毫无间断地沉浸在同样的苦难和恐惧之中。

即使每一个堡垒都有自己的保护神像，他们在堡垒里生活也由危险、匮乏、疲劳和失眠组成。士兵们看着同伴和朋友一个接一个在自己身边倒下，脑浆迸裂，腿被炸飞，身体被炸成碎片，他们把

292

---

[1] Todleben, *op. cit.*, tome I, 2e partie, p. 108.

这些残骸尽可能地捡起来，装满一个个面包袋，每天晚上由一个杂务运走。

冬天的这几个月里联军的炮兵没有要塞里的炮兵那么活跃，他们和法国的散兵，然后是"志愿侦察兵"，从 1854 年 12 月起组成了三个连。

他们一般是从朱阿夫或万森猎兵中挑选出来的，装备有小口径步枪。他们像猫一样从战壕里出来，沿着地面的褶皱爬行，不分昼夜，埋伏在一个土块或一堆石块后面，通常离堡垒只有几十米远。他们等待时机，有时一连几个小时，一动不动，静默不语，仿佛石头一样。他们在等俄军堡垒打开一个窗洞准备发射炮弹。然后，在不到一秒的时间里，一颗、两颗或半打子弹飞向窗洞里隐约闪现的炮手……因此，罗辛中校（le Lieutenant-colonel Rosine）后来讲述道，在激战中，仅仅校准一门炮的炮位，就让他损失了 40 名精锐士兵。

293

东方军的高级神父达马斯神父（Le Père Damas）在其《回忆录》① 中讲述道："如果一个炮兵为装炮弹或校准炮口而不幸暴露位置，一颗子弹就会呼啸而来将他击倒在地。接替他的炮兵也无法逃出生天，等待他的是同样的命运。据说我们的一名射手一个人就连续射杀了九名俄军炮兵。我不知道事实是否确实如此②，但俄军的绝望是显而易见的。为了隐蔽，他们想到把每门火炮都藏在一个

---

① Père Damas, *Souvenirs religieux et militaires de la Crimée*, Paris, Téqui, 1883, p. 56-57.

② 事实确实如此，那位射手是一个朱阿夫，他向博斯凯汇报了他的战绩。

双扇护窗板后面。这在装炮弹时有用，但到了开炮的时候，必须打开窗户。于是操作这个步骤的士兵就倒霉了，一颗子弹正等着他呢，子弹呼啸着穿过那个莽汉的脑袋［……］在某些时刻，狂怒的俄军会从后面抬起炮架，向无害的大地连续喷出可怕的炮火，而狙击手们蜷缩在洞里，暗自窃笑，从容不迫地给枪重新装上子弹。"

有时，仅仅针对这些恼人的虫子二十到三十门火炮会同时开火，展开连续炮击，把地面翻耕到狙击手彻底消失……然后又立即被新的狙击手顶上：因为志愿者不断涌入这些特殊连队，他们的目标是"摧垮莫斯科"。

因此无论是木挡板、粗绳帘子还是猛烈的炮火，一切都无济于事。除真正交战的日子之外，俄军因狙击手的射击损失的兵力与因联军的炮击损失的兵力一样多。舰队的 1.8 万名水手，其中大部分在城墙上支援炮兵，到围城结束时还剩下 2000 人。他们有着绝对的忘我牺牲精神。因此，三个月来守卫旗杆堡垒（俄军的 4 号堡垒）的那些士兵顽固地拒绝任何换防的提议，他们相信自己的勇气，相信他们那个在俄国家喻户晓的保护神像（救世主圣像），相信他们的军官，就像在法军阵营那样。这些军官每日与他们共同生活，共同面对困苦与危险，同时树立了一种英勇潇洒的恒久典范。

然而，俄军也懂得如何精准射击。在法英联军的战壕里，第一个从石笼或沙袋里探出来的脑袋必定会挨子弹。有些过道的掩蔽性很差，当敌军射击时无法对他们提供更好的保护，被射杀的士兵如此之多，活着的只能在血泊中行走。即使是要把枪塞到两个沙袋之

294

间的射手也有可能还没来得及完成这个动作额头就已经中枪。

因为俄军也有自己的精英狙击手（plastouns），他们通常是顿河哥萨克，多年来因与高加索山民的战斗而训练有素，就像很多法国人在阿尔及利亚时熟谙"非洲"作战方法。

他们和对面的同行一样，装备了新式的线膛步枪，即著名的施图岑（Stutzen），这种枪正在引发步兵作战的革命。但是，俄军拥有的这些现代武器的数量少得可怜：他们每 23 人才有一件现代武器，而法军每 3 人就有一件，英军每 2 人就有一件。① 阿尔玛、巴拉克拉瓦和因克尔曼之战已经令人看到，步兵的远距离精确射击是法英联军获胜的一个何等重要的原因。

至少精英狙击手既不缺少新式的线膛步枪，也不缺少勇气和机智。因此，无论白天黑夜，狙击手都在悄无声息地爬行，从一个洞到另一洞，从一块岩石地到另一块岩石地相互搜寻，一连几个小时地相互窥伺，相互躲避，互设陷阱，投入一场真正的印第安游击战中。

英军也在尝试，但态度并不积极认真：一个步枪连在特赖恩上尉（le Capitaine Tryon）的指挥下，开始侦察联军防线与塞瓦斯托波尔之间的无人区。但当特赖恩阵亡后，没有人出来接替他，最后只能解散连队。

应该相信，正如佩雷在《克里米亚故事集》② 中所写的那样，

---

① 斯特罗科夫上校引用的数字，*Histoire de l'Art militaire*，Moscou，1966。
② Perret，*op. cit.*，p. 227.

"零敲碎打的战争是英国人的性情所厌恶的"……

1855年2月27日,就在那个漫长的冬天快要结束时,据普夫卢格医生讲,装饰总督府正面外墙的那块刻有尼古拉名字的牌匾莫名其妙地突然坠落在大街上,很可能是被轰炸震下来的。对俄国人来讲,这可能是战败迫在眉睫的不祥征兆。因此,当沮丧的情绪开始在驻军中蔓延时,教士们毫不犹豫地下令在这个困难时期禁食几天。

然而,厄运已经是板上钉钉。三天后,即1855年3月2日,命运的打击降落在圣彼得堡:不到60岁的沙皇身心交瘁,心爱的军队遭受的挫败令他失望并带来沉重的精神打击,而处在工业化中的西方对停留在中世纪的俄国造成的冲击——他所受的教育令他完全无法应对这个冲击——则将他击垮,沙皇驾崩了。 ₂₉₅

他的死是他的一生的写照。他已经病了,仍不顾医生的意见,坚持要外出,在严寒中检阅出征克里米亚的军队。医生告知他有患肺炎的危险,但"铁沙皇"只是回答道:"您已经完成了您的工作,医生。让我来完成我的工作。"尼古拉将像他活着时那样死去,卡米尔·鲁塞优美地写道:"刀锋磨损了刀鞘。"

同一天,被其君王召回的缅什科夫离开克里米亚,将他曾经行使的总指挥权留给了应急机动部队的指挥官米哈伊尔·戈尔恰科夫公爵。俄军在2月试图夺取由3.5万兵力的土耳其军队防守的叶夫帕托里亚,但徒劳无功,这次失败之后,缅什科夫在沙皇那里仅存的信誉似乎也失去了。

在维也纳,外交官们的忙乱似乎将显现成果——第二次维也纳会议将在不到两周内开幕。

在 1855 年 3 月初，一切似乎都预示着重大事件即将发生。

1855年春天的重大转折

天气回暖，兵员增加，维也纳开始的谈判，军事形势的重要影响，一切都促使双方阵营展开一轮活跃而猛烈的春季攻势。

在法军阵营，尼埃尔将军（le Général Niel）已于 1 月 27 日登陆。这位杰出的工兵军官因 1854 年 8 月 16 日攻克波罗的海博马松德要塞的战斗而出名，此人还是皇帝听取意见最多的副官之一。

他负责的具体任务不得而知，但每个人都预感到，他的到来，如果不是为了贯彻，至少也是为了捍卫拿破仑三世的战略选择。众所周知，拿破仑三世对军事作战方式非常不满，因此他的到来引起了参谋人员，特别是围城工兵指挥官比佐将军（le Général Bizot）的不安，这只"杜伊勒里宫之眼"的在场只会让他感觉到一把达摩克利斯之剑悬于他的指挥上方。尼埃尔并不负有皇帝明确规定的任何责任，他在克里米亚不是为了担任一个职位，而是为了观察、建议和进行报告，无须通过层级渠道。

在某种程度上，这里仍然是皇帝的个人权力在起作用，正如我们在维也纳看到的样，通过派遣钦差绕过在职官员。

尼埃尔是一个有素养的人，他觉得尊重是必要的，因此写信给战争大臣："我在这里的位置很微妙。比佐将军是一个充满热忱、勇敢和拥有献身精神的人。他拥有总司令的全部信任，而且当之无愧。我的到来削弱了他的影响。"①

但皇帝的亲信毕竟也是杜伊勒里宫主人的建议的传达者，后者在他的办公室里，面对着地图，手里拿着铅笔，开始失去耐心，有时甚至会对"这些对大型战争毫无感觉的非洲将军"大发雷霆。

在他看来，即使不考虑所有他自己的政治考量，皇帝也肯定是正确的：只要不具备真正的围城所需的条件，也就是完全包围要塞以阻止任何增援和补给，除了无谓的流血，不会有任何结果。然而，现在难道没有足够的军队通过"封锁"北部高原来完成包围吗？正在到达的增援部队——4万兵力——难道不能通过对紧逼联军的俄军应急机动部队发动"重大行动"而让联军"有所舒缓"吗？

然而，康罗贝尔与拉格伦则完全是另一种逻辑。对他们来说，重要的只是坚持从一开始就选定的道路：尽可能地推进围城工程，然后发动猛攻。任何其他战略面对俄国这样顽强而不可预测的敌人都需要经受一次全面而冒险的挑战。

此外，联军对克里米亚的内陆地区一无所知或知之甚少，只知那里地势起伏极大，资源稀少，俄军应急机动部队盘踞在优势位置上。

然而，联军很清楚，必须摒弃任何冒险精神。因为他们敏锐地意识到，在敌人面前的失败可能意味着军队的彻底毁灭，并且它全部的退路只能依靠其舰队！

---

① Général Niel, *Journal des opérations du génie*, Paris, Dumaine, 1858, p. 138-139.

联军有信心在有利形势下取得猛攻的胜利。因此，他们只想咬紧牙关坚持下去。

他们是否有可能调和各方意见、一线人员的实地经验与新来者的精神影响？

突然，戏剧性的变化出现了：皇帝决定将自己作为砝码放在天平上，亲自前往克里米亚指挥法国军队。2 月 26 日，他向帕默斯顿宣布了立即引发各方不安的一个意向。

英军首先感到不安：因为如果法国皇帝率领一支他声称要将兵力翻倍的军队，骑马进入塞瓦斯托波尔硝烟未散的废墟，那么英国军队在克里米亚所起的已经非常次要的作用将被完全抹去，甚至将从历史中消失！

对英国雄狮来说，这是何等的羞辱！

在君士坦丁堡，爱记仇的斯特拉特福德·德·雷德克利夫勋爵"性格刻薄，喜欢捉弄人，他似乎看 1855 年的法国人就像看 1815 年的法国人一样"。① 他领导了一场激烈的反法运动，并暗示如果皇帝来君士坦丁堡，他本人立即离开这座城市。

当然，在伦敦，他们显得更有外交手腕：克拉伦登勋爵宣称英军舰队在四个月内无法运送法军增援部队，因为他很清楚法国皇帝一定希望在 5 月返回法国。

在帝国政界，人们的担心并不比英国人少：如果皇帝不幸在克

_____

① 1855 年 1 月 20 日，瓦扬给康罗贝尔的信。

里米亚去世怎么办？继任者只可能是从君士坦丁堡回来的拿破仑亲王，他要求获得全部权力以确保摄政。落入这样一个继任者手里的法国会变成什么样呢？①

这是令所有人心神不安的重大问题。维耶尔-卡斯特尔在其著名的《回忆录》中做了如下记录：

"2 月 16 日：皇帝将不前往克里米亚，这个想法幸好被放弃了。

2 月 18 日：似乎可以肯定，皇帝星期四动身。

3 月 23 日：据说在去克里米亚之前，皇帝和皇后将前往伦敦和维也纳。

4 月 17 日：皇帝将于 5 月 2 日独自前往克里米亚。"

因此，许多人似乎意识到，掌握国家的不是波拿巴派，而只是一个政府部门，用佩尔西尼的话来说，"省长是政府的行动单位"。但在 1852 年，总共八十七个省长中，只有十四个省长被内政大臣佩尔西尼撤换。正如弗朗索瓦·卡隆（François Caron）提醒的那样，"帝国的省长们绝不都是狂热的波拿巴派。他们当中的许多人要么是正统派，要么是奥尔良派，因为对社会主义的恐惧和政治野心而团结在一起"②。实际上，在那个时期，如果说主教的等候室总是人满为患，省长的等候室则与人们的成见相反，通常都是空空荡荡……

298

---

① 皇后坚持要陪丈夫去东方。

② François Caron, *La France des patriotes*, Paris, Fayard, 1985.

如果社会动荡再次开始撕裂国家，一个没有直接继承人的王朝将会变成什么样？

就像他们的英国同行一样，法国的大臣们都对皇帝的想法持反对立场，战争大臣瓦扬元帅可能除外，必须承认，那是一个非常奇怪而且不合时宜的想法。

至于帝国军队，即使他们对皇帝本人怀有最强烈的感情，对他所谓的军事能力却持怀疑态度。米斯梅写道："直到那时，君主的名字只是在谈及为保护战壕中的士兵而发送的胸甲的话题时才被提起。这些出于服从而被接受的演歌剧用的胸甲一直搁置在仓库里以避免遭受士兵们的嘲笑。"① 巴藏古认为，军队在得知只能"放弃"皇帝前来克里米亚的"希望"时，感到"深深的痛苦"和"无限的悲伤"，② 然而没有任何地方显示出这些情感的痕迹。

无论如何，在这次"克里米亚之行"之前，必须对英国进行一次历史性的访问。想想看，一个波拿巴在一个打败了他伯父的国家里受到接待和欢呼，当他还只是一个年轻的流亡王子，密谋反对路易-菲利普（Louis-Philippe）时，这个国家的人民曾热情地收留了他。食人魔的侄子与维多利亚女王在"滑铁卢"大厅里共舞！这一事件使当时的人们感到震惊。

299

4月16日，先是在多佛，然后是在伦敦，皇帝和皇后受到英国

---

① Charles Mismer, *op. cit.*, p. 153.

② Bazancourt, *op. cit.*, tome II, p. 275.

人民热烈、热情、非同寻常的欢迎……

4 月 18 日，在两国君主及其主要大臣和大臣出席的一个重要会议上，皇帝前往克里米亚的重大问题成了讨论议题。所有的参会者，或几乎所有的参会者，无论英国人还是法国人竞相提出反对意见。维多利亚女王也提出了自己的意见，谈到"距离"和"危险"，皇帝就此做出了洞悉现实的评论："距离遥远，确实如此，这也是让我害怕的原因。至于危险，它无处不在……"①

关于危险，拿破仑三世知道他在说什么：1853 年 7 月，一个名叫德马伦（de Maren）的比利时人谋划刺杀即将前往喜歌剧院的皇帝；1854 年 9 月，在驶往图尔奈（Tournai）的帝国列车的铁轨下发现了一枚与电控点火装置相连的炸弹。1855 年 4 月 28 日，他刚从伦敦回国，在那里还没有宣布他的最终决定，就在香榭丽舍大街上骑马散步时挨了两枪。被制服的行刺者名叫皮亚诺里（Pianori），此人是一位意大利人，这似乎指明了法国日后遭遇不幸的原因。似乎是为了让皇帝在最终前往克里米亚之前三思而行，他以一己之力证明了，即使在法国，社会秩序仍然受到威胁：革命正在酝酿之中。

皮亚诺里将受到审判并被送上断头台，尽管拿破仑三世并不希望如此。至少，皇帝会越来越少谈及克里米亚之行，直至最终完全不再提起这个话题，这让所有人都松了口气。4 月 27 日，也就是皮亚诺里行刺的前一天，维耶尔-卡斯特尔记录道："皇帝不去克里米

---

① *The Life of the Prince Consort*，皮埃尔·德拉戈尔斯在 *Histoire du Second Empire* 中引用。

亚了。撤销原令的命令已经发出，他仍留在法国。热罗姆亲王曾要
求获得全权，如果他被授予全权，内阁就提交辞呈了。"[1]

与此同时，在塞瓦斯托波尔前方，军队进行了重组。

300　　2月9日向部队宣读了尼埃尔带来的一道当天命令，根据这道
命令，8万法军被分成了两个兵团：第一兵团听从刚刚从奥兰
（Oran）抵达的佩利西耶将军的指挥，将对城市本身展开围城行动，
据说英军将继续围攻卡拉贝尔纳亚郊区。第二兵团交由博斯凯将军
指挥，他的任务本来只是组建侦察部队，专门针对俄军应急机动部
队。不幸的是，英军的溃退决定了另一种情况。拉格伦勋爵告诉康
罗贝尔，由于兵员不足，英军只能进攻大棱堡。因此，所有其他的
"右翼"进攻，即郊区的进攻，都必须由法军负责，进攻目标主要
是马拉霍夫要塞、小棱堡、其他现有的阵地，加上托德莱本的工兵
仍在建的所有阵地，这些都是属于博斯凯的部分。

在1855年这关键的一年里，围攻塞瓦斯托波尔的情况就是如
此：英军的任务只是进攻大棱堡。

法军的任务是进攻所有其他堡垒——包括最令人生畏的马拉霍
夫要塞——以及保护攻城部队不受俄军应急机动部队的攻击。

这个任务"分工"必须牢记在心，因为当伦敦和巴黎的政策在
追寻的战争目标上开始出现分歧时，它全部的重要性就会显现
出来。

---

[1]　Horace de Viel-Castel, *op. cit.*, tome I, p. 237.

当法军各师在卡拉贝尔纳亚郊区驻扎下来以进行"新围城行动"时，发现英军在那里实际上没有建造任何工事，只有一些遥远的平行壕，一个未完工的棱堡（维多利亚），一个被解除武装的炮台（兰开斯特），一个仅仅显露雏形的练兵场（法英练兵场）。

1855 年 2 月初，可以说，法国人不得不用铲子、镐头和炸药从零开始修筑工事。

通常，围城的规定距离约为 600 米。上一年的 10 月，比佐和他在英国工兵部队的同行约翰·伯戈因爵士，一个在 800 米处，另一个在 1000 米处开始挖掘他们的首个工事，他们为此受到的指责还不够吗！就好像这是一次正常的围城，却不愿考虑这个事实：要塞的炮由远射程的海军炮组成，而那时联军唯一的野战炮根本无法进行反击。

不过，主动出击的是俄军。在马拉霍夫要塞前方大约 600 米处有一个名叫"绿丘"的小山岗，俄军高据山顶，但防守薄弱。联军参谋部决定夺取此处，将它作为接近已成为主要目标的马拉霍夫要塞的工事起点。但联军的计划忽略了托德莱本的智慧，此人已经明白并计划好一切。

托德莱本没有亲自出马强力占领"绿丘"，因为它的侧翼和后方可能遭到攻击，他决定先占领对它居高临下的所有地方，然后悄悄地在那里驻扎下来。

因此，让围攻者目瞪口呆的是，一夜之间——2 月 22 日至 23 日的夜间——在"绿丘"左边的高地上，一个真正的棱堡在以前设的一个普通的埋伏点拔地而起。俄军称其为色楞金斯克堡垒，那是建造它的军团的名字。法军称其为2月22日工事。

康罗贝尔立即做出反应：2月23日——他露面的当天——的夜间，棱堡遭到第2朱阿夫团的两个营和海军陆战队的两个营的袭击。

阵地远未完工，三个营的工人正在那里艰难施工，手握铁锹，前方由几个小哨所和一队散兵保护。在寂静和黑暗中，朱阿夫和海军陆战队士兵端着刺刀，跟在手握长剑的莫奈将军与克莱尔上校后面，向前冲去。但探照灯突然照亮了地面，他们被发现了，一场枪战近距离爆发了。突袭者接到的命令是"只在短时间内占领敌军工事，让其陷于混乱，然后听到撤退的信号后就将其丢弃"。但俄军那三个营扔下铁锹，抓起了枪，港口停泊的舰船上的火炮也加入了俄军炮台的排射。这场战斗的力量对比太悬殊了。朱阿夫和海军陆战队士兵开始占领了工事，而后又失掉了它，并且陷入俄军包围。俄军向克莱尔上校喊话："放下武器！"克莱尔上校回应道："你们永远也不会有幸俘获一个朱阿夫的上校！"他们用刺刀突破俄军包围，重新回到防线，而俄国海军的火炮则继续向工事开火，尽管它已经被色楞金斯克团夺回。

在这场血腥而无谓的战斗中，法军损失了200兵力。参加战斗的第2朱阿夫团的25名军官中，有18名阵亡或受伤。莫奈将军在所有伤员撤出前不肯离开工事，身中数弹阵亡。

次日，塞瓦斯托波尔驻军司令中将奥斯滕-萨肯男爵给康罗贝尔写了一封带有嘲讽意味的安慰信："我急忙通知您，23日夜间落在我们手里的您那些英勇牺牲的士兵，已在部分驻军面前被埋葬，他们堪称楷模的无畏精神获得了应有的荣誉。"

因为 3 月 1 日清晨，法军再一次惊恐地发现，在离第一个堡垒 250 米，离自己的阵地约 600 米处，夜间又出现了第二个棱堡！俄军称之为沃里尼亚堡垒（la redoute Volhynie），法军则称之为 2 月 27 日工事。

因此，联军觊觎的"绿丘"，右侧原有大棱堡保护，现在其左侧又被这两个新棱堡完美覆盖，因为修建棱堡的土呈白色，它们被称为"白色工事"。

相对容易接近的"隆凸"变成了受到高度保护的"凹进"！更重要的是，3 月 11 日，第三个棱堡，也许是最坚固的堡垒，堪察加堡垒（la redoute Kamtchatka）一夜之间在"绿丘"之上矗立起来。"绿丘"阵地现在可以自己实施防御了。该如何看待如此的智慧、资源与力量呢？俄军建造了所有这些反迫近防御工事，难道不像是在进攻？

3 月 12 日，尽管出现了新的情况，联军还是决定开始迫近"绿丘"的工程，因为无论对于正在对大棱堡采取行动的英军，还是对于正在向马拉霍夫推进的法军，夺取"绿丘"都是一个必不可少的先决条件。

显然，联军并不关心皇帝的战略观点，虽然尼埃尔继续在军事会议上捍卫这些观点，但它们与军队日常关注的事情依旧相去甚远。

更重要的是，俄军开始频繁出击，意图阻止联军修建工事，他们很清楚，这些工事一旦完工，对他们来说将是致命的。这些狂暴的战斗通常发生在夜间，就像 3 月 22 日至 23 日夜间发生的那场战斗，1.5 万俄军扑向刚刚修好的维多利亚平行壕，随后撤退，留下 1500 人横尸战场。显而易见，被寄予厚望的右翼攻城战，看起来相当艰难。照这个速度，要多久才能攻取马拉霍夫？因此，是否应该尝试强力攻占？4 月 2 日的军事会议就这个问题进行了讨论。毕竟，炮兵在整个冬天都得到了充足的补给，而且在此期间很少开火，他们已经为一场决战做好了充分的准备。部队兵力强大：英国军队进行了重组，士气旺盛，富有战斗力，即使它的行动范围有限，即使拉格伦勋爵的优柔寡断给康罗贝尔造成了很大的困扰，即使他们开始出现分歧。康罗贝尔甚至让奥马尔帕夏带领 1.8 万土军从叶夫帕托里亚赶来，以备不时之需。

因此，联军决定发动继 10 月 17 日的轰炸之后的第二次全面轰炸，希望它能以某种方式——展开猛攻或者攻击俄军应急机动部队——引发一场决定性的震荡。

马拉霍夫在围城之初只是一座简单的装备有轻型火炮的单层塔楼，为避免成为联军炮兵的地标，它很快被夷为平地，而整个阵地则变成了一个强大的防御网络，装备精良，为驻军设置了防护掩体，并由一条宽而深的壕沟以及一道宽阔的前沿带保护。

这是整个防御的强点。

与通常的说法相反，并不是尼埃尔将军发现了这一点，而是以比佐将军为首的很多军官已经将马拉霍夫视为塞瓦斯托波尔的钥匙。因为这个阵地同时俯视城市和郊区、海湾和船只，以及连接港口北岸的浮桥，也因为它使得联军可以从背面和右翼攻击热尔韦炮台（la batterie Gervais）和大棱堡，从左翼攻击堡垒之间的胸墙和小棱堡，直至岬头堡（俄军的 1 号堡垒）。

因此，对俄军来说，保住它，就是保障卡拉贝尔纳亚的整个防御工事。

但对联军来说，攻克它，就是攻克塞瓦斯托波尔。

当然，在旗杆堡垒前，由于法军自 10 月开工以来一直向那里推进，现在距离堡垒的突出部分只有 130 米了。但这个堡垒的防御已得到显著加强。至于法军另一个目标中央堡垒，他们的战壕仍还在距离此处 600 米开外的地方。

在 2 月 2 日召开的一次军事会议上，总参谋部决定区分"旧围城行动"（从左翼进攻城市）与"新围城行动"（从右翼进攻郊区），以前划归英军负责的郊区现由法军承担进攻任务，除了英军今后唯一的目标大棱堡。马拉霍夫现已成为主要目标，即使不能放松从左翼进攻的努力。

因此，除了在大棱堡前，法军在各地都处于第一线。土耳其军队在克里米亚的兵力很快就达到 5 万，他们属于后备部队，以防万一……但联军对他们几乎不再抱有信心。即使 2 月 17 日他们在叶夫帕托里亚成功击退了急于向沙皇呈送捷报的赫鲁廖夫将军（le Général Khroulev），这对恢复他们的声誉也没起什么作用。锡利斯特拉的时代已经过去，西方国家已将自己的利益掌握在自己手中。

据保罗·德莫莱内斯讲述，他看到埃及军队在卡米什上岸，其中有"穿着红色围裙的黑人工兵，他们似乎属于一个利益并未受到威胁的王国：幻想的王国"①。

4月9日凌晨5点，520门联军火炮在从岬头堡垒到隔离所堡垒的整个进攻线上开火。俄军的反应很克制，的确，仅仅在堡垒中，他们就拥有近千门火炮。战火在傍晚时停止，沉着冷静的俄军花了一夜的时间来修复他们损坏的火炮。

第二天早上，炮击又开始了，同样猛烈、持续、杀伤力巨大。晚上，俄军重又开始修理他们的火炮。

从4月9日到19日，按俄军的围城时间顺序表来说的"第二次炮击"结束的日子，每天都是如此。

炮击死难者众多：法军损失了1500人，英军损失了260人。根据托德莱本的说法，俄军损失了6000多人。但这换来了什么呢？联军无论任何时刻都没有显现出猛攻的架势，而俄军应急机动部队甚至没有离开自己的阵地。

4月17日，尼埃尔写信给皇帝道："猛攻对军队来说是如此艰难危险，以至时机到来时，他们却退却了。实际上在这个所谓的围城行动中，联军追求的是一个可以接近却不敢达到的目标。"

尼埃尔错了，实际上，仅仅是"时机还未到来"。还不具备发

①　Paul de Molènes, *op. cit.*, p. 146.

动猛攻的条件，但不是没有可能。此外，尼埃尔将军作为杰出的工兵军官，熟知自己兵种的历史。他知道没有什么比精心设计、精巧布局的土方工程更难攻克的了。要发动猛攻，必须有一个缺口。然而，虽然土墙可能会崩塌，但它从不会真正倒塌，仍可以轻松恢复。

在锡利斯特拉，尽管动用了火炮、地雷并且发动了四次进攻，俄军始终没能攻下阿拉伯塔比亚（Arab-Tabia）的泥土堡垒。

在西班牙战争期间，像塔拉韦拉（Talavera）、阿尔布埃拉（Albuera）和布萨索（Busaço）等土方工事都表明是坚不可摧的。在第一个阵地前，维克多元帅曾喊道："如果不能夺取这些阵地，我们就退出战争！"结果，他的部队有 6000 人死在战场上，最终不得不撤退。

当然，当准备对一个稳固的阵地进行围攻时，"零星"的兵力损失比一下子损失 2 万兵力划算，这种显而易见的失败可以敲响整场战争的丧钟。

然而，1855 年 4 月，在塞瓦斯托波尔前，每个人都感到不安。4 月 11 日，军队最受欢迎的领导人之一比佐将军在一次视察中被子弹击中下颚，他的死亡给军队带来了沉重的打击。5 月 5 日，瓦扬元帅任命尼埃尔为东方军新任工兵指挥官，尼埃尔和比佐之间潜在的冲突因此而有了明确的了断。

4 月 23 日召开了一次新的军事会议，会上决定在为期两天的炮轰之后，于 4 月 28 日发动猛攻。但 4 月 25 日，海军少将布吕阿接到了海军大臣的一封信，指示他于 5 月 10 日在君士坦丁堡集结所有可用的蒸汽船，以便让刚刚在那里集合的后备部队——一个近卫师加两个步兵师——登船，政府希望这些后备部队立即投入围攻要塞的行动。然而，没有舰队的支持，就不可能发动猛攻。事情越来越清楚，高层指挥部在"胡来"……

所有人都认为必须推迟猛攻。康罗贝尔觉得自己找到了办法，可以同时调和英军参谋部的愿望，海军将领渴望舰队能发挥进攻作用的愿望，以及皇帝进行围城"重大军事行动"的愿望：他批准了拉格伦勋爵长期以来要求的对刻赤（Kertch）的远征，该地是叶尼卡莱海峡（le détroit d'Iénikalé）的一个重要仓储站，运往塞巴斯托波尔的三分之二的物资都从这里转运。终于要行动了！虽然可能是有限的，但对于联合舰队和即将参与其中的 1 万官兵——奥特马尔师（la division d'Autemarre）的 7500 人和英军的 2500 人——来说，这毕竟是一场行动。这其实并不是拿破仑三世所希望的"全面包围"，但这次行动很可能会严重削弱要塞的抵抗能力。

5 月 3 日傍晚，部队登船，舰队启航前往亚速海。

遗憾的是，同一天下午，皇帝内阁给康罗贝尔发了一封电报，这封电报通过 4 月 25 日在黑海海底刚刚铺好的电报电缆于 5 月 4 日凌晨 1 点传到康罗贝尔手中。电报的语气带有一种绝对的强制性："现在是改变你目前状况的时候了。采取攻势是绝对的必须。一旦后备部队与您会合，立刻集结您的所有部队，一天也不要耽搁。我很遗憾不能亲自前往克里米亚。"

"集结您的所有部队"……可刻赤远征军刚刚启程！

此时此刻，总司令的性格问题比以往任何时候都更加凸显出来：康罗贝尔真能应对如此复杂的局面吗？他那众所周知的人性特质最终不会影响他的决策力吗？如果必须用拳头砸桌子才能将坚定不移的意志强加给所有人，他对共识的渴望，对手下士兵的持续关注，甚至他的谦虚，不正是诸多障碍吗？

他的参谋长德马坦普雷将军这样评价他："虽然他并非见识平庸之辈，但他缺乏足够的高瞻远瞩，因此无法一眼看穿全局，想法混乱不清。"①

康罗贝尔只考虑了一个小时，5 月 4 日凌晨 2 点，他派一艘通信艇去追赶舰队，向其下达了返回的正式命令，因为行动已经取消。5 点，他回复皇帝的电报：

"我不采取拉格伦勋爵的建议，决定让舰队返回，我将听从您的命令。"

"不采取拉格伦勋爵的建议"是对英国将军受到的羞辱的轻描淡写。在军事行动的两位高级负责人之间，气氛彻底恶化了。甚至在法军和英军的军官、士兵和水兵之间，远征之初的美好和谐似乎也只成了一种回忆。

拉尔谢将军（Le Général Larchey）有充分的根据从君士坦丁堡给瓦扬元帅写信："取消远征刻赤的命令引发了一片抗议声，士兵们都在强压怒火。"但在英军内部，任何严厉的言辞都不足以形容这个令人感到沮丧和羞辱、纯粹法方的决定，它让英军参谋部失去

---

① 皮埃尔·德拉戈尔斯引用，*op. cit.*, tome I, p. 390.

了萦绕于心的一个目标。

如果康罗贝尔的个性再强一些，他会屈从吗？他还会召回远征军吗？特罗许仍是康罗贝尔的参谋人员，他在其《笔记》中将这次的取消命令描述为"他周围所有人都反对的巨大错误，其原因不可告人，其后果无法弥补"。

这时，皇帝的新私人特使法韦司令（le Commandant Favé）抵达卡米什，他带着上个月拿破仑三世和欧仁妮访问英国时，法英两国最高级别负责人制订的详细计划。根据这个计划，要组建三支军团：一支由佩利西耶指挥，负责守卫战壕；第二支军队由英军和撒丁军组成，将介入支援第 1 军和第 3 军，由拉格伦勋爵指挥；第三支军队听命于康罗贝尔，将朝着辛菲罗波尔（Simféropol）方向的俄军应急机动部队进军。

现在可以确定的是，整日整日的计划，取消计划，拟定细节，敲定细节然后又取消，这一切的结果都只是让最高指挥部和参谋部陷于瘫痪。拉格伦勋爵已经受到刻赤事件的伤害，断然拒绝了这个新战略，他尤其不愿听到任何关于运动战的消息。

由于这个计划是在伦敦制订的，得到两国君主的一致认可，英军指挥官应该接到了同样的命令才对，但他声称没有接到任何命令，只想负责围城和猛攻。因此，康罗贝尔夹在皇帝的正式命令与英军的拒绝合作之间，已无法行使指挥权。于是，5 月 16 日，总司令在没有对任何人进行指责和非难的情况下，体面地辞去了一项已经变得难以承受的重任。拿破仑三世接受了他的辞呈后，他将自己携带的命令书转给了佩利西耶将军，同时请求恢复他作为一个普通师长的职位，回到露营地领导他以前的士兵们。

康罗贝尔接受了他以前的下属的指挥，受到了不同程度的赞赏：对勒布伦将军（le Général Lebrun）来说，这是"一个罕见的自我牺牲和爱国精神的例子"。对于塞格雷坦将军（le Général Segretain）来说，"如此谦让（似乎）很难与最高指挥权的威望相容"。正如人们所预料的那样，拿破仑亲王表达的看法是毫不含糊的，6 月 19 日，他在巴黎皇室圈子的一次闲谈结束时感叹道："法国军队是由一些驴子指挥的狮子军。"

但军队的普遍情绪，正如拉图迪潘上校（le Colonel de la Tour du Pin）所表达的那样："康罗贝尔的克己牺牲，无异于杜伦尼（Turenne）之死。整个军队都被感动了。"①

无论如何，最高指挥部的变化是作战行动的重大转折。

1855 年 5 月，维也纳会议显然不会取得任何成果。皇帝彻底拒绝了奥地利费尽心思想出的最终办法，并更换了法国的外交大臣。他必须在恶劣的季节到来之前对战场做出决定，因为在塞瓦斯托波尔前度过第二个冬天是无法设想的！

舆论虽然仍然平静，但开始呈现厌倦。维耶尔-卡斯特尔虽然经常玩弄毒舌，他的《回忆录》3 月 24 日记载的内容中却有部分真实："巴黎人被新的和平希望和涅谢尔罗迭的几个非常含糊的新

---

① Paul de Molènes, *op. cit.*, p. 151.

308

通报欺骗了。巴黎人已看到脆弱的和平正从维也纳会议的智库中产生。为了恢复和平，巴黎人可以忽略塞瓦斯托波尔、黑海甚至土耳其……巴黎的资产阶级永远不会改变，他们每天都需要新鲜事。他们对持续一年的战争已经不再感兴趣了。"①

更换总司令绝非后来很多人所写的那样，是"软弱的拿破仑三世为取悦英国"而有意为之，更非"因拉格伦勋爵的怨恨而牺牲这位杰出的士兵，为了微不足道的英国军队的首领而牺牲强大的法国军队的首领"②……

这是一种战略需要，未来将证明这一点。

至于 aimable 这个词，佩利西耶将军只保留了名字艾马布勒③·让-雅克·佩利西耶（Aimable Jean-Jacques Pélissier），而未践行其含义。但是，做出决定而无须担心批评，要毫不客气地让那些与自己意见不一致的人懂得规矩，要毫无顾虑地采用人命代价高昂的计划，特别是，要以坚定不移的意志将这些计划执行到底，那么没有人比这位 64 岁的将军、阿尔及利亚的老兵更合适了。在阿尔及利亚他的绰号是"铁皮头"将军，这是因为他的白发被修剪得像板刷一样。也许是因为在整个法军中找不到比他更顽固的军官？无论如何，此人就像"一头野猪，脸上的每根线条都显露着果敢和

---

① Horace de Viel-Castel, *op. cit.*, tome I, p. 235.
② E. Perret, *op. cit.*, p. 258.
③ 法文 Aimable（意思是"和蔼可亲"）的音译。

坚定"①。

正如米斯梅所写的那样，克里米亚军队只知道他"严格和粗鲁的名声"。他在阿尔及利亚的战功广为人知，许多记者称之为"暴行"。在他手下效力的大部分军官不得不忍受他尖酸的语言、刻薄的性情和粗暴的行为。

他在卡米什登陆，接替被召回法国的福雷将军指挥第 1 军团。福雷是个没有人缘的人，当他带着继任者参观阵地时，一些士兵在他经过时毫无顾忌地哼着流行的曲子："旅途愉快，杜莫莱先生。""啊，他来了，卖芥末的商人。"或者"你要走了，你要离开我们，你要离开我们，你要走了"……很自然地，佩利西耶忍不住说了一句挖苦的话：

"唉，看来你不常来看他们！"

确实如此。但第 1 军团的士兵也不会更常见到他们的新首领，也许是因为他矮壮腿短，显然是个糟糕的骑手。

至少，在他的所有部下面前，新任总司令可以安心享受他的名声、雄辩的军事履历和年龄的道德分量所带来的好处。实际情况是，从第一次接触开始，每一个军官都立即给予他绝对的信任。此外，"铁皮头"将军至少有一个计划：围城到底。任何人也别想转移他的注意力！部队向前推进，一个接一个地攻占反迫近战壕，拿下马拉霍夫，要塞陷落。然后……到时候再看也来得及。

他的方法，每个人都能猜到，那就是在战场上直面对抗所有的

---

① Général Segretain, *Souvenirs d'un officier du génie*, Paris, Hachette, 1962, p. 56.

敌人，决不让自己偏离目标。为了不必遵守帝国的指令，但又不失
310 对其最高领袖应有的尊重，对杜伊勒里宫则回避拖延，编造借口。
他必须谨慎行事，但他知道立即获得军队的信任就享有瓦扬元帅与
皇帝的信任。

5月的后半月，加上从君士坦丁堡赶来的预备役师，但不包括
5月8日登陆的由拉格伦勋爵负责的撒丁军，佩利西耶拥有将近12
万兵力，其中实际可用的兵力不到10万。①

他将这些兵力分成三个军团。第1兵团（德萨勒）在老围城区
从左翼展开进攻。第2兵团（博斯凯）在新围城区从右翼展开进
攻。第3兵团是后备部队，听命于帝国近卫军指挥官雷格诺·德·
圣让-当热利将军（le Général Regnault de Saint-Jean-d'Angély），此
人刚刚带领他的一个师和另两个战列步兵师抵达克里米亚。第3兵
团与英军指挥部指派的撒丁军一起占领了费迪乌金山、切尔纳亚河
谷与拜达尔（Baïdar）河谷，已经撤走的俄军应急机动部队不会再
直接威胁到这些地区。

因此，另外还拥有9000匹坐骑和1.2万头役畜的佩利西耶同
时让自己有了水、饲料和"喘息"的机会。

他是否会因此屈从杜伊勒里宫的迫切要求？战争大臣转达了这

---

① 维克多·埃马纽埃尔的4000士兵于5月8日登陆，他们是拉马尔莫拉将军率领的
一支1.5万人队伍的第一批士兵。他们在巴拉克拉瓦平原安营扎寨。他们受到了普遍的尊
重，他们的服装尤其给人留下深刻的印象。龙骑兵米斯梅写道："灰色的制服，简单而朴
素。不仅仅是皮埃蒙特未来崇高命运的一个预兆。"作者补充道，"如果野兔穿上了红裤子
（潜台词：向我们一样），早就没有野兔了。"

个要求，尼埃尔将军则在现场为这个要求进行辩解，但他的辩解越来越软弱无力，而尼埃尔将军尽管被瓦扬元帅正式任命为工兵指挥官，却从未得到过"铁皮头"将军的真正认可。

将军绝不会屈从这个要求。在战略方面，不幸的尼埃尔尽管很有才干，似乎却只能扮演次要角色。勒布伦将军讲述道，根据军事礼仪，佩利西耶在视察战壕时必须全程有工兵指挥官"陪同左右"，但他对此礼仪毫不在意，不希望尼埃尔在他身边。尼埃尔因此带着"一种无可奈何而忧郁的态度"跟在佩利西耶后面，"离他很远，完全排在总参谋部军官的后面"①……

至于全面包围要塞，佩利西耶不可能着手实施这项行动。与此相反，他毫不犹豫地支持英军重新开始远征刻赤。5 月 22 日，令拉格伦勋爵倍感欣慰的是，一支由 58 艘船组成的舰队载着奥特马尔师、乔治·布朗师和一支土耳其师，启航前往亚速海。 311

这一趟征程最终取得了圆满成功：当部队于 6 月 15 日返回时，几乎没有任何伤亡，大量的俄军补给，特别是小麦和面粉，都化为乌有，俄罗斯和黑海沿岸切尔克斯的许多军事设施都被摧毁。

但是，巴黎立即做出了反应。

瓦扬将军在给尼埃尔的信中写道："怎么！无论陆军还是海军的将领们，没有人在如此重要的事务上征求政府的意见！"

皇帝在 5 月 23 日给佩利西耶发去电报："我信任您，我不打算从这里指挥军队。但我必须告诉您我的意见，您务必要考虑它。必

① Général Lebrun, Souvenirs des guerres de Crimée et d'Italie, Paris, Dentu, 1890.

须绝对······包围要塞。"

皇帝总是温文有礼，佩利西耶则态度圆滑却恭敬，但两人之间的关系变得看似和睦，实则充满了怨恨和敌意。

5月31日，总司令收到了杜伊勒里宫发来的这份电报："我们之间重要的不是讨论，而是下达或接收命令。我没有要求您执行我的计划，而是对您说：'您的计划在我看来并不合适。'一个务必完成的行动是，包围要塞，一刻也不要耽搁。告诉我，您打算用什么手段来实现这个目标。"

这种状况将持续几个星期。6月，佩利西耶将绳子拉到了临近绷断的程度，但他给皇帝发了一封电报，从而灵巧地避免了绳子的绷断。

"不折不扣地执行您14日的命令是不可能的。这意味着我要么违抗纪律，要么丧失信誉，陛下一定不希望这样。我从来没有违抗过纪律，也不希望丧失信誉······希望陛下将我从您为我设定的狭窄限制中解脱出来，或者允许我辞去无法与我们的忠实盟友——在电报线时而瘫痪的另一端——共同行使的指挥权······"

可以理解德马坦普雷将军对此感到满意，仍然担任总参谋长的他这样写道："我很高兴终于成为一个明确意志的工具。"

312　　　围城，还是围城，只有围城······在这一不可动摇的战略上，联军的两位总司令再次达成了完全的一致。即使对于拉格伦勋爵来说，远征刻赤只是为了切断要塞的一条补给线，从而削弱它。

那么，这些据称与佩利西耶接到的命令"相同"，旨在实施拿破仑三世战略构想的命令，英国将军从伦敦哪里接到呢？由于很难相信滑铁卢的老兵会违抗他的首领，因此十有八九在他逗留伦敦期间或者之后不久，英国人向法国皇帝做出了他们没有遵守的承诺。因为他们马上想要的，无需进一步考虑的，是塞瓦斯托波尔。他们能找到如此多的法国军队来实现他们的战争目标吗？

此外，他们很清楚，时间的流逝将不可避免地使一个盟友与他们疏远。英军丝毫不打算让自己的政策服从于法军的政策，而是恰恰相反。

与此同时，在塞瓦斯托波尔前，两军参谋部达成了共识：在亚速海采取措施来削弱要塞的防御之后，由于缺乏兵力，无法完全包围港口，因此必须加紧对受到攻击的阵地的控制。即使不得不损失一些兵员，也必须重新掌握主动权。必须强力清除俄军修建的反逼近工事。

因此，5 月 22 日晚，佩利西耶在老围城区一侧派出了两支突击纵队，一支在隔离所堡垒前，另一支在中央堡垒前。

第一支纵队要占领一个背靠墓地的堡篮工事或石笼工事，第二支纵队则要占领俄军着手修建的一个阅兵场。总的来说，重要的是攻占足有一公里长的连续阵地，这里肯定会遭到猛烈轰炸，但一旦被占领并调转方向，仍可以迅速重新利用来对付要塞。

在隔离所堡垒那边，雇佣兵和伯雷将军（le Général Beuret）的步猎兵显示出势不可当的锐气，尽管俄军的三个营发动了数次反攻，他们还是攻下了石笼工事，对其进行翻修，将胸墙反向利用来抵御俄军的攻击。5 月 23 日凌晨，这个后方与法军工事部分相连的工事仍在进攻者手中。

　　至于中央堡垒前的阅兵场，德·拉莫特鲁日将军（le Général de la Motterouge）的部下在那个可怕的夜晚先后五次夺取，失守，再夺取这个阅兵场。他们甚至不得不在 23 日夜间再次发动进攻，以确保在一片混乱不堪、浸透了鲜血的阵地上完全占有此工事。

在这两场战斗中，俄军损失了 3000 兵力，法军损失了 1500 兵力。但战绩是明显的：俄军在城前的所有反逼近工事都被夺取，俄军被"紧缩"到了极致。

在施瓦茨棱堡前，法军不是已经到达距离守军 130 米的地方了吗？

但是，老围城区的进攻已经变得次要了。在佩利西耶的心目中，那只是为了"试探"敌军，消灭其部分兵力，发起声东击西的行动，或阻断敌军的任何出击。决定，要在郊区前的右翼进攻中做出，我们正在等待。而在那里，事态正变得异常艰难。佩利西耶希望在右翼像在左翼那样，清除敌军的反逼近工事。也就是说，在郊区前清除两个"白色工事"（2 月 23 日和 27 日棱堡），清除俄军在海湾上方的那两个棱堡后面修建的"5 月 2 日炮台"，清除"绿丘"及其上面的堪察加棱堡，在英军的进攻目标大棱堡前清除"采石场工事"。这个行动归拉格伦勋爵负责。双方阵营都很清楚要进行的是大规模行动，就像是最后总攻的前奏。但一旦这些阵地被攻克，两个敌手相互之间很快就会靠得过近，以致局面对他们来说同样变得难以把控：他们不可能在彼此相距几十米的情况下无限期地相互炮击或射击，一方不可能让自己受制于一次猛攻，而另一方也不可能让自己受制于一次亡命出击。

在卡拉贝尔纳亚郊区前清除俄军的反逼近工事确实会发出最后总攻的信号。

然而，6月5日，两封电报交错而过。第一封电报是瓦扬元帅发给佩利西耶的，他在电报中下达了正式的指令："我们与英国政府达成了一致，拉格伦勋爵也收到了同样的命令，在此我明确地命令您，在包围要塞前，不要坚持围城行动。因此，请与拉格伦勋爵或奥马尔帕夏协商，通过来自切尔纳亚方向的行动或针对辛菲罗波尔的进攻来发动攻势。"

第二封电报，即佩利西耶发给战争大臣的那封电报，宣布了截然相反的安排："我与拉格伦勋爵的观点完全相同，今天我要去见他以确定强力进攻的最后安排，这次进攻将使船坞湾工事①、"绿丘"和大棱堡前的采石场工事处于我们的控制之下。我打算在7日开始这项行动，并以最大力度持续推进。"

幸运的是，佩利西耶的行动所获得的成功和战争大臣对他的关照，能在耐心却恼怒的拿破仑三世面前为他辩护。每个军人都知道，对一个设防阵地发起进攻的决定总是有风险的，事后可以证明其合理性的只有成功。

1855年6月6日下午3点，联军炮兵向卡拉贝尔纳亚郊区的所

① 佩利西耶之所以这样称呼这些工事，是因为它们位于俯瞰船坞湾的高地上。

有防御设施开火。用俄军的术语来说，这是"第三轮轰炸"。

攻城炮台的火炮和俄军反击炮的火力几乎相当，而其他防御性火炮——侧翼炮、野战炮、小型内防火炮——则等待猛攻来展开连续炮击。

从下午直至第二天的傍晚，双方的炮火持续不断，而且火力没有减弱。但这一次，工事修复的速度赶不上破坏的速度：所有的工事，无论反逼近工事还是堡垒本身，都出现了被削去顶部的胸墙，被堵塞的窗洞，部分填满的壕沟。马拉霍夫尤其遭受了重创。

托德莱本写道："到下午6点，我们的左翼工事已经完全被摧毁了。"①

下午6点30分，第2军团的指挥官博斯凯将军从他在兰开斯特炮台的指挥哨所命人发射了六枚多彩火箭弹，从而发出了猛攻的信号。与此同时，在城墙另一侧的赫鲁廖夫将军正匆忙地试图让他的部队重新驻守那些被毁坏的堡垒。

进攻两个"白色工事"的任务被委派给了迈朗将军，他拥有法伊（Failly）旅和拉瓦朗德（Lavarande）旅。法伊旅向前沃里尼亚棱堡猛扑过去，拉瓦朗德旅则冲向前色楞金斯克棱堡。法伊将军的士兵要在炮火下跑完500米。他的旅下属的一个团正是前第20轻步兵团，现在的第95战列步兵团，奥克塔夫·居莱在该团中被提升为上尉。

他讲述道："在我们身后的地上躺满了我军的士兵。半路上，

---

① Todleben, *op. cit.*, tome II, 1 re partie, p. 314.

与我们并肩战斗的法伊将军下令暂停几秒钟以对部队进行重新整编。两个连刚刚合并成一个紧凑的整体，他就下令向棱堡发起冲锋……我们一个跃进，就到了胸墙脚下，在那里可以暂时避开炮弹。从我们上方张着大口的窗洞中喷出的连发炮弹在我们头顶上掠过……胸墙有四米高，很陡，我们没有梯子，但势不可当。士兵们组成人梯，我们越过了胸墙。这里就不再描述了……"①

兵员编制为 1200 人的第 95 战列步兵团伤亡损失达 300 人，凭着同样"势不可当的锐气"，拉瓦朗德将军夺取了第二座"白色工事"。

的确，关键是要穿过俄军炮兵可怕的拦阻炮击。因为两个堡垒本身只配备了薄弱的守军：守卫色楞金斯克和沃里尼亚堡垒的总共只有穆罗姆团（Mourom）的一个营，大约 450 人，其中的幸存者被赶到"5 月 2 日炮台"，即俄军的扎巴尔坎斯基棱堡（redoute Zabalkanski）。

该炮台没有完工，因此只能提供微不足道的庇护。紧接着，它就被法军攻克了。但进攻计划丝毫不打算保留这个炮台，因为它过于"悬空"，暴露在四面八方的火力之下，特别是来自港口内船只的炮击。于是，进攻者在钉死火炮的火门后，就急忙撤出了炮台，撤退到郊区一侧处于防御状态的"白色工事"。

与此同时，穆罗姆团的另两个营进行了一次徒劳无功的血腥出击，400 名俄军俘虏仍在法军手中。

---

① Octave Cullet, *op. cit.*, p. 166.

在卡雷纳吉高地（les hauteurs du Carénage），联军似乎取得了圆满的胜利。

温普芬旅进攻了"绿丘"。他们分成三个纵队，向大约 450 米外的绿丘冲去。这支旅也听从迈朗将军指挥。它的右翼是阿尔及利亚散兵，即著名的"阿尔及利亚步兵"，中央是第 50 战列步兵团，左翼是第 3 朱阿夫团。

316　　　在"绿丘"的巨大工事中，堪察加棱堡的火炮在 48 门攻城炮超过二十四小时不间断的炮击下彻底被摧毁，仅有的守军是穆罗姆团第 4 营的 350 名士兵。即使考虑到锡诺普的英雄，一身戎装的海军上将纳希莫夫的到来对俄军起到了高度的振奋作用，要阻止潮水般涌来的红裤子，350 名守军还是太少了。这些红裤子跳进两米深的壕沟，爬上 5 米高、7 米厚的胸墙，从棱堡窗洞钻进去，绕过工事，从棱堡入口处展开猛攻。

于是，俄军匆忙向要塞堡垒撤退。

1855 年 6 月 7 日是一个胜利的日子吗？佩利西耶、博斯凯开始是这么认为的。

然而，出于一种与民族气质相称的过度鲁莽，一部分参战部队的冒险令一切重又充满了不确定性：朱阿夫和阿尔及利亚步兵不顾接到的正式命令，带着第 50 战列步兵团的一些士兵，丢下他们刚刚夺取的堪察加棱堡，朝马拉霍夫要塞方向冲去追击俄军。法伊旅的部分士兵刚刚放弃了"5 月 2 日炮台"，也追随他们加入了这个完全即兴发挥、轻率鲁莽的自杀式行动。

居莱上尉写道，他听见迈朗将军在他身旁惊呼："这次出击太轻率了，我要命令撤退。"

出于对迈朗的了解，他一定是带着强烈的不安说出那句话的，因为他确实看到了危险。法军这次出击违反了伟大的沃邦的一条重要军事原则，即"永远不要追击一支朝着被围困要塞撤退的敌军，只要要塞守军进行出击的风险依然存在……"

因为大批的红裤子一边四处放空枪，一边在马拉霍夫要塞前沿开阔带的尖桩阱之间穿插渗透。他们一直推进到壕沟，跳了进去，显然没有考虑到，由于两边都没有梯子，他们再也出不来了。有些人跑向堡垒，紧贴城墙，试图仅凭自己的全部力量爬上去……

这种集体疯狂的爆发堪比巴拉克拉瓦的轻骑兵冲锋，也许应该从中看到一种"马拉霍夫神话"效应，整个法军都在为这个神话献祭：也许会死，但要看看马拉霍夫，摸摸马拉霍夫，向马拉霍夫开一枪，因为都知道那里是最终让塞瓦斯托波尔陷落的地方。

与此同时，在堡垒前的开阔带，在壕沟里，火炮的排射和雨点般倾泻下来的子弹让几十名没有任何保护或支持的士兵倒下了。

更紧急的是，当幸存者在混乱中撤退时，赫鲁廖夫将军抓住送上门来的机会，派突然出现在城墙上的六个营去追击他们，撤退的人流再加上大批的追兵，使得整个"绿丘"都陷入了混乱。堪察加棱堡里的士兵也撤离了。恐慌马上就会席卷而来。

幸运的是，博斯凯保持了冷静。看到俄军重又进驻棱堡，在里面无谓地挤成一团，他立即下令对他们进行猛烈的炮击，一举歼灭。

然后，他启动了他的二线预备队，在布吕内师（la division

317

Brunet）的支持下，韦尔热旅与温普芬旅的幸存者重新发起攻势。
于是，将俄军几乎席卷到法军阵地的狂潮，又将他们推向另一个方
向，将他们赶出棱堡，一直赶回他们的马拉霍夫庇护所。

战斗结束了。尽管付出了无谓的牺牲，遭受了 70 名士兵在马
拉霍夫壕沟被俄军俘虏的耻辱，"绿丘"之战还是取得了胜利，就
像"白色工事"之战那样。

英军方面也取得了同样的胜利：他们的火炮的精准炮击彻底摧
毁了采石场工事的武装，使之成了向四面八方敞开的空壳。1000 名
士兵展开了猛攻，俄军的两次反攻都没能把他们从被夺取的阵地上
赶走，800 名工兵已经忙着将其改造成进攻要塞的阵地。

佩利西耶和拉格伦勋爵可以满意了。第二天，6 月 8 日早
晨，俄军的反逼近工事已经变成了法英联军的前沿阵地，成为进
攻体系的一部分。特别是距马拉霍夫约 600 米的"绿丘"成了
战壕与平行战壕的起点，这些战壕完全符合攻城隐蔽通道的开启
原则。

作为预防措施，四个师将对被夺取的阵地进行两天的守卫，因
为担心守军会竭力试图夺回这些阵地。

出乎众人预料的是，俄军并未做出这种尝试。

这是因为俄军的士气——也许是第一次——遭到打击。

还因为俄军的兵力开始呈现不足。重新夺回"白色工事"？托
德莱本后来写道："攻击这些工事能否取得成功仍是个很大的问题。
至于堪察加棱堡的外围工事，我们几乎无法在那里站稳脚跟，因为
它占据着攻城炮台所形成的半圆形的中心位置，很容易遭到来自三

个不同方向的攻击。"①

对塞瓦斯托波尔的工兵指挥官来说，形势显而易见的已经发生了变化。因为驻军兵力减少的同时，作战手段也在减少。必须在大规模占领围城区域设防坚固的部位或大规模占领俄军的反逼近工事之间做出选择，不再可能同时四处出兵。有些数字令人望而生畏，甚至爱国热情也会受到影响：在这个时光流逝的春天，守军在等待一直承诺的增援时，每月损失约 1 万兵力。另外，法英联军每月都有同等数量的兵力增援。在 6 月 6 日至 11 日联军的最后一次进攻中，塞瓦斯托波尔的 9000 名守军被歼灭。

即使俄军放弃了他们的部分反逼近阵地，并无法再保证他们的堡垒得到适当的防御。

因此，托德莱本在谈到迈朗将军的某些部队的贸然推进时又写道："马拉霍夫的驻守部队几乎已经完全撤离，处境危在旦夕，法军本可以轻而易举地攻占这座堡垒，如果他们愿意作此尝试的话。"②

本应就此得出结论，塞瓦斯托波尔已经没有俄国守军了。托德莱本统计，直到那时有 7.5 万名俄军遭到 10 多万法军、4.5 万英军、1.5 万撒丁军和 7000 名土军的攻击，但其中很多人的身体状况很差。防御区域宽广，必须把主力部队留在后方，或多或少地避开对堡垒狂轰滥炸的炮火，随时准备大批扑向受到威胁的地方。不管

---

① Todleben, *op. cit.*, tome I, 1 re partie, p. 331-332.

② Todleben, *op. cit.*, p. 336.

怎样，兵力确实不足。塞瓦斯托波尔就像某种"黑洞"，吸住了俄国的所有武装力量，让他们踏上了一条不归路。

4月25日，亚历山大二世发表了一份非同寻常的宣言：在抽签征兵的城镇和乡村，今后都将额外征招募一定数量的35岁以上男子，无论他们是否已被免除兵役。在按批次征兵的城镇，所有37岁以下的男子，无论他们是独生子还是为人父，都将被招募。就好像在整个帝国里，没有人能再逃避克里米亚战争的陷阱。

在塞瓦斯托波尔，俄军指挥部要面对的不仅是兵员匮乏的问题。联军对亚速海的远征开始产生效果：面粉变得稀缺，面包即将断供。塞瓦斯托波尔城里确实建了很多磨坊，但都已被炸毁。现在所能做的就是从俄国南部运来面粉，但一支车队需要整整一个月才能走160公里，当运货马车终于抵达时，车夫和套车的马匹已经在路上消耗了运载面粉的一半。后果将不可避免地显现出来：6月15日，塞瓦斯托波尔守军的粮食配给将减半。

"铁皮头"将军胜利了。士兵的伤亡无关痛痒，重要的是意志和果敢精神。即使他没有违抗命令，至少没有屈从，难道他这样不对吗？

6月12日，他得以给瓦扬元帅写信："从现在起，我们在要塞前具有高度的攻击性和威胁性，与之前大相径庭。从攻城的角度看，我们的刀剑闪耀的光芒增强了士兵的信心，打击了敌人的士气。"

他这样写得没错。

他很精明，懂得收起他的暴躁脾气以事先平息皇帝的责难。6

月 15 日，他在给拿破仑三世的信中写道："我们的右翼进攻夺取了
敌军的外围工事，这暴露了塞瓦斯托波尔脆弱的一面。对于所有真
正的战士①来说，马拉霍夫塔楼是这另一个土伦的小直布罗陀。几
天后，我可以向陛下宣布，如果他的鹰旗飘扬在这个堡垒上，问题
就会解决了。在我思考和准备这次进攻的同时，我会采取一些措
施，这些措施在可能的限度内，在命运不与我作对的情况下，将使
我能够在外围实现陛下的意图和预见……"

另外，面对下属时，他的言行举止并没有改变。在 6 月 8 日召 **320**
开的一次军事会议上，佩利西耶对迈朗进行了严厉的斥责，因为他
纵容手下违抗命令，越过指定目标，造成不必要的牺牲，并连累了
整个行动。迈朗本来就容易精神焦虑，据他的参谋长勒布伦将军
说，挨了这顿斥责后，他"眼含泪水，内心深受创伤"。

损失确实惨重：法军损失的兵员几乎同俄军一样多，都是 5500
百人。英军的 1800 名参战人员中损失了将近 700 人。

佩利西耶决定以拉瓦朗德将军的名字来命名白色工事，因为此
人被"一发流弹"或"一发冷炮"击中身亡。从此他还将堪察加
棱堡称为"布朗雄棱堡"（Brancion），这是第 50 战列步兵团上校
的名字，此人在胸墙上插旗时阵亡。②

"铁皮头"懂得展示他的手腕和圆滑，合乎情理，但他也懂得
阿谀奉承，这就严重了。当他选择在滑铁卢的纪念日的这一天，即

---

① 是否应将这句话理解为对皇帝所谓的无能的影射？
② 当时与拉瓦朗德将军一同作战的勒布伦将军在其《克里米亚与意大利战争回忆
录》记述说，拉瓦朗德将军死于他的浮夸和鲁莽，这是当时很多法国军官共同的缺点。

6月18日来发动对要塞的总攻时，他只是阿谀奉承的朝臣。当他决定让一个几乎默默无闻的人，5月18日才登陆克里米亚的雷格诺·德·圣让–当热利将军，而不是博斯凯将军——其战场经验和公认能力都自然指定他为指挥决定性的右翼进攻的合适人选——与即将胜利的军事行动联系在一起时，他只是阿谀奉承的朝臣。

他对起伏不平的复杂地形一无所知？他在部队完全没有声望？这有什么要紧！他是帝国近卫军总司令，这就足够了，皇帝会满意的。此外，在胜利到来时，博斯凯的光芒会大大盖过佩利西耶，前者战功显赫，声名卓著，是常胜将军。阿尔玛之战，因克尔曼之战，6月7日的猛攻，这些已经足够了。

因此，6月16日下午2点，第2军团的指挥官怀着悲伤而绝望的心情，不得不将他的指挥权移交给新来者。特罗许在其《笔记》中对这一插曲做了这样的评论：“由一种执拗而盲目的傲慢所激发的顽固的、反军事的、致命的仓促决定。然后，这一卑劣的、残酷的、有损公众利益的行为，在危机前夕，将第2军团的指挥官博斯凯将军调离切尔纳亚河战场，他是唯一能指挥那场战斗的人……他的能力是独一无二、无可匹敌的。他被打发走，取而代之的是一位缺乏经验、能力不足、不可能引起总司令嫉妒的将军，总司令将行动的领导权留给自己。这是一种可耻的行为，也是一种背叛。”①

---

① Vital-Cartier, *Le Général Trochu*, Paris, Librairèe Académique Perrin, 1913.

博斯凯随后被委任指挥切尔纳亚河上的侦察团，该侦察团本应对俄军应急机动部队发动大规模行动——只是为了让皇帝耐心等待——但很自然，俄军应急机动部队几乎按兵不动。

佩利西耶感觉自己在顺风行船。他想利用这一点来加速进程，并让结局朝着对自己有利的方向发展——行动结束之后不就能拿到元帅的权杖了吗？何况拉格伦勋爵病得越来越重，几乎只是形式上的指挥官，在任何事情，或几乎任何事情上都同意其精力充沛的法国同僚的意见。在 6 月 16 日举行的将军会议上，尽管在场的大多数军官都对这个从过远距离发动猛攻的计划表示怀疑，但他们得到的只是佩利西耶粗暴的拒绝和辱骂。塞格雷坦将军后来写道："在场的大多数军官在此之后都感到沮丧，确信我们正在走向失败。迈朗将军的师被指派夺取小棱堡，他的意见尤为总司令所不容，他在回到自己的总参谋部后，对一位战友说：'现在，我们还能做的就是找死'……"①

第二天早晨，曾担任康罗贝尔第一副官的特罗许正考虑"为方便起见"离开新任总司令的参谋部去指挥一个旅的时候，佩利西耶突然抓住他的胳膊，对他说："明天，6 月 18 日，是滑铁卢的纪念日，我们要在明天拿下马拉霍夫，我想给皇帝和法国一个复仇的惊喜。"②

首先感到惊讶的是刚从刻赤远征回来的特罗许。在那一刻，他只能表达自己的疑虑，提请注意敌军尚未动用的炮兵兵力和突击纵队远离出发基地的事实。佩利西耶反手一挥，不顾他的反对意见："够了，够了……您去见见德马坦普雷吧，他会消除您对冒险的敌

---

① Segretain, *op. cit.*, p. 63–64.

② Vital-Cartier, *op. cit.*, p. 215–216.

对态度。"① 但在参谋长办公室，特罗许沮丧地发现了一个罔顾常

322 识、准备不足的行动计划：三个师在不能相互协助的情况下，冒着
敌人的炮火跑几百米后，将呈扇形一起攻击三个不同的设防目标。
然而，尽管有增援部队，进攻者的火炮仍然没有防守者的火炮强
大。怎么能确定在猛攻之前俄军的火炮就已经失去效力了呢？虽然
6 月 7 日的胜利就得益于此。在"真正的战士"看来，尽管在几天
内建造了 15 号、15 号乙、16 号、17 号、18 号、19 号和 20 号炮
台，"仍然没有足够的手段来熄灭马拉霍夫的炮火"。② 为什么没有
准备一支即时支援预备队作为二级梯队？为什么要在如此遥远的后
方，在离行动 1700 米的地方，安置一支帝国近卫军的总预备役部
队？显而易见这支部队并没有战斗出击的机会。带来 6 月 7 日的胜
利——但那一天，是博斯凯在指挥第 2 军团——的那些原则，没有
一条似乎应在 18 日运用！③

　　39 岁的特罗许将军有着火暴脾气，他决心"迎击这场风暴"。
他写道："我去面见总司令。我满怀热忱地向他陈述了危险和我的
担忧，却遭到一通辱骂和挖苦，但比起结尾的话也就让我没那么痛
苦了：您烦我还嫌不够吗，胆小鬼先生？去见德马坦普雷吧，您跟

---

① *Ibid.*

② Général Fay, *Souvenirs de la guerre de Crimée*, Paris, Berger-Levrault, 1889, p. 256.

③ 在最近出版的一本书中，皮埃尔·米盖尔写道："英军决定在一个胜利的日子，
即 6 月 18 日，滑铁卢纪念日，发动进攻。法军接受了这个决定以显示与先前敌人的和解。"
我们不知道这位伟大的历史学家在哪里发现了这一英国"倡议"的踪迹，这与我们全部所
知的关于参加战斗者、战场形势和时代背景的情况相矛盾。*Le Second Empire*，Paris，Plon，
1992.

他想做什么就做什么。"①

然而，特罗许所能做的全部，就是最终迫使参谋长接受建立一支二级预备队的原则，这支二级预备队由从左翼进攻部队中抽调出来的福舍旅（la brigade Faucheux）组成。但事情已经开始运作，一切都太晚了。②

6月17日上午4时，联军的"第四次轰炸"开始了。从岬头 323
堡炮台到热尔韦炮台，114门法国火炮向卡拉贝尔纳亚郊区的防御工事喷出了雷霆之火，而英军炮兵的166门加农炮则以其稍慢但更精确的火力炮轰大棱堡及其周边地区。

俄军几乎没有回应，保持着可疑的沉默。晚上11点，佩利西耶给巴黎发去电报："明天黎明时分，我军将与英军一致行动，进攻大棱堡、马拉霍夫及附属炮台。"

被指定发动进攻的部队已经在峡谷和战壕中集结，占据了他们的起始位置：右边是自6月7日以来，兵力缩减了一半的迈朗师，他们的进攻目标是岬头堡和小棱堡，这意味着要在没有掩护的情况下跑750米；中央是专门从侦察团召回的布吕内师，他们必须清除将小棱堡与马拉霍夫连接起来的胸墙，然后突然左转进攻马拉霍夫

---

① Vital-Cartier, *op. cit.*, p. 217.
② 卡米尔·鲁塞提到这一事件时，没有提及特罗许的名字，他只提到"一位将军"。原因是当时在图尔退休的特罗许向他提供了自己的《笔记》，并要求匿名，他并不打算将笔记出版。《克里米亚战争史》的作者尊重了这一要求，但仍将他的著作"献给特罗许将军"，这是一个长达十几页的序言的标题。

要塞本身，需要疾跑 300 米；左边是前一天刚从刻赤远征回来的奥特马尔师，他们必须占领热尔韦炮台，然后突然右转进攻马拉霍夫。

进攻的协调权名义上属于第 2 军团的指挥官雷格诺·德·圣让-当热利将军，实际上，总司令将这项权力留给了自己。

最终，再往左，英军必须攻克距离自己防线 300 米远的大棱堡。而日渐虚弱的拉格伦勋爵无疑希望在他离世之前，在那一天做出决定性的一击。

不幸的是，一切因素都将汇集起来令法英联军遭受他们在战争中的第一次——也是最后一次——失败。

雷格诺只有 36 个小时的时间与几乎从未见过他的军官们一起准备行动，研究地势起伏不平、交通线路极为复杂的地形。时间太少了。

日期本身的选择就存在问题。托德莱本证实，这个日子在他们看来太有象征意义了，不可能不引起俄军的怀疑。而且，单是轰炸本身就足以让他们相信猛攻迫在眉睫，因此他们的警惕性极高。

6 月 18 日凌晨 1 点，联军的直射火力已经平息。只有曲射炮仍在轰鸣，在各地燃起大火，在堡垒内部或附近的部队密集的队列中打开血腥的缺口。

就在那时，在堡垒前方站岗的俄军观察哨兵感觉到不远处人群聚集的沙沙声。因为，按照塞格雷坦的说法，很多实际的预防措施都做得很差：士兵们的杯子和水壶叮当作响；整队整队的士兵在战壕外毫无掩护地行进，在 6 月的这个晴朗夜晚随时可能被发现；纵队前头的敢死队员手里的翻墙梯子，有时是垂直的，而非水平的……

在塞瓦斯托波尔城内，正派的普夫卢格医生始终与俄军总参谋部的军官在一起。他讲述道，凌晨 1 点左右，奥斯滕－萨肯将军在读到前哨传来的消息时，对人群喊道："他们来了！是上帝把他们送到我们的手上！现在，先生们，各就各位！一切都准备好了，如果每个人都尽职尽责，胜利就是我们的。"

因此不会出现任何突袭的效果。非常安静的俄军阵地炮中，被塞进了一些野战炮，全都做好了连续发射的准备。胸墙上安置了狙击手。凌晨 2 点，赫鲁廖夫将军命他的预备部队火速前进，丝毫不考虑仍在倾泻的迫击炮弹和火箭弹，让工事里驻满了部队。

时间在流逝，两个阵营之间的紧张局势一触即发。

在峡谷中、战壕里、法军各师集结的阅兵场上，士兵们等待着将由总司令本人发出的猛攻信号：凌晨 3 点，从维多利亚棱堡所发出的三枚火箭弹。

快到凌晨 3 点的时候，自 6 月 7 日事件以来，因感到威信扫地而焦躁不安、饱受痛苦煎熬的迈朗将军终于耐不住了。突然，不知从哪里发射的一枚火箭，或爆燃弹，划过天空。

将军大喊道："这就是信号！"勒布伦将军在其《回忆录》中讲述了这个插曲，他竭尽全力才说服迈朗情况并非如此，才令他没有向前出击。

没多久，天空中又出现了一道火线：这是一枚从布朗雄棱堡发射的爆燃弹。将军再也按捺不住了，他再次大喊起来："这就是信号！"这一次，勒布伦和其他军官再也无法让迈朗相信他是错的。将军喊道："前进！"他手握长剑，带着索兰（Saurin）旅和法伊旅冲向前方。

那时是凌晨 3 点吗？还是像佩利西耶所说的，3 点差一刻？

第 95 团和 97 团的步兵们刚飞快跑出两三百米，一阵铁与火的暴雨就向他们倾泻下来：火炮在排射，火枪队的齐射在整条横向阵线上噼啪作响，停泊在船坞湾的六艘蒸汽船，以及托德莱本在塞瓦斯托波尔港另一侧新建的炮台，从侧翼对他们进行炮击。这是对红裤子士兵的大批收割。迈朗本人因为逞强而拒绝接受石笼罩的保护，先是肘部中弹，继而又被一枚铸铁弹丸击中胸部，受了致命伤。

在布满死伤士兵的阵地上，在猛烈的炮火下，各旅艰难地撤退。一个近卫轻骑兵营在向前猛冲，刺刀尖挑着警帽，同时高喊"皇帝万岁"，在这个营的支持下，接任该师指挥的法伊将军尝试发动新的进攻，但一切都是徒劳。当佩利西耶终于到达他在维多利亚棱堡的指挥哨所时，不幸的迈朗的尸体已经被抬走了，而拉格伦勋爵正在棱堡里焦灼不安地等着他。

凌晨 3 点，还是 3 点 30 分？如果是 3 点 30 分，"铁皮头"就比预定计划晚了半小时。

无论如何，当佩利西耶下令发射作为信号的三枚火箭弹时，天已经开始亮了。布吕内和奥特马尔的两个师随后向他们各自的目标奔去。但这是因看到了信号而做出的行动，还是继迈朗之后向火炮进军，就像英军在进攻大棱堡时所做的那样？此外，布吕内的士兵只是在经历了各种拖沓和困顿后才回到他们的出发阵地。当他们的将军出发时，各个营尚未集合完毕。几个小时以来，他的纵队一直在原地踏步，四处找路，挤在他们不熟悉的迷宫般的狭窄战壕里，发现一些本来为他们预备的阵地却已被奥特马尔师的几个营占了，奥特马尔师前一天在战壕里执勤。因此出现的堵塞、混乱和延误让所有人都深深怀念被放逐的博斯凯。

不过，即使阿尔玛的英雄当时在场也未必能阻止最坏的情况发生：在尼奥尔旅和布雷东旅的前方，就像在法伊旅和索兰旅的前方那样，竖起了一道火墙。士兵们放低了刺刀，向连接小棱堡与马拉霍夫的胸墙跑去，在他们前面的是扛着梯子的士兵。 326

布吕内是冲在前面的人之一，一颗子弹击中他的胸部，他倒下了。拉丰·德维利耶将军（Le Général Lafont de Villiers）随后接过指挥权，以一种势不可当的锐气，将进攻的浪潮一直引到胸墙。

戈尔恰科夫在 7 月 14 日《俄国荣军报》的一份报告中写道："冒着火炮排射和火枪齐射的猛烈炮火，法军英勇无畏地向前推进；纵队的先头部分下到壕沟，敢死队员们加紧搭好梯子；但勇敢的胸墙守兵跳上胸墙顶部，向试图攀越城墙的最勇猛的法军士兵展开近距离射击，用刺刀刺他们，用枪托砸他们，向壕沟里投掷石头。"

像迈朗师一样，不幸的布吕内师也被歼灭了。隶属于将军参谋部的卢瓦齐永上尉（le Capitaine Loizillon）第二天在给他父母的信中写道："我们在那里的九名军官和参谋中，只有上校没有中弹。"①

---

① Loizillon, *Lettres*, Paris, Flammarion, s. d. , p. 113.

在阵型的左侧，奥特马尔师表现出同样的进攻势头。低矮的胸墙和没有贯通的壕沟对热尔韦炮台几乎没有保护作用，他们成功夺取了此地。开始进入包围圈本身，那个部位只有波尔塔瓦团（régiment de Poltava）的一个营在防守。带头的第 5 猎兵营和第 19 战列步兵团的一个营越过一个又一个建筑，勇猛无畏地向马拉霍夫挺进，师里的其余部队紧随其后。但俄军在其他地方都取得了胜利，包括大棱堡，英军刚刚在此处遭遇了失败。因此俄军可以把所有的兵力都投向这个唯一仍受到威胁的地方。他们所有的火炮都转向了那里，而在包围圈内，部队从四面八方赶来。在包围圈外，大棱堡的火炮现在可以与马拉霍夫的火炮交火了，两个堡垒之间的阵地变得难以把守。一发发排射的炮弹在各处冲击着地面，浓厚的硝烟甚至让人无法分辨仍搭在这里或那里的梯子。道路对第 19 战列步兵团的另外三个师以及第 26 团是封锁的。奥特马尔将军手下的士兵现在藏身于俄军原来的一个平行壕里，他徒劳地请求增援，因为总预备队距离他们太远了。至于根据特罗许给德马坦普雷将军的建议而筹备的二级预备队，那个希望已经破灭了：福舍旅必须绕过英军阵地，由于得到的通知太晚，最终在迷宫般的沟壑和战壕中迷失了方向。无论从右翼还是左翼，福舍旅都不会得到任何支援。寄希望于总司令那里也没有用，因为总司令只是在片刻间考虑过派帝国近卫军的朱阿夫团进行增援。因为佩利西耶从他所处的位置上对形势进行了评估：这是一次彻底的失败。

与总司令不同的是，加尼耶少校（le Commandant Garnier）与马内克上校（le Colonel Manèque），以及他们的第 5 猎兵团和第 19

战列步兵团的幸存者们，对他们身后发生的事情一无所知——他们在包围圈内，冒险进入了与马拉霍夫毗邻的阵地。在等待期望的增援时，他们最后筑起了路障，像勇猛的狮子一样战斗，由此赢得了俄军的敬佩。普夫卢格医生写道："突然间，响起了一声长长的呼喊，'皇帝万岁！'，将我们从沉醉状态中拉了出来。几声枪响过后，法国猎兵就出现在我们中间了！紧接着自然出现了异常混乱的局面。非战斗人员也不得不为求生而战。人们挨得太近，无法使用左轮手枪，就用拳头进行肉搏。俄军的增援部队赶到，小股的法军寡不敌众，不得不撤退。遭受重创的猎兵拒绝投降［……］我们的士兵不得不用刺刀拿下每栋房子，每个房间，最破烂的木板围墙。"

托德莱本则详细写道，投入这场肉搏战的斯维斯克团（le régiment de Sviesk）第5连138人中损失了105人。

总之，奥特马尔将军没为联军打开塞瓦斯托波尔的大门。他的师无法再前进一步。在其左侧，尽管英军发动了三次进攻，却始终没能越过保护大棱堡壕沟胸墙的鹿砦。在其右侧，没能返回自己防线的布吕内师的幸存者被困在原地，勉强躲在一条弯路上的一堆石头和一堆尸体后面。查尔斯·杜班（Charles Duban）就是幸存者之一，他看到马拉霍夫的胸墙上布满了俄军的狙击手，他们甚至不再开枪，"几乎全都站着，带着傲慢，甚至嘲讽的神情，手里拿着军帽，向我们喊话。他们似乎在对我们说：'来吧！我们在等你们。'"①这一景象将他激怒了。

---

① Charles Duban, *op. cit.*, p. 104.

早上 8 点 30 分，当佩利西耶无奈地下令吹响全面撤退的号角时，杀戮已经持续了五个多小时。那天的英雄，正直的加尼埃少校五次负伤，虽然最终带领小股猎兵从反方向重新越过包围圈，但还是给敌人留下了 100 多名俘虏。

但这是何等的灾难，何等惨烈的屠杀啊！

法军有 1600 人阵亡，2200 人受伤。与迈朗将军和布吕内将军一同阵亡的还有炮兵中校拉布西尼埃，在阿尔玛战役中，策马飞奔追上缅什科夫座驾的人就是他。

英军伤亡损失大约 1500 人。

至于俄军，根据托德莱本的说法，他们在进攻中的伤亡损失为 1500 人，还要加上仅仅因轰炸而损失的大约 4000 人。但至少驻军深信，如托德莱本所言，"这座城市永远不会落入敌人之手"。

而在联军那里……

怀疑、失望、批评和厌倦的时刻又回来了。在军队里，克莱尔上校，尽管他极少有鼓吹失败主义的嫌疑，却很好地表达了普遍的情绪，他写道："我们开始厌倦这场愚蠢的战争，所有人，将军，军官和士兵，都希望我们一向自愿牺牲的健康和鲜血，能够有益于我们的祖国。"

然后是在巴黎，皇帝仍然难以接受总司令赋予自己的这种事实上的自治权。因此，6 月 7 日的胜利八天之后，佩利西耶收到了英国女王的贺词，却还未收到自己君主的贺词。6 月 15 日，他终于收到杜伊勒里宫发来的一封电报，电报的语气动听而带刺。

"我钦佩这些士兵的勇气，"皇帝写道，"但我必须向您指出，一场可能决定克里米亚命运的两军对阵战本不该让我们付出如此的代价。因此，我坚持我的命令，尽您所能，坚定地进入战斗。"

佩利西耶对 6 月 14 日的电报做出回复："彻底执行您 14 日的命令是不可能的。"

在 6 月 18 日这个非常的日子里，皇帝发来了一份新的电报，既有通融之意，又不肯妥协。

他写道："我当然信任您，但这不妨碍我有个人意见。如果 14 日的指令过于绝对，那就修改一下。"

329

但对将要遵循的战略不肯妥协，他重申道："我们不能对明显的事实视而不见，必须告诉您，克里米亚的关键是辛菲罗波尔。"

帝国的计划尽管是不可行的，因为当地的地形，也因为英国人的激烈反对，但刚刚发生的灾难似乎仍证明了制订计划的人是对的。

对于一个总司令来说，这是多么棘手的处境啊！

佩利西耶自然意识到自己的责任，但他拒绝承担。既然不能把责任压在自己身上，他可以向雷格诺·德·圣让-当热利问责。但他更愿意鞭打死人，因为他们再也不能为自己辩护了。因此，他第二天给战争大臣写信说："从行动一开始，就有一些令人遗憾的错误令行动无法成功。迈朗将军［……］提前了一刻钟开始进攻。布吕内将军没有按照我的命令，在有效时间内做出安排部署，很晚才赶来增援迈朗［……］然而，上级命令是非常明确的。"

6 月 29 日，佩利西耶给皇帝写了一封圆滑而谄媚的长信。不过，这封信到得太晚，无法让他避免最终的失宠：7 月 3 日，拿破仑命令战争大臣让尼埃尔取代佩利西耶……但这个命令永远不会传到克里米亚。因为瓦扬元帅没有用电报发送命令，而只是以信函的形式将其托付给了铁路运输。第二天，弗勒里和他本人又做了更多努力来平息皇帝的恼怒，最终令他撤销了决定，元帅只需让人趁信件还没被装上船之前，在马赛将其取回。

战争大臣关照佩利西耶的原因其实很简单，瓦扬在 7 月 17 日给尼埃尔的信中写道："我让您给我写几封可以拿给皇帝看的信，我以为我已经说得很清楚了，但我错了……如果您知道我必须采取什么样的手段来避免彻底的破裂就好了！我再说一遍，在我看来，皇帝与佩利西耶之间关系的彻底破裂将是一种真正的不幸，就像您和佩利西耶之间关系的彻底破裂一样。"

关于佩利西耶的能力与责任感，还有必要赘述一下。因为此人处于军事等级的顶部，位居圣阿尔诺之下，略低于康罗贝尔，远在巴赞（Bazaine）之上，他的个性必然对重建的帝国的命运产生强大的影响。

圣阿尔诺有个性，但也许这就是他的全部；康罗贝尔有很好的品质，但缺乏个性，也许博斯凯也是如此；至于佩利西耶，他有个性吗？或只是坏脾气，能够在一段时间内给人错觉的东西？

必须说，关于迈朗的进攻"提前"和布吕内的进攻"延迟"的公开争论令人对这个人物产生了混乱的看法。

关于布吕内遇到的困难，已经很清楚谁要为此承担主要责任。

至于迈朗，很明显他搞错了，把不是信号的东西当成了信号。但他是不是在 3 点整——发送信号的预定时间——发动进攻的？如果是这样，那么总司令要承担重大的责任。

6月19日，布吕内参谋部的卢瓦齐永上尉在给家人的信中写道：

"在信号发出前半小时，我们听到右边开始发出齐射的枪声，我们还不知道是俄军还是法军先开始射击的。"①

这个信号是什么时候发出的？"半个小时前"并没有告诉我们是2点45分、3点，还是3点30分。

应佩利西耶的要求，特罗许留在了总司令的参谋部，他在其本不打算出版，但在1914年，即他去世十六年后还是出版了的笔记中讲述"他一生中最令人心碎的一段回忆"：

"总司令决定，在天亮前不久，凌晨3点，他本人将从维多利亚棱堡发出进攻的信号（三枚彩色火箭）。

"午夜时分，我从自己的帐篷里出来。我将整装待发的司令部人马，还有总司令自己的马都集结在他的门前。考虑到他不能忍受快马飞奔，不能坚持超过几分钟的小跑，我估算他需要两个小时才能抵达目标。我让卡塞涅中校（le Lieutenant-colonel Casseigne）叫醒他……可怜的卡塞涅遭到一顿斥骂，垂头丧气地回来了。沃贝尔上校（Le Colonel Waubert）不比他更走运。总司令手下没有一个军官愿意重复这个尝试。我决定自己去叫醒他，向他表明，他现在几乎没有可能准时赶到目标发送信号。他低声发着牢骚，嘲笑着我的'躁动不安'，终于决定出发了。

331

---

① Loizillon, *op. cit.*, p. 114.

"我们在漆黑的夜里，沿着我们熟悉的道路行走，缓慢的步伐让我充满了焦虑。我们对他的轮番提醒对他没有任何触动。在大峡谷，我们遇到了福舍旅，这是第一次残酷的失望，第一个痛苦的预兆……福舍旅很晚才接到命令，在夜里迷了路，天即将破晓，而它距离行动地点还有 6 公里。辅助部队作废了！总司令对此并不在意，因为不是他，而是我将辅助部队列入了行动计划。我没能克制住激动的情绪，一时间策马来到他的马前，指着天边的曙光，生硬地对他说，'天快亮了！'。他一言未发，策马小跑，我们就以这种步调行进着，耳边萦绕着枪炮声；我们终于抵达发送信号的地点，心绪烦乱……天亮了！所有人现在都知道战斗已经打响了，正如我们的耳朵听到的，眼睛看到的那样……

"这是我一生中最痛苦的几段记忆之一，我感到内心涌起了对这个人的一股仇恨，他无耻的冷漠是众多的不幸与罪恶的原因。

"三枚火箭的发射晚了半个小时，确实没有人看到他的颜色，因为太阳照亮了现场……

"我们是这场重大军事悲剧的旁观者。拉格伦勋爵站在佩利西耶将军旁边，他们的参谋在后面，还没有任何消息，但所有人都沉默不语，都沉浸在最深切的情感之中……

"第一位军官前来宣告热尔韦炮台已被攻取，并要求为把守炮台的部队提供增援。在我的记忆中，佩利西耶将军粗暴地回答说'他会考虑的'。第二位军官又来宣告迈朗和布吕内身受重伤，他们的部队损失惨重，已经返回战壕。我站在将军左侧稍微靠后的地方，他转向我说道：'要不是他们死了，我会把他们交给战争委员会。'

"我向天举起双手，为国家的这些忠实仆人祈祷，我向上帝抗议对他们进行评判的这个人的卑鄙无耻……"①

托德莱本的证词也可以参考，因为他在随便一场法国内部的论战中都没有任何利益要维护。然而，这位塞瓦斯托波尔守卫者是怎么写的？迈朗的进攻"是夜里 3 点，天快亮的时候"② 开始的？

他补充说，"紧接着"该师的第二次冲锋，"维多利亚棱堡发射了几枚火箭"，"看到这个信号"，其他师也开始发动进攻。

因此，托德莱本的说法证实了特罗许的说法，海军上将布吕阿在 6 月 19 日给战争大臣的信中是另外一个佐证："凌晨 3 点，两支舰队正在航行中；凌晨 3 点 30 分，从我们的一个工事发射的火箭信号弹让我们得知，联军正在向棱堡和马拉霍夫塔挺进。"

因此，卢瓦齐永所说的"半个小时"应该是在凌晨 3 点到 3 点 30 分。

迈朗犯了一个错误，但理由很正当：他很准时。

总司令迟到了，却没有任何理由。

是否如拿破仑亲王所说的那样，这是一支"由驴子指挥的狮子军队"？当然不是，但很明显，从帝国建立之初，太多的军事领袖就显露出平庸的才智，缺乏远见卓识的思想，具有缺陷的性格，以及一种随着岁月的流逝而越发严重的阿谀逢迎与追求荣誉的倾向。因此，军事机器的一些缺陷在帝国的第一次武装冲突中就已经在起

332

---

① Vital-Cartier, *op. cit.*, p. 218, 219, 220.
② Todleben, *op. cit.*, tome II, p. 367.

作用，最终导致这台机器在 1870 年的崩溃。在整个帝国统治期间，特罗许都在沙漠中布道，直至最后灾难的降临。

1855 年 11 月 27 日，瓦扬元帅在给特罗许的信中写道："您是这支东方军中最坚实可靠的人之一，军中很多人都有一些缺陷。"此时他看得很清楚。

然而，他建议特罗许重回部里担任人事主任的旧职却是错的，因为特罗许是法国军队中真正的冉森派。此人拒绝这个提议，终其一生拒绝荣誉与礼物，从来只接受最费力不讨好的任务。①

最后的进攻

6 月 18 日的惨痛失败非但没有打垮联军，反而对他们起到了鞭策的作用，酝酿着一场迅速的反击，每个人——或几乎每个人——都认为这是可实现的，因为从那时起，联军将锲而不舍地致力于消除造成这场失败的原因本身。考虑到让几个突击纵队跑几百米向布满火炮的防御工事猛扑是愚蠢的，联军将继续推进攻城工程，如果可能的话，将部队的出发阵地以及支援炮台引到城墙脚下、"绿丘"以及布朗雄和拉瓦朗德工事的前方。

无视停泊在船坞湾的舰船而发动进攻，任由它们从正面猛烈炮击纵队，听起来很愚蠢。因此，联军开始修建直达山脊顶端的高风

① 皇帝请他担任自己的副官，他拒绝了。拿破仑三世当然知道特罗许的共和党观点，但他懂得恰如其分地评价特罗许的能力。

险的隐蔽迫近通道，为的是在那里建立强大的，受到严密保护的炮台以确保扑灭那些浮动炮台的火力。这意味着在要塞不间断的炮火下，要在岩土地面上挖掘 1200 米崎岖蜿蜒的交通壕。

最后，从炮击土制防御工事令人失望的结果中吸取教训，联军决定优先采用曲线火力：发射迫击炮炮弹或以高仰角发射炮弹，以便在工事内部以及城市或郊区的废墟造成最大限度的破坏。既然无法让火炮歇火，那么重要的就是消灭炮手。

所有人都赞同这些完善的准备措施。但为什么佩利西耶要等到 6 月 18 日的那场血腥屠戮之后才采取这些措施呢？难道它们不符合他及其所有军官都熟知的原则吗？

攻城工程的这一跃进令两军阵营的士兵从此展开了言语对抗，朱阿夫对俄军士兵喊"我们很快就会来偷你们的靴子！"俄军则以各种谩骂或投掷空瓶来进行反击，瓶子的碎片有时会造成伤害。但言语对抗并不是攻城工程的跃进所导致的唯一结果，更严重的是，两军阵营的阵地彼此间将变得非常接近，以至进攻者同被围者一样感受到威胁。因此，离要塞越近，就越不能被皇帝和部分参谋人员所希望的这种或那种"外部行动"分散注意力。相反，必须更快地发动最后的进攻。因此，做了最坏的打算，佩利西耶让人在卡米什周围建了一条长长的、设有八个棱堡的防御工事线，这条防御工事线可以成为失败之后最后的庇护，或者在必要时能让联军有秩序地重新登船。

334

实际上，联军战地指挥部的真正问题是部队的卫生状况再次恶化，霍乱在因克尔曼的英军营地、切尔纳亚的土军和皮埃蒙特军营地以及左翼进攻的法军营地重又开始肆虐。

仅在 6 月，12.1 万法军中，有 2.1 万人住院，其中近 5000 人感染了霍乱。

大批病人被疏散，他们当中许多人将被遣返回法国。他们抵达法国时引起了民众的骚动，直到那时，民众对克里米亚战争的了解几乎仅来源于官方公报。而随着成千上万不幸的人源源不断地返回法国，直到战争结束，民众逐渐发现了事情的另一面……与此同时，他们不断看到新的部队启程出征：从 6 月开始，战争大臣设法每天让两千名增援士兵登上船。

霍乱与斑疹伤寒同样侵扰着俄军，他们的病员挤满了所有尚未倒塌的房屋，消耗了很大一部分俄军防御力量。得知这一情况仅给联军带来些许安慰，因为 6 月 28 日，在他的朋友圣阿尔诺去世八个月之后，英军总司令拉格伦勋爵也在几乎同样痛苦的状态下死于霍乱的发作。极度的疲劳、严重的家庭问题，以及开战以来他与自己的部队共同忍受的苦难之上降临的这场霍乱终于将他击倒了。

这位兼具勇气与友善的盟友因痉挛和呕吐而精疲力竭，在其副官的怀抱中死去。诚然，他性情优柔寡断，行动更是缓慢，但他是位"绅士"。没有人能忘记，他曾在因克尔曼战役后感叹道："法国人在滑铁卢夺走了我的一只手臂，他们刚刚把它还给了我！"

7 月 3 日，这位 67 岁老战士的灵柩被抬上了前一年将他载到克里米亚的那艘"卡拉多克号"护卫舰，但这一次，整条舰从龙骨到桅杆尖顶都漆成了黑色。

被詹姆斯·辛普森将军（le Général James Simpson）取代的拉格伦勋爵，像圣阿尔诺一样，看到了"应许之地"，却没能进入其中。 335

塞瓦斯托波尔是"应许之地"吗？

在整个围攻线上，绞杀的绳索越来越紧。主要是在马拉霍夫前，双方阵营夜以继日地消耗巨大的兵力投入战斗或繁重的劳作。法军每天因零星的进攻、连续的轰炸，或为了反击敌军凶猛的出击——比如 7 月 14 日至 15 日对"绿丘"的出击，又如 17 日至 18 日在围城工事的最右侧发动的并在 25 日继续进行的出击——而损失的兵力多达 200 人。

双方的目标都是尽可能多地消灭敌人。因此，俄军接连失去了他们享有威望的重要领袖。7 月 11 日，西诺普的英雄纳希莫夫上将在马拉霍夫的胸墙上观察法军防线时头部中弹。1854 年 10 月，科尔尼洛夫就是在那个地方被一颗炮弹炸死的。他死前几分钟，一颗子弹击中了一个沙袋，就在他的脑袋旁边，却没有引起他的任何防护，他只简短地说了一句："他们瞄得很准。"

截止到那天，俄军防御的核心人物，四位海军上将中已有三位阵亡：伊斯托明（Istomine）、科尔尼洛夫、纳希莫夫。只有潘菲洛夫（Pamphilov）幸存下来。

7 月 30 日，又是新一轮的轰炸，新一轮的屠戮。法军佯装进攻：从维多利亚棱堡发射了一束火箭，战壕里鼓声隆隆，军官们大喊："前进！"俄军工事立刻驻满了部队，片刻之后，投射弹如暴雨般倾泻到他们身上……

法国、英国、俄国或君士坦丁堡的参谋部如同权力的幕后，6月18日事件后持续不散的极端紧张的气氛怎能不引起领导人之间的摩擦呢？

因此，英军工兵总司令哈里·琼斯将军有一天宣称，仅靠英军攻克大棱堡是一项不可能完成的任务，法军的援助对他们来说是不可或缺的。难道琼斯没有意识到，围城的法军已有6万人，而他的同胞只有1.2万人吗？幸运的是，英国战争大臣潘缪尔勋爵（Lord Panmure）比较明智，在这种情况下，他寄希望于"战场首领之间的良好合作"。

因此，雷格诺·德·圣让-当热利将军也许对6月18日"他的"胜利感到失望，觉得直接给皇帝写信说"炮兵和工兵对他们的工程取得胜利没有任何信心"是适时恰当的。但这完全不符合事实。

也因此，拿破仑三世的一个副官贝维尔将军（le Général de Béville）在不断地火上浇油。例如，他在7月14日给皇帝写信说："出发点是错的，遵循的方向是错的，后果也只能是错的。"

战争大臣忙着训诫手下，时而是这些人，时而是那些人，可谓劳苦功高，但训诫的同时也保持着冷静，行动的成功对他重于任何其他考量。一天，他给克里米亚的一位军官写信说："光是批评和指责是不够的。您是将级军官，您要说清楚应该做什么。我们在问您，请您说出来。但只是指责也太容易了！如果我想的话，我也会指责。而且我也许比您指责得更有道理!"

尼埃尔将军保持着自己的本色,做一个有素质的人。他总算勉强适应了脾气暴躁的总司令,比以往能更加客观地看待自己并不赞同的战略。因此,他在 7 月 21 日写信给瓦扬元帅道:"我们收到了大批物资［……］中央堡垒与马拉霍夫前线仅相距 60 米,要塞的炮兵已遭到几天的炮击,工事已被曲线火力淹没,那么进攻就几乎等同于冲锋。这将不再是一场争夺防御工事的战斗。"他之后又补充道:"军队的士气很好,我们惊讶地在从法国来的那些人当中发现了最忧郁的面孔。"

瓦扬元帅对所有摇摆不定的战略做出了决断,他给佩利西耶写信说,绝不能"放弃确定的东西",他承认"它并不美好,但也不能去追求一种不确定的,有可能是灾难性的东西。"

大臣就这个问题同样明确地对尼埃尔表明了自己的看法,他写道:"佩利西耶将军非常清晰而明确地讲述了他的作战方案。他对自己的计划很有信心。他说两军阵营中,谁先离开自己的设防阵地去攻击另一方就是输家。他还说他不能中断他的攻城工程,只要稍一中断,角色就会改变,进攻者与被围攻者身份互换。因此,必须继续这场围城行动,无论在您看来它有多么不正常［……］5 月过后,任何远距离的牵制进攻都变得不可能了。因此只剩下两个办法,即我们采取的继续围城,或解除围城并在卡米什的防线上驻扎下来,否则就重新登船撤退。登船撤退,这是耻辱!"

现在,一切都挑明了。战斗将以一场猛攻而告终,只能是一场猛攻,无论皇帝高兴与否。

337

至于如果猛攻取得胜利，攻占塞瓦斯托波尔是否会结束战争？目前每个人都倾向于回避这个问题。

俄军方面，将军戈尔恰科夫公爵和他的军官们觉得自己的处境逐渐变得艰难起来。他们感到时机不再对他们有利，甚至是对他们不利。就像法英联军的情况一样，他们在圣彼得堡的君王，公众舆论——实际上是贵族的意见——以及军队的普遍情绪都促使他们要"有所行动"。

但如何行动？

戈尔恰科夫写给战争大臣或沙皇的信的论调与佩利西耶在写给瓦扬或拿破仑三世的信中陈述的观点是多么吻合，令人感到惊讶。他在 7 月 17 日给战争大臣多尔戈鲁基公爵（ le Prince Dolgorouki）的信中写道："对数量上占优势，且固守在难以接近的驻垒阵地上的敌人采取攻势，这纯粹是荒唐而愚蠢的……我所坚持的谨慎行事是最适合当前形势的行为。"

1855 年夏天，克里米亚总司令迎来了很多增援：第 4、第 5、第 7 现役师以及第 15 预备役师。但他期待的是精锐部队的士兵，而实际上到来的是怎样的士兵呢？他们实际上是从民兵中抽调的一些营，训练不足，装备简陋，经过几周的行军，精疲力竭地抵达半岛。首先是最清醒的军官们，接下来是整个军队，慢慢地将认识到一个明显的、难以想象的事实：帝国已经山穷水尽！整个俄国军队，一周又一周地湮灭在俄罗斯南部辽阔的大草原上，克里米亚坑坑洼洼的道路上，塞瓦斯托波尔"炽热的熔炉"里！没有铁路，没有现代军备，没有适应新时代的军事理论，但如果有一条能将彼列科普与塞瓦斯托波尔连接起来的路况良好的路就好了！然而世界上最强大的帝国甚至不能为它去到那里死于劳累、霍乱、伤寒或是敌人炮火的可怜孩子提供这种奢侈……

　　塞瓦斯托波尔已沦为地狱。守军以令人钦佩的干劲和忘我牺牲精神仍然在劳作和战斗：7月，第二道防线将城市和郊区一分为二。8月，驻防部队建了一个横贯港口，连接南北两岸的浮桥，桥长900米、宽5米，毫无疑问是为最终撤离要塞而预备的。为更好地躲避向他们倾泻的曲线火力，各营都将自己隐藏在防护掩体里，掩体的顶部由树干搭成，上面覆盖着一层厚厚的泥土。他们挤在里面，等待猛攻，很多士兵像等待一场解放那样等待猛攻。

　　因为成千上万的人像老鼠一样生活在那里，九个月来，他们行走于血泊和垃圾之中，遭受着害虫的叮咬，疾病的吞噬，饥饿的折磨，在无休止的轰炸下变得迟钝麻木。5月和6月，他们每天都损失三四百人。从8月17日起，驻防部队每天损失约1000人。在一些炮台周围，每天都要更换几次军官和炮手。各个团实际上已经垮了：21团的50名军官中阵亡了43名，3000士兵中损失了2000。弗拉基米尔团与奥洛内茨（Olonetz）团的兵员因为都减少了一半，已重组成两个营而不再是四个营。斯维亚托波尔克-米尔斯基公爵（Sviatopolk-Mirski）住了一段时间医院，出院后询问情况时，一个士兵回答道："整个营只需一口锅煮粥就够了，我们只剩下50人了。"

在塞瓦斯托波尔密集轰炸的日子里，人们见不到太阳，弥漫在空气中的硝烟、灰尘、弹片和各种残屑将其完全遮蔽了。

戈尔恰科夫的参谋人员在寻思这样的日子还要持续多久，难道要等联军将扑灭要塞火力所需的800门火炮集结完毕再采取主动吗？

8月9日，应沙皇亚历山大之命，戈尔恰科夫召开了一次军事会议，收集军官们的意见。所有人，或几乎所有人，都赞成进攻。托德莱本因腿部受了重伤，正在贝尔贝克的一辆救护车上接受治疗，因而缺席会议。公爵后来去征求他的意见。工兵司令不建议采取任何进攻行动，几乎只有他一人持这个意见。

339   但他的意见不会被听取。

因为有必要"做点什么"，哪怕只是为了得到战场上一次重新发牌的机会，戈尔恰科夫决定采取行动。几个月来，拿破仑三世一直要求他的将军们进行野战，戈尔恰科夫将在8月16日，也就是法国皇帝的节日①的第二天，向他献上这场著名的野战。

这将是俄国军队在克里米亚的绝唱。

切尔纳亚河战役是因战役沿切尔纳亚河展开而得名，它也叫"特拉克蒂尔桥"（Traktir）战役，这个名字来自费迪乌金山脚下横跨切尔纳亚河的一座石桥。在这场战役中对垒的两军是驻扎在麦肯

---

①　在中世纪的法国，婴儿出生三日内要到教堂受洗，由神父给婴儿起一个教名，名字均从圣人名字中选。根据法国大革命时的一条法令，从1803年到1993年法令正式废除的190年间，法国人给新生儿取名只有两种选择，要么从格里高利历（Calendrier grégorien）的圣人名字中选，要么从古代名人的名字中选，因而每个人的名字对应着格里高利历中的一位圣人节日。——译者注

齐高原上的俄军应急机动部队与它对面的联军侦察团。

联军侦察团总人数超过 35 人，凭着 150 多门火炮牢牢占据了切尔纳亚河的左岸。法军在费迪乌金山上有三个师：福舍师（前迈朗师）、埃尔比永（Herbillon）师与卡穆（Camou）师。皮埃蒙特军巧妙地驻守在哈斯福德山（le mont Hasford）与卡马拉高地（les hauteurs de Kamara）上，另外还有在切尔纳亚河右岸的一块"悬空"阵地，所谓的"皮埃蒙特人的悬岩"。他们的小军队在那里有9000 兵力，对 1.8 万法军构成了补充。再远一点，在切尔纳亚河的上游，七个土耳其营驻扎在阿尔苏（Alsou）附近。

在后方，达隆维尔将军（le Général d'Allonville）的重骑兵师已准备好出兵对抗入侵巴拉克拉瓦平原的俄军，而英军占据着俯瞰巴拉克拉瓦港的高地。

戈尔恰科夫将动用 7.1 万兵力和 180 多门火炮来对付他们。他的战略目标首先是将联军赶出费迪乌金山、哈斯福德山和卡马拉高地，然后在塞瓦斯托波尔部队的支持下，从这些阵地对巴拉克拉瓦与卡米什发起进攻。

然而，于他而言，不幸的是，就像在巴拉克拉瓦与因克尔曼一样，战术的执行将无法匹配战略的雄心。计划仍然不够明确，错误、拖沓和蠢事会不断累积，此外还要再加上一种与其强大的数量优势不相称的胆怯。因为法军只有四五千兵力在前线准备迎接第一次对抗。①

---

① 用戈尔恰科夫的话来说，他只计划对联军的两个阵地进行两次"侦察"，以便选出他认为能为全面进攻提供最佳机会的阵地。

340 　　此外，戈尔恰科夫似乎并不抱任何幻想。在大战前夕，他写信给多尔戈鲁基公爵说："没什么可幻想的，我要在恶劣的条件下接触敌人。他们的阵地非常牢固：右边是哈斯福德山，几乎就是峭壁，而且设防严密。左边是费迪乌金山，一条很深的，水量丰沛的运河从山前流过，河两岸都是悬崖峭壁，要过河只能架桥，而且要冒着敌人的近距离火力架桥。如果行动搞砸了，那也不是我的错。我已尽了最大努力。但自我来到克里米亚那一刻起，形势就非常艰难……"

　　8月15日至16日夜间，一支由91个步兵营，60个骑兵中队和28个炮兵连组成的庞大队伍缓慢地走下麦肯齐高原。戈尔恰科夫将它分成两翼：右翼由里德将军（le Général Read）指挥，有三个师和一个预备役师；左翼由利普兰季将军指挥，兵力与右翼相当。里德要在费迪乌金山上进攻法军，利普兰季则在哈斯福德山上进攻皮埃蒙特军。但令人费解的是，戈尔恰科夫让里德将军在利普兰季的进攻取得胜利后才投入战斗，而他的最佳机会是在晨雾的掩护下，发动全面进攻。仅仅大规模的群体效力就可能让联军无法应对，就像在因克尔曼战役开始时那样。

　　不过，戈尔恰科夫所做的正相反，左翼与皮埃蒙特军交战后，右翼的里德将军看到戈尔恰科夫的一个副官向他疾驰而来，传达了公爵的命令："开始行动"。

　　什么"行动"？是计划预定的预备炮击？还是确切意义上的进攻？措辞的含糊令人想起巴拉克拉瓦之战那天，拉格伦勋爵对他的骑兵下达的命令。

托德莱本的记述是这样子的："我们有理由相信，刚刚传达给里德将军的命令在他的脑海中引起了一些疑虑，因为他叫回已经走了几步远的副官，问他总司令是否希望他发动进攻。对此，副官回答说总司令只是命令他开始战斗。听到这个答复，里德将军回应道：'很好。我将向敌人开炮。'"①

341

因此，里德将他的火炮对准了法军。但刚刚收到的含混不明的命令让他越来越担心，他不仅思索难道只需炮击吗，还是戈尔恰科夫给他传达了一个正式的进攻命令？毕竟，行动是在左翼开始的，也许遇到的困难让公爵认为，在右翼投入主要力量才是合理的？于是，勇敢的里德决定转入进攻。但就在里德准备开始进攻的那一刻，总司令发出了对哈斯福德山展开全面进攻的命令，里德的部队需要从右翼调到左翼。

戈尔恰科夫将无所顾忌地将已经注定的失败归咎于他的部下：因为里德最后阵亡了，一块炮弹弹片击碎了他的头②……

无论如何，里德还是派出了他的第12师，在不同的地点越过了切尔纳亚河，而利普兰季的部队则被哈斯福德山上皮埃蒙特军的排炮击溃。这些设防严密、精心维护的炮台层层排列在一块理想的防御阵地上。

尽管兵力强大，右翼的进攻还是失败了。法军猛烈的刺刀反击

---

① 戈尔恰科夫给战争大臣的报告，1855 年 8 月 17 日。Todleben, *op. cit.*, tome II, 2 e partie, p. 107.

② 我们应该还记得，公爵对在因克尔曼战役中阵亡的索伊莫诺夫将军也是这样做的。而在 6 月 18 日的失败之后，佩利西耶对迈朗将军和布吕内将军也是完全同样的表现。

战清除了费迪乌金山山麓的俄军，将里德的士兵们击退到山脚下。

在经过重组的第 12 师的支持下，第 5 师向山坡发起了第二轮猛攻。法军火炮从正面向这两个师开火，皮埃蒙特的几个炮台则从斜侧对他们展开炮击，每发炮弹都一举歼灭十多名士兵，俄军纵队遭到重创。越过第一个山坡的士兵们看到第 2 朱阿夫团、第 73 和第 50 战列步兵团——尽管已缩减成几个营——刺刀向下，向他们猛扑而来，俄军士兵再一次被冲垮，最终乱成一团被赶到河的对岸。

第 17 师随后加入了战斗，但遭遇了同样的命运：他们被炮火撕扯着，在第 62 战列步兵团的刺刀冲锋下被迫在混乱中撤退。

在切尔纳亚河与麦肯齐高地之间的广阔空地上，这些成批成群，失去了大部分首领的步兵毫无掩护地在原地打转，联军火炮——皮埃蒙特的阵地炮和法军的野战炮——继续向他们猛烈开火。法军的野战炮没有防护，甚至都不试图反击俄军的火炮，尽管俄军的炮轰令它们损失惨重。

但俄军经历了一场怎样的屠戮啊！[1]

亲自指挥利普兰季左翼的戈尔恰科夫刚刚犯了一个致命错误。他看到自己的第 7 师对皮埃蒙特布满火炮的防御工事明显束手无策，于是决定调遣他的整个左翼去救援里德，从而把费迪乌金山提

---

[1]　在法军中，展开肉搏反击战的微弱兵力也伤亡惨重。居莱上尉指挥第 95 战列步兵团的一个掷弹兵连，他身边只剩下 13 名身体健全的士兵：他已经在 6 月 7 日损失了 40 人，6 月 18 日损失了 30 人，8 月 16 日损失了 12 人。在 18 个月的时间里，他所在团的 60 名军官或死，或伤，或病，只剩下 "10 人或 12 人，在我们空荡荡的帐篷和空旷的战壕周围悲伤地游荡"。

升为主要目标，虽然为时已晚。但要这样做，他必须让部队的行军平行于联军的防线，如此一来便将其侧翼暴露给狂暴的联军炮火，士兵们整排整排地被消灭。

虽然只是早上 8 点，但一切似乎都尘埃落定。为什么戈尔恰科夫要等到下午 2 点才下达全面撤退的命令，从而让失败变成一场屠杀？而且俄军返回它们在麦肯齐的出发基地需要在持续不断的射弹雨下行军六个小时。

因此，戈尔恰科夫说的没错，"谁先离开自己的设防阵地去攻击另一方，谁就必将被打败"，佩利西耶也赞同这个观点。但沙皇的副官，行为表现像是"俄国尼埃尔"的弗列夫斯基将军（le Général Vrevsky）却不这样认为，他参加了 8 月 9 日的军事会议，强烈支持采取攻势。他甚至因托德莱本主张的谨慎态度而大发雷霆。他为此付出了生命的代价，在离戈尔恰科夫几步远的地方阵亡。

对法军来说，摆在面前的重大问题是，在阿尔马和因克尔曼错失的机会，如今又重新出现，这次能不能抓住？是否要追击敌人？

因为这支撤退的俄国军队，用福舍将军的参谋官勒布伦上校的话来说，"现在只不过成了切尔纳亚平原中央一群狼狈不堪的乌合之众"。这就是勒布伦跑去向莫里斯将军报告的情况，莫里斯的阿非利加猎兵队正在费迪乌金山后面急得直跺脚。勒布伦徒劳地试图说服他出兵，他补充道："福舍将军认为，如果您把您的军团派到切尔纳亚平原，让他们向俄军的左翼发起冲锋，您有可能俘虏 1.2

万—1.5 万俄军，并缴获敌人的所有火炮。"①

但 1855 年的莫里斯将军已不再是 1843 年第 2 阿非利加猎兵团那个冲动急躁的上校，当时的莫里斯上校率领部下发起迅猛冲锋，抓获了阿卜杜勒-卡迪尔的全部人马。

他确实让几个猎兵队向前推进，皮埃蒙特的几个骑兵中队，还有斯卡利特勋爵手下的一个从枪骑兵团抽调出来的英军骑兵中队也加入其中。士兵们想要战斗，但指挥部却表现得非常谨慎，毕竟火炮正在为俄军的溃败收场，为什么要让士兵们冒险？用卡米尔·鲁塞的话来说，佩利西耶从"极端的大胆走向极端的谨慎"。他来到费迪乌金山与将军们谈话。也许关于巴拉克拉瓦与轻骑兵旅的回忆一直萦绕在他的脑海里，尽管他不愿说出来。

无论如何，不会对俄军发起追击。联军司令部在这次事件中表现的是理性的谨慎还是错误的胆怯，这是一个长期争论的话题。但有一个问题没有人能够回答：一次骑兵冲锋是否能以足够的战果来补偿它可能遭受的伤亡？这些伤亡并非由远离战斗的俄军火炮造成，而是在麦肯齐山坡上排成作战队形的 60 个骑兵队最终进入前线后产生的。

对于联军司令部来说，取得的胜利已经足够了：俄军损失了近8000 人，或死或伤或被俘虏。反观法军损失了 1500 人，皮埃蒙特军损失了 250 人，其中阵亡的只有 25 人。

切尔纳亚河是一个真正的万人坑，某些地方让人回想起因克尔曼的大屠杀。

---

① Lebrun, *op. cit.*, p. 110.

最重要的是，塞瓦斯托波尔濒于沦陷，俄军将"联军赶回大海"的雄心第三次遭到挫败所产生的心理效应是巨大的。

就目前状况来看，特拉克蒂尔的胜利让佩利西耶感到志得意满。①

8月20日收到的一封来自杜伊勒里宫的电报，确证了总司令与拿破仑三世之间的和解，尽管最好从字里行间来解读这封电报。皇帝写道："在切尔纳亚取得的新胜利，自开战以来第三次证明了在野外作战时联军相对于敌军的优势。如果说这场胜利是对部队勇气的褒奖，它也同样显示了您所做的良好部署……"

三天前，即8月17日，"第五轮轰炸"开始了，这次轰炸将持续到最后的猛攻，鉴于进攻者现在拥有的优势手段，轰炸目的是让俄军毫无可能来修复损失。重要的是彻底粉碎一切俄军设施。戈尔恰科夫后来写道："每天夜里在最猛烈的炮火下修复的城齿与横档遭到几次炮击后就坍塌了。胸墙大块大块地倒在壕沟里。付出辛劳和牺牲才建好的工事再次被摧毁……"

俄军几乎从后方再得不到任何增援，而联军却日益得到增强。巴黎和伦敦宣布发送400门新的重型臼炮，每门炮供应1000发炮弹。② 新的军团取代了旧的军团，克里米亚因此成了法国军队的消

① 这场胜利也满足了皮埃蒙特军的需要，他们流洒的鲜血——总体来说，很少——在某种程度上保证了他们在和平大会上的影响，如果不是真正地参与的话。这正是加富尔与拿破仑三世渴望实现的整个计划：在会议桌上提出"意大利问题"。

② 到9月8日猛攻那一天，只有极少数炮运抵克里米亚。

防学校。

尽管前线已经变成了火炉，工事仍在向前推进。英军虽像往常一样滞后，也将很快到达距离大棱堡 200 米的地方。9 月初，法军将到达城前，距离中央堡垒 70 米，距离旗杆堡垒 50 米的地方。

在卡拉贝尔纳亚前方，他们即将逼近到离小棱堡 40 米，离马拉霍夫 25 米的地方。

这一次，每个人都能感觉到，终局时刻即将来临。

345　　8 月 4 日，饱受眼疾之苦的康罗贝尔将军终于打算服从皇帝和战争大臣一再发出的让他返回法国的命令。因为他对令人惋惜的先例记忆犹新，他非常抵触"由于健康原因"离开克里米亚！皇帝断然召回的不能是"第 1 师的指挥官"，而必须是"他的副官康罗贝尔将军"以便"继续为他本人效力"，这样才使得前总司令终于决定服从命令。

这位老兵带着遗憾离开了克里米亚，像圣阿尔诺和拉格伦勋爵一样，他也只是"瞥见了应许之地"，但至少，他还活着。

就这样他离开了自己心爱的第 1 师，这个师在 7 月初重新回到它在围城战中的位置，替换福舍师（前迈朗师），而福舍师则前往切尔纳亚河。康罗贝尔回国后获得法国元帅的权杖，并被任命为南锡第 3 军团司令。但是对于一个从去年离开土伦参加过所有战斗的人来说，这点荣誉与进入塞瓦斯托波尔的荣誉相比，又算得了什么呢？

战争大臣选择了另一位 47 岁的阿尔及利亚老兵——麦克马洪将军——来接替他指挥马拉霍夫对面的第 1 师。这让佩利西耶非常满意，他写道："有了他，坦率地说，我可以'尝试'某些在我看来是'冒险'的事情。"此外，十五个月前，圣阿尔诺向瓦扬元帅热情推荐的正是这个自 1852 年起就担任师长，被他称为"全能的战争军官"的麦克马洪。

最高统帅曾试图让巴黎将第 1 师和第 2 师的指挥权交给他，未果。正如加布里埃尔·德·布罗格利（Gabriel de Broglie）所写的那样，"在巴黎，麦克马洪并不受宠，他没有任何行动来改变这种状况"①。

9 月 3 日，联军主要领导人在佩利西耶家召开了一次隆重的会议。包括尼埃尔在内的一些人激烈陈词，表示不能再等待了。因此，尽管总司令因倾向于先收到之前宣布运送的那 400 门迫击炮而有所迟疑，大家还是做出了最终将决定塞瓦斯托波尔命运的决定。从 9 月 5 日开始，进行三天三夜的轰炸，然后在 9 月 8 日发动总攻，舰队将同时轰炸面向大海的防御工事②，以此支援这次军事行动。

应该只进攻马拉霍夫，还是同时进攻几个堡垒？这个根本问题是这样解决的：进攻将在包围圈的几个地方展开，但只是在马拉霍夫被攻克之后。因为如果英军继续暴露在马拉霍夫的侧翼火力之下，他们就没有任何机会进攻大棱堡。针对守卫城市的阵地展开的

346

---

① Gabriel de Broglie, *Mac-Mahon*, Paris, Perrin, 2002, p. 65.
② 9 月 8 日，海面状况非常糟糕，只能进行几次轰炸。

左翼进攻由第 1 团的指挥官萨勒将军负责，左翼进攻将起到强有力的牵制作用，将尽可能多的守军固定在原地，这样就使得马拉霍夫在危急时刻无法得到救助。

从今以后，联军炮台有了 800 门火炮，确切地说，814 门火炮。他们认为要取得相对于要塞 1380 门火炮的优势，这 800 门火炮是必需的。尼埃尔本人也不得不承认，他"从未希望过能在更好的状况下发动猛攻"。

侦察团也将被纳入军队，随时准备应对任何可能发生的情况。但驻军不会进行大规模的出击，应急机动部队也不会，他们仍忙于疗治 8 月 16 日的伤口。

目标划分如下：在卡拉贝尔纳亚前方，博斯凯的第 2 军团做决定。麦克马洪师将不惜一切代价攻克马拉霍夫。对于总司令对他发表的有些强硬的讲话，这位将军只是审慎地回答："相信我。"他将得到温普芬旅和近卫军所辖朱阿夫们的支援。只有当麦克马洪控制了马拉霍夫要塞的凸角后，才会发起所有其他进攻。

在进攻线的右侧，拉莫特鲁日（La Motterouge）师将在梅利内将军（le Général Mellinet）指挥的近卫队中精锐士兵和优秀射手的支援下，向连接马拉霍夫和小棱堡的胸墙发起进攻。

迪拉克师将负责进攻小棱堡，在其后方是马罗勒旅（la brigade Marolles）和近卫队猎兵。

在军事部署的中央，当科德林顿将军（le Général Codrington）指挥的英军看到布朗雄棱堡和兰开斯特炮台上悬挂在法国国旗旁边的英国国旗时，就会扑向大棱堡，因为那是麦克马洪控制了马拉霍夫要塞凸角的信号。

至于城市前面的进攻，将发射火箭作为信号。然后，勒瓦扬师将冲向中央堡垒及其附属建筑。如果进攻赢得胜利，奥特马尔师和一个撒丁旅将进攻旗杆堡。第一次进攻，即对马拉霍夫的进攻，不会发出信号，所有的表都是按总司令的表来校准的，并且约定好9月8日正午时分，轰炸将突然停止，士兵们随即冲出阅兵场和战壕。

为什么是中午？

因为俄军的进攻分别是在6月7日晚上和6月18日凌晨，中午俄军士兵习惯在吃一顿粗劣的午餐的时间撤到他们的防护掩体中，以躲避不断倾泻的炸弹。

每天早上，尤其是从9月5日开始，被围困的人都期待着一场猛攻，一场不会到来的猛攻。

这些可怜的人在轰炸下喘不过气来，耳朵也快被震聋了，他们眼睁睁看着周围的一切都在坍塌，只能背靠墙或沙袋站着睡觉，仿佛再也听不到爆炸的喧嚣声。考虑到纵队的先头部分要奔跑的距离很短，佩利西耶希望获得一种出其不意的效果，再加上俄军的极度疲劳，这种效果会更加惊人。① 他的预测后来得到了印证，托德莱

---

① 麦克马洪请勒布伦上校担任参谋长，他说："工兵计算出到马拉霍夫要塞的距离约为 30 米，而实际上'胸墙与壕沟之间的距离超过了 75 米'。"（*op. cit.*, p. 148.）

本承认，在当时的情形下，联军领导人的"行动非常明智"。

从 9 月 5 日至 8 日，"第六轮轰炸"有计划地摧毁了整个城市和郊区所有的防御工事。被炮弹或火箭弹击中的舰船在港口里燃烧，在取得辉煌胜利的锡诺普海战中，纳希莫夫指挥的宏伟的"玛丽皇后号"也没有逃脱这个悲惨命运。这座城市在战前拥有的 2000 多栋房屋中，仅剩 14 栋没有化为废墟。至于守军，自 8 月 17 日以来已经损失了 1.3 万人。三天三夜的时间里，他们又损失了 7500 人。因此，前一年的 9 月和 10 月跑到城墙上的 1.8 万名水兵，现在只剩下 4000 人了。这是一场大屠杀，托尔斯泰详细写道："从轰炸的第二天起，堡垒上的尸体就无法再被搬走。他们被扔进壕沟以清空炮台。"①

然而，到 9 月 8 日，塞瓦斯托波尔仍总共有大约 5 万名守军，他们的状态尚属良好。法军第 1 军团的 2.05 万人，第 2 军团的 2.53 万人，科德林顿将军指挥的 1.07 万英军将扑向这些守军，未被计算在内的有一支皮埃蒙特旅，因为他们不会出击，还有奥斯曼帝国的一股预备队，他们的兵力则只是用来清理战场上的伤亡人员。

奥斯滕-萨肯伯爵指挥驻军。德萨勒对面的城里是谢米亚金将军（le Général Sémiakine）在指挥。博斯凯对面的郊区由赫鲁廖夫指挥。

348

---

① Léon Tolstoï, *op. cit.*, p. 154.

在这场被戈尔恰科夫形容为"地狱般的轰炸"的整个过程中，联军工兵一直在忙碌，因为他们必须为部队离开迷宫般的战壕做好充分准备，防止拥堵并开辟通道。他们凿出很宽的堑壕，将平行壕相互之间连接起来，他们拓宽道路，在离出发阵地最近的地方开辟出宽阔的阅兵场。

弗罗萨尔将军（le Général Frossard）的副官塞格雷坦指挥郊区前的工兵，他写道："在战壕网络中，我们为突击纵队的行进安排了一些 20 米宽的路，在战壕的背壁和胸墙一侧分别修建了供翻越用的宽大坡道和台阶。在工兵仓库里，我们为步兵跨越壕沟设计了一些 7 米长的梯桥。一些工兵旅懂得如何操作这些装置。我们还为野战炮的移动准备了支架桥的部件。"①

热切期盼的 9 月 8 日终于到来了。

就像三天来的每个早晨那样，联军的炮火开始变得更加猛烈。大约 9 点时，火力减弱。马拉霍夫棱堡是一座庞大的土制堡垒，正面有 350 米，中间有一个凸角，棱堡的深度为 150 米，在其老塔的残存部分中，俄军像每天早晨那样等待着猛攻。在凸角位置上的是莫德林（Modlin）团的一个营。左侧是普拉加（Praga）团，右侧是扎莫希奇（Zamosc）团。除此之外，还需加上 1000 多名炮手、狙击手、工人和民兵。位于马拉霍夫右侧的热尔韦炮台由米哈伊尔大公的团把守，左边的暗道炮台由穆罗姆团驻守。

349

---

① Segretain, *op. cit.*, p. 73.

11点30分左右，火力突然又恢复到了令人恐怖的最猛程度。

在法军的阅兵场、战壕和它们上方的棱堡里，将官们已在他们的指挥所就位，或站在各营的前列，他们将亲自带领这些营发动猛攻。纵队已经排列完毕，士兵们紧挨在一起，手握刀枪，面容坚毅，目光炯炯。

现在是正午时分。

突然间，火炮的轰隆声停息了，战场陷入庄严的沉寂。

勒布伦上校写道："终于，等待已久的瞬间到来了。我放下手臂，大声说：'中午！'麦克马洪将军喊道：'前进！皇帝万岁！'"灿烂的阳光照耀着现场。塞格雷坦记录道："城墙上没有露出任何俄军士兵的脑袋。"军号响起，鼓声大作，听到"皇帝万岁"的宏亮喊声，麦克马洪师的士兵们在将军的带领下，像堕入地狱的人那样号叫着，冲出战壕。

与计划相反的是，搭建梯桥的工兵还没到，他们被拥挤的通道耽搁了，但不可能等他们！

第1军团的朱阿夫们在俄军做出反应之前已经跃过了那段距离。但他们发现，六七米深的马拉霍夫壕沟只是杂乱地填满了碎石，因为它是在坚硬的岩石上挖出来的，同样的岩石构成了另一边要翻越的斜坡，以及堡垒凸角。该怎么办？士兵们没有丝毫犹豫：他们向沟里跳下去，有些人摔断了胳膊双腿，很多人再也出不来……

在麦克马洪看来，他们消失了，不会再出现了。

"这骗不了人。"将军对勒布伦低声抱怨道。

但他们突然在斜坡的另一面出现了，一些人借助随身配备的岩 350
石镐爬上了斜坡，另一些人则把枪斜挎在肩上，搭成人梯来攀爬斜
坡。他们像猴子一样敏捷，跃过堡垒的胸墙，或掀开保护窗洞的绳
帘从洞口进入堡垒。俄军刚刚意识到发生了什么，就扔下饭盒，抓
起武器，急忙冲出防护掩体。

在凸角前方的土台上，第一批进攻者首先遇到的只是毫无防
备、手无寸铁的炮兵，他们只有炮膛刷或各种工具来对抗刺刀，当
场英勇地死去。对朱阿夫们来说，幸运的是，在双方开始交火的那
一刻，增援部队赶到了。终于赶到的梯桥搬运工将梯桥架在壕沟
上。没时间在梯桥上铺木板了！士兵们和他们的将军已经冲了过
去。工兵少校拉贡（le Commandant Ragon）只有两三分钟的时间来
架设一座铺有木板的真正的小桥，第 1 朱阿夫团的第 2 营，德康上
校（le Colonel Decaen）的第 7 战列步兵团涌上小桥，士兵们如潮
水般冲向凸角，不费吹灰之力就将其占领。

不过，俄军很快恢复了镇定。他们迅速在第一道"横档"——
或路障——的掩护下组织起来，这道路障阻断了任何向堡垒内部的
推进。法军很快发现有三道主要的路障将马拉霍夫棱堡内部的两边
都拦截起来，这些路障还装备有小型火炮，俄军可以轻易盘踞在路
障后面，对进攻者进行精准炮击。

在凸角的胸墙上，第 1 朱阿夫团一个名叫吉豪（Gihaud）的下士①

---

① 由于在整个战斗过程中一直高举着他的旗帜，吉豪下士将被任命为少尉。那面旗
帜被 3 发炮弹和 42 颗子弹击穿，后来将军所有，他将它作为礼物送给了儿子帕特里斯。
（参阅 Gabriel de Broglie, *Mac-Mahon*, *op. cit.*。）

骄傲地举起了麦克马洪将军让人为这次行动设计的大三色旗。

在堡垒的左侧，加尼耶少校（le commandant Garnier）的第 1 猎兵营占领了热尔韦炮台。

在右侧，迪拉克师的圣-波尔旅（la brigade Saint-Pol）进入了小棱堡。

在中央，拉莫特鲁日师的布尔巴基旅已经到达胸墙，士兵们越过胸墙冲向第二道围墙，越过第二道围墙后，将守在那里的斯维耶夫斯克（Svievsk）团的士兵逼退。在他们面前，整个卡拉贝尔纳亚郊区似乎都敞开了……

当时是下午 1 点到 1 点 30 分，据勒布伦上校说，就在那时，一位英国军官受其将军派遣来见麦克马洪，询问他作为阵地指挥是否认为自己可以坚守阵地。

据说麦克马洪将军对他说："转达您的将军，我在那里，我会守在那里。"①

但是，在进攻前集结完毕的强大的俄军预备队投入了战斗，第 8 师的三个团展开了猛烈的反击，击退了迪拉克师的士兵，最终将他们逐出了小棱堡。圣波尔旅失去了将军、参谋长和两个团的上校——第 57 战列步兵团的迪皮伊（Dupuis）和第 85 战列步兵团的雅韦尔（Javel）。在混乱中被击退后，这个旅的士兵们有的躲进棱

---

① 就像康布罗纳将军谈到他在滑铁卢战役中喊的那个"字"一样，麦克马洪一生都否认说过这句"历史性的话"。

堡的壕沟寻求暂时的庇护，有的撤回到出发线。

因此，布尔巴基旅的右翼暴露给了俄军。然而，这个旅刚被斯维耶夫斯克和施吕塞尔堡（Schlüsselburg）的两个俄军军团从第二道围墙一直引到胸墙，几乎再无可能在那里坚守。

博斯凯从他的观察哨看到了危险，于是也启动了他的预备队马罗勒旅和帝国近卫军的猎兵们，向小棱堡发起冲锋以支援圣波尔旅。帝国近卫军的精兵则拥向布尔巴基旅把守的胸墙。伴随着军号声和隆隆鼓声，聚集在马拉霍夫棱堡陡坡上的整个麦克马洪师不断地发起冲锋，这第二次猛攻令法军重新获得了优势：小棱堡被夺回，胸墙再次被越过。

但俄军人数众多，意志坚定，被第二道围墙很好地保护着，还有城里层层的火炮和港口里机动舰船上的火炮的支持。船坞湾高地上设立的炮台使得战舰无法停泊，在这种情况下，"弗拉基米尔号""敖德萨号"和"克森尼索号"的炮击的精准度略逊，但因为是从侧面攻击那些无掩护地发起冲锋的士兵，所以还是造成了很大的破坏。

帝国近卫军的猎兵指挥官科努利埃·德·卢西尼埃（Cornulier de Lucinière）与他的众多部下一同阵亡。受博斯凯之托，将他一直带到防线出口处的塞格雷坦写道："他穿戴得像参加阅兵那样神气，手上带着冷冰冰的、一尘不染的手套。"

马罗勒将军和蓬特维斯将军（le Général de Pontevès）也和自己的精锐士兵一起阵亡了，布尔巴基将军、比松将军和梅利内将军负伤。很快就轮到拉莫特鲁日了，暗道炮台的一个火药库爆炸时，一块弹片击中了他。这场爆炸造成了巨大的死伤，掩埋了第97战列

352

步兵团的大批官兵，有人大喊"地上有地雷!"，进而引发了恐慌，但很快就控制住了。①

必须再次撤出小棱堡。

幸运的是，在马拉霍夫一侧，布尔巴基的士兵和帝国近卫军的增援部队固守着胸墙，他们在那里相对安全，对从第二道围墙向他们射击的俄军进行持续的齐射，使得俄军无法展开任何反攻。但是，俄军的连射和炮弹像一场致命的雨落到他们身上。勒布伦后来写道："胸墙前一百多米长、六七米宽的整块空地实实在在地布满了穿蓝色衣服的尸体。"

博斯凯随后召集了苏蒂少校（le Commandant Souty）指挥的两个野战炮兵营进行救援。他们的 12 门由马车拖曳的火炮从后方赶来，全速越过防线，在最后一道平行壕前就位，从容不迫地向战舰开火。这并非一场势均力敌的战斗，因为俄军占据着火炮口径的优势，而法军炮台则完全暴露在外。很快，150 名炮手中，95 名或死或伤，150 匹马中有 131 匹同样如此。苏蒂是第一批阵亡官兵之一，博斯凯本人也被弹片击中右肩后部，据信已经没救了。指挥权因此被移交给迪拉克将军，此人在这个级别的军官中资历最老。

布尔巴基的士兵对他们控制的那部分胸墙的顽强死守起到了决定性作用，正是这样他们才让敌军无法靠近马拉霍夫的左侧。没有

---

①　尼埃尔将军和弗罗萨尔将军之间有过长时间的争论，前者断言俄军正致力于地下工程以炸毁我们的前线，后者坚持说情况并非如此，不该用无用的反坑道防御工事来激怒俄军。弗罗萨尔是对的，只有在马拉霍夫的凸角下面有矿井，但这些矿井是空的，因为往矿井里运送火药的船在轰炸中被炸毁了。尼埃尔在其著名的《工兵行动日记》中仍然坚持自己的观点。地雷确实让士兵们赶到恐惧，而且在马拉霍夫下面挖出了电引信点火装置线。

他们，针对堡垒进行的主要战斗就不能顺利展开。因为正是为了夺 353
取马拉霍夫，众多的将士才遭受伤痛与死亡，这一切是为了终结马
拉霍夫，从而终结塞瓦斯托波尔！

此刻，在马拉霍夫，第 1 朱阿夫团和第 7 战列步兵团的推进终于
让法军拿下第一道防线。俄军因此退避到第二道横档后面。他们随后
就会意识到自己犯了多么严重的错误：他们把堡垒内的路障一道接一
道地前后排列起来，这些路障本应对进攻者构成一道道的阻碍，但一
旦其中之一被拿下，它就会立刻为进攻者所用。如果一道路障能保护
俄军免遭法军的火力袭击，它也能保护法军免遭俄军的火力袭击。这
就是马拉霍夫被攻陷的主要原因之一，而其他任何一座堡垒都不会被
攻陷，因为所有其他堡垒呈现给进攻者的是一种没有任何遮挡的开阔
带，其末端由唯一一道路障封闭，守军的火力让进攻者根本无法靠
近。这是一个陷阱，任何没有野战炮的步兵在其中都无法存活。

紧随第一波浪潮之后，维努瓦旅（la brigade Vinoy）的第 20 和
第 27 战列步兵团利用已经加固的梯桥，相继冲入马拉霍夫。但他
们的到来只能将俄军遏制在他们的第二道横档后面，而无法攻下这
道横档。要到第 3 朱阿夫团、帝国近卫军的一个精锐步兵营和全部
的温普芬旅——阿尔及利亚步兵和第 50 战列步兵团——大批涌入
后，第一道防线才最终被守军放弃。①

①　为支援麦克马洪而投入战斗的帝国近卫军所辖朱阿夫团，在编的 627 名官兵中伤
亡者达 311 人。

从那时起，一切都结束了。在堡垒最后的防御设施中展开了一场激烈混乱的交战后，俄军被逐出堡垒。工兵们立即着手彻底关闭堡垒的入口，考虑到来自后方或侧翼的攻击，守军已经将入口缩小到仅有两米宽。工兵在阿尔及利亚步兵的帮助下，将柴笼和石笼扔到堆积的尸体（有时堆积了五六排）中，直到通道似乎终于被堵塞。

结束了，但这显然只是一个喘息的机会。俄军在郊区仍拥有大批部队，每个人都知道，绝望会给予他们背水一战的力量。

354

麦克马洪尽其所能地组织对堡垒及其侧翼的热尔韦炮台的防御，甚至敢把他最可靠的部队——比如朱阿夫第 1 团——派回战壕，用更新的部队来代替他们。

一切只是时间问题。

凌晨 3 点，只见从海军军火库那一侧的后方，密集的俄军纵队朝马拉霍夫进发。尽管不得不在法军的炮火下攀爬陡峭的山坡，他们还是到达了马拉霍夫的入口。在那里，数千名挤在一起的士兵在狭窄的空间里展开了一场激烈的战斗，双方士兵扭打在一起，用枪托砸，用刺刀挑，近距离射击。一百多名俄军士兵终于突破入口，进入堡垒，但立刻就被吞没了。

太晚了。马拉霍夫再次变得坚不可摧，俄军只能狼狈地退回到艰险的地段。

另一支纵队向热尔韦炮台进军。但它迎头遭遇把守工事入口的四个步兵连的火力袭击，侧面则受到驻守马拉霍夫右翼的第 7 战列步兵团的火力袭击。

在堡垒防线后方直至第二道围墙的陡峭斜坡上，密密麻麻的士兵挤在极其狭窄的过道上，遭到从上往下的射杀，层层叠叠地倒下。俄军第4、第5、第9、第12和第15师只剩下混在一起的残兵，在混乱中进行着一场无望的战斗。所有在战场上的俄军将领都已阵亡或负伤。戈尔恰科夫自战斗一开始就赶了过来，从望远镜里看到这些，掌握了形势。他所能做的就是派切佩列夫将军（le Général Chépelev）去传达全面撤退的命令。

卡拉贝尔纳亚那边的战斗停止时，已是下午5点左右。战场上死伤遍地，但这一次，"塞瓦斯托波尔的钥匙"总算落在法国人手中！只需看一下眼前的景象，就足以对战局做出评估：向海湾望去，从左到右依次是从后方夺取的大棱堡、城市及其炮台、横贯港口的浮桥、海湾中的船只、卡拉贝尔纳亚郊区及其海军设施、从后方夺取的小棱堡，所有这一切现在都在火炮射程之内，因此对俄军来说是守不住的。这一次战略家们没有犯错，即使其他地方的进攻失败，仅这一胜利就能决定一切。

355

然而，所有其他地方的进攻，都已失败告终。

俄军夺回了小棱堡。联军要么被困在壕沟里，从那里开火，要么一直撤回到他们的出发线。此外，法军火炮重新开始对堡垒和第二道围墙展开炮击，以防止俄军卷土重来。

针对胸墙的进攻，只有与马拉霍夫相邻的部分被夺取，并为了守住此处付出惨重的代价。右边朝向小棱堡的部分最终仍掌握在俄军手中。

针对大棱堡的进攻，英军准时在信号下发起进攻，马卡姆师向左，科德林顿轻装师向右，艾尔旅和科林·坎贝尔的苏格兰旅负责支援。他们要跑过整条进攻线中最长的距离，等待他们的火力更加密集，因为战斗已进行了相当长的一段时间，失去了突袭的效力。然而，在穿过布满尖桩的陷阱、瓦砾堆和其他堆积的障碍物跑了200 米之后，红衣士兵们突然出现在堡垒的土台上，击退了弗拉基米尔的士兵们。他们踩着靠在城墙上的梯子爬上凸角，置身于一个没有任何遮挡的开阔带，开阔带的尽头被一根粗大的横档封闭起来，从那里发出精准而致命的火力。

由于没有任何的庇护，英军士兵或趴在地上，或单腿跪地，勇敢地开枪射击，但他们无法坚持太久。艾尔旅确实赶来支援，不过两军的预备队相比较，俄军的预备队是最强大的。被击退后，英军再次发起冲锋，重新进入棱堡，在里面又一次遭到屠杀。他们不得不再次折返，辛普森判断战局无望，因而决定撤退。①

---

①　在我们已经提到的战后出现的众多论战中，有关于英军是否真正进入大棱堡的问题。塞格雷坦在其《一个工兵军官的日记》中讲述了后来在巴黎弗罗萨尔将军家里进行的一次谈话。第 2 军团炮兵指挥官伯雷将军（Le Général Beuret）讲述道：9 月 9 日上午，他巡视堡垒时，没有发现英军进入其中的任何痕迹，哪怕只是片刻的进入。指挥第 1 军团炮兵的勒伯夫将军之前接到命令，向大棱堡开火直到他看见第一个红衣士兵进入其中。他说他不间断地开炮直到夜里。英军应该是确实出了战壕，但应该只走了一半路程就返回他们的防线了。需要讲明的是，托德莱本对事件的叙述还英国人以充分的公正。（op. cit. , tome II, 2 e partie, p. 210 et 211. ）

在城市前方的左翼进攻中，直到下午 2 点才能看到信号弹，硝 356
烟完全遮蔽了天空。勒瓦扬师的特罗许旅和库斯东（Couston）旅
冲向中央堡垒、比尔金（Bielkine）瞭望台和施瓦茨棱堡。由于要
跑过的距离很短，他们成功到达了目标，钉死了一些火炮的火门，
力图在那里站稳脚跟。但是，就像在大棱堡那样，敌人有充足的时
间做好准备，把部队及野战炮拉到附近。他们的枪炮连射，炮眼爆
破和反攻两次击败了突击纵队。库斯东和特罗许都负了伤，前者的
腿部被铸铁弹击中，伤势严重。

奥特马尔师随后进入了出发阵地，等待萨勒将军发出信号，
却始终没有等到。里韦将军和布雷东将军甚至还没上前线就阵亡
了，战壕拥挤不堪，俄军拥有所有的抵抗手段。鉴于主要目标已
经达成，就没必要牺牲更多的人了，佩利西耶下达了停止进攻的
命令。

马拉霍夫落入法军手中。

下午很快就过去了，夜幕降临。联军仍待在他们的阵地上。

俄军会做什么呢？

在马拉霍夫，为了准备新一轮进攻，法军工兵忙着将火炮调
头对准郊区，封闭入口，在壕沟上开辟通道以便将野战炮引入
工事。

在前线的其他地方，部队仍待在战壕里，面对着敌人的堡垒，
而俄军对堡垒的占领程度如何已不再清楚。

因为他们还不知道，下午 5 点左右，戈尔恰科夫下达了那道悲

剧性的命令：利用上个月架设的浮桥或最后几艘漂在海上的船只，撤离城市、郊区及整个南部港口。因此，从 8 日整个晚上直至 9 日夜间，俄军都在有序撤退，首先是最薄弱的军团，其次是伤兵，接下来是野战炮兵，然后是敢死队，最后是坚守路障、掩护撤退的后卫队。

357　　　其他一切都将遭受毁灭的命运：从午夜开始，在马拉霍夫上方，一连串可怕的爆炸打破了士兵们焦急的等待，克森尼索高原的地面颤动起来。阵地炮台、仓库、军火库、棱堡和防御工事开始此起彼伏地连环爆炸，将这座骄傲的俄国要塞淹没在熊熊火海之中。

　　当海湾中被船员破坏的舰船燃烧着沉没时，人们脑海中闪过的是同一个念头："莫斯科保卫战又开始了。"

　　凌晨 3 点，佩利西耶觉得有充分理由电告巴黎："卡拉贝尔纳亚和塞瓦斯托波尔的南部区域已不复存在。"

　　9 月 9 日凌晨，一团巨大的黄色烟云笼罩着被摧毁的城市。俄军请求停战以搬走他们最后的伤员，然后撤掉了他们在北岸的浮桥。接着，保尔堡垒被炸毁。在南方，一切都结束了。

　　直到 9 月 12 日，联军才正式占领他们征服的土地。法军在城里，英军在卡拉贝尔纳亚。一个联合委员会将着手清点废弃的设施和装备。同一天，处于他们在右岸海湾火炮射程之内的黑海舰队残余也被炸毁，而戈尔恰科夫则在北堡周围的高地上集结军队，与驻扎在麦肯齐的应急机动部队保持着联络。

同一天，佩利西耶被任命为法国元帅。

对塞瓦斯托波尔的围攻以全面胜利而告终。

但这场胜利是否足以结束战争呢？

第五章

建立一个国际新秩序？

> 如果您的榜样被效仿，欧洲文明就会成为一个可以随意抛
> 掷的玩具，法律不再有捍卫者，被压迫者也不再有可以求助的
> 仲裁者。
>
> ——维多利亚女王致普鲁士国王的信，
>
> 作为对其"完全中立"声明的回应

艰难的和平进程

359　　两天前，即 9 月 10 日，佩利西耶、辛普森、拉马尔莫拉和他
们的参谋人员才得以走过这座要塞城市的遗迹。正如佩利西耶在给
瓦扬的信中所言，"防御工事的数量之多以及其中所投入的物力史
无前例"，令人震撼。疲惫不堪的部队悲伤地目睹了昔日叶卡捷琳
娜大帝的"至尊之城"在此起彼伏的夹杂着建筑物崩塌轰隆声的爆
炸和大火中几乎化为乌有的情景，隐约感到不可思议。他们的敌人
排成长长的负重队伍，爬上港口北面的山坡。联军感到更多的是如
释重负，而非欣喜——他们周围有那么多人死去，有那么多战友在

某些地方不得不被踩在脚下，有那么多伤兵在午后倒下，直到第二天凌晨才获救！在这个苦涩的胜利日到来之前，还有那么多的劳苦，那么多的牺牲，就为了最终占领一片废墟？许多军官因此想起了威灵顿的名言："除了一场失败的战斗，没有什么比一场胜利更令人忧郁了。"

9月11日，巴赞被任命为塞瓦斯托波尔城的总督，联军将这座城市分割为各个占领区。有不少事情需要做：要回收4000门俄军火炮，打捞那些被扔进港口的火炮，200吨火药和近10万枚射弹。无数的人畜尸体在废墟中腐烂，必须迅速埋葬。俄军挖开的乱葬坑堆满了尸体，必须紧急用土覆盖。甚至在地窖和掩体的深处，日复一日，也会发现半腐烂的尸体。废墟也是个万人坑。俄军带走了他们的伤员，但是在码头上留下了那些无法运走的东西，让胜利者去保管。

在锚地南部，要塞令人生畏的海上防御设施还剩下什么？保罗堡垒被拆除工程炸成了一堆瓦砾。亚历山大堡垒虽然遭到严重破坏，但在俄军工兵的拆除工程中较好地幸存下来。尼古拉堡垒和隔离所堡垒，以及"船坞"（这些宝贵的干船坞拥有现代化的液压设备）和附近的海军机构，也就是所有构成俄国在东方海军力量核心的设施都完好无损。很明显，这些设施的建造者并未放弃有朝一日收复它们的希望。

至于锚地，要让它迅速恢复其全部战略价值继而为联军所用，有必要清除充塞其中的船体残骸，水面上几乎到处都阴森森地竖着这些残骸的桅杆。

　　因此，1854 年 10 月 9 日开始的对塞瓦斯托波尔的围攻于 1855年 9 月 9 日结束了，也就是在要塞前第一镐落地的整整十一个月后。

　　至于攻占马拉霍夫，这场最终的决定性战役使法军付出了 7500人伤亡的代价。同一天里，英军损失了近 2500 人。俄军损失了大约 1.3 万人。

　　在巴黎同在伦敦一样，因吃过听信假消息的苦果，人们起初保持审慎。但很快，四面八方传来的消息都证实了战争的结束，这是一场喜庆欢乐的大爆发：在所有的大城市里，人群聚集起来，载歌载舞，到处张灯结彩。的确，在法国，几乎每个家庭都有成员在军队——或曾经在军队——服役。在巴黎人的记忆中，从未见过如此的欢庆场面，人们惊讶地发现甚至圣日耳曼区都华灯璀璨，彩旗招展！

　　弗朗索瓦·夏尔-鲁（François Charles-Roux）写道："从里昂乘火车抵达的一些旅行者讲述道，沿途的城镇村庄、城堡茅屋都是灯火通明，夜色中的这一景象令人难忘。"①

　　9 月 13 日，巴黎圣母院举行了庄严的感恩赞仪式，君主们出席了这一庆典活动；巴黎大主教西布尔认为他很快就可以宣告"光荣而坚实的和平"的到来。

　　确切地说，尽管联军赢得了一场战斗，谁能断言他们赢得了这

---

① François Charles-Roux, *Alexandre II, Gortchakov et Napoléon III*, Paris, Plon, 1913.

场战争呢? 那还需俄国认败求和才行。但是,1855 年 9 月 9 日后的俄国显示出其难以捉摸的本色。

那么,应该是联军来求和吗? 这通常不是该由战败者采取的行动吗?

在 1993 年出版的一部著作中,我们可以读道:"由于英国想迫使俄国接受黑海中立,战争被延长了八个月。"① 这仍然是一个法国误入歧途的"英国战争"神话。不过,这一说法是错误的。首先,黑海中立当然是英国所希望的,但拿破仑三世同样希望如此,因为那是防止对君士坦丁堡发动突袭的唯一保证。法国参战不正是为了寻求这个保证吗?

其次,黑海中立是著名的"四点方案"之一,而那是先由法国而非英国提出的,并且早在前一年的 8 月就已提出。因此,没有任何新的因素可以"延长战争"。

最后,那些人谈论的是什么"八个月"? 从攻占塞瓦斯托波尔到巴黎大会召开,只有五个半月的时间。如果说是从 1855 年 6 月 4 日维也纳谈判破裂开始算起,直到巴黎大会开幕,那样是可以说大约八个月。前文已经提到,直到 6 月 4 日,还没有人想要和平,因为它与塞瓦斯托波尔的命运息息相关。各方阵营仍然都认为自己能够在战场上取得优势。

因此,战争的延长是其他因素的结果。

---

① François Caron, *Histoire de France*, tome V, *La France des patriotes*, Paris, Fayard, 1985.

362   首先也是最重要的，是亚历山大顽固地拒绝求和。奇怪的是，
为了表明自己立场的合理性，沙皇搬出了他父亲用来发动战争的同
样的理由：俄国的"尊严"，必须不惜一切代价地加以维护。

联军也不可能决定新的军事行动，可以同时让英法民众、军人
和外交官都感到满意。

求和？对沙皇来说是不可能的。俄国皇后的一位侍女报告说，
沙皇"斥退了那些跟他谈和平协议的人"①。他仍然将塞瓦斯托波
尔的陷落仅仅视为一场战役的结束，另一场战役的开始。这是自我
安慰、犹豫不决，还是天真？他甚至给戈尔恰科夫写信说："回想
一下 1812 年［……］塞瓦斯托波尔不是莫斯科。克里米亚不是俄
罗斯。火烧莫斯科两年后，我们的部队胜利进入巴黎。"

还是天真在作祟吗？1855 年 10 月联军攻占金伯恩要塞（la
forteresse de Kinburn）时，沙皇来黑海海岸视察，给儿子弗拉基米
尔写信，说他"在锚地看到敌人的舰队，在金伯恩海滩看到他们的
营地"却丝毫没有显露出忧虑的样子。在距一天之内就被联军夺取
的要塞五十公里处，他向伤兵分发圣乔治十字架，深深被感动的他
写道："这些勇敢的士兵刚刚开始康复，就要求被派回他们的部门，
看到他们的欢乐是令人高兴的。"当然，弗拉基米尔只有 9 岁，但
亚历山大 37 岁了。他真的以为他还能遵循垂死的父亲的建议，"掌
控一切"吗？难道他不觉得，在为治理俄国如此糟糕的"三万名行

---

①   引自 Constantin de Grünwald, *Alexandre II et son temps*, Paris, Berger-Levrault, 1963。

政长官"——这是尼古拉一世的用语——付出这最后的牺牲之后，不幸的、颤抖的、渴望自由的俄罗斯，不会再让自己像军事演习中的军团那样温顺地任人摆布吗？

很可能他不这样觉得。现在还为时过早。亚历山大是一个过于敏感的人，对军事现实所知甚少，在接触那些怀有真正君权崇拜的士兵时，会被一种没有任何理由的高涨情绪所感染。在这一点上，他在俄国南部的巡视之旅只会加强他的错误判断。

在维也纳，亚历山大·戈尔恰科夫只是在履行他的外交官职责，一得知塞瓦斯托波尔被攻占的消息，他随即发表声明："事件迫使我们保持沉默，但没有让我们变成聋子。"

但沙皇不是还在做梦吗？毕竟，在高加索地区，穆拉维耶夫将军抢在陷于混乱战略的奥马尔帕夏之前，即将夺取卡尔斯要塞。① 他可以从卡尔斯出发，穿越安纳托利亚，进军君士坦丁堡，封锁博斯普鲁斯海峡，从而将联军包围在克里米亚。俄国在半岛上还有一支 15 万人的军队，占据着坚固的阵地。当看到敌人尽管拥有 23 万兵力，却几乎按兵不动，仿佛被在塞瓦斯托波尔的胜利所束缚，那么为什么要承认自己失败了呢？

确实，联军正处于尴尬的局面。围攻一结束，此前因共同作战需要而被降到次要位置的利益冲突和战争目标的分歧双双凸显出来。英国的自尊心恰巧受到了深深的伤害，像是要让这些冲突和分

---

① 被围困、救援无望的卡尔斯要塞将于 11 月 25 日投降。

歧变得更加尖锐，正如在决战的当晚，辛普森将军简短地给英国发去的电报所体现的那样。

"联军今天中午攻击了塞瓦斯托波尔的防御工事。对马拉霍夫的袭击取得了成功，这个工事现在法军手中。英军对棱堡的进攻没有成功。"

坦率会毁掉职业生涯，对于辛普森也不例外。这封电报在英国引起了何等的舆论喧哗！英国人不乏嫉妒法国人的理由：法军相当于英军三四倍的兵力，在军事行动中起了主导作用，在因克尔曼战役中最后关头的介入，他们——仅仅和撒丁军一起作战——在切尔纳亚河之战中取得的胜利……现在塞瓦斯托波尔确实被攻占了，却是被法军独自攻占的！这一次，太过分了！怎么能把如此重大的份额留给法国呢？当然，英法虽然是难得的盟友，但现在法国变得如此强大，而从历史上讲，它又是那样"难以预料"。

在英国，民众的欢庆与其说表明了胜利的欣慰，不如说表明了好战情绪的高涨。对《泰晤士报》来说，攻占塞瓦斯托波尔只是一个"初步行动"。《晨报》概括了普遍的想法，高喊："即刻进军喀琅施塔得！"何况一旦行动起来，英国最擅长的海上作战就必定成功：集结一支北上的舰队，让俄国波罗的海舰队遭受黑海舰队的命运。前一年，联军仅满足于攻克博马松德要塞，今年8月6日，也只是对芬兰海岸的斯韦堡（Sweaborg）进行了炮击。唯一被联军彻底撼动的俄国城市是西伯利亚的彼得罗巴甫洛夫斯克

（Pétropavlosk），而且还是一座弃城。① 这是不够的，既然"俄国熊的一只眼睛已经被挖掉了"，就必须挖掉它的另一只眼睛，炮击圣彼得堡，让俄国的实力退回到彼得大帝时代，甚至"把它赶回那个它从来就不该从中出来的亚洲"！

在英国，讲和是绝对不可能的，俄国也一样。阿尔伯特亲王后来轻蔑地写道，和平"把法国市场感染了"②……

但在法国，情况却截然不同：一旦交战各方聚集在会议桌周围，任何关于与俄国的冲突的话题都会消失。前一年确定的"四点方案"或"四个保证"，对皇帝来说已经足够，他的战争目标已经实现。此外，拿破仑三世为他心爱的军队士兵大批死于斑疹伤寒而感到真切的痛苦。法国人民对一场旷日持久却看不到利益的战争实实在在开始感到厌倦，一些财政困难甚至开始显现。因此，要么在冬天之前实施一次重大打击，真正让俄国屈服；要么在克里米亚度过第二个冬天，以便在 1856 年春天继续作战；要么再次促使奥地利，如果可能的话，还有其他德意志强国，对圣彼得堡施加足够的压力以说服沙皇求和。

第一个方案得到了皇帝的青睐，但形势很快就表明它是行不通的。

---

① 1855 年 5 月 13 日，一个由八艘舰艇组成的法英中队在海军少将布鲁斯和富里雄的指挥下，在彼得罗巴甫洛夫斯克登陆以炸毁防御工事、军火库和公共建筑。双方都没有人员伤亡。

② 1855 年 12 月，考利大使在伦敦写道："股市在上涨，难怪'瓦莱夫斯基集团'如此执着于和平。"的确，当时在巴黎，每个人都在股票交易所疯狂交易，瓦莱夫斯基伯爵就是其中之一。

第二个方案是拙劣之策，不得人心，而且对部队的健康和安全有极大的风险。

因此，皇帝最终倾向于第三个方案。但如何才能实施这个方案而不与英国决裂呢？几个月来，皇帝一直在考虑如何在塞瓦斯托波尔陷落后迫使英国接受停战，相对于俄国的任何其他优势都应通过谈判取得。这是一项艰难的功课，他一度以为找到了办法，即所谓的"外交政变"：1855 年 3 月 26 日，他让仍是外交大臣的德鲁安·德·吕向英国提出由法国继续战争，以换取波兰的重建。克拉伦登耸了耸肩，表示这是"无法实施"的计划。次月，拿破仑三世在访问伦敦时，重新将问题摆上了台面：在攻占塞瓦斯托波尔之后是否应该继续战争。法国认为继续战争的条件是直接号召各民族国家，让匈牙利人和意大利人拿起武器反抗奥地利，让波兰人反抗俄国！一言以蔽之，这是用武力对整个欧洲体系提出质疑。阿尔伯特亲王自然惊恐万分，整个英国也是如此。但皇帝这一次乐得让恐惧之风吹过所有欧洲首都的上空。塞瓦斯托波尔陷落之后，他一如既往地"温和而固执"[1]，写信给瓦莱夫斯基，请他向克拉伦登转达："我想要和平。如果俄国同意黑海中立，那么尽管英国反对，我也会那样做的。但是，如果到春天还没有达成协议，我将求助于各民族国家，特别是波兰。战争将不再基于欧洲法律，而是基于各国的私利。"

---

[1] 皇帝小时候，他的母亲奥尔唐斯皇后给他起的绰号是"温和的犟牛"。无论他是孩子，还是追求权力的年轻人，抑或共和国总统、法国皇帝，这个绰号与他的个性都非常相配。

威胁是不可取的，因为皇帝很清楚那样风险就太大了。英国历史学家威廉·史密斯认为"拿破仑三世不太可能真的打算提出波兰问题"，但毫不犹豫地写道"这种威胁［……］有助于吓唬他的敌人和盟友［……］终结战争"。①

与此同时，俄国仍未决定求和，因此皇帝别无选择，只能与盟友继续制订有可能在战场上迅速取得决定性战果的强有力的作战计划草案。秋天就要来了，但也许还来得及。

正是在这一点上，皇帝的"幸运星"始终没有抛弃他：英法两国的军队都将不知不觉地为他的秘密目的服务。事实上，无论是佩利西耶还是辛普森，在终于进入塞瓦斯托波尔后，都没有丝毫的打算离开这里，而是冒险投入一场大规模的野战。去克里米亚的其他地方想要寻求什么呢？难道不会重新遇到 1854 年春天在瓦尔纳的军事会议上提出的问题？向俄国人进军？但如果俄军拒绝战斗呢？征服整个克里米亚？然后呢？

在他们眼里，提交给两位总司令的计划中总是会出现一些无法逾越的严重障碍。在围攻塞瓦斯托波尔的问题上，政界与军方已经产生了冲突，现在关于作战行动的后续问题的另一场冲突也出现了。计划一个接一个地制订出来，要么出自某一方政府，要么同时出自双方政府，要么出自总司令间的现场会议，但没有一个计划有丝毫可能进入实施阶段。因此，瓦扬在 10 月 12 日给佩利西耶写信说："我们确信，您和辛普森已下定决心按兵不动，你们已事先决

366

① William Smith, *op. cit.*, p. 213.

定在自己的阵地上过冬，让俄军待在他们的阵地上。"

战争大臣不知道他说得有多准。

两天后，佩利西耶有点恼火地回答道："如果您下令，我就进攻。"

本可以下达的命令最终杳无音讯。

因为皇帝很清楚他想要什么，想做什么。

何况，在那时，与俄军的新一次对抗又一次导致了对他们不利的结果。人员损失虽然轻微，但对士气的影响是灾难性的：又战败了！

那是 9 月 29 日，在叶夫帕托里亚地区。达隆维尔将军于 18 日带着他的骑兵师①离开卡米什去接管叶夫帕托里亚要塞的最高指挥权，穆希尔②艾哈迈德帕夏的军队在那里正遭受斑疹伤寒和败血病的摧残，他在俄军面前只能集结 1.5 万兵力，而俄军自之前 2 月 17 日的失败以来，一直对他步步紧逼。③

9 月 29 日，在康吉尔（Kanghil），自战争开始以来，法军第一次迎战俄军骑兵、枪骑兵和哥萨克组成的大军。法军歼灭了 100 多名俄军，俘虏了 170 人，带回了 250 匹马，法军伤亡 40 人。最重要的是，敌人离开了已解除封锁的叶夫帕托里亚。如果说这个地区还有什么威胁的话，那就是 10 月 14 日由费利师和佩吉特勋爵

---

① 第 4 轻骑兵团和第 7 龙骑兵团。

② 穆希尔（Muchir）是奥斯曼帝国军队的最高军衔，相当于元帅。——译者注

③ 在那一天，奥马尔帕夏离开了要塞，他带走了自己最精锐的部队埃及师，去接管高加索军队的指挥权。可惜太晚了，在那里不会有什么效果。

（lord Paget）的英军骑兵旅增援的驻军从此对俄军的交通要道——彼列科普-辛菲罗波尔干线构成的威胁。

亚历山大会实现和平吗？

10 月 17 日，沙皇遭到远比之前更为惨痛的失败：联军在晋升为师长的巴赞将军的指挥下，仅用一天就占领了金伯恩要塞。这个要塞位于一个被叫作溺谷的内海湾的左岸，居高临下地控制着布格河（le Bug）与第聂伯河（le Dniepr）的出口。如同前一年在博马松德那样，舰队与在要塞附近登陆的一个兵团展开联合行动，在舰队火炮与兵团火炮的全面火力下，这次战斗取得了胜利。令指挥驻军的老将军科哈诺维奇（le général Kohanovitch）倍感羞耻的是，驻军面对一种全新的海军火炮极具毁灭性的威力和已臻完善的战略只能抵抗几个小时。根据拿破仑三世个人指示建造的这些“浮动的炮台”是一种铁甲舰，几乎完全浸入海中，舰上装备有大量的武器，圆形的舰体被漆成灰色，这些铁甲舰能在紧邻目标的地方开火，却让敌方的炮击几乎找不到着力点。皇帝的军事能力后来饱受批评，以至人们没有注意到，凭着“熔岩号”“毁灭号”与“雷霆号”，他多少算是现代装甲舰之父。①

因此，1855 年 10 月 17 日晚，防御工事被摧毁的金伯恩要塞里的 1500 名俄军投降了。第二天早上，当丹纳上校（le colonel

①　拥有 100 毫米厚的铁甲的“浮动炮台”结束了木壳战舰的时代，海军上将们再也不敢让这些橡木船体上的炮台暴露于敌军的炮弹之下。第一艘真正的铁甲舰将是法国的“荣耀号”，它由法国工程师迪皮伊·德·洛梅（Dupuy de Lôme）设计，于 1858 年下水，比第一艘英国战舰早一年。当然，从次年开始，英军肯定会变得更大、更强，装备的武器更多……

Danner）的第 95 战列步兵团与斯宾塞将军指挥的英军进驻半岛时，港口对岸的奥恰科夫堡垒（le fort d'Otchakov）被炸毁以避免遭受金伯恩要塞的命运。正是此时，在几公里外，沙皇在他的老兵中间表现出一种新信徒的热情，难道他不知道，全面撤离克里米亚是他的参谋部正在辩论的问题之一吗？

显然，只有一个因素似乎能使他屈服，那就是在西部开辟第三条战线。他在俄罗斯南部已经有一支军队，在高加索前线还有一支，但这些军队中有很多民兵和未受过教育的年轻新兵。西部由于兵力不足，被他冒险放弃。因此，在法国表达了和平意愿，德意志诸邦显露出担忧，奥地利有可能重启调停活动的情况下，应该在西部施加能够让他屈服的力量。大家都觉得，这一次奥地利的调停可能起到了决定性的作用。因为自 6 月 4 日谈判破裂以来，哈布斯堡帝国在某种程度上就被排除在游戏之外，塞瓦斯托波尔的陷落令它深感震惊，令人焦虑的问题现在正困扰着弗朗茨－约瑟夫和布奥尔伯爵：万一法国人和俄国人直接达成了协议怎么办？那么对奥地利的利益是多么大的威胁啊，没有人再会关心奥地利的利益了！而强有力的外交干预——既然俄国已战败，外交干预的风险会更小——将给维也纳带来它期望从"四点方案"中得到的所有利益……为什么不趁此机会再多要一点呢？

帕默斯顿清楚地看到英国过度战争的政策可能会带来的风险。8 月 25 日，他给他的兄弟写信说，当塞瓦斯托波尔陷落时，"就会出现一种危险，一种和平的，而非战争的危险。奥地利将试图推进一种不充分的和平"。

总而言之，在维也纳，布奥尔与布尔克内进入了会谈。奥地利很快表明了立场：盟国准备好它们的和平条件，它保证迫使沙皇接受这些条件。布奥尔没法明确表明必要时将采取武力，但他宣称，这些和平条件的"沟通"将在第二时间，如有必要，以最后通牒的形式进行。毫无疑问，奥地利以前从未同意过走这么远。"胜利有很多亲戚，而失败是个孤儿"，这句话说得太对了！

作为其干预的价码，以及它宣称准备在天平上投下的砝码，奥地利要求俄国将比萨拉比亚的一大部分割让给摩尔达维亚，从而让俄国人远离多瑙河。这显然超出了前一年"四点方案"中已经规定的条件，而且是以对俄国人来说最屈辱的方式：割让领土，而俄国之前接受"四点方案"原则的条件恰恰是其中不包括领土割让。

奥地利的这些提议传到巴黎后，自然得到皇帝的赞同。他急忙命人将其递交伦敦，极力敦促海峡两岸都接受这些提议。尽管英国不断发出战争的呼声，英国内阁必须冒着与公众舆论冲突的风险，承认法奥计划至少值得"认真研究"。毕竟，伦敦与巴黎和维也纳都订立了条约。因此，英国违心地同意奥地利以商定的方式转达商定的和平条件，但为了让语气更强硬一些，要在这些条件中增加"联军在和平会谈期间提出特殊条件的权利"……

因此，俄国人有可能全盘拒绝整个计划。确实，让俄国人事先接受，却没有明确具体内容的这些"特殊条件"到底会是什么呢？能想象比这更屈辱的条款吗？至于奥地利，英国怀疑它是否会实施它的威胁，帝国的国库难道不是处于潜在破产的状态吗？

然而，英国并不是唯一使用手段来达成自己目的的国家。萨克森、符腾堡和巴伐利亚对通过与普鲁士保持距离而发挥作用的前景感到兴奋，也决定向沙皇施加压力，迫使他求和。1855 年 11 月，莫尔尼公爵（le duc de Morny）——他强烈支持与俄国建立"保守同盟"，而不是与英国，特别是皮埃蒙特建立"冒险同盟"——似乎在仍担任俄国驻维也纳公使的戈尔恰科夫公爵的倡议下，与他建立了秘密联系，两人之间的通信将一直持续到次年 2 月。莫尔尼公爵在通信中陈述的全部论词都围绕着法国对俄国的善意安排，甚至在谈及可能强加给俄国的最苛刻条件时，向戈尔恰科夫暗示，"要求他的国家做出的承诺很可能是短期的，而且取消承诺的建议很可能某一天由法国自己提出"……

可以理解，俄国大使这位新"尤利西斯"被海妖的歌声迷住了，甚至有一天将他与莫尔尼公爵之间达成的信任协议形容为"心灵感应"，而莫尔尼公爵的话不可能不在某种程度上表达了法国皇帝的深切愿望。

但与此同时，俄国外交大臣涅谢尔罗迭与拿破仑三世本人正在进行另一场秘密谈判，谈判的中间人是位深受皇帝敬重的外交官，萨克森驻巴黎公使，俄国外交大臣的女婿泽巴赫（M. de Seebach）。正是通过他，皇帝在 3 月尼古拉一世去世之后，给新沙皇发去了吊唁信。这个文本不仅表达了法国对和平的渴望，还暗示重建真正的友好关系对两国来说有百利而无一害。这一次，俄国外交大臣确信，正式的和平提议必须由俄国发出，因为法国的双手被与英国的盟友关系束缚住了，而这个英国比以往任何时候都更好战。因此，涅谢尔罗迭委派泽巴赫与法国外交大臣瓦莱夫斯基进行私下接触。

法国希望在 1855 年底实现和平，这一点众人皆知，11 月 16 日，皇帝在万国博览会的闭幕词中清楚地表明了这一点。

他郑重宣称：“法国对任何人都没有仇恨。”但是，俄国不应抱有太多幻想，涅谢尔罗迭知道，帝国政府的和平倾向绝非软弱的告白，而只是像奥地利大使胡布纳所写的那样，是“谦虚”和“胜利中的克制”。对皇帝印象的这个评价——尽管是非常片面的——包含着某种真实性。

然而，法英联盟在很长一段时间内不会被打破，两国的将军们仍在共同制订宏伟的作战计划，特别是在波罗的海地区。[①] 据图弗内尔说，在这个时期，皇帝对一位朋友说：“为了现在签署和平协议，我愿意献出四根手指。”

12 月 2 日联军之间就将提交给俄国的草案文本的往来沟通，就像双方讨论和提出的各种修正案文本那样，详细讲起来是枯燥乏味的。重要的是，一份对所有人来说都是决定性的文本于 11 月 14 日得到了弗朗茨-约瑟夫的批准。它将成为历史上的 11 月 14 日议定书。同样重要的是，奥地利终于承诺，如果俄国拒绝其最后通牒，将在必要时与俄国彻底决裂，并因此开战。最终，皇帝的秘密外交将不情愿的英国人强力拖入和平进程，尽管他们是坚定的主战派……

1855 年 12 月 16 日，奥地利驻圣彼得堡公使艾什泰哈齐伯爵

---

① 1855 年 11 月，联军成功地争取到了瑞典的协助，因为联军允诺将芬兰作为其效劳的奖赏。

（le comte Esterhazy）离开维也纳。他的口袋里装着要递交给涅谢尔
罗迭的文本，脑袋里装着他的政府的正式指示：俄国人有十天时间
给他答复，而且答复只能是无条件接受"四点方案"，奥地利要求
的领土割让，加上英国保留要求的"特殊条件"。如果伯爵没有得
到满意的结果，在这段时间里俄国没有正式接受这些作为最后通牒
的条件，他被指示带着他的所有人员、箱子和国旗离开俄国。这是
缅什科夫于 1853 年在君士坦丁堡上演的悲剧场景，战争旋即接踵
而至。

12 月 27 日，涅谢尔罗迭从艾什泰哈齐手里收到了起初只是奥
地利的一份"通报"的文件。奥地利宫廷的这一举动立即在整个德
意志引起了骚动：普鲁士国王在收到弗朗茨-约瑟夫一封暗含威胁
的信后，承诺支持盟国的计划，他以其软弱无力、优柔寡断的方式
确实这样做了，给沙皇——他的外甥——写了两封语气亲切随和的
信，这两封信可以概括为一长串美好的愿景。

然而，萨克森方面大声疾呼，他们无法同意进一步加重"四点
方案"已经强加的条件。巴伐利亚也是如此，国王马克西米连因看
到沙皇的"荣誉"直接受到威胁而感到愤怒。然而所有这些喧哗都
已不起作用了，德意志已经出局。奥地利的大国地位已得到公认，
盟国不再需要其他外部援助。对他们来说，很明显，这出戏已经演
完了。

372   涅谢尔罗迭需要十天的时间来做出答复。但在 1856 年 1 月 5
日，他没有将自己的答复交给艾什泰哈齐伯爵，而是直接将答复寄
到维也纳，因为他的答复并不是人们期望从他那里得到的无条件

接受。

外交大臣很清楚，给艾什泰哈齐的指令是除了正式同意那些条件，其他全部拒绝。然而，1 月 5 日这一天，他只给出了反提案，布奥尔立即拒绝了这些反提案，正如它们会被艾什泰哈齐拒绝那样。

那么，对俄国人来说，这一举动是白费力气吗？

绝对不是，因为透过维也纳内阁，涅谢尔罗迭其实是在向法国皇帝讲话。实际上，当杜伊勒里宫知道了俄国反提案的内容后，就会注意到，除了割让比萨拉比亚和"特殊条件"外，它们大体上只是接受了 11 月 14 日的议定书。就其本身而言，这些反提案是坚持"四点方案"的。它们令皇帝感到满意，因为它们没有满足其盟友的要求。涅谢尔罗迭仍处于与拿破仑三世和莫尔尼公爵的秘密谈判的魔法之下，他希望皇帝能对伦敦与维也纳施加压力，哪怕与英国人分道扬镳。不过，这个要求过分了。法国与英国之间确实会发生一些冲突，前者认为他们的战争目标已经实现，后者则大声抗议挑衅，但双方不会发生决裂。即使是涅谢尔罗迭委托给泽巴赫（他秘密前来告诉皇帝，实际上俄国在必要时会接受"边界的调整"）的一项任务，也不足以撼动由共同付出的巨大牺牲所焊接而成的法英联盟。此外，在海峡对岸，人们的情绪正在爆发，内阁每天都有被冲垮的危险，一场危机的后果将是不可估量的。英国和法国在克里米亚不是还有 23 万兵力吗？

由于克拉伦登没有直接攻击皇帝，他就可以无所顾忌地将瓦莱夫斯基拖入泥潭，指责他有"叛国行为"，并为"与一个不是绅士的人"打交道而感到遗憾。在巴黎、伦敦、君士坦丁堡和都灵，所有人最终都赞成奥地利拒绝俄国的"反提案"。俄国将不得不受尽屈辱。

373　沙皇所能做的就是于 1856 年 1 月 15 日在冬宫召开一次非常大会，就应采取的行动征求大臣和显贵们的意见。外交大臣首先向他们做了整体局势的概述。然后，每个人都作了发言。但这是为了交流各个部门所处的深刻困境：没有后备部队的军队、破败的财政、完全过时的运输工具和帝国各地的动荡……所有参会者都赞成原样接受提出的最后通牒，只有布卢多（Bloudow）例外。不过，他最后还是含泪说道："我会像舒瓦瑟尔那样说，既然我们不会打仗，那就讲和吧。"

召集所有人开会只是为了征求意见，决定权完全属于沙皇。但亚历山大心意已决，无论他将付出什么代价。赞成接受和平条件的最后一个意见，在他看来也可能是最重要的意见，他将向他的母后去寻求，而她也怀着沉痛的心情向他表达了她的看法。

沙皇对在 11 月 14 日议定书的基础上缔结条约的抵触情有可原，对他具有巨大影响力的父亲曾建议他"掌控一切"。然而，亚历山大还掌控什么呢？尼古拉·屠格涅夫曾写道："并不是输掉的战斗能够羞辱一个国家的人民，特别是当他们也有赢得战斗的时候。"[1] 最严重的并不是遭受了如此之多的军事失败。而是俄罗斯帝国承认其巨

---

[1]　尼古拉·屠格涅夫是一位移民国外的政论作者，不应把他与伊万·屠格涅夫混淆，后者是著名作家，《猎人笔记》的作者。

大的衰弱。就这样，突然间，面具就脱落了。北方的巨人被推了一下，而他的泥足无法支撑他保持站立。圣彼得堡三十年来上演的这出戏经历了怎样的落幕，又将遭受怎样沉重的后果！对沙皇的谈判代表来说，等待他们的是一项艰巨的任务，就像 1815 年的塔列朗那样，他们不仅要逐点、逐条、逐字地进行讨论，更重要的是，他们要努力恢复他们将代表的大国已经崩塌的声誉……

　　1856 年 1 月 16 日，一切都结束了。涅谢尔罗迭书面答复艾什泰哈齐说，俄国接受了 11 月 14 日的议定书。2 月初，盟国和俄国在维也纳签订了一项新的议定书，确认了所有各方的协议，并决定 2 月 20 日前在巴黎举行一次大会，负责订立一项最终的和平条约。

　　英国舆论和政府对他们的气恼几乎不加掩饰。对英国来说，这只能是一场"可耻的和平"。然而，法国却是一派举国欢腾的景象。因为人们对于俄国仍或多或少保留着"资源取之不竭"的神话想象，几乎没有料到会有如此迅速的结果。当帝国最后的反对者——除了在法兰西学院内部的院士之间，他们没有任何办法表达自己的观点——谴责这一结果，觉得共和国的重建被无限期推迟时，一场集体欢乐的狂潮正席卷全国。也许我们必须回溯到亚眠和平——这场和平结束了长年的战争，将法国巩固在其历史的最高位——才能找到这种狂欢的影子。至于皇帝，他周围的人说从未见过他像在过去几周里那样焦虑，现在突然平静了下来！重担从他肩头卸下，这巨大的解脱令他处于与几乎所有法国人民，包括军队本身，同欢共喜的状态。

前文提过，东方战争从来都不是不得人心的。①

但是，即将到来的和平是多么受欢迎啊！

最先参战的首批克里米亚军队的凯旋，以及 12 月 29 日他们在巴黎的胜利游行，引起了民众的欢腾。这不仅是因为国家重新获得了军事上的荣耀，更是因为始终坚信"帝国就是和平"② 的人民重新获得了安宁。

然而，在幕后进行的博弈非但没有为棘手的东方问题准备一个"最终解决方案"，反而开始令一切复杂化。其指挥正是皇帝本人，实际上自战争之初，他就一直在秘密酝酿法俄和解，那将使他在致力于意大利的统一这一真正构成"伟大的统治思想"的事业时，让奥地利和德意志保持中立。

英国这个无法回避的反俄盟友呢？

但总有一天要提出来的，对俄国人来说如此敏感的波兰问题呢？

这种民族政策会给无政府主义者、革命者和各种背景的冒险家，包括在法国的那些人，带来的鼓励呢？给这个或那个陶醉于自我发现的国家的霸权目标必然提供的借口呢？这些问题在未来会见分晓。

毫无疑问，这是一项充满危险的政策。但在克里米亚的胜利为这一政策开辟了所有的行动场地，无论是长期的还是短期的。而他

---

① 因战争需要推出的第三期公债刚刚被认购了五次。

② 返回的部队是第 20、39、50、97 战列步兵团，以及帝国近卫师和第 3 猎兵营，阿尔及利亚散兵编入了非洲军团。

向前迈出了寻求法俄和解的第一步，因此无论在俄罗斯帝国还是法兰西帝国，他都会赢得人心！

但是，当我们回想起来，例如从 1830 年代至 1840 年代法国对俄国怀有的忧虑与偏见，直到沙皇就他决定采用的名号故意与法国新皇帝展开的恶毒争吵，这与如今的和平难道不矛盾吗？

由于几个原因，这个矛盾只是表面上的。首先，那时的俄国即沙皇，也就是专制主义的、思想狭隘的尼古拉一世，除此之外别无其他。在一般法国人中间，好像有一笔旧账要与俄国清算，在激进的共和党人和社会主义者之中这种倾向更为明显。但实际上，主要问题还是隔阂，因为在那时，两国人民大部分情况下不可能发生任何接触。

1856 年，很多事情发生了变化。亚历山大二世皇帝不是以"自由主义者"而著称吗？至于法国那些坚决反对沙皇制度的人几乎已不再有发言权，他们沦为几百名流亡者，在伦敦、布鲁塞尔或泽西岛过着单调而充满幻想的生活，那是古往今来所有移民的生活。他们巨大的失望对应着他们在政治上的失势，他们曾梦想看到两个"暴君"中至少有一个在战争失败的重压下倒台，而事实上这个梦想已经落空了。我们还记得，可怜的维克多·雨果曾是那样积极地推动战争，确信从战争中将产生一个"民族联合的邦联"，"哥萨克的欧洲将因此催生一个共和的欧洲"！他所能做的就是再次拒绝给予他的特赦，尽其可能地营造一个适于任何有用目的的殉道者形象。

至于善良的法国人民，仅仅因为帝国的重建，他们对俄国的一大部分怨恨就已得到了报偿。对于他们在塞瓦斯托波尔被攻占后的感受还能说些什么呢？无论如何，没有任何仇恨。而且，由于波兰表现出保持安静的良好品位，看不出有什么障碍可以阻止两个民族间的和解，他们终于有机会相遇，并相互尊重，哪怕是在战场上。

376　　　因为法国人与俄国人在克里米亚打了一场没有仇恨的战争。皇帝认为这是一场法律对抗蛮力、一场锄强扶弱的战争，还认为这场战争是一个"国际新秩序"的起点，这个新秩序将取代 1815 年以来欧洲的主导秩序。当然，在这个表面背后，还有许多其他的利己盘算。但毫无疑问，对战争的这种看法在他身上占据了上风，而且应该决定了他大部分的外交政策目标。

此外，这场战争是一种"意识形态"战争，因为它已成为自由主义与进步，君主专制与保守主义两个阵营之间的对抗。这一点在整个军事行动中都很明显，在俄国导致的后果中看得更清楚，维克多·雨果的幻想得到了部分满足。士兵们从来都不是出于相互间的仇恨而进行战斗的，正相反，俄军和法军之间不断衍生着相互尊敬和同情的情感。如果有时会出现对暴行或不体面行为（如杀害伤兵，海军上将伊斯托明的送葬车队遭到轰炸）的指控，一直都是发生在俄军与英军之间的论战，前者对后者一直怀有敌意，而后者作为严格履行合同的职业军人，对自己的战友或盟友都不会产生感情上的困扰，因此可以想象他们是如何看待敌人的！

卡米尔·鲁塞在谈到法国军队和俄国军队时写道："在停战期间，不仅是军官们主动地相互接近，礼貌地在一起交谈。士兵们也以自己的方式与敌方往来，相互交换白兰地与伏特加。分别时，有时会看到俄国狙击手带着法国军帽，而法国猎兵则带着俄军的大盖帽。"

列夫·托尔斯泰讲述了其中一个发生在两场厮杀之间的场景，双方阵营的担架员在严格划定的无人区内搬运伤亡士兵，透露着超现实意味：

"那里，在一小群法军和俄军中间，一位非常年轻的军官——他的法语说得很差，但足以让人听懂——仔细地看着一个掷弹兵的弹盒，问道：

—这个，为什么这里有只鸟？

—因为这是一个帝国近卫军的弹盒，先生，上面刻着帝国之鹰。

—您是帝国近卫军的？

—抱歉，先生，我是第6战列步兵团的。

—这个呢？哪里买的？军官指着法国士兵装香烟的小木管问道。

—在巴拉克拉瓦，先生。这只是棕榈木。

—漂亮……军官接着说道。

—如果您愿意留着它作为这次会面的纪念品，我会感激您的。

法国士兵对着管子吹了口气，吹出里面的香烟，然后把这个物件递给了军官，同时行了简短的军礼。军官将他的烟盒送给士兵作为交换，所有的在场者，俄国人和法国人，都微笑着，似乎非常高兴。"①

377

---

① Léon Tolstoï, *op. cit.*

每个阵营的医生对敌军的伤兵就像对自己的伤兵一样尽心尽力。俘虏总是受到很好的待遇，俄军俘虏会得到一笔劳役金，法军俘虏会收到一笔相当于同级士兵或军官军饷的钱。一些法国士兵被俄国家庭收留，感到自己像外省的表亲一样受到疼爱。俄国俘虏被带到法国后，像游客一样四处游逛，除巴黎外，他们被允许随意在任何地方定居。大约 40 名军官甚至被拿破仑三世接见，拿破仑三世想讨好他们，送给他们一张 2000 法郎的礼券……被他们高傲地拒绝了。不久之后，交换战俘，他们去了普鲁士。其中一位军官，杰钦斯基上尉（le capitaine Dechtinski）后来讲述道："去过巴黎之后，我们觉得柏林很乏味。我们悲伤地看到，在一个曾经是我们盟友的国家里，无论是军队，还是民众，甚至政府都没有对我们表示丝毫的同情。"

法军第 82 战列步兵团的上尉马拉法耶（Malafaye）自 1855 年 3 月 22 日事件后成为俘虏，4 月中旬被转移到辛菲罗波尔，他从那里给母亲写信说："亲爱的母亲，我在塞瓦斯托波尔可以说是受到了款待，特别是大人物们对俘虏表现出极大的同情。将军们和公爵们竞相展示他们的礼貌，下级军官对我们就像对战友一样［……］总督阿德尔贝格伯爵（Le comte Adelberg）来看望了我们，并邀请我们去他的府邸共进晚餐。"①

例如，雷托尔·德·克雷西上尉（le capitaine Letors de Crécy）

---

① 需要指出的是，这封日期为 1855 年 5 月 3 日的信没有任何机会出现在俄国审查人员的眼皮底下，因为它是由另一名法国俘虏，第 42 战列步兵团的马丁中尉带回法国的，马丁的伤势很重，因此俄国人干脆释放了他。

在 3 月 22 日出击中受了重伤，被送往塞瓦斯托波尔的医院接受治疗，他最终因伤势过重而死去。他的遗孀竭尽全力地想知道丈夫生命最后时刻的一些细节，以至战争大臣本人，多尔戈鲁基公爵亲笔给她写信提供这些信息。他还补充道："夫人，我请求您，并将为此感激您，在任何情况下，如果我可能对您有所帮助，请来找我。"

关于这位普通的下级军官雷托尔·德·克雷西上尉，塞瓦斯托波尔慈善修女会的会长写了一封长信给俄国皇后本人，以下是一些摘录："他身上有着可怕的伤口：腿断了，胳膊被砍掉，胸部有多处刺刀伤，头部被军刀砍劈［……］他活了六天，这场与死神的斗争真是惊人。他被安置在一个单独的房间里，并交由塞拉菲娜（Séraphine）嬷嬷照顾。我们认真执行医生的命令，当医生告诉我们病人活不了多久时，我们非常难过。最后一天，他死前一小时，我去看了他。他向我伸出手，询问我的健康，并注意到我脸色很苍白。我几乎无法回答他。塞拉菲娜嬷嬷没有离开他，见证了他的临终时刻［……］我们为他做了一口黑色棺材，我和塞拉菲娜嬷嬷以及我们的另两位修女护送他的灵柩到墓地。看到这座没有父母在身边的孤坟，我们深感悲伤。在那里，我想起他向一位军官口述，写给他的妻子、母亲和姐姐的信。眼泪不由自主地从我眼睛里涌出。我一直待在坟墓旁，直到它被填平。"

塞瓦斯托波尔的慈善修女会就像为这座城市而战的陆军与海军士兵一样被载入了史册。她们有着非凡的品性与勇气，比如在马拉霍夫被炮弹撕裂的著名的普拉斯科维娅-斯万诺夫娜（Prascovia Svanovna）。她们同君士坦丁堡的法国灰衣修女或一些英国护士一

样令人敬佩，这些英国护士的献身精神达到了可以想象的极限，如
君士坦丁堡郊区斯库塔里医院里的弗洛伦斯·南丁格尔。①

379　　有一点是毫无疑问的：法国和俄罗斯在克里米亚进行的战争是
欧洲历史上最后一场骑士精神的战争。

巴黎大会，压轴节目

早在这场庞大战争最大的战胜国召开这次会议之前，每个参赛
国已经知道了自己的位置和角色。和平条件——著名的"四点方
案"——难道不是早已为人所知并被俄国所接受了吗？因此，俄国
只能：

1. 放弃对多瑙河公国的保护权，代之以各大国的集体保障。

2. 不再对多瑙河全线和河口的自由航行设置任何障碍。

3. 接受黑海的中立，即在黑海只保留为数不多的几艘舰艇，
并应确定其特性；在黑海海岸不再拥有可以建造其他舰艇的海军兵
工厂。奥斯曼帝国也履行同样的义务。

4. 放弃对奥斯曼帝国基督徒的任何保护权，无论其公开与否，
他们的命运必须由苏丹在全体列强面前承诺保证。

---

①　弗洛伦斯·南丁格尔是克里米亚战争中最令人喜欢的人物之一。在斯库塔里的医
院里，英军伤病员都戏称她为"提灯女神"，因为她晚上提着一盏灯穿梭于挤满了病床的
走廊里。今天，这座建筑恢复了原来的功能，成为土耳其第一军区指挥部所在的兵营。但
是，在一个角落里，人们精心保留了这位年轻的英国女士生活过的两层小楼。土耳其军方
很乐意让任何提出要求的人参观这栋小楼。很多人将她视为圣女，她的所有常用物品都保
留在原位。她的住处变成了一个小博物馆，而"提灯女神"则成了一位真正的民族英雄。

俄国知道，它只能忍受奥地利的恶意企图，奥地利决意尽可能从它手中夺取比萨拉比亚最大的一块土地。而且，由于停战使得英国的战争欲望没能得到满足，俄国也不得不对抗英国提出的可能非常苛刻的条件。这些可怕的"特殊条件"将会是什么？

毫无疑问，英国和奥地利肯定会在一个主题上进行合奏，让人不禁想起布伦努斯（Brennus）的名言："战败者活该倒霉。"何况两国已经察觉到某种法俄共谋，并且觉得不会从中得到任何好处。

俄国人也知道他们可以——但在何等程度上——依靠法国皇帝。俄国人可以将他作为一个贴心的知己，也可以偶尔将他作为律师，但到此为止，其他的就是越界了。而拿破仑三世仍只是想和亚历山大作朋友，而不是作盟友。

在君士坦丁堡，就像在伦敦和维也纳一样，人们有同样的理由担忧。新任法国大使图弗内尔试图尽可能清晰明确地向土耳其人做出解释："皇帝所具有的常识和坚定的意志不会受到任何损害［……］他就是理性本身，毫无夸张之举也无任何的软弱［……］根本无须担心他的心血来潮或意志动摇。"①

然而，正是法国将扮演的角色令几乎所有人感到担心：它既是战胜国又是仲裁者，既是塞瓦斯托波尔的胜利者又是大会的东道国；既被所有人逢迎，又令所有人畏惧。最重要的是，它竟然没有

380

---

① 爱德华·图弗内尔于1855年5月6日被任命为法国驻君士坦丁堡大使，于7月上任。

为自己提出任何诉求。因此，各方都料想它在捍卫自己之外的他方利益，至少初步分析是这样，这赋予它威望、神秘感，就像是一种本质上更高级的权威。列强的代表们将要会见的是一个全新的、完全不同以往的法国，可能只有一个人对此真正感到高兴，那就是加富尔伯爵。因为将 1815 年的条约扔进历史的垃圾堆，唯独他有希望从中获得一切利益。

至于沙皇，他选择的代表再合适不过了：首先是阿列克谢·奥尔洛夫伯爵，这位既高大威严又和善可亲的巨人，戎马一生，以 1814 年与亚历山大一世在蒙马特尔高地一起扎营为豪。虽已 70 多岁，他仍然一身耀眼的戎装，一丝不苟地全副披挂，并懂得如何通过语言和思想的精致与优雅，结合高度的政治敏锐性与随机应变，来弥补这种有点咄咄逼人的强力外表。他不是领导了多年"铁血沙皇"尼古拉一世的秘密警察，却没有弄脏自己的手吗？1853 年 6 月，当他的君主决定占领多瑙河公国，对圣地的公开危机采取第一项军事措施时，他头脑清醒且极具勇气地向沙皇表明他的反对意见。精明而富有魅力的奥尔洛夫将成为巴黎的宠儿，1856 年春天巴黎所有的庆祝活动中必不可少的嘉宾。一个星期足以令他成为康罗贝尔将军的朋友，康罗贝尔将在 4 月接受他的元帅权杖，奥尔洛夫将借此机会当众给予他一个士兵之间的有力拥抱。毫无疑问，他开放、开朗、机智且骄傲的行为将极大提升一个战败国——虽然战败，但似乎毫无颓丧之感——的威望。斯特凡妮·塔舍·德拉帕热里（Stéphanie Tascher de la Pagerie）的名言一再被所有回忆录作者和历史学家提起："经过观察、审核和纠正，我觉得奥尔洛夫伯爵代表的俄国仍然是骄傲的。"

这位留着浓密灰色胡须的巨人在那里体现着力量和斯拉夫人的魅力，必要时还有性格。但沙皇巧妙地在他身边安排了一位经验丰富的外交官，即布吕诺男爵。此人担任了十五年的驻英大使，因此克拉伦登对他很熟悉，这样组成的团队再高效不过了。

对这两位来说，就像对所有代表团那样，除了必须捍卫的明确而具体的利益之外，法俄和解的前景让他们放弃了其他想法。对于和平的向往占据了主导，让人忙碌，并引人关注。弗朗索瓦·夏尔-卢讲述道："2月13日，布吕诺男爵先于他的大会同僚几天到达巴黎，晚上10点在东站一个空荡荡的站台下车。只有一个仆人等着将他带到泽巴赫先生停在夜色中的马车上。他在孤独与寂静中的到达在比利时报刊上变成了热烈的欢迎：'人群在站台上恭候他，当他走下车厢时，有人向他献上一束鲜花。'英国报纸揪住比利时的假消息，就此大做文章：'在与英国决裂之前，法国已与他前一天的敌人结盟了。'"①

传播假消息并非史无前例。

终于，巴黎大会召开了：克拉伦登勋爵与驻巴黎大使考利勋爵代表英国；加富尔伯爵与维拉马里纳大使代表皮埃蒙特；布奥尔伯爵与胡布纳大使代表奥地利；土耳其代表是首相阿里帕夏与大使杰米尔-贝伊（Djemil-bey）；俄国代表是奥尔洛夫与布吕诺。

---

① François Charles-Roux, *op. cit.*, p. 83.

382　　　晚些时候，自 3 月 18 日起，普鲁士首相曼陀菲尔与驻巴黎大使哈茨费尔德（Hatzfeld）将加入代表行列。①

　　2 月 25 日，在奥赛码头举行了本届大会的第一次会议，大会预计持续到 3 月 31 日。外交大臣兼会议东道主亚历山大·瓦莱夫斯基在布奥尔的提议下——这项提议自然被所有人所接受——主持讨论，即使克拉伦登私下里表达了最大的不信任，因为拿破仑一世的私生子在担任驻伦敦大使时曾是与英国结盟的热情支持者，而现在他确实认为法国的利益在于向奥地利靠拢。在给帕默斯顿的一封信中，克拉伦登曾形容瓦莱夫斯基有"高尚的灵魂，天赋的才能"，而现在私下里却总是对他极尽恶言，特别是与他的同僚考利在一起的时候。②

　　不管怎样，2 月 25 日，《维也纳议定书》成为和平的前奏，交战各方达成了一项截至 3 月 31 日的停战协议。瓦莱夫斯基让大会通过了一项决议，规定了两项基本原则：

　　1. 所有会谈内容都将严格保密。

　　2. 每一次为期两天的会议结束时创建的会议记录将只提及会议的实质内容，而不提及逐字逐句的讨论，以免在历史上留下任何争议或不当言辞的痕迹。

---

　　① 普鲁士人的到场从法律上来讲是正当的，因为他们是 1841 年海峡公约的签署国，因此，一旦谈到黑海中立化问题，他们就有发言权。实际上，皇帝想避免布奥尔貌似代表整个德意志发言的情况出现。

　　② 不幸的是，瓦莱夫斯基与他的前任德鲁安·德·吕一样，并不赞同皇帝的想法。皇帝总是对奥地利怀有不信任感，正如他后来说的那样，在这种情况下，奥地利"既不会发动战争，也不会缔造和平"。

几乎每天晚上都会有一场晚会,会议当天的晚会尤为精彩,是由瓦莱夫斯基在奥赛码头的会客厅为他的嘉宾们举办的。奥尔洛夫获得了第一次巨大成功,他在制服上显眼的地方佩戴着他曾效忠过的三位沙皇钻石镶边的肖像,吸引了所有人的目光。这与阿里帕夏形成了何等鲜明的对比啊!一位目击者后来写道:"小个子土耳其人像一个教士那样,身着一件黑色长袍,扣子扣到领口,头戴土耳其帽。"在接下来的音乐会上,人们会听到男高音马里奥(Mario)、迷人的加尔多尼(Gardoni)、老格里西(Grisi)以及被吉拉丹夫人(Mme de Girardin)形容是"被大象吞下的夜莺"的胖胖的阿尔博尼(Alboni)等其他艺人的表演。这是艺术的胜利,以至有人说: "愿欧洲的音乐会像今晚的音乐会那样和谐!"

然而,这一天晚上,受人瞩目的只是意大利音乐,布奥尔与胡布纳难道没有从中看出来吗?

2月28日,仅一次会议就大体完成了对"四个保证"的审核,因为此次会议中只是安排日后审议的顺序。

3月1日,在开始讨论英国人想要强加的"特殊条件"问题时,最先的难题出现了。俄国人如坐针毡,作为对抗这些"条件"以及奥地利对割让领土的要求的仅有的手段,他们只有两张王牌:他们可以拒绝将卡尔斯要塞归还给土耳其人,还可以承诺不在奥兰群岛上重建博马松德要塞。不过,这些与联军手中持有的筹码相比算不了什么,联军掌握着塞瓦斯托波尔、刻赤、叶夫帕托里亚、金伯恩等要塞……

383

当他们听到克拉伦登列出他的"特殊条件"时，俄国人感到震惊。"特殊条件"要求俄国必须让"奥兰群岛没有任何军事或海军设施"，"将位于黑海东部的领土状况提交特别审查"，"摧毁俄国在黑海东岸剩余的堡垒，并禁止建造新的堡垒"。因此，英国人傲慢地想要讨论俄国在高加索的属地问题，还蛮横地要求摧毁切尔克斯海岸的要塞，而这些要塞绝不是黑海中立化计划明确针对的"军事或沿海军火库"。除此之外，还要求俄国立即无条件地将卡尔斯要塞归还给土耳其！

当瓦莱夫斯基在整个讨论过程中顽固地保持沉默时，俄国人立即对第一个要求做出了让步，希望他们的顺从能在其他要求上得到回报：就这么定了，俄国不会在奥兰群岛上重修防御工事。

卡尔斯要塞呢，难道不应该详细谈谈吗？但这已经成为定局了：奥尔洛夫和布吕诺不得不放弃卡尔斯要塞，将其无条件归还奥斯曼帝国。这一次，俄国人非常明确地表示，希望其他争议点——领土的"审查"与堡垒的拆除——提上讨论日程时，他们的诚意能得到考虑。

384   因为要讨论另两个"特殊条件"，俄国人完全没有讨价还价的筹码！奥尔洛夫和布吕诺两手空空，但并未受到羞辱。因此，面对布奥尔的语言暴力，这位身材高大的灰胡子老人反击道：

"奥地利也许习惯于针对失败进行商谈，但俄国不属于这种情况。您说话的口气就像是已经占领了塞瓦斯托波尔！"

就是在此时，拿破仑三世第一次介入。第二天，3 月 2 日，在杜伊勒里宫举行的招待会上，奥尔洛夫向他求助，皇帝欣然同意，表示英国人的要求太苛刻了，他们已经超出盟国之间商定好的界限。当天晚上，他与克拉伦登勋爵谈起此事。又一次，那些仍然希望法国在这次冒险中"被英国牵着鼻子走"的人，不管他们愿不愿意，克拉伦登让步了：在接下来的会议上，他甚至不再提及切尔克斯海岸的堡垒。对俄国人来说，可能意味着屈辱的割地的"对东部领土状况的特别审查"，却突然简化为"由一个联合委员会核查俄土两国在亚洲的边界"，而且还带有一个重要说明：这次核查将在"不损害各方利益"的情况下进行。

在审查"第三要点"时，英国人又发起进攻：现在他们要求将中立范围从黑海扩展到亚速海，甚至扩展到布格河和第聂伯河河口，这相当于要求摧毁尼古拉耶夫在布格河上的设施。俄国人愤怒了，因为从来都只是黑海的问题，关于黑海的决定不能适用于内陆地区。

这一次，甚至奥地利人都没有附和英国人，法国人则表达了反对意见，奥尔洛夫随后提议，俄国承诺在尼古拉耶夫只建造最终条约许可的建筑。克拉伦登和考利孤掌难鸣，因此只能接受这个保证。

审查"第二要点"，即确保多瑙河的航行自由时，没有出现什么困难，仅3月6日的一次会议就已敲定。问题只是后来才出现，在关于蛇岛——位于多瑙河口对岸的岩石小岛——的问题上，俄国人招致奥地利人、土耳其人和英国人的联合反对，因为他们坚持在岛上维持一支驻军，这支驻军有七名水兵，由一个生病的中尉指挥。

3 月 8 日，会议开始讨论奥地利要求向摩尔达维亚割让比萨拉比亚领土的问题。在这个问题上，各方观点显得完全无法调和。俄罗斯-摩尔达维亚边界的边界应该在哪里？瓦莱夫斯基作为大会主席，提出了一条似乎令双方都满意的划线。但俄国随后要求缓期执行，他们的理由基于一个事实，即俄国与保加利亚的一些侨民定居在将划归摩尔达维亚的地区，他们需要时间来深入研究自己的未来问题。实际上，俄国人还想求助于法国皇帝，让这些侨民及其居住的土地留在比萨拉比亚。

同一天，会议终于开始讨论"第一要点"，即俄国人放弃对多瑙河公国的保护权的问题。

这个问题本身并不构成任何困难，棘手的是公国的地位是怎么样的，在未来的几个月里这一点体现得尤为明显。它们是以两个自治实体的形式继续依附于苏丹，还是作为一个单一国家的形式？从一开始，瓦莱夫斯基就表示支持统一，那对拿破仑三世来说将是可以归功于其民族政策的第一次胜利。因为这个将提交全民公决的统一显然只是迈向完全独立的第一步……克拉伦登赞成。但阿里帕夏与布奥尔拒绝这个想法，他们秉承的是孟德斯鸠的原则，即"在自己国家的边界上，最好有两个弱国，而不是一个强国"。

对俄国人来说，在自己国家与土耳其之间组建一个统一的国家，这并不符合他们的利益，因为通向博斯普鲁斯海峡的百年老路可能会受到影响。然而，他们精明地让自己的立场与法国和英国的立场保持一致。这是对拿破仑思想的一种让步，他们打算利用这一点来争取他在比萨拉比亚事务中的支持。

第二天，3 月 9 日，在杜伊勒里宫有场演出。灰胡子巨人再一次把皇帝拉到一边，强调他刚刚同意做出的牺牲，请求皇帝介入，以便将俄国必须让与摩尔达维亚的领土限制在最小限度。

当天晚上，皇帝又一次向布奥尔与克拉伦登谈起此事，说服了他们。第二天，3 月 10 日，俄国-摩尔达维亚新边界的划分获得一致通过。但这次与蛇岛的情况一样，如何实施成为一大难题。各方达成一致，将边界定在"博尔赫拉德（Bolgrad）以南"，但人们很快发现，有两个博尔赫拉德，彼此相距几公里！土耳其人、奥地利人和英国人将选择位于最北边的博尔赫拉德，而俄国人则是最南边的博尔赫拉德，因为它是居住在这个地区的保加利亚社群的首府。

围绕边界划分实施的争论将毒害欧洲外交长达数月之久，并很快令人对俄国人所做承诺的诚意产生怀疑。

与此同时，与会者还有最后一个要点要研究，即关于奥斯曼帝国基督徒的地位和未来的第四点。显然，这是最棘手的问题，三年前尼古拉发动战争，正是为了将他对这个问题的观点强加于人。

当然，法国驻君士坦丁堡大使，卓越的爱德华·图弗内尔对这个问题有些想法，但他几个月前写给姐夫的信不会在会议上宣读。例如，他写道："［土耳其］种族正在衰亡，但他们曾经辉煌过。而这些老实的东方基督徒，几个民族，几个世纪遗留的沉渣，要想与土耳其种族抗衡可没那么容易。"① 又比如，六个月前他写道：

---

① 1855 年 12 月 14 日的信。

386

"我担心，如果说我们终于在战场上拯救了土耳其，那让我们阻止它寿终正寝却比那更难。"

归根结底，人们最想要的不是改善这个基督教团体的生活条件，而是俄国人真正放弃为其进行干预的任何企图。此外，在大会开幕前，根据改革委员会主席阿里帕夏的建议，苏丹明智地于 2 月 18 日颁布了一份花厅御诏（hatti-chérif），郑重重申基督徒与穆斯林在奥斯曼帝国法律面前绝对平等。土耳其人极尽动听的言辞，重新找回了他们的历史角色。奥尔洛夫与布吕诺也将重新扮演他们的角色。回看当时能够怀疑这一点吗？在他们提交给同事并自然遭到所有人否决的文本中能期望任何可以接受的东西吗？

因为奥尔洛夫与布吕诺在那里不仅是为了担当他们的国家在克里米亚的失败，他们还尽心竭力地维护俄国的"历史使命"，并像叶卡捷琳娜大帝于 1774 年在库楚克-凯纳吉所做的那样，通过一个解释具有伸缩性的模糊文本，为俄国精心设置一个可以像过去那样干涉苏丹内政的资格。因此，在 1856 年的奥赛码头，他们是永恒的俄罗斯当之无愧的代表，打着历史与地理的必然性的烙印，依着他们先前的蒙古主人的性情，永不放弃……

不过，他们向法国皇帝求助的策略的作用是有限的，他们第三次向皇帝求助便没有成功。全权代表们接受的不是他们的文本，而是瓦莱夫斯基与布尔克内起草的文本，其目的无非是剥夺俄国干预君士坦丁堡的任何借口。

欧洲的外交官们很现实，几乎同俄国人一样现实：对于奥斯曼帝国基督徒的命运，能指望苏丹做出什么真正的保证呢？阿卜杜勒-迈吉德的诚意毋庸置疑，但每个人都知道，首先是阿里帕夏，2月18日颁布的法令将逃不过以往的命运，遭受未开化的穆斯林的恶意要价，这些穆斯林由一个没有能力贯彻任何中央决定的行政部门管控，尤其是在宗教事务方面。基督教团体则会对这个法令无动于衷，因为他们几乎不想，他们的教阶体系更不想，用他们实际上相当适应的身份——因为它包含诸多利益——去交换另一个从一开始就形成与穆斯林对抗的身份。因此，如果不是1839年11月的《居尔哈内宪章》（la charte de Gulhané，而这个宪章本身就是对之前许多法令的咒语式重复）的翻版，1856年2月18日的这个花厅御诏又是什么？

但也许成功引诱巴黎人，尤其引诱了皇帝，冲昏了沙皇代表的头脑。因此，尽管第一次遭遇了失败，奥尔洛夫还是在3月16日非常隐秘地向瓦莱夫斯基提出了一个法俄公约草案。在某种程度上，这个草案只是确认俄国人在1852年和1853年从苏丹那里攫取的让与土地！正是这些让与的土地引发了危机，激起了军队和舰队的行动，最终导致了战争！

瓦莱夫斯基在3月19日礼貌地拒绝了这个草案，因为它违背了"条约的总体精神"，即建立一种国际新秩序，能够"将欧洲的安宁建立在坚实而持久的基础之上"，正如3月30日在法国城市的墙上张贴的告示所宣称的那样。然而还是有令人担忧的问题，即上面提到的"基础"——法律至高无上，通过外交谈判解决问题，现在俄国人已准备对之嗤之以鼻了，而会议代表仍在努力去确定它们！

388

英国人和奥地利人对奥尔洛夫的这一最新行动一无所知，他们对那些之前令俄国人免遭羞辱的行动则一清二楚，而伦敦和维也纳恰恰也想好好享受一下俄国遭受羞辱的过程。因此，对于杜伊勒里宫的主人及其执行官员，他们心中只有苦涩的怨意！考利后来对胡布纳伯爵说："我过去有多反对和平谈判在维也纳举行，现在我就有多后悔当时的反对。在维也纳要比在巴黎举行和平谈判好一千倍！"无论如何，尽管所有谈判代表在 2 月 25 日做出了严守秘密的承诺，仍有太多的事情被人们看到、听到、复述或只是被猜测。当巴黎每天晚上都为整个欧洲的代表们举行招待会、舞会、晚会或音乐会时，还可能有其他情况吗？因为在巴黎，如果没有任何自由或相互矛盾的信息，只会更加激起人们的好奇心。所有人都对我们的"盟友"的责难感到惊讶，而阿谀奉承、友善之词与其他的感谢表示只来自我们昨天的"敌人"。整个欧洲都感觉有些事情正在发生，而这些事情并非真正计划好的，但究竟是些什么事情呢？让风转向，但朝着哪个方向？当人们在这里那里谈论蒂尔西特与埃尔福特时，陈年旧梦又迅速复活了，俄国盟友的支持者与英国同盟的支持者重新回到它们惯常的争论中：伦敦与出于利益的联盟？还是圣彼得堡与出于爱的联盟？

皇帝在两者之间摇摆不定，他只想讨好亚历山大，但必须承认，他有时表现得过于殷勤了。他毫不犹豫地向奥尔洛夫透露，1854 年 12 月 2 日盟国之间签署的一项协议规定，一旦签署了和平条约，就要缔结一项"秘密公约"，令俄国任何不履行义务的行为都成为宣战的理由。因此，拿破仑三世告知俄国人，他必须签署这项"秘密公约"，但沙皇不应因此而感到恼怒：无论如何，就法国而言，这项公约都将是一纸空文……

总之，只有逢迎讨好！

为了什么目的？

首先，这应该不是法国反普鲁士政策，即将莱茵河作为"自然边界"的开端，因为正是皇帝本人再次不顾英国人的建议，迫使大会同意让普鲁士人参加会议讨论。① 因此，3 月 18 日，曼陀菲尔男爵与哈茨费尔德伯爵在敲了很长时间的门之后，终于进入奥赛码头，这当然是一次迟到的，且有点屈辱的入会。尽管如此，他们还是于 3 月 31 日在和平条约底部签上了自己的名字，盖上了普鲁士的印章。

因此，莱茵河左岸的地位并不是重点。法国希望在这个非同寻常的欧洲大会上提出的问题，是关于意大利统一和独立的问题。

当然，皇帝自己的看法不一定与意大利人的看法一致，他希望半岛组织成一个以佛罗伦萨为首都的联邦国家，并且保留教皇的世俗权威，哪怕只是在有限的领土上。在圣父的世俗权威这个关键问题上，只有彻底失去了整个法国的天主教舆论的支持，他才会让步。另外，如何想象一个正在走向统一和独立的意大利会考虑让罗马以外的城市作为首都呢？正是在这一点上，自 1856 年起，政权的未来就已经很

----

① 就在 3 月 12 日，瓦莱夫斯基向代表们宣布，皇帝打算邀请普鲁士人参加审议。克拉伦登的强烈反对使讨论恶化为相当激烈的交锋。

明确了。如果说提出的问题似乎无解，而满怀自信的皇帝——至少他是这么认为的——手中掌握着意大利未来的所有线索，既不怀疑他的幸运之星，也不怀疑他对任何可能出现的局面的掌控能力。

皮埃蒙特参战的决定是皇帝在与国王维托里奥-埃马努埃莱（Victor-Emmanuel）的外交大臣加富尔伯爵的秘密会谈中做出的。正是作为对这种象征性参战的报偿，皇帝才迫使奥地利接受皮埃蒙特-撒丁王国以平等的地位参加大会。皮埃蒙特的部队在战争中只损失了 28 人，其中在特拉克蒂尔战役中阵亡 25 人，在最后的进攻中阵亡 3 人。然而，部队中有 2000 多人死于疾病。当大会召开时，他在克里米亚的小部队还有 1.8 万人，军纪堪称楷模。六个月前，即 1855 年 11 月，国王维拉里奥-埃马努埃莱到访巴黎，因此，在整个大会期间，皮埃蒙特的声音总是附和法国的声音，对俄国代表竞相示好，也就不足为奇了。

当然，俄国代表看得很清楚，当奥地利人成功地从俄国手中夺走本来要割让给摩尔达维亚的比萨拉比亚的部分土地时，奥尔洛夫就转向了加富尔。也许他已经预感到马真塔（Magenta）战役与索尔费里诺（Solférino）战役，以及他的国家在这场冲突中将采取的被动态度，他将下巴点着布奥尔，悄悄地对皮埃蒙特的首相说："奥地利全权代表先生不知道这次校订边界将让他的国家流出多少眼泪和鲜血……"

当然，拿破仑三世很清楚，作为被压迫民族的象征，波兰要比意大利合适得多，意大利只是一个语言与文化的共同体。他也知道，为波兰赢得的任何有利措施都将为他博得自由派与共和派的好感，而他们的支持者不是别人，正是他讨厌的堂兄弟拿破仑亲王。因此，他试图谨慎地对奥尔洛夫提起这个话题。但他刚说出"波兰"两字，俄国人就变得僵硬起来，生硬地说："任何外国干涉只会使波兰的局势恶化，而不是改善。"确实，波兰"爱国者"争取独立，想要的无非是立陶宛与乌克兰，以便复兴那个曾经统治从波罗的海到黑海的广大土地的国家。面对这个粗暴的拒绝，拿破仑三世像往常一样退缩了，转移话题，等待一个更有利的时机……至于奥尔洛夫，他可以给沙皇写信说，他"没有听到波兰的名字在列强代表面前被提起，对此感到十分满意"。

奥地利受到的将是完全不同的待遇。布奥尔与胡布纳怒火中烧，他们突然被瓦莱夫斯基强迫在列强之间就所有恰好令维也纳感到不快的话题进行"广泛的意见交流"：希腊的局势，奥地利军队撤离教皇国，法国军队撤离罗马，那不勒斯国王令人不安地倒退回一种反自由的暴力镇压政策……最令人无法忍受的是，瓦莱夫斯基坚持将这种故意扩大以"王顾左右而言他"的"意见交流"记录在大会第 22 天，即 4 月 8 日那场令人难忘的会议的纪要中。

此外，这次"意见交流"只会产生一个明确结果，即 4 月 16 《巴黎海战宣言》① 得以通过。但皇帝对这次"意见交流"并没有

391

---

①　这个新宣言特别废除了海上私掠，允许使用中立国旗帜来覆盖敌国的货物，从而削弱了法国和英国两个海洋大国的绝对权力。新宣言得到了非海洋国家普鲁士的大力支持，几乎只对普鲁士与俄国有利。是一方的"现实政治"与误导另一方的良好意愿之间的对抗？

更多的期望，他已经得到了他想要的：1856 年 4 月 8 日，意大利问题在列强代表面前被公开提出，就目前来说，这第一步对他已经足够了。①

在接下来的一个世纪里，一个叫夏尔·戴高乐的人写道："十四个世纪以来，军事力量一直是法国的第二天性。"② 无论如何，法国能够在 1856 年的春天恢复戴高乐式的"辉煌"要归功于这一军事力量。巴黎大会是所有大国围绕欧洲的新神示所召开的会议，它刚刚改换了会议地点：过去三十年，它一直君临天下地坐落于圣彼得堡，从今往后，人们将来巴黎寻求神谕。

这是军事胜利与荣耀的回归，自 1815 年以来遭到挫败的爱国主义的这两个源泉，只在 1827 年 10 月的纳瓦林（Navarin）战役的胜利中得到短暂的满足。

这是在法国举办的首届万国博览会的精彩落幕，这届博览会于前一年的 5 月 15 日至 11 月 15 日在拿破仑亲王的主持下展示了盛大的排场，并向世界展现了第二帝国工业的蓬勃发展。1855 年 8 月 18—26 日，塞纳河畔迎来了一场和平的盛会，来自世界各地的二十四位参展商齐聚一堂，特别是维多利亚女王与阿尔伯特亲王的光临更是意义非凡，因为他们是百年战争以来最先到访法国的英国君

---

① 对瓦莱夫斯基来说，这是痛苦的一天，他被迫领导了他本人并不赞成的反奥行动。对加富尔来说，这是一个相当令人失望的日子，即使他很聪明地没有流露出任何情绪，因为他希望的不仅仅是单纯的"意见交流"。最终，对欧洲的未来来说，这是一个非常重要的日子。皮埃尔·德拉戈尔斯写道："东方问题平息之日就是意大利问题开启之时。"（*Napoléon III et sa politique*, Paris, Plon, 1933, p. 48.）

② Charles de Gaulle, *La France et son armée*, Paris, Berger-Levrault, 1934.

主。这也是一个国家的创造力、活力与资源的炫目展示。在博览会期间，法国军队于 9 月 8 日占领了塞瓦斯托波尔。①

也是在大会期间，1856 年 3 月 16 日，帝国仿佛得到了天赐的祝福，皇太子的降生恰逢其时，似乎保证了王朝的未来。他的出生对很多人来说是一个巨大的安慰，对拿破仑亲王来说却是心生怨恨的理由，因为他的继承权被剥夺了，② 对那些坚持说拿破仑三世是"快乐的冒险家"的老生常谈则画上了一个句号。

终于，每个人都隐隐约约地感觉到，一个轮廓仍然模糊的新欧洲正在显现出来：在长期或短期内，1815 年的条约似乎注定要失效，尽管大会绝不会宣布它的正式失效，尽管其中的规定仍会成为国际纠纷的原因，就像次年由纳沙泰尔（Neuchâtel）事件产生的纠纷。一种新的法国政策正在形成，与过去的政策决裂，让一些人充满希望与骄傲，但也让大多数人惴惴不安。

维耶尔·卡斯特尔写道："皇帝对人的了解不如对事物的了解。"

这位愤世嫉俗的奥拉斯伯爵未必是对的，但他的表述也许是恰如其分的："理想主义者"拿破仑三世——尽管这个表述值得仔细

_____

① 1867 年，第二帝国举办了第二届世界博览会。
② 杜伊勒里官出现了滑稽的一幕：拿破仑亲王无法克制自己的怨恨，当着家人与政府要员的面，断然拒绝在出生证上签字，理由是他没有目睹这个事件。他在赌气！他姐姐玛蒂尔德意识到局面的荒唐，用她的威信安抚了他，拿破仑亲王最终才决定签字。他签字时故意让一大块墨迹滴落在纸上。那些曾担心在危难时他会继任皇帝的人长出了一口气。7 月 17 日的议会决议更让他们感到安心，该决议任命皇后为摄政皇后，委任她监护其未成年的幼子。6 月 14 日，皇太子受洗，教名为拿破仑·欧仁·路易·让·约瑟夫。

斟酌——难道不是无意中在为加富尔与俾斯麦这样的现实主义者、犬儒主义者、现实政治的杰出代表工作吗？

用不了几年，重新出山的梯也尔（Thiers）就会在立法机构内发出感叹："我们在这里时而是意大利人，时而是德意志人，但从来不是法国人！"

1856 年 3 月 30 日，和平条约签署，停战协定则要延迟一个月签署，以便签约国对文件进行核准。巴黎和约终结了一场残酷的战争：英军损失 2.2 万人，其中只有 2800 人死于战场；皮埃蒙特军损失 2200 人，其中 28 人在战斗中阵亡；土耳其的损失，由于没有任何行政部门的统计，只能估算为 10 万人左右；俄军也是如此，他们的官方数字没有任何可信度，如果想到遍布多瑙河公国与俄国南部道路上的无数被遗忘的尸体，可以估算他们损失的人数介于 10 万到 20 万之间。

至于法国，战争让它失去了 9.5 万人，其中 2 万人死于敌军的炮火之下。① 其他人死于疾病：霍乱、败血症、伤寒、痢疾。对于在救护车或医院里死去的这 7.5 万人的数字，人们非议不断，意在指控帝国行政部门的"失职无能"。事实上，在那个时代，医学对流行病无能为力，法国并不是个例。英军因炮火造成的损失只有 8%，皮埃蒙特军死于炮火的人数更少。土军与俄军则饱受疾病、营养不良和体力衰竭的折磨。法军将近 20% 的损失是由敌军造成

---

① 大约 1 万人当场阵亡，1 万人因伤势过重而死去。

的，因此不应受到指责。①

屠杀结束了。联军从克里米亚的撤离将于 4 月 21 日正式开始，并将持续到 7 月 5 日。届时，佩利西耶元帅将带着"［他］最后的士兵，［他］最后的火炮"从卡米什登船回国。实际上，军需处与不同部门的一些人员仍然留在半岛上，直到 8 月 18 日。②

曾经被围的塞瓦斯托波尔现在已经空空荡荡：包围它的 80 公里长的战壕已被填平。防御工事被夷为平地，主要是因为在 1855 与 1856 年之交的那个艰难的冬天，构筑工事的木材都被用来为部队取暖：堡篮、柴笼、厚木板、树干甚至炮架，全都被砍掉焚烧。从城市废墟中抽出来的木板、门窗、大梁也遭受了同样的命运。至于南岸两座没有被俄军毁掉的堡垒，它们都被炸毁，2 月 2 日炸掉的是尼古拉堡，2 月 11 日炸掉的是亚历山大堡。所有的海事设施，如干船坞、营房等，也被炸毁。正如一位目击者所写的那样，塞瓦斯托波尔现在只是"塞瓦斯托波尔的骨架"。

394

无论人们愿不愿意，法国皇帝都已成为欧洲的仲裁者。他打算让法律、正义、以大会和谈判而不再以武力解决冲突的方式在各地取得胜利，以此来对欧洲进行重组。然而，毫无疑问，在这种"国际新秩序"的前景下，就像历史上每次这个主题重新提上日程时那样，一个国家必须比其他国家能更好地摆脱困境。在皇帝的心目

---

① 霍乱弧菌直到 1884 年才被科赫发现。

② 考虑到英国在整个克里米亚战争期间损失的人数与在第一次世界大战中仅仅一天中损失的人数相当，我们就可以相对地看待这些伤亡数字。1916 年 7 月 1 日，索姆河的进攻开始了，在这一天，英军第四军有 2 万人阵亡，另有 4 万人受伤。

中，这个国家当然就是法国：仲裁者为其仲裁得到报酬，顾问为其建议获得酬金，"新秩序"的灯塔国通过其联盟来牟利，并对其潜在对手征税，这一切实属正常。自第二帝国垮台以来，民族政策经常被简化为对世界事务的一种利他主义的天真构想，以避免重蹈覆辙。拿破仑三世帮助被压迫民族组建被解放的国家，他期望从中得到回报。在经济层面、政治层面与道德层面上，曾有过启蒙的法国，然后是自由的法国。从今往后，在人类生活和活动的所有领域，将会是进步的法国。

这是一个雄心勃勃的计划，它将把帝国所有的潜在敌手都排挤出局。拿破仑三世在维克多·雨果、蒲鲁东（Pierre-Joseph Proudon）或马志尼（Giuseppe Mazzini）的土地上寻猎！可以理解，对于《惩罚集》（*les Chatiments*）的作者来说，能够表达其对立原则的文字只有充满了流言蜚语和侮辱谩骂的卑鄙无耻的人身攻击。

但是，要让这些承诺得以实现，想要自己解决一切问题的皇帝必须继续控制事态，就像此前他很擅长的那样。然而，事态将变得越来越复杂，他能够发挥的作用也越来越难以预测。一些人会形成阻碍，给他带来难以想象的困难，他自己由于疾病的折磨，体能与精力都将随着岁月的流逝而衰退，身边却从来没有能有效辅助他的人。不过，这难道不是所有个人权力无法补救的一个缺陷吗？

关于皇帝，维耶尔-卡斯特尔写道："没有什么能改变他的光芒与纯洁，尽管他身处恶臭的环境之中。"

他以一句相当粗俗的话总结道："他就像掉在一堆屎上的一

颗钻石。"①

归根结底，在庆典、灯笼与欢歌背后，巴黎和会难道不有点像预先宣告的失败吗？列强无可奈何地聚集在这个他们并不了解的男人周围，即使他们——如维多利亚——欣赏他，也仅仅在演戏，私下的利益盘算最终比写在纸上的决定更有分量。在 3 月 30 日的一次盛大晚宴上，瓦莱夫斯基大声说道："这一和平将是持久的，因为它对所有人来说都是值得尊重的！"

也许是值得尊重的，但它是令人满意的吗？除了对于皮埃蒙特来说，其他人认为它是真正令人满意的吗？皮埃蒙特认为自己已经获得了对奥地利开战的全权证书，可以用法国的武器从奥地利手中夺取伦巴第和威尼斯。那么对于法国来说呢？它带来的只是威望，同时又让法国悄悄滑入意大利的陷阱。英国感到失望，变得多疑。奥地利则充满担忧。至于俄国，则为不得不在涉及其主权的一个要点——黑海中立化——问题上让步而感到羞辱，如何想象俄国能长期忍受这种状况呢？而土耳其，如果它能从这场新的俄土战争中"体面"抽身，还能抱有什么幻想呢？几个世纪来，土耳其一直无法与其敏感易怒的北方邻国和谐共处，对一直侵蚀它的癌症没有任何疗药。

"值得尊重的"？这个词指向对事物的一种肤浅看法，这其实暗

---

① Horace de Viel-Castel, *op. cit.*, tome II, p. 7.

示着真正的问题没有任何改变。①

396
  此外，条约的墨迹还未干透，其实施就出现了各种各样的困难。皇帝感到失望，因此，他在俄国人面前扮演的"调停人而非敌人"——语出奥尔洛夫——的角色，并未使俄国人变得更通融。他们真的需要为了这个博尔赫拉德，而非相距几公里远的另一个博尔赫拉德，或为了这个无关紧要的蛇岛——他们顽固地拒绝撤离那里象征性的驻军——而让英国、奥地利与土耳其再次与自己发生对抗吗？

  另一个失望的原因是因为英国对俄国的态度日渐强硬，对法国则日渐冷淡。在君士坦丁堡，令人难以忍受的英国大使斯特拉特福德·德·雷德克利夫勋爵在整个战争期间从未停止过对抗法国的影响力，现又重新开始玩弄他擅长的所有反法反俄的把戏。尽管帕默斯顿甚至称瓦莱夫斯基为"俄国大臣"，英国舰队仍留在黑海，正如奥地利军队没有从多瑙河公国撤出一样。

  1856 年 7 月，有人提议在维也纳召开一次新的盟国会议以解决这些争论，这些争论虽然无关紧要，却毒害国际关系。英国断然拒绝，表示让法国人向他们的俄国新朋友施加压力，迫使他们服从。

---

① 1856 年 3 月 30 日，参会国签署了：
——《巴黎和平友好总条约》，共 34 条；
——附件 1，维持 1841 年建立的海峡制度；
——附件 2，限制俄国和土耳其在黑海的海军力量（每个国家有权拥有 6 艘 50 米、800 吨以下的蒸汽船，以及 4 艘 200 吨以下的帆船或蒸汽船）；
——附件 3，关于奥兰群岛：无防御工事，无海军或军事设施；
——4 月 16 日《巴黎海战宣言》。

9月10日，帕默斯顿几乎做出了威胁，他在给瓦莱夫斯基的信中写道："法国似乎想改变立场，在所有问题上都站在俄国一边。如果这种状态继续下去，条约就无法得到执行。"

皇帝方面会有很多权谋，杜伊勒里宫会有很多秘密交易，可怜的外交大臣会犯很多错误，他的君王没有将自己的外交策略告知他。拿破仑三世甚至对瓦莱夫斯基进行指责，而实际上，他本该指责的只是他自己，他在11月7日给瓦莱夫斯基的信中写道："《巴黎和约》让我们与各国都关系良好，而现在我们几乎与各国都有矛盾，这是因为我们忘记了形式和程序。"

通过质疑外交大臣的"形式和程序"来解释这场危机，必须承认，皇帝的这个举动在某种程度上是可耻的，并且这不像他所为显得更加惹人注目！①

然而，会议还是于1857年1月7日在维也纳举行。俄国实现了部分破坏联盟的企图，然后就屈服了：它将让自己的"七个水兵与生病的中尉"登船撤出蛇岛。不管这个地区的保加利亚社群高兴与否，它与摩尔达维亚的边界都将以北边的博尔赫拉德为准，而非南边。 397

当皇帝哀叹"我们几乎与各国都有矛盾"时，恰恰道出了事实。

如果对英国来说，法国为俄国做的太多了。俄国则认为，法国为它做的还不够。奥地利认为法国对皮埃蒙特过于妥协，意大利指

_____

① 皇帝随后提到了自1855年5月以来，外交大臣与驻伦敦大使佩尔西尼伯爵之间的冲突，佩尔西你伯爵狂热地亲英反俄。他痴迷于英国的公民精神与政治制度，这使他充满了幻想，难道他不认为英国的友谊是"一个巨大繁荣的世界的萌芽"吗？（Persigny, *op. cit.*, p. 216.）

责法国对半岛统一的支持不够明确。土耳其耽于斯特拉特福德在那里实施的思想独裁，倾向于认同英国的分析。

当拿破仑三世前往怀特岛的奥斯本，与维多利亚女王和阿尔伯特亲王讨论多瑙河公国问题时，与奥斯曼土耳其的决裂几乎已成定局："当时是 1857 年 8 月 6 日，《巴黎和平友好总条约》规定的选举中出现了土耳其的严重舞弊行为。至少各国君主达成了一致，认为选举必须重新进行。但皇帝的这次出行让沙皇皱眉。因此，拿破仑三世于 9 月 25 日匆匆赶到斯图加特与亚历山大二世会面。遗憾的是，他将错误地提出波兰问题。沙皇从与他的一场会谈中出来后，咬牙切齿地对戈尔恰科夫说："你能想到吗？他竟敢跟我谈波兰！"

该轮到英国人对斯图加特的会谈表现些许怨意了……

1857 年 5 月 16 日，阿尔弗雷德·德·维尼（Alfred de Vigny）就在其《日记》中写道："克里米亚的亡灵们，你们对俄国的友谊有什么看法？"

国际新秩序或国际新动荡

因此，在"国际联盟"成立六十三年前，正是法兰西第二帝国在巴黎召开了隆重的欧洲大陆会议，其公开目标是确保和平。会议不再仅仅像 1815 年那样，声称要清算令人不安的过去的恶果，而是显示出坚定的意愿：从此通过谈判来着手重大国际问题，以便在问题恶化之前找到协商解决方案。

这个意愿毫无疑问是"现代的",也许过于现代了。

《巴黎和平友好总条约》,它的34项条款及3个附件,最终产生了什么结果?

很遗憾,形势是沉重的:如此辉煌,也如此无果的胜利,史上鲜有先例。在巴黎大会通过的所有条款中,只有一条具有长期性,甚至连这也难说!只是在多年后,由于相关人士的坚持不懈,才艰难地用其中一人的话来说,将西方的"既成事实摆在陛下面前"。一个统一和独立的罗马尼亚国家将从战争与大会中诞生。这也许是因为,就像米什莱(Jules Michelet)在其《北方的民主传说》(*Légendes démocratiques du Nord*)中所写的那样,摩尔达维亚人与瓦拉几亚人拥有"极少的民族拥有的东西,那就是对于[他们的]未来一个简单而强烈的想法"。

其他一切都像1807年的《提尔西特和约》一样,用当时的俄国外交大臣的话来说,都"只是形势所需之作,不会有未来"。

也许还有更糟的情况:民族原则,更广泛地说,对于所有国家的正义与道德的原则——这些原则既是拿破仑三世的行动也是大会讨论的依据——最终将在一场史无前例的灾难中,导致这个政权的垮台,而这个政权的使命曾经是促进和捍卫这些原则。

在接下来的一个世纪里,夏尔·戴高乐在《法国与其军队》中写道:"一个民族的活力在于雄心。[……]法国不能没有远大的民族抱负。"

民族原则是其中之一吗?

美国总统托马斯·杰斐逊(Thomas Jefferson)曾经说:"每个

人都有两个祖国：自己的国家与法国。"这也许意味着，要由人权与人民的国家来高举火炬，传递光芒，指明道路。但它是否因此就应该冒着极大的风险直接参与他人的事务？是否应该放弃"缔造法国的二十位国王"的王国的安全第一，其他是次要原则？他们在巩固并集中自己的国家的同时，努力在其边界之外，特别是在其东部边界之外，维持一种有益的分散。他们当中没有一个人致力于从各个组成部分的集合中创建一个新的国家。难道法国不正是这样形成的吗？难道法国不正是这样找到了将它推向一流国家的力量吗？

遗憾的是，无论最初期望的利益是什么，民族政策都不符合任何"民族抱负"。恰恰相反，它只是一种意识形态。换言之，就其本质而言，它是一种超国家的理论。

作为一项外交政策的普通组成部分，民族原则是情理之内的，致命的错误是将它作为这一政策的主要动力。如果莫里斯·帕莱奥洛格（Maurice Paléologue）所言为实，1903 年 2 月 15 日，皇后欧仁妮对他说："听我说，先生，我们只犯了仅仅一个错误，那就是不应该高举民族原则的旗帜。正是这一点，也只是这一点让我们迷失了方向。一切不幸的根源都在于此！"①

早在巴黎大会上，这一政策承载的无数矛盾就已清楚地显现出来：首先是波兰问题。"它的名字甚至没有在列强面前提起；其次是希腊，就像 1821 年在维也纳的情况那样，希腊代表在巴黎甚至没有受到接待，尽管希腊旗帜是飘扬在多瑙河上的第一面旗帜；还

---

① Maurice Paléologue, *op. cit.*, p. 27.

有显然无法解决的教皇国家的问题；还有奥斯曼帝国巴尔干各省的无休止的要求，战争就是为了维持这个帝国才发动的！然而，也不乏具有远见卓识的人。但他们注定要么丢掉职位，要么在沙漠中宣道，因为皇帝从来只追随自己的灵感。确实，他们几乎没有其他方案可以提供，除了与英国保持独家亲密关系，并且从中期来看是无法实现的，或与奥地利保持陈旧而脆弱的亲密关系；还有第三个方案，这个方案除了上面提到的所有不利因素外，还加深了帝国政权与其'左派'反对者之间的隔阂，这就是著名的法俄联盟，而俄国根本不想要这个联盟。"

并不曾有"民族抱负"。当陷入绝境的法国寻找盟友只是为了保障自身的安全，甚至为了生存，而不是像过去那样，招募助手以完成"那些宏伟大业，只有这些宏伟大业才能中和我们的人民身上所携带的分散酶"[1]，那就绝不会再有伟大可言。

400

同一作者还写道："法国绝对需要瞄准高处，挺直腰杆，否则就要面对致命危险。"拿破仑三世对此坚信不疑。由于各种天时地利，他的政权恰好拥有一切机会：它既植根于过去，有着长期形成的引领世界的习惯，又着眼于未来，有着全新的现代观，无论是知识的、社会的、道德的、技术的、经济的，还是文化的。

不幸的是，这件武器直接取自"圣赫勒拿福音书"，并未达到完备状态。这个工具也没有经过广泛辩论的检验，因此必然显得不适合。民族原则最终导致《威斯特伐利亚条约》中的六十三个德意

---

① Charles de Gaulle, *op. cit.*

志邦国，即后来被维也纳大会承认的二十个邦国，在法国东部边界转变为一个单一的征服者国家。

这是悖论吗？第三共和国继承了"远大的民族抱负"的理想，但更多的是通过"复仇"的思想，而非通过殖民化。殖民化从来都只是少数理想主义者、冒险家与投机商人的任务。

那么，拿破仑三世只是一个叫俾斯麦的历史偶然的受害者吗？但自那时起，历史就不停地在制造一个又一个的"俾斯麦"，甚至更糟！事实上，正是由于高估了自己的领导能力与掌握现实的能力，皇帝最终倒下了，在色当之后留下了一个屈辱而残缺的法国，比最后一任法国国王留下的法国要小。但至少，帝国积累的丰厚家底让国家比预期更快地恢复了元气。

不管怎样，在东方战争结束三十年后，米什莱仍有几分理由语带夸张地发出感叹："如果我们想把每个国家为各种无私的，只为造福世界的事业所付出的鲜血、金钱与各种努力堆积起来，法国的金字塔就会升到天上去［……］列国啊，只要你们在这里，你们的金字塔！你们付出的牺牲堆积起来可能只会达到一个孩子的膝盖！"

401　因此，在巴黎大会上首次实施的民族政策，以两种不同的方式考虑罗马尼亚和意大利的愿望，将在十四年后，历经世事变迁，导致人们所知的灾难。

塞瓦斯托波尔的辉煌如昙花一现，色当的耻辱则一直陈列在第二帝国的遗产与拿破仑三世的后世声名之中。

附 录

I.18世纪中叶圣地在不同教派之间的划分情况

1757 年的一项旨在补充 1740 年《领事裁判权条约》文本的帝国法令，确定了以下巴勒斯坦的圣地名单，以及各方教派的权利。

拉丁人的圣地

耶路撒冷：圣墓教堂及其两个穹顶、涂油石、圣母七拱门、基督耶稣的监狱、戈弗雷与鲍德温的坟墓、基督向抹大拉显现的小教堂、基督向圣母显现的小教堂、各各他（Golgotha）的圣母礼拜堂、悲伤圣母礼拜堂（Stabat Mater）、帝国拱门、骷髅地的一半、鞭笞堂。

客西马尼园（Gethsémani）（橄榄园）：圣母墓的地下礼拜堂，"痛苦之岩"。

伯利恒（Bethléem）：大教堂、位于教堂下的耶稣诞生石窟、标注耶稣诞生地的银星、大教堂的三把钥匙（大门的钥匙、通向石窟的两个侧门的钥匙）。

拿撒勒（Nazareth）：教堂和天使报喜石窟。

太巴列（Tibériade）：圣彼得教堂。

406　　伯大尼（Béthanie）：拉撒路（Lazare）之墓。

　　塔博尔山（Mont-Thabor）：显圣容教堂。

　　犹地亚（Judée）：施洗者圣约翰教堂。

希腊人的圣地

　　耶路撒冷：亚当礼拜堂、十字架发现礼拜堂的一半、骷髅地的一半、圣墓教堂唱诗班与教堂的使用权。

　　伯利恒：大教堂主殿里的一个祭坛，以及用作祭坛的一张大理石桌子（与亚美尼亚人共用），大教堂外的一个礼拜堂。

　　客西马尼园：圣母墓教堂的祭坛。

　　迦拿：第一奇迹教堂。

　　三座曾经属于拉丁人的圣所现归属于穆斯林：耶路撒冷的圣母瞻礼教堂与使徒教堂，客西马尼园的升天教堂。

　　建在雅各井之上的撒马利亚妇人教堂只剩下废墟。

　　根据 1757 年的法令，许多修道院被宣布属于拉丁人。几个小教堂和祭坛被承认属于亚美尼亚人、叙利亚人、阿比西尼亚人、科普特人所有（科普特总共只有一个祭坛）。

　　在 18 世纪中叶，拉丁人仍然占有如此的优势。一个世纪后，他们的权利几乎完全被东正教徒夺去。

II.《库楚克-凯纳吉条约》的真实规定

在研读《库楚克-凯纳吉条约》的文本时，人们会感到困惑，　**407**
因为条约实际上承认俄国在宗教事务方面的权利与俄国自 1774 年
起提出的过分要求之间存在着巨大的鸿沟。只有两个条款涉及宗教
问题（第 7 条与第 14 条），见下文。

第 7 条：奥斯曼土耳其帝国政府承诺在所有教堂中始终保护基
督教，同意帝国朝廷大臣向他提出劝告，扶持将在君士坦丁堡建造
的教堂，以及将主持这些教堂的人，并承诺将这些告诫当作一位尊
者以强大的邻国，真诚的友邦的名义提出的告诫加以接受。

第 14 条：除国内教堂外，俄国宫廷有权效仿其他大国，在加
拉塔区的贝伊奥格拉街上修建一座教堂，该教堂将冠名为俄罗斯-
希腊教堂，并将永久受到俄国大臣的保护，免除一切税收和攻击。

因此，奥斯曼土耳其政府承诺"始终保护"的是"基督教"，包括
罗马天主教与东正教。至于"劝告"或"告诫"的权利，它只适用于
君士坦丁堡的贝伊奥格拉街的教堂以及主持这个教堂的人。毫无疑问，
俄国一直视《库楚克-凯纳吉条约》为历史上最大的骗局之一。①

---

① 参阅 Martens, *Recueil des principaux traités conclus par les puissances de l'Europe*, publié
à Gottingue, chez J. C. Dieterich, en 1791, tome I, p. 507-522。

Ⅲ. 土耳其人要求对维也纳照会做出的三项修改（1853年8月20日）

408　　　要求的第一项修改：

维也纳照会的原文：

"如果说在任何时期，俄国皇帝们都对维护奥斯曼帝国希腊东正教教堂的豁免权和特权表现出积极的关心，苏丹们则从未拒绝以正式的法律文件确认这些权利，这些法律文件可以证明苏丹对其基督教臣民长期的，一贯的关照。"

君士坦丁堡修订的文本：

"如果说在任何时期，俄国皇帝们都对奥斯曼帝国希腊东正教教堂的敬拜表现出积极的关心，苏丹们则从未停止监督对奥斯曼帝国这座教堂的豁免权和特权的维护，并重新确认这些权利……"

要求的第二项修改：

维也纳照会的原文：

"苏丹将忠实于《凯纳吉条约》与《亚得里亚堡条约》中关于基督教信仰保护条款的文字与精神。"

君士坦丁堡修订的文本：

"苏丹将忠实于《凯纳吉条约》中规定的，并由《亚得里亚堡条约》确认的，关于奥斯曼土耳其帝国政府保护基督教信仰的条款。"

　　要求的第三项修改：

　　维也纳照会的原文：

　　"本着高度公平的精神，让希腊人的宗教仪式分享公约或特别条文特许其他基督教仪式享有的利益。"

　　君士坦丁堡修订的文本：

　　"本着高度公平的精神，让希腊人的宗教仪式分享给予并可能给予奥斯曼帝国其他基督教社群的利益。"

大事年表

1850年

5 月 28 日：奥皮克将军向奥斯曼土耳其帝国政府递交了关于圣地抗议照会。

1851年

10 月 28 日：沙皇向苏丹发去威胁信。

12 月 2 日：巴黎发生政变。

12 月 28 日：法国举行全民公决，赞同政变。

1852年

2 月 8 日：苏丹颁布旨在调和希腊人与拉丁人的法令。

12 月 2 日：在巴黎，拿破仑三世称帝。

12 月 26 日，阿伯丁勋爵在伦敦接任不太亲法的内阁首相。

1853年

1月9日：尼古拉一世与汉密尔顿·西摩的秘密会谈开始。

2月14日：巴黎立法会议开幕。

2月28日：缅什科夫亲王到达君士坦丁堡。

3月2日：奥斯曼土耳其帝国政府的耻辱——缅什科夫不尊重外交大臣。

3月19日：巴黎召开大臣会议。决定向萨拉米斯湾派遣舰队。

4月19日：缅什科夫要求奥斯曼帝国制定有利于帝国基督教徒的"公约"。

4月22日：法、英、俄三国就圣地达成协议，圣地之争似乎结束。

5月4日：苏丹正式批准圣地协议。

5月5日：缅什科夫就他所要求的"公约"向苏丹发出最后通牒。

5月10日：土耳其人拒绝最后通牒。

5月21日：缅什科夫离开君士坦丁堡。

5月31日：涅谢尔罗迭向雷希德帕夏发出威胁性照会。

6月13—14日：法英联合舰队停泊在达达尼尔海峡入口处的贝西卡湾。

6月17日：苏丹拒绝涅谢尔罗迭的照会。

6月26日：沙皇正式号召发动"圣战"。

7月3日：俄军入侵多瑙河公国。

7月31日：根据拿破仑三世的建议，对《维也纳照会》进行校订。

8月3日：沙皇正式批准《维也纳照会》。

8月20日：土耳其备忘录要求对《维也纳照会》进行三项修正。

9月29日：君士坦丁堡宣布与俄国进入战争状态。

10月8日：奥马尔帕夏勒令戈尔恰科夫撤出被侵占的多瑙河公国。

10月25日：伊萨克查打响第一炮。

11月13日：法英联合舰队在博斯普鲁斯海峡的贝伊科斯锚泊。

11月30日：土耳其舰队在锡诺普被摧毁。

12月5日：《维也纳议定书》签订，参加会议的外交官扮演调停人。

1854年

1月3日：法英联合舰队进入黑海。

1月29日：拿破仑三世给沙皇去信。

2月8日：沙皇对皇帝的信做出傲慢的答复。

2月9日：一个勘察委员会在加利波利登陆。

2月21日：沙皇发表战士宣言。

2月27日：法英要求沙皇从多瑙河公国撤军。

3月3日：巴黎立法会议开幕。

3 月 11 日：创建一支远征军，由圣阿尔诺指挥。

3 月 12 日：土、英、法三国签订《君士坦丁堡条约》。

3 月 19 日：首批法军从土伦出发前往加利波利。

3 月 23 日：俄军跨过多瑙河。

3 月 27 日：法英两国向俄国宣战。

4 月 6 日：敖德萨前的"怒涛号"事件。

4 月 9 日：在维也纳，普鲁士与奥地利赞同伦敦和巴黎的政策。

4 月 10 日：法国出台一项法律将年征兵额从 8 万人提高到 14 万人。

4 月 10 日：法英联盟在伦敦签署。

4 月 12 日：圣阿尔诺收到拿破仑三世的指令。

4 月 15 日：在黑海，海军舰船悬挂战旗。

4 月 22 日：敖德萨港被联合舰队轰炸并摧毁。

4 月 29 日：圣阿尔诺登船前往加利波利。

5 月 7 日：圣阿尔诺抵达加利波利。

5 月 9 日：圣阿尔诺元帅在君士坦丁堡受到苏丹接见。

5 月 19 日：联军在瓦尔纳召开第一次军事会议。

5 月 20 日：英军总司令和法军总司令前往舒姆拉与奥马尔帕夏会面。俄军对锡利斯特拉发动第一次进攻。

5 月 21 日：巴拉盖·迪利耶离开君士坦丁堡。

5 月 24 日：苏丹批准在瓦尔纳制订的作战计划。

5 月 26 日：圣阿尔诺给拿破仑三世写了充满绝望的信。瓦尔纳的作战计划看起来行不通。

6 月 11 日：加利波利作战基地正式迁到瓦尔纳。

6月14日：奥地利-土耳其签订关于多瑙河公国的公约。

6月17日：君士坦丁堡举行军事阅兵。

6月23日：俄军撤到多瑙河对岸。

7月7日：多瑙河以北的俄土久尔久战役。

7月9日：瓦尔纳出现霍乱。

7月10日：五万名法国人，两万名英国人在瓦尔纳会合。

7月18日：瓦尔纳召开军事会议。决定攻打塞瓦斯托波尔。

7月19日："卡拉多克号"启程，前往克里米亚海岸执行侦察任务。

7月21日：多布鲁察远征开始。

7月22日：德鲁安·德·吕将"四点方案"作为恢复和平的条件。

8月10日：瓦尔纳发生火灾。

8月16日：英法联合远征军攻克波罗的海上的博马松德要塞。

8月22日：瓦尔纳召开军事会议，困难重重。象征性的奥地利分遣队进入俄军撤离的多瑙河公国。

8月24日：俄国拒绝"四点方案"。

8月26日：瓦尔纳召开军事会议，意见分歧仍未消除。

9月1—2日：英法舰队启航前往克里米亚。

9月8日：英法舰队在蛇岛附近的公海会合。

9月10日：联军沿克里米亚西海岸进行第二次侦察。

9月14日：老堡登陆第一天。

9月19日：开始向塞瓦斯托波尔行军。

9 月 20 日：阿尔玛战役。

9 月 23 日：俄军舰队击沉停泊在塞瓦斯托波尔锚地的联军军舰。法英联军在卡查河扎营。

9 月 24 日：联军在贝尔贝克河扎营。

9 月 25 日：联军在麦肯齐农庄扎营。

9 月 26 日：圣阿尔诺将指挥权移交给康罗贝尔。

9 月 29 日：圣阿尔诺在"贝尔托莱号"上去世。

10 月 9 日：英法联军开始在塞瓦斯托波尔前挖掘战壕。

10 月 17 日：第一轮轰炸。最初的挫败。

10 月 21 日：在法国的施压下，重启维也纳会议。

10 月 25 日：巴拉卡拉瓦战役。

11 月 4 日：米哈伊尔大公与尼古拉大公抵达塞瓦斯托波尔。

11 月 5 日：因克尔曼战役。

11 月 14 日：遭遇猛烈的暴风雨，"亨利四世号"与"冥王星号"被毁。

11 月 28 日：在维也纳，亚历山大·戈尔恰科夫传达了圣彼得堡对"四点方案""原则上"的接受。

12 月 2 日：奥地利与法英两国签订攻防联盟条约。

1855年

1 月 7 日：沙皇接受"四点方案"或"四个保证"作为谈判基础。

1月21日：法国、英国、撒丁王国签订公约：皮埃蒙特加入对俄战争。

1月27日：尼埃尔元帅抵达塞瓦斯托波尔。

2月17日：赫鲁廖夫将军攻打土耳其人防守的叶夫帕托里亚失败。

2月22日：卡拉贝尔纳亚郊区前一夜建成色楞金斯克棱堡。

2月23日：对棱堡的夜袭没能奏效。

2月26日：皇帝将自己前往克里米亚的意向告知帕默斯顿。

3月1日：卡拉贝尔纳亚郊区防御工事前一夜之间建成了沃里尼亚棱堡。

3月2日：尼古拉一世去世。

3月11日：一夜之间建成了堪察加瞭望台。

3月22日：驻军（1.5万人）在夜间大规模出击，无果而返。

3月24日：在维也纳，未来的罗马尼亚国家的原则得到确认。

3月26日：维也纳会议的谈判在第三项保证（黑海中立化）上受挫。

4月9日：第二轮轰炸（4月9日至4月19日）。

4月11日：比佐将军去世。尼埃尔接管了工兵的指挥权。

4月16日：拿破仑三世与欧仁妮抵达英国进行正式访问。

4月23日：皇帝收回给德鲁安·德·吕的授权。

4月25日：亚历山大二世发表非常宣言。

5月3日：失策的刻赤远征。

5月8日：瓦莱夫斯基成为外交大臣。

5月8日：首批撒丁军队抵达克里米亚。

5月15日：万国博览会在巴黎开幕。

5月16日：康罗贝尔辞职。佩利西耶成为总司令。

5月22日：刻赤远征军出发（6月15日返回）。

5月22日：5月22日至23日夜间，法军占领塞瓦斯托波尔内城前的俄军反迫近工事（阅兵场与墓地的防御工事）。

6月6日：第三次轰炸。

6月7日：法军攻克两座"白色工事"与"绿丘"。英军占领采石场阵地。

6月15日：要塞守军的配给减半。

6月17日：第四轮轰炸。

6月18日：对卡拉贝尔纳亚郊区的全面进攻以血腥失败告终。

6月28日：拉格伦勋爵因感染霍乱去世。

7月11日：海军上将纳希莫夫去世。

8月4日：康罗贝尔被皇帝召回，踏上返程。

8月16日：特拉克蒂尔战役（或切尔纳亚河战役）。

8月17日：第五次轰炸。

8月18日：维多利亚女王与阿尔伯特亲王访问法国。

9月5日：轰炸的强度加倍。

9月8日：法军夺取马拉霍夫。英军进攻大棱堡失败。俄军撤退到港口北岸。

9月11日：巴赞被任命为要塞总督。

9月12日：联军正式进入塞瓦斯托波尔。

9 月 29 日：法军在康吉尔与俄军交火。对叶夫帕托里亚的封锁解除。

10 月 17 日：法英联合远征军攻克金伯恩要塞。

11 月 14 日：维也纳签立新议定书。联军一致决定在"四点方案"中加入割让比萨拉比亚部分土地及"特殊条件"的条款。

11 月 16 日：巴黎万国博览会闭幕。

11 月 25 日：土耳其的卡尔斯要塞投降。

12 月 27 日：奥地利以最后通牒的形式将和平条件传达给俄国。

12 月 29 日：首批从克里米亚回国的法军在巴黎阅兵。

1856年

1 月 5 日：俄军提出反对建议，被联军拒绝。

1 月 15 日：圣彼得堡召开非常大会。

1 月 16 日：俄国接受 11 月 14 日维也纳议定书提出的条件。

2 月 18 日：苏丹颁布有利于奥斯曼帝国基督徒的花厅御诏。

2 月 25 日：巴黎大会开幕。停战。

3 月 16 日：法国王太子诞生。

3 月 18 日：普鲁士代表团加入大会讨论。

3 月 30 日：《巴黎和平友好总条约》签署。

4 月 21 日：开始从克里米亚撤军开始。联军在那里还有 23 万军队。

6 月 14 日：法国王太子受洗。

7 月 5 日：克里米亚撤军结束。

7 月 17 日：皇后欧仁妮被任命为摄政。

1857年

1 月 7 日：关于多瑙河公国的新一轮维也纳会议。

8 月 6 日：法英首脑在奥斯本会谈。

9 月 25 日：法俄在斯图加特会谈。

1861年

2 月 19 日：亚历山大二世废除农奴制。

参考书目

BAPST, Edmond, *Les Origines de la guerre de Crimée*, Paris, Delagrave, 1912.

BAZANCOURT, baron de, *L'Expédition de Crimée*, Paris, d'Amyot, 1857, 2 volumes.

—, *La Marine française dans la mer Noire et la Baltique*, Paris, Amyot, 1858.

BEYENS, baron, *Le Second Empire vu par un diplomate Belge*, Paris, Plon-Nourrit, 1926. BLOCK, A. A. , Les Scythes, Berlin, 1920.

BOURGOING, baron de, *Souvenirs sur la campagne de 1828*, Paris, ministère des Affaires étrangères. BROGLIE Gabriel de, *Mac-Mahon*, Paris, Perrin, 2000.

CABROL, docteur, *Le Maréchal de Saint-Arnaud en Crimée*, Paris, Tresse et Stock, 1895.

CADOT, Michel, *La Russie dans la vie intellectuelle française*, 1839 – 1856, Paris, Fayard, 1967.

CARON, François, *La France des patriotes*, Paris, Fayard, coll. «Histoire de France», 1993. CASTELLANE, *Journal*, Paris, Plon, 1933.

—, *Lettres adressées au maréchal de*, Paris, Plon, 1898.

CAULAINCOURT, *Mémoires*, Paris, Perrin, 1986.

CŒURDEROY, Ernest, *Hurrah ! ou la révolution par les Cosaques*, Paris, 1854.

CHAPPUIS, Jean-Pierre, *Croisade en Crimée*, Paris, S. P. L. , 1978.

CHARLES-ROUX, François, *Alexandre II, Gortchakov, et Napoléon III*, Paris, Plon, 1913.

—, *France et chrétiens d'Orient*, Paris, Flammarion, 1930.

ROUX, Georges, *Napoléon III*, Paris, Flammarion, 1969.

CORBET, Charles, *L'Opinion française face à l'inconnue russe*, Paris, Didier, 1967.

CULLET, capitaine, *Un régiment de ligne pendant la guerre d'Orient*, Lyon, Librairie générale catholique et classique, 1894.

CUSTINE, Astophle de, *La Russie en 1839*, Paris, 1843.

DAMAS, révérend-père, *Souvenirs religieux et militaires de la Crimée*, Paris, Téqui, 1883.

DANSETTE, Adrien, *Deuxième République et Second Empire*, Paris, Arthème Fayard, 1942.

—, *Louis-Napoléon à la conquête du pouvoir*, Paris, Hachette, 1961.

De GAULLE, Charles, *La France et son Armée*, Paris, Berger-Levrault, 1934.

DECAUX, Alain, *L'Empire, l'amour et l'argent*, Paris, Hachette, 1958.

DELORD, Taxile, *Histoire du Second Empire*, Paris, Germer-Baillière et Cie, s. d.

DOMINIQUE, Pierre, *Louis-Napoléon et le Coup d'État du 2 Décembre*, Paris, S. F. E. L. T. , 1951.

DU CAMP, Maxime, *Souvenirs d'un demi-siècle*, 2volumes, Hachette, 1949, 2 volumes, tome I.

DUBAN, Charles, *Souvenirs militaires d'un officier français*, Paris, Plon, 1986.

DUFRESNE, Claude, *L'Impératrice Eugénie*, Paris, Perrin, 1986.

DUPARC, Pierre, *Recueil des instructions données aux ambassadeurs et ministres de France en Turquie*, Paris, CNRS, 1969.

FAY, général, *Souvenirs de la Guerre de Crimée*, Paris, Berger-Levrault, 1889.

FICQUELMONT, comte de, *Le Côté religieux de la question d'Orient*, Paris, Amyot, 1854.

GARÇOT, Maurice, *Sébastopol*, Paris, Berger-Levrault, 1955.

GIRARD, Louis, *Napoléon III*, Paris, Fayard, 1986.

GREVILLE, lord, *Mémoires*, Longman, Londres, 1897–1903.

GRÜNWALD, Constantin de, *Alexandre II et son temps*, Paris, Berger-Levrault, 1963.

GUÉRIOT, Paul, *Napoléon III*, Paris, Payot, 1933.

GUILLEMIN, Henri, *Le Coup du 2 Décembre*, Paris, Gallimard, 1951.

GUILLEMIN, René, *La Guerre de Crimée*, Paris, France-Empire, 1981.

HARCOURT, Bernard d', *Les Quatre Ministères de M. Drouyn de Lhuys*, Paris, Plon, 1882.

HENRY, Paul, *Napoléon III et les Peuples*, Facultés des Lettres de l'université de Clermont, 1943.

HERZEN, Alexandre, *Journal*, s. d.

HERZEN, Alexandre, *Œuvres*, s. d.

JOUHAUD, Edmond, *Youssouf*, Paris, Robert Laffont, 1980.

KINGLAKE, A. W. , *Origine et Histoire de la guerre de Crimée*, Londres, 1855.

LA GORCE, Pierre de, *Histoire du Second Empire*, Paris, Plon-Nourrit, 1894, 7 volumes.

—, *Napoléon III et sa politique*, Paris, Plon, 1933.

LANO, Pierre de, *Histoire anecdotique du Second Empire*, Paris, Flammarion, s. d.

LEBRUN, général, *Souvenirs des guerres de Crimée et d'Italie*, Paris, Dentu, 1890.

LEROY-BEAULIEU, Anatole, *L'Empire des tsars et les Russes*, Paris, Robert Laffont, coll. «Bouquins», 1990.

LOIZILLON, capitaine, *Lettres*, Paris, Flammarion, sans date.

LOLIÉ, Frédéric, *Rêve d'empereur*, Paris, Émile-Paul Frères, 1913.

MARÉCHAL, Gustave, *La Guerre de Crimée*, Paris, Firmin-Didot, 1888.

MARTENS, *Recueil des principaux traités conclus par les puissances de l'Europe*, Gottingue, J. C. Dieterich, 1791.

MASPERO, François, *L'Honneur de Saint-Arnaud*, Paris, Plon, 1993.

MÉNAGER, Bernard, *Les Napoléon du peuple*, Paris, Aubier, 1988.

METTERNICH, *Mémoires*, Paris, Plon-Nourrit, 1880-1884.

MICHELET, Jules, *Légendes démocratiques du Nord*, Paris, Calmann-Lévy, 1899.

MICKIEWICZ, «Les pays slaves et la Pologne» in *Les Slaves*, Paris, Comptoirs des imprimeurs-unis, 1849.

MIQUEL, Pierre, *Le Second Empire*, Paris, Plon, 1992.

MISMER, Charles, *Souvenirs d'un dragon de l'armée de Crimée*, Paris, Hachette, 1887.

MITCHELL, Mairin, *Histoire maritime de la Russie.*

MOLÈNES, Paul de, *Les Commentaires d'un soldat*, Paris, Michel Lévy, 1860.

MOURAVIEV, Boris, *L'Alliance russo-turque au milieu des guerres napoléoniennes*, Neuchatel, La Baconnière, 1954.

NIEL, général, *Journal des opérations du génie*, Paris, Dumaine, 1858.

PALÉOLOGUE, Maurice, *Les Entretiens de l'impératrice Eugénie*, Paris, Plon, 1928.

PERRET, capitaine, *Récits de Crimée*, Paris, Bloud et Barral, 1888.

PERSIGNY, duc de, *Mémoires*, Paris, Plon-Nourrit, 1896.

PFLUG, Dr, *Unter dem Doppeladler*, s. d.

PICK de L'ISÈRE, Eugène, *Les Fastes de la guerre d'Orient*, Paris, Librairie napoléonienne des Arts et de l'Industrie, 1858.

PLESSIS, Alain, *De la Fête Impériale au Mur des Fédérés*, Paris, Nouvelle Histoire de la France Contemporaine, Seuil, coll. «Points», 1979.

PROKESCH-OSTEN, *Mes relations avec le duc de Reichstadt*, Paris, Plon, 1878.

QUATRELLES L'ÉPINE, *Le Maréchal de Saint-Arnaud, d'après sa Correspondance et des documents inédits*, Paris, Plon, 1929.

RAMBAUD, Alfred, *Français et Russes*, Paris, Berger-Levrault, 1892.

ROTHAN, Georges, *L'Europe et l'avènement du Second Empire*, Paris, Calmann-Lévy, 1890.

ROUSSET, Camille, *Histoire de la guerre de Crimée*, Paris, Hachette, 1877, 2 volumes.

ROUX, Georges, *Napoléon III*, Paris, Flammarion, 1969.

SEGRETAIN, général, *Souvenirs d'un officier du génie*, Paris, Hachette, 1962.

SEGUIN, Philippe, *Louis-Napoléon le Grand*, Paris, Grasset, 1990.

SMITH, William, *Eugénie, impératrice et femme*, Paris, Olivier Orban, 1989.

—, *Napoléon III*, Paris, Hachette, 1982.

SOKOLOFF, Georges, *La Puissance pauvre*, Paris, Fayard, 1993.

SOLJENITSINE, Alexandre, *Le Problème russe à la fin du XX e siècle*, Paris, Fayard, 1994.

SOREL, Albert, *La Question d'Orient au XVIIIe siècle*, Paris, Plon-Nourrit, 1889.

STROKOV, colonel, *Histoire de l'Art militaire*, Moscou, ministère de la

Défense, 1966.

THOUVENEL, Édouard, *Correspondance*, s. d.

THOUVENEL, Louis, *Nicolas I er et Napoléon III*, Paris, Calmann-Lévy, 1891.

—, *Pages de l'Histoire du Second Empire*, Paris, Plon, 1903.

TODLEBEN, Lieut. -général de, *Défense de Sébastopol*, Saint-Pétersbourg, 1863, 3 volumes.

TOLSTOÏ, Léon, *Les Récits de Sébastopol*, Moscou, Éditions en langues étrangères, Moscou, 1946.

VALLOTTON, Henry, *Catherine II*, Paris, Fayard, 1955.

VIEL-CASTEL, Horace de, *Mémoires sur le règne de Napoléon III*, Paris, Guy Le Prat, 1942, 2 volumes.

VITAL-CARTIER, *Le Général Trochu.*, Paris, Librairie Académique Perrin, 1913.

WOODHAM-SMITH, Cecil, *La Charge de la brigade légère*, Paris, Robert Laffont, 1956.

索 引

（索引页码为原书页码，即本书边码）

图书在版编目（CIP）数据

克里米亚战争 /（法）阿兰·古特曼
（Alain Gouttman）著；谈方译 . -- 北京：社会科学文
献出版社，2025.4
ISBN 978-7-5228-2371-3

Ⅰ . ①克…　Ⅱ . ①阿…　②谈…　Ⅲ . ①战争史-欧洲
-近代　Ⅳ . ①E509

中国国家版本馆 CIP 数据核字（2023）第 166664 号

地图审图号：GS（2024）4767 号（此书中插附地图系原文插附地图）

克里米亚战争

著　　者 /〔法〕阿兰·古特曼（Alain Gouttman）
译　　者 / 谈　方

出 版 人 / 冀祥德
责任编辑 / 刘　娟
文稿编辑 / 赵梦寒
责任印制 / 岳　阳

出　　版 / 社会科学文献出版社·甲骨文工作室（分社）（010）59366527
　　　　　　 地址：北京市北三环中路甲 29 号院华龙大厦　邮编：100029
　　　　　　 网址：www . ssap . com . cn
发　　行 / 社会科学文献出版社（010）59367028
印　　装 / 三河市东方印刷有限公司

规　　格 / 开 本：889mm×1194mm　1/32
　　　　　　 印 张：18.125　插页：0.5　字 数：397 千字
版　　次 / 2025 年 4 月第 1 版　2025 年 4 月第 1 次印刷
书　　号 / ISBN 978-7-5228-2371-3
著作权合同
登 记 号 / 图字 01-2020-6246 号
定　　价 / 112.00 元

读者服务电话：4008918866

△ 版权所有 翻印必究